Fünf nach zwölf

C(

Zur Zeit bahnen sich zwei für die Menschheit existentielle Katastrophen an: der Zerfall gesellschaftlicher Strukturen und die Zerstörung der biologischen Lebensgrundlagen. Christoph Lauterburg, renommierter Unternehmensberater, schreibt mit einer aus öffentlichen Debatten kaum gewohnten Offenheit über die Konsequenzen der grundlegenden Trends: Überbevölkerung, Konzentration der Menschen in urbanen Ballungszentren, Globalisierung der Wirtschaft, zunehmende Verarmung breiter Bevölkerungsschichten, Migrationsbewegungen, Verwahrlosung und Kriminalisierung der Jugend, Bürgerkriege, politischer Terror und organisiertes Verbrechen, radikale Zerstörung der Umwelt.

Das Buch zeigt auf, daß das menschliche Denken sowie die vorhandenen Ordnungs- und Steuerinstanzen der Komplexität des Geschehens längst nicht mehr gewachsen sind. Es herrscht kollektive Überforderung. Der Autor hält es in dieser Situation für falsch, das Thema Crash zu tabuisieren. Unverblümt benennt er die konkreten Konsequenzen für die menschliche Zivilisation und beschreibt, wie man sich rational und emotional auf das, was kommt, einstellen kann. Das Buch schließt mit einer positiven Perspektive: Die Evolution geht weiter. Das Leben auf dem blauen Planeten hat eine Zukunft.

Christoph Lauterburg ist selbständiger Organisations- und Managementberater, Autor des Buches *Vor dem Ende der Hierarchie* (1978, 3. Auflage), Koautor des Bestsellers *Change Management* (1996, 5. Auflage) und Mitherausgeber der *Zeitschrift für Organisationsentwicklung*.

Christoph Lauterburg

Fünf nach zwölf

Der globale Crash und die Zukunft des Lebens

Campus Verlag
Frankfurt/New York

Die Deutsche Bibliothek – CIP-Einheitsaufnahme

Lauterburg, Christoph:
Fünf nach zwölf : der globale Crash und die Zukunft des Lebens /
Christoph Lauterburg. – Frankfurt/Main ; New York :
Campus Verlag, 1998
ISBN 3-593-36059-4

Copyright © 1998 Campus Verlag GmbH, Frankfurt/Main
Umschlaggestaltung: Guido Klütsch, Köln
Umschlagmotiv: © Tony Stone
Satz: Satzspiegel, Nörten-Hardenberg
Druck und Bindung: Friedrich Pustet, Regensburg
Gedruckt auf säurefreiem und chlorfrei gebleichtem Papier
Printed in Germany

Vorwort

Viele Menschen spüren heute, daß die Situation auf diesem Planeten sich gefährlich verändert. Zwei Vorgänge bedrohen längerfristig unsere Existenz: die Zerstörung unserer biologischen Lebensgrundlagen und der Zerfall unserer gesellschaftlichen Strukturen. Die globalen Entwicklungen, die dahin führen, entziehen sich einer wirksamen Steuerung und Kontrolle.

Die Weltbevölkerung ist längst viel zu groß, um ohne Plünderung und Zerstörung der natürlichen Ressourcen lebensfähig zu sein. Die Weltmeere sind weitgehend leergefischt, die letzten Regenwälder verschwinden, die Böden erodieren, Trinkwasser wird knapp, der massive Einsatz fossiler Brennstoffe vergiftet die Atmosphäre, die Zersetzung des Ozonschildes wird zur Gefahr für Pflanzen, Tiere und Menschen.

Es gibt Prognosen, wonach sich die Weltbevölkerung innerhalb der nächsten zwei bis drei Generationen nochmals verdoppeln soll. Grenzenlose Armut, Verelendung, Umweltzerstörung und Massensterben werden es aber möglicherweise gar nicht so weit kommen lassen. Gleichzeitig vollzieht sich eine dramatische Veränderung der Lebensbedingungen. In 25 Jahren werden zwei Drittel der Menschen in Millionenstädten leben – und hier wiederum die große Mehrheit in Slums, einer Welt, die geprägt ist von mangelnder Hygiene, Alkohol, Drogen, Gewalt und organisiertem Verbrechen. Aber auch in den bürgerlichen Schichten zerfallen die natürlichen Familienstrukturen. Immer weniger Kinder können sich zu liebes-, arbeits- und gesellschaftsfähigen Menschen entwickeln.

In den sogenannten reichen Industrieländern sind die Zeiten des Wohlstands vorbei. Automation und Auslagerung von Arbeitsplätzen führen zu einer zunehmenden Arbeitslosigkeit. In fünfzehn bis zwanzig Jahren wird wahrscheinlich nur noch rund ein Viertel der arbeitsfähigen Bevölkerung Arbeit finden. Der Staat wird mit horrenden Kosten belastet und verliert gleichzeitig seine Einkommensbasis. In allen Staatshaushalten klaffen aber bereits heute erschreckende Lücken.

Die Akkumulation eines nachgerade obszönen Reichtums bei einer kleinen Minderheit, die Verarmung breiter Bevölkerungsschichten und der Zustrom von Menschenmassen aus fremden Kulturen führen zu einem gewaltigen sozialen und politischen Sprengpotential. Die staatlichen Institutionen, vorab die Sicherheitsorgane, die Rechtsprechung und der Strafvollzug, sind bereits heute überlastet. Parallel dazu hat sich die organisierte Kriminalität zu einer schwerwiegenden gesellschaftlichen Bedrohung entwickelt. Der Punkt, an dem der Staat nicht mehr in der Lage sein wird, Recht und Ordnung aufrechtzuerhalten, ist absehbar.

Ich spreche nicht vom Weltuntergang. Es wäre vermessen, zu glauben, der Mensch sei in der Lage, die Welt untergehen zu lassen. Im Gegenteil: Der Mensch wird es nicht einmal schaffen, die Erde untergehen zu lassen. Womit wir zu rechnen haben, ist eine Zeit des Hungers und der Epidemien, der Kämpfe um Ressourcen, des Terrors, der Bürgerkriege und des Faustrechts. Dies alles hat übrigens längst begonnen. Neu daran ist lediglich, daß auch wir, die Menschen in den reichen Industrienationen, direkt betroffen sein werden.

Dieses Buch will Erklärungen anbieten für das, was passiert ist, und wie es voraussichtlich weitergehen wird.

Teil I   Das Erbe des Neandertalers
schildert, wie wir Menschen geworden sind – und für welche Art Leben die Natur uns ausgestattet hat. Unsere heutige Lebensweise ist in diesem Programm nicht vorgesehen. Die Entwicklung ist aus dem Ruder gelaufen – und zwar nicht erst in den letzten hundert Jahren. Das Drama hat vor rund zehntausend Jahren seinen Anfang genommen.

Teil II Zeitbombe Umwelt
zeigt anhand vielfältiger, sich beschleunigender und gegenseitig verstärkender Entwicklungen, daß unsere Lebensgrundlagen weltweit auf dem Wege sind, zerstört zu werden. Der Mensch nimmt auf der Liste der bedrohten Arten einen prominenten Platz ein.

Teil III Zeitbombe Gesellschaft
beschreibt das Zusammenwirken mehrerer fataler Entwicklungen, die unsere gesellschaftlichen Strukturen von innen heraus zersetzen: Verarmung der Bevölkerung, Konzentration in Ballungszentren, Verwahrlosung der Jugend, politischer Terror, Überhandnehmen des organisierten Verbrechens, Bankrott des demokratischen Rechtsstaates.

Teil IV *Fata Morgana – oder die Fähigkeit zu glauben*
befaßt sich mit einer ganz besonderen Fähigkeit des Menschen: sich sein Bild von der Welt und von der Wirklichkeit zurechtzulegen. Diese Fähigkeit hat dem Menschen seinerzeit – in einer Situation permanenter Lebensgefahr – geholfen, zu überleben. Heute bewirkt sie das Gegenteil.

Teil V *Chaos – oder die Unfähigkeit zu steuern*
zeigt, daß und warum es keine Steuerungsmechanismen gibt, die rechtzeitig und wirksam auf das globale Geschehen Einfluß zu nehmen vermögen. Wir steuern nicht, sondern werden gesteuert – von chaotisch ablaufenden Prozessen. Wir befinden uns im Zentrum eines von uns selbst verursachten, gigantischen Strudels.

Teil VI *Szenarium Crash*
handelt von den Konsequenzen – und davon, wie wir uns darauf einstellen können. Es gibt Nischen, in denen vielleicht auch längerfristig ein Überleben möglich sein wird. Alte menschliche Werte werden wieder wichtig werden. Vor allem aber: Die Erde wird sich sehr rasch erholen. Das Leben hat eine Zukunft.

Es ist Mode, Bücher über die Situation auf diesem Planeten mit Rezepten zu beschließen, wie die Menschheit gerettet werden könnte. Diese Rezepte, die manchmal anmuten wie etwas lang geratene Wunschlisten an den Weihnachtsmann, sind nie falsch. Sie haben nur einen Makel: Sie werden nie und nimmer umgesetzt. Im Jahre 1972 erschien der erste Bericht des Club of Rome zur Lage der Menschheit: *Die Grenzen des Wachstums*. Er enthielt alle wichtigen Hinweise darauf, was kommen würde – und was zu tun sei, um das Schlimmste zu verhindern. Inzwischen sind 25 Jahre vergangen. Unzählige weitere Hiobsbotschaften sind dazugekommen, und das Fazit lautete mit schöner Regelmäßigkeit: »Es ist fünf vor zwölf« – 25 Jahre lang. Nun, heute ist es fünf nach zwölf.

Die Menschheit ist ein viel zu großes und komplexes Gebilde, um sich organisieren zu können. Die Besatzung des Raumschiffes Erde als eine sich selbst ordnende und steuernde Schicksalsgemeinschaft ist eine Utopie. In einer derart hochvernetzten Welt wäre Solidarität eine Überlebensnotwendigkeit. Aber es gibt ein uraltes Gesetz, welches die Dinge auf diesem Planeten auf andere Art und Weise regelt – im täglichen Leben genauso wie in der hohen Politik. Erstens: Diejenigen, denen es gut geht, unterlassen alles, was zu einer grundlegenden Veränderung führen könnte. Zweitens: Diejenigen, denen es nicht gut geht, haben keine Macht. Drittens: Wenn es allen schlecht geht, weil alles aus den Fugen gerät, ist es für eine friedliche Lösung zu spät. Wir gehören im Moment zu denjenigen, denen es gut geht.

Trotzdem gibt es Grund zur Hoffnung – nicht für alle Menschen zwar, aber die hat es ohnehin noch nie gegeben. Wenn es überhaupt Nischen geben wird, in denen Menschen längerfristig überleben können, dann werden dort nicht allzu viele Platz haben. Aber es gibt Hoffnung für das Leben insgesamt, für die Natur und für diesen wunderschönen Planeten. Wenn die Menschheit von der Bildfläche verschwindet, braucht die Natur einige wenige hundert Jahre – erdgeschichtlich betrachtet einen kurzen Augenblick – um sich zu erholen. Die Evolution wird weitergehen, wie schon mehrmals nach größeren Katastrophen.

Eine gewisse Bescheidenheit ist hier am Platz. Der Mensch ist eine von Hunderten von Millionen Arten, welche die Evolution im Laufe von fast fünf Milliarden Jahren hervorgebracht hat. Der Planet Erde andererseits ist ein Himmelskörper von ganz außerordentlichem Seltenheitswert – eine winzige Oase des Lebens in einem unvorstellbar großen, kalten und leeren Raum. Wir können zwar vermuten, daß es irgendwo in den Tiefen des Alls noch andere derartige Inseln des Lebens gibt. Aber bis heute ist noch keine einzige gefunden worden. Die Erde hat noch weitere vier Milliarden Jahre vor sich. Dann werden alle Planeten in der Hitzestrahlung der als Supernova explodierenden Sonne verglühen. Vor diesem Hintergrund betrachtet, ist das Gastspiel des *Homo sapiens* überhaupt nicht von Belang.

Man muß sich um das Thema Crash nicht schamhaft herumdrücken, nur weil es von der Gesellschaft tabuisiert wird. Wer der Realität ins Auge blickt, kann letztlich besser mit ihr umgehen. Nicht das, was uns bevorsteht, sondern unsere Einstellung dazu entscheidet darüber, wie wir uns verhalten. Am schönsten hat es immer noch Martin Luther ausgedrückt: »Und wenn ich wüßte, daß morgen die Welt unterginge, so würde ich doch heute mein Apfelbäumchen pflanzen.«

Inhalt

Teil IV
Fata Morgana – oder die Fähigkeit zu glauben

Warum wir auf einen Crash zusteuern

Bitte prüfen Sie zunächst, ob folgender Steckbrief auf Sie persönlich zutrifft:

Sie sind — *Bürgerin oder Bürger eines freien, westlichen Landes*
— *körperlich und geistig gesund*
— *noch nie im Gefängnis gewesen.*

Sie haben — *die Schule besucht*
— *eine Berufsausbildung genossen*
— *ein regelmäßiges Einkommen*
— *keine erdrückenden Schulden, etwas Erspartes*
— *eine normale Gesundheitsvorsorge*
— *eine Altersvorsorge, die es Ihnen auch später erlauben wird, über dem Existenzminimum zu leben.*

Die Tatsache, daß Sie dieses Buch vor sich haben, spricht mit an Sicherheit grenzender Wahrscheinlichkeit dafür, daß diese Daten auf Sie zutreffen. Falls dem so sein sollte, kann man über Ihre Situation folgende Aussagen machen:

• Sie gehören zur obersten, privilegierten Elite der Menschen auf diesem Planeten. Höchstens fünf Prozent der Weltbevölkerung leben gleich gut oder besser als Sie. Sollten Sie eine eigene Wohnung, ein eigenes Haus oder entsprechende finanzielle Reserven besitzen, gehören Sie sogar zum obersten Prozent der sozialen Pyramide.

• Sie verkehren privat und beruflich hauptsächlich mit Menschen, die in einer ähnlichen Lage sind wie Sie: schulisch und beruflich gebildet, geregeltes Einkommen, gesichertes Alter.

• Sie beurteilen Ihre Situation und die Zukunft grundsätzlich positiv. Sie wissen, daß es Menschen gibt, denen es nicht so gut geht wie Ihnen. Sie

15

haben aber auch Kenntnis von Menschen, denen es wirtschaftlich oder gesellschaftlich noch besser, zum Teil sogar viel besser geht. Sie empfinden keinen Neid. Sie denken höchstens hin und wieder: So gut möchte ich es auch haben.

- Sie sind sich bewußt, daß es wichtig ist, die Umwelt zu schonen. Sie leisten dazu auch eine ganze Reihe von Beiträgen. Sie sind vielleicht zu chlorfreiem Briefpapier übergegangen; Sie verwenden biologisch abbaubare Reinigungsmittel; Sie achten auf umweltfreundliche Verpackungen. Sie haben zwar einen Fernseher, Sie fahren Auto, Sie fliegen zu geschäftlichen Treffen und in den Urlaub. Sie wissen, daß dabei übermäßig Energie verbraucht und im übrigen die Erdatmosphäre geschädigt wird. Aber Sie sagen sich, daß Sie allein die Umwelt nicht retten können. Die Politik wird sich ändern müssen. Und sollten dermaleinst alle bereit sein, ernsthaftere Konsumverzichte zu leisten, würden Sie bestimmt nicht hintanstehen.

- Sie machen sich ab und zu Gedanken über den Zustand der Welt und die zunehmende Gewalt auf dieser Erde. Sie fragen sich, wo dies alles noch hinführen wird. Zeitungen und Fernsehen tragen täglich erschreckende Berichte über Kriege, Gewaltverbrechen, Terroranschläge und Katastrophen an Sie heran – insgesamt übrigens sehr viel mehr als noch vor einigen Jahren. Aber Sie mögen sich nicht näher mit all diesen negativen Dingen befassen. Es sind schlicht zu viele. Die Beschäftigung damit würde Ihnen zu sehr aufs Gemüt schlagen. Sie sehen sehr gerne Dokumentarfilme über die Natur und über wildlebende Tiere. Es freut Sie, zu sehen, daß es diese Natur noch gibt – nicht überall zwar, aber an einigen Stellen auf dieser Erde. Und Sie hoffen, daß solche Filme zur Bewußtseinsbildung der Menschen beitragen werden, so daß all die Tiere und Pflanzen, die es heute noch gibt, nicht ausgerottet werden.

Alles in allem: Sie leben in einer geordneten Welt – in einer weitgehend geschützten Sphäre der Sicherheit und des Wohlstandes. Doch es gibt andere Welten. Sie können sich höchstwahrscheinlich gar nicht vorstellen, in welchem Zustand die Menschheit sich heute befindet, geschweige denn, wohin sie sich innerhalb der nächsten 25 Jahre – einer einzigen Generation – entwickeln wird.

Nun, dies sind einige Fakten:

⇨ *Zur Zeit leben über 6 Milliarden Menschen auf dieser Erde – mehr als während der früheren Menschheitsgeschichte im Laufe von 300 000 Jahren insgesamt geboren wurden und gestorben sind.*

⇨ *80 % der Weltbevölkerung leben unterhalb dessen, was wir in den west-*

lichen Industrieländern als Armutsgrenze bezeichnen. 3 Milliarden Menschen – rund die Hälfte der Weltbevölkerung – leben mit weniger als 2 US$, 1,3 Milliarden mit weniger als 1 US$ pro Tag. 2 Milliarden leben ohne sauberes Wasser und ohne irgendeine Form von Gesundheitsversorgung, 3 Milliarden unter unzureichenden hygienischen Verhältnissen.

⇨ *20 % aller heute lebenden Menschen leiden an Unterernährung. Jeden Tag sterben 30 000 Kinder, 18 000 davon verhungern, 12 000 fallen den indirekten Folgen der Unterernährung zum Opfer. Gleichzeitig erodieren weltweit die Agrarböden, sind die Weltmeere fast leergefischt, wird Trinkwasser knapp.*

⇨ *Die Wälder, wichtigste Sauerstoffproduzenten und Regulatoren des Weltklimas, sind bereits auf weniger als die Hälfte ihres ursprünglichen Bestandes zusammengeschrumpft – ihre Zerstörung beschleunigt sich: pro Sekunde verschwindet heute ein Hektar Wald, die Fläche von zwei American-Football-Feldern.*

⇨ *Während eine Frau schwanger ist, wächst die Menschheit um eine Zahl, die der Gesamtbevölkerung von Deutschland entspricht – täglich um rund eine Viertelmillion Menschen.*

⇨ *Im Jahre 2025 wird die große Mehrheit der Weltbevölkerung in Millionenstädten leben, die meisten sogar in Megastädten mit mehr als 10 Millionen Einwohnern – nicht in Villen mit Gärten und Schwimmbädern, sondern in sogenannten Slums, den Brutstätten von Krankheiten, Gewalt und Verbrechen.*

⇨ *In den sogenannten reichen Industrieländern ist der Staat heute an der Grenze seiner Leistungsfähigkeit angelangt – und steht auf kommunaler, regionaler und nationaler Ebene zunehmend vor leeren Kassen. Die Zahl der Menschen, die einen Arbeitsplatz haben, über Kaufkraft verfügen und Steuern bezahlen können, geht drastisch zurück. Bei immer weniger Menschen akkumuliert sich ein immer größerer Reichtum – und immer mehr Menschen gleiten ab in die Armut und ins Elend.*

⇨ *Die Einwanderung von Flüchtlingen aus armen in wohlhabendere Länder und Regionen nimmt dramatisch zu – und mit ihr die soziale Unruhe, das politische Sprengpotential und die Kriminalität.*

⇨ *Das organisierte Verbrechen hat sich mittlerweile weltweit zum stärksten Wirtschaftszweig entwickelt und hat in praktisch allen zivilisierten Ländern begonnen, die Wirtschaft zu unterwandern und die staatliche Autorität von innen heraus zu zersetzen.*

⇨ *Und niemand weiß, woher in Zukunft das Geld kommen soll, das der Staat braucht, um Recht und Ordnung aufrechtzuerhalten – geschweige denn, um die Alten, die Armen und die Kranken zu versorgen. Von seriöser Entwicklungshilfe gar nicht erst zu reden.*

Allein schon die Fakten in Bezug auf die aktuelle Lage der Menschheit sind schockierend. Besonders beängstigend aber ist die zu erwartende Entwicklung. Was wir heute erleben, sind die Frühsymptome eines weltweiten Zusammenbruchs menschlicher Zivilisation.

Es hat in der Vergangenheit immer wieder Endzeitszenarien und Weltuntergangsprophezeiungen gegeben, die nicht eingetreten sind. Doch einiges ist grundlegend neu an unserer heutigen Situation:

- Die Weltbevölkerung ist seit Beginn der Zivilisation auf das Sechstausendfache angewachsen, wir stoßen bezüglich Bevölkerungsdichte und Versorgungsmöglichkeiten an die Kapazitätsgrenzen dieses Planeten.

- Die technischen Mittel, die uns heute zur Verfügung stehen, reichen locker aus, um die ganze Erde in eine Wüste zu verwandeln. Allein das nukleare Sprengpotential entspricht 3 Tonnen TNT (konventioneller Sprengstoff *Trinitrotoluol*) pro Kopf der Weltbevölkerung.

- Die Menschheit ist zu einem gigantischen Schmelztiegel zusammengewachsen. Wir sind alle voneinander abhängig geworden. Was die einen tun, hat direkt oder indirekt Einfluß auf alle anderen.

- Mehrere Entwicklungen, die unsere Lebensgrundlagen – die Agrarböden, die Wälder, die Fischbestände, die Atemluft, das Trinkwasser, das Klima – bedrohen, haben eine kritische Grenze erreicht.

- Die menschlichen Gesellschaften – auch westliche Demokratien – leiden an einer schleichenden Erosion. Immer mehr Staaten werden schrittweise unregierbar.

Angesichts derartiger Bedrohungen stellt sich die Frage: Was kann dagegen unternommen werden? Im Gegensatz zu den meisten anderen Autoren, die sich mit Zukunftsentwicklungen befassen, werde ich Ihnen keine Rezepte anbieten, wie der Kollaps verhindert werden kann. Im Gegenteil, ich werde darlegen, warum es auf diesem Planeten nicht zu der nachhaltigen Entwicklung gekommen ist – und auch in der Zukunft nicht kommen wird –, die seit Beginn der Industrialisierung allenthalben beschworen wird. Dieses Buch befaßt sich eingehend mit den Gründen, weshalb ein Crash nicht zu verhindern sein wird:

Die Zerstörung unserer biologischen Lebensgrundlagen und der abrupte
Zerfall gewachsener gesellschaftlicher Strukturen hängen mit globalen
Entwicklungen zusammen, die niemand aufhalten, geschweige denn
umkehren kann.

Die vier wichtigsten Megatrends sind: Überbevölkerung; Konzentration der Menschen in urbanen Ballungszentren; Globalisierung der Wirtschaft und der Märkte; Durcheinanderwirbeln unterschiedlichster Rassen, Sprachen, Religionen und Kulturen durch Massenmigrationsbewegungen. Die gigantischen Umweltzerstörungen, die mit diesen Entwicklungen einhergehen, sind allgemein bekannt. Für unsere Zukunft eher noch gefährlicher ist die Zersetzung gesellschaftlicher Strukturen. Während immer mehr Menschen arbeitslos werden, Armut und Verelendung dramatisch zunehmen, werden in der Wirtschaft und im organisierten Verbrechen gewaltige Gewinne erzielt, die sich in den Händen einer kleinen Minderheit kumulieren. Die Gesellschaft wird immer tiefer in Arm und Reich gespalten. Dies alles führt mittelfristig zu einem gewaltigen politischen Konfliktpotential.

Ein zunehmender Teil der Heranwachsenden ist nicht mehr
gesellschaftsfähig.

Der Zerfall gesellschaftlicher Strukturen hat zur Folge, daß immer weniger Kinder in einem intakten sozialen Umfeld aufwachsen, in dem die Fähigkeiten für ein friedliches Zusammenleben mit anderen erworben und eingeübt werden können. Der Prozentsatz sowohl labiler als auch gewaltbereiter Kinder und Jugendlicher nimmt deshalb laufend zu. Einmal erwachsen, sind diese Menschen nicht in der Lage, eigenen Kindern ein intaktes Zuhause zu bieten. Der Vorgang des gesellschaftlichen Zerfalls verstärkt sich selbst.

Wirtschaftliche Interessen verhindern den sozialen Ausgleich und den
Schutz der Umwelt auch dort, wo er dem gesunden Menschenverstand
dringend geboten und möglich erscheint.

Wo immer auf dieser Welt: Es sind wirtschaftliche Interessen, die den Raubbau an den natürlichen Ressourcen vorantreiben – und es sind wirtschaftliche Interessen, die auf politischer Ebene wirksame Gegenmaßnahmen verhindern. Hinter diesen Interessen stehen nicht lediglich ein paar Großkapitalisten, sondern ganze Industriezweige, mächtige Verbände und politische Parteien. Kleines, aber typisches Beispiel: Der Klimagipfel Ende 1997 in Kyoto. Mehrere Nationen – vorab die USA – sind nicht etwa mit dem Ziel angereist, möglichst wirksame Maßnahmen zum Schutz des Weltklimas zu erreichen, sondern mit dem Ziel, verbindliche Normen zu verhindern oder zumindest möglichst tief zu halten. Die amerikanische Delegation hatte darüber hinaus den klaren Auftrag, ein Schlupfloch freizuhalten, das es den USA – der reichsten Nation der Welt – ermöglicht, verbindliche Normen, wenn sie sich denn nicht verhindern lassen sollten, notfalls zu unterlaufen. Mit anderen Worten: Ziel war nicht der Schutz des Weltklimas, sondern der Schutz der Interessen der amerikanischen Wirtschaft. Dieses Ziel ist auch erreicht worden: Der Berg in Kyoto hat eine Maus geboren.

Die legitime Steuerungsinstanz auf nationaler Ebene, der Staat, dankt schrittweise ab.

Die parlamentarische Demokratie ist für das Tempo der Veränderungen in der Gesellschaft sowie im internationalen Umfeld zu langsam und zu schwerfällig geworden. Der Staat steuert nicht wirklich, sondern hinkt der Entwicklung nur noch mühsam nach. Die Politik des Parteienstaates ist zu sehr mit sich selbst beschäftigt, als daß sie sich mit den existentiellen Problemen unserer längerfristigen Zukunft befassen könnte. Nationale Folklore beherrscht die Szene. Parlamente und Regierungen sind maßlos überfordert. Die Aufgaben des Staates wachsen laufend an, die Sozialausgaben explodieren – und die Steuereinnahmen brechen ein. In zahlreichen Ländern bahnt sich ein Desaster an.

Auf internationaler Ebene gibt es überhaupt keine funktionsfähige Steuerung.

Die einzige übergeordnete Institution von Bedeutung und Gewicht, die UNO, ist ein äußerst wertvolles und weltweit angesehenes Diskussionsforum – ein hochkarätiger Debattierklub ohne unmittelbare Handlungsbefugnisse. Und dabei wird es bleiben. Zum einen, weil die Nationen sich aufgrund unterschiedlicher Interessen und Kulturen nicht auf gemeinsame ideelle Grundlagen verständigen können. Zum zweiten, weil alle – ob groß oder klein, ob Demokratie oder Diktatur – das oberste Ziel darin sehen, ihre nationale Selbständigkeit und Unabhängigkeit zu erhalten.

Die organisierte Kriminalität gerät zusehends außer Kontrolle.

Eine besonders gefährliche Konsequenz des Versagens globaler Steuerung und Kontrolle ist das weltweit zu einer ernsthaften Gefahr für die Wirtschaft, die Gesellschaft und den Staat gewordene organisierte Verbrechen.

Es besteht aus einem Netzwerk zunehmend global operierender Banden und Kartelle mit praktisch unbegrenzten finanziellen Mitteln und mancherorts breiter Unterstützung durch korrupte Beamte und Politiker. Es hat sich weltweit zum mächtigsten Wirtschaftsfaktor entwickelt und erfreut sich traumhafter Gewinne und Wachstumsraten. Die vorwiegend national operierenden und oft völlig ungenügend ausgestatteten Sicherheitskräfte stehen dieser Entwicklung heute praktisch machtlos gegenüber.

Das Problemlösungsvermögen des Menschen ist mit der Komplexität der Lage, in die er sich selbst gebracht hat, vollständig überfordert.

Hier liegt der tiefere Kern des Problems: Menschen denken grundsätzlich kleinräumig, kurzfristig und egozentrisch. Auch wir sind ein Produkt der Evolution – und diese hat uns nicht für das Leben in Massengesellschaften, wie wir sie heute haben, ausgestattet. Die meisten Menschen sind weder langfristig noch vernetzt denkende Wesen. Sie interessieren sich nicht allzusehr für andere und schon gar nicht für die komplexen Zusammenhänge der Probleme auf dieser Welt. Sie wählen Politiker, die ihre Sprache sprechen und Rezepte für die Lösung ihrer unmittelbaren Probleme anzubieten haben – und zwar möglichst einfache. Wenn einer behaupten würde, daß uns Schlimmes bevorsteht, wenn wir nicht sofort schwere Verzichte leisten, wäre er in einer Demokratie ziemlich rasch weg vom Fenster. Und in einer Diktatur kümmert sich die herrschende Clique von vornherein nicht um sozialen Ausgleich und Umweltschutz, sondern um ihren eigenen, unmittelbaren wirtschaftlichen Vorteil.

Umbrüche in komplexen, dynamischen Systemen vollziehen sich nicht linear, sondern exponentiell. Sie haben eine längere, wenig spektakuläre Inkubationszeit – und irgendeinmal, scheinbar plötzlich, kippt das System. Der Umbruch vollzieht sich nicht geordnet, sondern chaotisch – und in verhältnismäßig kurzer Zeit.

Die menschliche Zivilisation ist – wie alle lebendigen Organismen und Populationen – ein komplexes, dynamisches System. Die Frühsymptome eines Zusammenbruchs sind bereits erkennbar. Aber wir selbst sind noch nicht von wirklich existentiellen Krisen betroffen. Andere schon, aber wir noch nicht. Wir erkennen deshalb noch keinen dringenden Handlungsbedarf. Die globale Bedrohung wird systematisch verleugnet oder verharmlost. Hier liegt mit einer der wesentlichen Gründe, weshalb ein Crash nicht zu verhindern sein wird: Die Gefahr wird auf allen Ebenen glatt verdrängt – von den einzelnen Menschen, von den nationalen politischen Institutionen, von der Weltpolitik.

*

Die Zukunft läßt sich zwar nie präzise vorhersagen. Innerhalb einer bestimmten Bandbreite gibt es immer mehrere mögliche Szenarien. Aber wir müssen uns auf Jahrzehnte zunehmender Krisen, kriegerischer Auseinandersetzungen, krimineller Gewalt, des Hungers sowie sich ausbreitender Krankheiten einstellen. Die Weltbevölkerung wird dezimiert werden. Ob und gegebenenfalls wie viele Menschen den Crash überleben werden; in welchen Regionen die höchsten Überlebenschancen bestehen; über wie viele Jahre sich der Zusammenbruch hinziehen wird – dies alles ist heute nicht prognostizierbar. Aber daß wir uns auf dem Weg in einen Crash befinden; daß er in den nächsten Jahrzehnten stattfinden wird; daß auch wir in den hochentwickelten Industrienationen davon betroffen sein werden – daran gibt es heute kaum mehr einen Zweifel. In Tat und Wahrheit hat dieser Vorgang längst eingesetzt. Er hat nur noch nicht seine volle Dynamik erreicht und noch nicht alle Regionen erfaßt.

Viele Menschen spüren heute, daß das, was sich auf diesem Planeten abspielt, kein gutes Ende nehmen kann. Ich halte es für falsch, das Thema Crash zu tabuisieren. Auch wenn ein Zusammenbruch unserer Zivilisation längerfristig nicht zu verhindern sein wird – wir können uns zumindest offen mit dem, was auf uns zukommt, auseinandersetzen. Vorbereitet zu sein ist allemal besser, als eines Tages von völlig unerwarteten Ereignissen überrumpelt zu werden.

Dieses Buch befaßt sich mit folgenden Fragen:

- *Wo stehen wir heute weltweit in Sachen Umwelt?*
- *Wie ist die innere Verfassung der menschlichen Zivilisation zu beurteilen?*
- *Warum haben die Dinge sich so und nicht anders entwickelt?*
- *Wie wird es voraussichtlich weitergehen?*
- *Welches sind die Eigengesetzlichkeiten, die einen Crash als unausweichlich erscheinen lassen?*
- *Warum werden uns technologische Errungenschaften das Heil nicht bringen können?*
- *Was ist das überhaupt, ein »Crash«?*
- *Gibt es bei einem Crash Möglichkeiten zu überleben?*
- *Und schließlich: Wie gehen wir emotional mit der Aussicht auf einen Zusammenbruch der Zivilisation um?*

Als erstes wird es darum gehen, zu betrachten, woher wir kommen. Nur wenn man weiß, wie der Mensch sich entwickelt hat, läßt sich abschätzen, was in Zukunft von ihm erwartet werden kann – und was nicht. Die kurze Reise in unsere Vergangenheit ist kein reiner Sonntagsspaziergang. Wir werden nämlich das Bild, das wir uns über uns selbst zurechtgelegt haben, in einigen wichtigen Punkten korrigieren müssen.

Teil 1
Das Erbe des Neandertalers

Kapitel 1

Die Zeit vor unserer Zeit

Leben auf der Erde

Unsere Erde ist eine Dame mittleren Alters. Sie wurde vor ungefähr vierein-halb Milliarden Jahren geboren. Stellen Sie sich diese Zeit der Einfachheit halber als horizontale Linie von viereinhalb Kilometern Länge vor. Ein Mil-limeter entspricht tausend Jahren, ein Meter einer Million Jahre.

Ganz am Anfang ist die Erde heiß und unbewohnbar. Aber nach etwa einem Kilometer hat sich eine Kruste gebildet – und diese Kruste ist von Wasser bedeckt. Es entsteht Leben – auf dem Meeresgrund, in den dunklen Tiefen der Ozeane, an Stellen, wo aus unterirdischen Quellen heißes, mine-ralstoffreiches Wasser ins Meer strömt. Hier nimmt alles, was sich später auf diesem Planeten bewegen wird, seinen Anfang – mit Bakterienstämmen, die man noch heute dort unten finden kann.

Lange Zeit gibt es nur im Meer Leben. Es ist zunächst noch keine Atmo-sphäre mit Sauerstoff und Ozonschild vorhanden, welche Leben an der Oberfläche ermöglichen würde. Und im Meer gibt es die längste Zeit nur einfache, einzellige Organismen. Aber nach etwa dreieinhalb Kilometern findet ein Quantensprung statt: Es entwickelt sich plötzlich – man weiß heute noch nicht genau, warum – eine großartige Vielfalt von Lebewesen mit wesentlich komplizierteren Bauplänen: Würmer, Polypen, Schnecken, Quallen, Muscheln, Krebse, etwas später auch Fische. Es wimmelt im Meer förmlich von Leben.

Erst auf den letzten 400 Metern – vor 400 Millionen Jahren – ist es dann soweit: An Land entwickeln sich erste Pflanzen. Kurz danach beginnen die ersten Tiere, das Land zu besiedeln – zuerst Amphibien, dann Reptilien. Und 200 Meter vor dem Ende der Strecke – vor 200 Millionen Jahren – findet man neben Vögeln und kleinen Säugetieren vor allem Saurier – in allen möglichen Formen und Größen, zum Teil harmlose Vegetarier, zum Teil furchterregende Räuber. Sie beherrschen über eine längere Strecke das Geschehen an Land.

Das Ende der Saurier

65 Meter vor dem Ende unserer Strecke, also vor 65 Millionen Jahren, schlägt ein riesiger galaktischer Irrläufer – ein Komet oder ein Meteor von ungefähr zehn Kilometern Durchmesser – mit einer Geschwindigkeit von 100 000 Kilometern pro Stunde in die Erde ein. Es entsteht ein Krater mit einem Durchmesser von 180 Kilometern. Unvorstellbar hohe Schockwellen, die mehrfach um die ganze Erde laufen; extreme Hitze und Stürme; massenhaft ausgelöste Vulkanausbrüche; eine fast vollständige, vermutlich monatelange Verdunkelung der Atmosphäre durch aufgeworfene Staub- und Aschepartikel; anschließend ätzend saurer Regen und schwere Kälteeinbrüche vernichten schlagartig 90 Prozent aller Arten. Nur kleinere Lebewesen, mehrheitlich Meeresbewohner überstehen die Katastrophe. Dies ist das Ende der Saurier.

Was sich danach, also auf den letzten 65 Metern unserer Strecke abspielt, kann man als die Ära der Säugetiere bezeichnen. Nachdem durch das Aussterben der Saurier große Lebensräume frei geworden sind, entwickelt sich aus einigen mausartigen Kleinstsäugern eine beeindruckende Artenvielfalt. Auf den letzten 40 Metern finden wir – neben vielen anderen, großen und kleinen Säugetieren – affenartige, auf Bäumen lebende Arten. Einige von ihnen wagen sich mit der Zeit aus dem Wald in die Savanne hinaus. Sie richten sich auf und beginnen, sich auf zwei Beinen fortzubewegen. Auf den letzten Metern entwickelt sich eine Art, die lernt, Werkzeuge zu gebrauchen und herzustellen. Es sind Menschen, die in kleinen Horden zunächst als Sammler, später auch als Jäger, auf ewiger Wanderschaft große Gebiete durchstreifen.

Auf dem letzten Zentimeter läuft die Entwicklung plötzlich aus dem Ruder. Die Menschen lernen, Ackerbau und Viehzucht zu betreiben, und beginnen, seßhaft zu leben. Diese Revolution der Nahrungsbeschaffung sowie insbesondere die neue Errungenschaft der Vorratshaltung führen zu einer explosionsartigen Vermehrung der Bevölkerung.

Stellen Sie sich die Größe der Weltbevölkerung auf unserer Entwicklungslinie als senkrechten Strich vor: Ein Millimeter entspricht einer Million Menschen. Über eine Strecke von zwei Metern hinweg sind die senkrechten Striche nie länger als ein Millimeter. Auf den letzten 50 Zentimetern – die

Menschen haben gelernt, das Feuer zu beherrschen, und können sich deshalb auch in kühleren Regionen verbreiten – messen die Striche vielleicht zwei bis drei Millimeter. Aber auf dem letzten Zentimeter verlängern sie sich plötzlich in kurzen Abständen: ein Zentimeter, zehn Zentimeter, ein Meter. Der letzte Strich, am Ende des letzten Zentimeters, mißt sechseinhalb Meter! Dies ist das Jahr 2000. Und nur Bruchteile eines Millimeters weiter wird der nächste Strich neun oder zehn Meter betragen.

Der letzte Zentimeter der viereinhalb Kilometer langen Entwicklungslinie ist die Geschichte der menschlichen Zivilisation.

Es war einmal ein Spitzhörnchen

Ist Ihnen schon einmal aufgefallen, daß Sie Eichhörnchen besonders reizend finden? Nun, dafür gibt es einen guten Grund: Der Urahn aller affenartigen Tiere, aus denen auch wir Menschen uns entwickelt haben, war ein Spitzhörnchen. Dieses auf Bäumen lebende Tierchen hatte mehrere Eigenschaften, die für die eindrucksvolle Evolution bis hin zu uns Menschen entscheidend waren: nach vorne gerichtete Augen und, damit verbunden, die Fähigkeit des räumlichen Sehens; Distanzen präzise abschätzen und Dinge – zum Beispiel einen Ast oder eine Nuß – gezielt greifen und festhalten zu können; zu Greifwerkzeugen ausgebildete Vorderpfoten; und die Fähigkeit, sich aufzurichten und auf den Hinterbeinen zu stehen.

Diese besonderen Eigenschaften waren unabdingbare Voraussetzungen für das Leben auf Bäumen. Sie haben sich im Überlebenskampf hervorragend bewährt. Viele neue Arten, nicht zuletzt alle Affen, haben sich aufgrund dieser Fähigkeiten entwickeln und über Jahrmillionen durchsetzen können. Ohne dieses Instrumentarium würde es uns nicht geben. Auch die Entwicklung unserer Intelligenz, auf die wir uns so viel einbilden, hängt unmittelbar mit dem räumlichen Sehen und der Fähigkeit zu greifen zusammen. Begreifen – das heißt verstehen – hat in der Tat etwas mit greifen zu tun. Am schönsten kann man dies bei Babies beobachten, die mit ihren Händchen zu spielen, zu greifen und Zusammenhänge zu erkennen beginnen.

Unsere Ahnengalerie

Das erste, wovon wir Abschied nehmen müssen, wenn wir uns die Geschichte des Menschen vor Augen führen, ist die Vorstellung, es gebe so etwas wie eine gerade Abstammungslinie, die von irgendeiner bestimmten, früher lebenden Art direkt zu uns modernen Menschen führt. Unser Stammbaum ist vielmehr ein völlig unübersichtliches Gewirr von Ästen und Zweigen, die teils weiterführen, teils irgendwo plötzlich enden. Die Evolution produziert laufend und massenhaft Sackgassen. Die verschiedensten Affen- und Menschenaffenarten sind entstanden und wieder ausgestorben. Die Entwicklung von affenartigen zu menschenähnlichen Wesen hat sich im Laufe von 25 Millionen Jahren über viele Haupt- und Nebenstränge vollzogen. Unterschiedlich entwickelte menschenähnliche Arten haben zum Teil während Millionen von Jahren gleichzeitig gelebt. Wer sich wann mit wem vermischt hat, und wer mit wem nicht, ist nicht geklärt und wird voraussichtlich nie geklärt werden können.

Als unser unmittelbarer Urahn gilt ein Frühmensch, dem die Wissenschaft den Namen *Homo habilis* gegeben hat. Die ersten Spuren hinterließ er vor zweieinhalb, die letzten vor eineinhalb Millionen Jahren. Er konnte Steinwerkzeuge herstellen, betrieb Rudeljagd und wies bereits ein höher entwickeltes Sozialleben auf. In Feuerland, Patagonien, Neuguinea und Tasmanien finden sich noch heute Reste von Urvölkern, die nicht über diese frühe Stufe des Werkzeuggebrauchs hinausgelangt sind.

Der vielleicht bekannteste Frühmensch ist der Neandertaler. Er ist vor rund 100 000 Jahren aufgetaucht und vor 35 000 Jahren wieder verschwunden. Er hat bereits wesentlich feinere Steinwerkzeuge hergestellt, sich mittels einer ausgeprägten Sprache verständigt, die Treibjagd beherrscht und Fallgruben gebaut. Bei ihm finden sich erste Hinweise auf religiöse Riten, insbesondere auf das Begraben der Toten. Aber ausgerechnet der Neandertaler figuriert nicht in unserer Ahnenreihe. Mit ihm verbinden uns lediglich gemeinsame Vorfahren. Vieles deutet sogar darauf hin, daß der Neandertaler von frühen Populationen des Neuzeitmenschen verdrängt, möglicherweise ausgerottet worden ist.

Zu Besuch bei Verwandten

Unsere Ahnenreihe ist keineswegs lückenlos dokumentiert. Von einigen Vorfahren finden sich Fossilien, von anderen nicht. Wir wissen einiges über frühe, menschenartige Affen – und dann wieder allerhand über die frühen eigentlichen Menschen. Dazwischen – für die Zeit von vor fünf bis sechs Millionen Jahren – klafft eine Lücke. Die Wissenschaft spricht vom »*missing link*«, dem fehlenden Bindeglied.

Nun haben wir aber im Tierreich außerordentlich nahe Verwandte, und zwar die Schimpansen. Ihre Entwicklungslinie hat sich sehr viel später von der unseren abgespalten als beispielsweise diejenige der Paviane, Orang-Utans oder Gorillas. Jüngere, gentechnische Untersuchungen haben die äußerst nahe Verwandtschaft zwischen Menschen und Schimpansen bestätigt: 98,4 Prozent der Gene sind identisch. Dies hat in den letzten Jahren zu einer intensiven wissenschaftlichen Beschäftigung mit diesen Tieren geführt – und zu aufregenden Ergebnissen.

Schimpansen können nicht nur Werkzeuge einsetzen, sondern teilweise sogar Werkzeuge herstellen und zum Gebrauch an der richtigen Stelle bereitlegen. Sie brechen sich aus Pflanzenhalmen Röhrchen zurecht, die sie als Geruchssonden verwenden, um Termitenhügel nach lebenden Termiten absuchen. Sie schlagen mit Steinen Nüsse auf. Sie verwenden Blätter, um ihren Hintern von Fäkalienresten zu säubern. Sie basteln aus Pflanzenfasern eine Art Schwamm, um Wasser aufzunehmen und zu trinken. Schimpansen wurden beobachtet, wie sie mit Hölzern, die sie als Hebel benutzten, eine Lebensmittelkiste aufbrachen; andere, wie sie aus herumliegenden Ästen eine Art Leiter bauten, um aus einem Gehege zu entkommen. Dies alles zeugt von einem planenden Vorausdenken, das man bislang ausschließlich dem Menschen zugebilligt hatte.

Schimpansen zeigen aber auch ein hochentwickeltes Sozialleben. Sie verfügen über eine besonders ausgeprägte Fähigkeit zu sozialem Lernen. Ihre Formen des Zusammenlebens sind wesentlich flexibler, ihre Formen der Verständigung untereinander differenzierter als diejenigen anderer Affenarten. Und im Gegensatz zu allen anderen Affenarten können sich Schimpansen an auffallend unterschiedliche Umweltverhältnisse anpassen – eine der hervorstechendsten Eigenschaften der frühen Hominiden.

Aufgrund der bisherigen Ergebnisse hält man es mittlerweile für möglich, daß die Schimpansen der geheimnisvollen Übergangspopulation sehr nahe kommen, über die wir auf dem Wege fossiler Funde bis heute nichts erfahren konnten. Es könnte sein, daß die Schimpansen Abkömmlinge gemeinsamer Vorfahren sind, die sich – im Gegensatz zum Zweig der Hominiden – wenig oder gar nicht verändert haben.

Kapitel 2

Die Nische der Hominiden

Eigentlich dürfte es uns gar nicht geben. Die frühen Menschen waren den damals lebenden Raubtieren an Größe, Kraft und Schnelligkeit weit unterlegen. Für die Jagd waren sie viel zu langsam und schwerfällig. Andererseits waren sie bei weitem groß genug, um selbst auf größere Distanz gesehen zu werden – und sie lebten auf der ebenen Erde, und nicht etwa, wie viele Affenarten, zurückgezogen im Geäst hoher Bäume. Vor allem aber waren sie viel zu groß, um wie Kleingetier – Bakterien, Insekten oder Mäuse – ihre Art durch Massenfortpflanzung erhalten zu können. Im Gegenteil, sie lebten in kleinen Gruppen, weit verstreut über große Gebiete. Eine Frau konnte im Laufe ihres kurzen Lebens vielleicht drei bis vier Kinder großziehen – immer nur eines auf einmal, denn ein Kind mußte während der ersten Jahre seines Lebens auf den weiten Wanderungen der Sippe Schritt für Schritt getragen werden. Während Jahrmillionen gab es insgesamt nie mehr als einige Hunderttausend Exemplare – ein verschwindend kleiner Bestand im Vergleich zu demjenigen aller damals lebenden größeren Säugetiere. Unter derartigen Voraussetzungen zu überleben, war in der Tat eine nicht zu überbietende Glanzleistung.

Weltmeister der Anpassung

Die Strategie, die dieses Kunststück möglich machte, heißt Anpassung. Wir waren und sind – wie die Schimpansen – Allesfresser. Unsere Vorfahren konnten sich von Früchten, Nüssen, Blättern, Wurzeln und Knollen oder aber von Eiern, Fleisch oder Fisch ernähren – je nachdem, was gerade verfügbar war. Sie setzten scharfe Steine als Werkzeuge ein, um Wurzeln zu zerkleinern, Tiere zu erschlagen, Knochen aufzubrechen, Kadaver zu häuten und Tierfelle zu säubern. Sie waren in der Lage, Essbares zu sammeln und mit sich zu tragen – erste Formen der Vorratshaltung. Mit der Zeit lernten sie, in Rudeln zu jagen, und etwas später, Tiere gezielt in eine Falle zu treiben. Nach rund zwei Millionen Jahren lernten sie sogar, das Feuer zu beherrschen. Danach verbreiteten sie sich innerhalb kürzester Zeit – in wenigen Tausend Jahren – bis in die kältesten Regionen unseres Planeten.

Dies alles setzte besondere Fähigkeiten voraus: zum einen bewußte, der jeweiligen Situation entsprechende Entscheidungen anstelle eines ein für allemal genetisch festgelegten Verhaltensprogrammes; zum zweiten die Fähigkeit, zu lernen – das heißt Informationen aufnehmen, im Gedächtnis behalten und weitergeben zu können; und drittens, besonders wichtig: die Fähigkeit zur Fürsorge und Zusammenarbeit. Gemeinsam ist man stark – dies war das Überlebensrezept des vergleichsweise schwächlichen und verletzlichen frühen Menschen. Gemeinsam wurde gejagt, gemeinsam wurde die Nahrung verteilt und verzehrt, gemeinsam verteidigte man sich gegen Raubtiere oder Gruppen feindlicher Stämme. Kein Tier hat je ein so hochentwickeltes Sozialleben gehabt wie die Hominiden. Zusammenhalt und koordiniertes Vorgehen haben es den Menschen ermöglicht, unter den verschiedensten Bedingungen zurechtzukommen und sich gegen alle damals lebenden Tiere – auch gegen so große wie die Mammuts und so gefährliche wie die Säbelzahntiger – erfolgreich durchzusetzen.

Der aufrechte Gang

»Sich auf die Hinterbeine stellen« ist noch heute der Ausdruck für Selbstbehauptung und Durchsetzungswillen – und genau dies war notwendig, wenn man sich als affenartiges Wesen von den Bäumen herab in die Savanne hinaus wagte. Man mußte sich aufrichten, um im meterhohen Gras Überblick zu gewinnen, oder aber, um durch Markieren von Größe Raubtiere abzuschrecken. Hin und wieder für kurze Zeit aufzustehen genügte nicht. Man mußte sich auf zwei Beinen fortbewegen können. Damit wiederum war ein entscheidender Vorteil verbunden: Die Hände waren frei zum Greifen, Tragen oder Werfen von Gegenständen.

Wer beides konnte, sich auf den Hinterbeinen fortbewegen und gleichzeitig die Hände gebrauchen, der hatte bessere Aussichten zu überleben. So haben die Hominiden im Laufe der Evolution beides perfektioniert. Dazu war allerdings eine entsprechende Koordination der Bewegungsabläufe erforderlich. Im übrigen mußte man ein ausgeprägtes Raumgefühl, insbesondere ein Gefühl für »oben« und »unten« entwickeln. Mit der Ausgestaltung des Bewegungsapparates ging deshalb eine Vergrößerung und Differenzierung des Gehirns einher.

Die frühen Hominiden waren allerdings noch keine Jäger. Sie konnten nur an eiweißreiche, tierische Nahrung herankommen, wenn sie diese greifen konnten: Eier, Insekten, Larven sowie kleine, verletzte oder tote Vögel und Säugetiere. Ihre Hauptnahrung war vegetarischer Natur. Um aber in der Savanne genügend Eßbares zu finden, mußten sie weite Gebiete durchstreifen. Unsere Vorfahren waren nicht besonders schnelle, dafür aber außerordentlich ausdauernde Läufer – und ständig in Bewegung.

Die frühe Geburt

In der ökologischen Nische, in der sich die Hominiden befanden, waren Größe und Leistungsfähigkeit des Gehirns die entscheidenden Vorteile im Kampf ums Überleben. Doch da gab es ein Problem: Einerseits war Nachwuchs mit besonders gut ausgebildetem Gehirn gefragt; anderseits war damit ein größerer Kopf verbunden. Doch die Öffnung, durch die das Kind bei der Geburt aus dem Mutterleib kommen sollte, war anatomisch begrenzt und aus konstruktiven Gründen auch nicht beliebig erweiterbar. Eine Veränderung des Beckens hätte bei der Mutter unausweichlich zu einer Beeinträchtigung der Fortbewegungsfähigkeit geführt.

Die Evolution hat einen Ausweg aus diesem Dilemma gefunden: eine immer frühere Geburt. Die besten Überlebenschancen hatten diejenigen, die *erstens* ein gut ausgebildetes Gehirn besaßen, *zweitens* so früh geboren wurden, daß sie gerade noch durch die enge Öffnung schlüpfen konnten, und *drittens* von der Mutter entsprechend intensiv und lange ernährt, gepflegt und beschützt wurden. Jahrelang. Denn die neugeborenen Menschen waren in Tat und Wahrheit Frühgeburten und nicht – wie beispielsweise ein Fohlen – zum Zeitpunkt der Geburt bereits weitgehend ausgereifte und selbständig fortbewegungsfähige Lebewesen.

Ausgerechnet dieses scheinbare Handicap hat in der Folge zur Entwicklung entscheidender Überlebensvorteile geführt. Menschenkinder werden besonders früh in ihrer Entwicklung mit der lebendigen Umwelt konfrontiert. Sie beginnen sehr viel früher zu lernen. Sie werden sehr viel länger und intensiver von ihrer Mutter betreut und entwickeln deshalb eine ausgeprägte Fähigkeit, stabile emotionale Beziehungen einzugehen. Sie haben eine besonders lange Kindheit, während welcher sie von der Mutter auf das Leben vorbereitet werden. Sie können sehr viel komplexere Strategien, nicht zuletzt im Umgang mit anderen Menschen, lernen und einüben.

Das Wesen, welches besonders hilflos und verletzlich zur Welt kam, war, wenn es die Kinderstube verließ, besonders gut vorbereitet auf die Überraschungen und Gefahren, die das Leben in der freien Natur bereithielt.

Die Weitergabe von Wissen

Eine der wesentlichsten, aber auch anspruchsvollsten Fähigkeiten, die im Laufe der Kindheit erlernt werden mußte, war die Verständigung mit Artgenossen. Mitteilungen über die eigene Befindlichkeit sowie über Verhältnisse im Umfeld zu machen, aber auch solche Mitteilungen empfangen, speichern und gegebenenfalls an Dritte weitergeben zu können – dies sind Höchstleistungen der Kommunikation, die den frühen Menschen gewaltige Vorteile gegenüber jedem anderen Lebewesen verschafften.

Die hochentwickelte Kommunikation ermöglichte ganzen Menschengruppen, in schwierigen Situationen – etwa bei der Jagd oder bei drohender Gefahr – abgestimmt und koordiniert vorzugehen. Die Sprache ermöglichte aber auch eine ungleich intensivere und vielfältigere Gestaltung der Beziehungen zwischen den einzelnen Individuen. Freundschaften konnten entstehen, vorübergehende Koalitionen ausgehandelt, dauerhafte Partnerschaften eingegangen werden. Das Beziehungsgefüge in einer Gruppe von Menschen war und ist nicht nur vielfältiger und flexibler, sondern auch persönlicher und intensiver als in irgendeinem Rudel von Tieren.

Die Fähigkeit der Menschen zum Speichern und Weitergeben von Wissen hatte eine weitere Konsequenz: Wissen und Erfahrungen konnten von einer Generation an die nächste weitergegeben werden. Die Kultur einer menschlichen Population enthielt das gespeicherte Wissen nicht nur der lebenden Individuen, sondern auch ihrer Vorfahren. Und solange das gespeicherte Wissen sich bewährte, wurde es beibehalten. Traten im Umfeld entscheidende Veränderungen ein, kam neues »Wissen« dazu. Die Kultur entwickelte sich weiter. Wenn dagegen das Umfeld stabil blieb, konnte eine Kultur unverändert große Zeiträume überdauern. Zu allen Zeiten haben menschliche Populationen mit unterschiedlich entwickelten Kulturen gleichzeitig gelebt. Die letzten Steinzeitkulturen gehen in unseren Tagen als Folge der Zersiedelung unseres Planeten zugrunde.

Fürsorge, Zusammenarbeit und Konfliktregelung

Zusammenleben in einer Gruppe bedeutet nicht nur Zuwendung, Rücksichtnahme sowie wechselseitige Fürsorge, Hilfe und Unterstützung, sondern auch Streit, Intrigen, Konkurrenz und Konflikt. Geselligkeit ist nicht ein gleichbleibender Zustand der Nähe und des Wohlbefindens, sondern ein ununterbrochener Prozeß wechselnder Nähe und Distanz, der Zuneigung und der Abneigung, des Streitens und des Friedenschließens, des Eingehens von Kompromissen, des Vermittelns und des Aushandelns allseitig tragbarer Lösungen. Dies alles zu beherrschen, und zwar so, daß man selbst auf seine Kosten kommt, gleichzeitig aber den Zusammenhalt in der Gruppe nicht gefährdet – das will gelernt sein.

Die Fähigkeit, Konflikte offen, aber unblutig auszutragen und wieder beizulegen, ist hierbei ebenso wichtig wie die Fähigkeit, sich um andere zu kümmern, auf die Bedürfnisse anderer Rücksicht zu nehmen, anderen zu helfen. Diese Fähigkeit, die unsere Vorfahren zur dominierenden Art auf diesem Planeten gemacht hat, kommt uns heutzutage schrittweise, aber unaufhaltsam wieder abhanden. Soziale Intelligenz, wie wir sie heute nennen, ist mehr und mehr Mangelware. Kommunikationstrainings, Seminare für Gesprächsführung oder Konfliktmanagement sowie Therapien aller Art – vom Urschrei bis zur Psychoanalyse – haben Hochkonjunktur. Der Neandertaler würde einen Lachkrampf kriegen.

Das Darwinsche Prinzip »*Survival of the fittest*« – das Überleben des jeweils Stärkeren – bedeutet nicht von vornherein das Überleben des stärksten oder intelligentesten Individuums. Es bedeutet bei verschiedenen Tierarten – und ganz speziell beim Menschen – *das Überleben der am besten funktionierenden Zusammenarbeit*. Die sozialsten und kooperativsten Gruppen haben sich durchgesetzt und konnten sich erfolgreich weiterentwickeln.

Daß heute immer mehr Menschen heranwachsen, die nur das Recht des Stärkeren und die Durchsetzung eigener Interessen mit Gewalt gegen andere kennengelernt haben, und die all das nicht mehr beherrschen, was jeder Frühmensch im Laufe seiner Kindheit gelernt und eingeübt hat, ist ein entscheidender Aspekt des Dramas, dem dieses Buch gewidmet ist.

Symbole, Normen und Rituale

Die menschliche Sprache ist ein Code. Sie besteht aus einer Menge abstrakter Symbole, die wir verwenden, um anderen Informationen über uns selbst oder über Verhältnisse im Umfeld weiterzugeben. Das Symbol für »Regen« kann unterschiedlich lauten: »Pioggia«, »Rain« oder »Pluie«. Entscheidend ist aber, daß die Mitglieder einer Gruppe, die sich untereinander verständigen müssen, alle den gleichen Code, die gleichen Symbole verwenden. Sie brauchen eine gemeinsame Sprache. Sonst ist eine erfolgreiche Verständigung nicht möglich.

Außerdem brauchen sie gemeinsame Spielregeln. Sie müssen wissen, wie man sich – wenn man zu dieser Gruppe gehört – in bestimmten Situationen zu verhalten hat. Es ist für das Überleben der Gruppe letztlich nicht entscheidend, ob man sich bei der Begrüßung die Hand gibt, die Nase reibt oder die Faust erhebt; ob Monogamie oder Polygamie angesagt ist; und ob Sex vor der Ehe verboten ist oder gezielt organisiert wird. Entscheidend ist aber, daß diese Dinge von allen Mitgliedern einer Sippe gleich gehandhabt werden. Sie brauchen ein gemeinsames Konzept, wie eine Behausung gebaut werden und aussehen soll. Und sie brauchen eine gemeinsame Vorstellung davon, was als »schön« und was als »häßlich« zu betrachten ist. All dies erleichtert das Zusammenleben und Zusammenwirken ganz außerordentlich. Die Komplexität, die entstünde, wenn nichts festgelegt wäre, würde nie und nimmer bewältigt werden können. Es käme zu einer babylonischen Verwirrung.

Wenn Menschen den Zusammenhalt in der Gruppe stärken, die Gemeinschaft pflegen wollen, dann müssen sie sich auch gemeinsam freuen und gemeinsam trauern können. Sie müssen gemeinsam Feste feiern, Musik machen, singen und tanzen. Und wenn sie religiöse Gefühle haben, brauchen sie gemeinsame Anlässe, um diesen Gefühlen gemeinsam Raum und Ausdruck zu geben. Die Menschen brauchen, um die Zusammengehörigkeit zu stärken, ihre kleinen und großen Rituale. Denn der Zusammenhalt ist nicht durch Instinkt, durch genetisch festgelegte Verhaltensprogramme gewährleistet. Er muß laufend gepflegt und gefestigt werden.

Menschen sind nicht wie Bienen oder Ameisen, die ebenfalls ein beeindruckendes Sozialleben entwickelt haben, genetisch und hormonell gesteuerte Automaten. Ihr Verhalten wird durch bewußte, situative Entscheidungen sowie durch die in ihrem sozialen Umfeld herrschende Kultur gesteuert – durch ganz bestimmte Symbole, Normen und Rituale. Diese können von einer Population zur anderen diametral verschieden sein. Wenn ein Ire Sie auf der Straße respektvoll grüßt, schüttelt er den Kopf – genau so, wie jeder normale Deutsche dies tun würde, wenn er zum Ausdruck bringen möchte »Was sind Sie doch für ein Vollidiot!« Menschenfleisch zu verspeisen, kann höchster Genuß im Rahmen eines Festessens oder absolutes Tabu sein. Aber innerhalb einer bestimmten Gruppe gibt es kein Sowohl-als-auch. Der Zusammenhalt verlangt einheitliche Regelungen, die klare Verhältnisse schaffen und jedem Mitglied der Gruppe sagen, was »gut« und »böse«, »erlaubt« und »verboten« ist. Eindeutige Regelungen reduzieren den Aufwand für Klärungen und Diskussionen. Sie reduzieren die soziale Komplexität auf ein erträgliches Maß.

Kultur ist die Gesamtheit der Sitten und Gebräuche – der Symbole, der Werte und Normen, der Tabus und Rituale – die ein Volk oder eine Menschengruppe im Laufe der Zeit entwickelt hat, um das Zusammenleben zu regeln. Die gemeinsame Kultur ist das, was die Menschen verbindet. Sie gibt ihnen eine gemeinsame Identität. Sie gewährleistet Zusammenhalt nach innen und Stärke nach außen.

Der Mensch ist ein Kulturwesen. Er besitzt die Fähigkeit, Kulturen zu entwickeln und zu verändern. Aber genau hier liegt auch eines unserer größten Probleme: Menschliche Kulturen können so verschieden sein, daß sie nicht mehr miteinander vereinbar sind. Fremdheit erregt Mißtrauen und führt leicht zu Abstoßung. Dieser in Jahrmillionen durch die Evolution entwickelte Mechanismus setzt der Gemeinsamkeit, der Solidarität und dem Frieden zwischen Menschen klare Grenzen.

Kapitel 3

Die Urhorde

Gesellschaft der Mütter

Ob man es als Mann in einer patriarchalischen Gesellschaft gerne hört oder nicht: Die Entstehung unserer Art, insbesondere unsere Kulturfähigkeit, ist im wesentlichen das Werk der Frauen. Wir haben Grund zu folgenden Annahmen: Die frühen Hominiden lebten aller Wahrscheinlichkeit nach in matriarchalischen Rudeln oder Sippen. Der Kern des sozialen Gefüges war eine Mutter mit ihrem Kind. Mehrere Mütter mit ihren Kindern haben, je nach Verhältnissen, kleinere oder etwas größere Gruppen gebildet. Die Frauen waren die aktiven Gruppenmitglieder. Sie haben ihre Kinder mit Nahrung versorgt, betreut, beschützt und unterrichtet. Die Frauen innerhalb einer Sippe haben untereinander ein soziales Netzwerk gebildet. Sie haben die Sippe nach außen gemeinsam verteidigt. Sie waren die »wichtigen« Individuen in der Gruppe. Sie gaben den Ton an.

Die Männer haben im wesentlichen sich selbst versorgt und waren im übrigen dazu da, als Samenspender Nachwuchs zeugen zu helfen. Es gibt keine Anhaltspunkte dafür, daß es damals bereits zur Bildung von stabilen Familien – Vater, Mutter und Kind – gekommen ist. Es gab auch noch keine Jagd, und schon gar nicht eine Rudeljagd, durch welche die Männer sich als besonders nützlich und wertvoll hätten erweisen können. Wahrscheinlich waren sie teilweise sogar Einzelgänger. Viele von ihnen mußten ohnehin auf der Suche nach Sexualpartnern die Sippe verlassen, in der sie aufgewachsen waren. Die Sippen waren zu klein, um genügend vielfältige Paarungsmöglichkeiten und eine genügende Durchmischung der Gene zu gewährleisten.

Zweierlei hat die Menschheit in ihrer Entwicklung entscheidend vorangebracht – und bei beidem haben die Frauen die entscheidende Rolle gespielt. Erstens, die »Erfindung« des Sammelns: das Zusammentragen und Mitführen von Eßbarem – die Urform der Vorratshaltung. Dies war eine gewaltige Innovation gegenüber dem bisher üblichen, sofortigen Verzehr gefundener Nahrung vor Ort. Es waren mit an Sicherheit grenzender Wahrscheinlichkeit die Frauen, denen diese Errungenschaft zu verdanken ist, denn sie mußten nicht nur für sich selbst, sondern auch für ihre Kinder sorgen und Nahrung beschaffen. Zweitens: Im Gegensatz zur landläufigen Meinung, daß ausschließlich Größe und Stärke der Männer den Frauen imponierten, haben die Frauen ihre männlichen Sexualpartner auch nach anderen Kriterien ausgewählt. Sie haben sich für Männer entschieden, die bereit waren, Nahrung zu teilen; Männer, welche die Kinder nicht vertrieben, sondern eventuell beschützen halfen; und die der Frau gegenüber auch dann ein gewisses Interesse zeigten, wenn es nicht gerade ums Kopulieren ging.

Die Frauen haben durch ihre Partnerwahl dafür gesorgt, daß Männer mit besonders günstigen Anlagen für die Entwicklung sozialer Intelligenz ihre Gene weitergeben konnten. Die Frauen hatten damals die höher entwickelte soziale Intelligenz. Und sie haben sie noch heute.

Jäger und Sammlerinnen

Erst verhältnismäßig spät, vielleicht vor zwei oder zweieinhalb Millionen Jahren, bahnte sich der gesellschaftliche Umbruch an. Es kam zur Bildung von Familien innerhalb der Horden sowie zur Rudeljagd. Sowohl die Bildung stabiler Familien als auch die gemeinsame Jagd waren nur möglich, nachdem die Männer höhere kommunikative und soziale Fähigkeiten entwickelt hatten.

Dieser Umbruch hatte eine Reihe von Konsequenzen. Die Menschen kamen jetzt häufiger, viele sogar regelmäßig zu hochwertiger, eiweißreicher Nahrung. Dies hat die weitere Ausgestaltung und Anpassung sowohl des Bewegungsapparates als auch des Gehirns entscheidend gefördert. Es bildete sich eine Arbeitsteilung unter den Geschlechtern heraus. Jagd und Verteidigung war mehr und mehr Sache der Männer, die Frauen haben Eßbares und Brauchbares gesammelt und die Kinder betreut.

Durch die Übernahme derart wichtiger und im übrigen gefährlicher Aufgaben im Dienste der Allgemeinheit, haben die Männer einen immer höheren sozialen Status erworben. Neben dem Sichern des Revieres und der Verteidigung der Gruppe nach außen war das wertvollste zweifellos die Beschaffung von Fleisch. Fleisch war, wie der Forscher Richard Leakey es einmal ausdrückte, die »harte Währung« der damaligen Zeit. Wer die hochwertige Hauptnahrung beschaffte, erwarb sich hohes soziales Ansehen. Es sind wahrscheinlich solche Faktoren, die im Laufe der Zeit zu patriarchalischen Strukturen menschlicher Gesellschaften geführt haben.

Die Horde und der Stamm

Ob beim Tier oder beim Menschen: Das Zusammenleben in einer Gruppe stellt hohe Anforderungen an die Kommunikationsfähigkeit der Mitglieder. Der zentrale Erfolgsfaktor heißt Vertrauen. Jedes Gruppenmitglied kennt jedes andere persönlich. Tiere, die in Rudeln leben, geben sich zwar keine Namen, aber sie erkennen und behandeln sich wechselseitig als Individuen. Alle wissen genau, wer zur Gruppe gehört und wer nicht. Fremde werden von weitem erkannt – am Aussehen, am Geruch, an den Bewegungen. Der Zusammenhalt innerhalb der Gruppe und die Stärke der Gemeinschaft nach außen beruht auf einem tiefen Gefühl der Zusammengehörigkeit und des Vertrauens. Man weiß, daß man sich aufeinander verlassen kann. Persönliches Vertrauen aber muß gepflegt werden. Es entsteht durch regelmäßige, intensive Kommunikation. Dialog ist die Grundlage erfolgreichen Zusammenlebens – im Tierreich genau so wie bei uns Menschen.

Die Notwendigkeit stabiler, intensiv gepflegter persönlicher Beziehungen ist aber gleichzeitig ein limitierender Faktor. Sie setzt bezüglich der Größe erfolgreicher Gruppen verhältnismäßig enge Grenzen. Sobald eine Gruppe eine gewisse Größe erreicht, wird es für ihre Mitglieder immer schwieriger, zu allen anderen vertrauensvolle Beziehungen zu unterhalten. Wenn eine Elefantenherde immer größer wird, kommt es irgendwann zu Reibereien, Rangeleien und Streitereien. Die Gruppe wird in ihrer Funktionsfähigkeit beeinträchtigt, mit der Zeit gelähmt. Sie bricht auseinander – in zwei oder drei Teile, die ihrerseits nun wieder klein genug sind, um eine funktionsfähige Gemeinschaft zu bilden. So ist es nicht nur bei den Elefanten, den Wölfen und anderen in Rudeln lebenden Tieren. So war es auch bei den Hominiden.

Die menschlichen Urvölker haben immer in Rudeln, Horden oder Sippen gelebt, in verhältnismäßig kleinen, überschaubaren Überlebensgemeinschaften. Diese funktionierten wie eine Großfamilie. Die Urhorde bestand in der Regel aus 15 bis 25 Individuen. Manchmal war eine Horde auch etwas größer – 30, 40 oder 50 Individuen. Aber das war bereits die Ausnahme.

In einer so kleinen Gemeinschaft läßt sich aber das demographische Gleichgewicht kaum dauerhaft aufrechterhalten. Mal sterben zu viele, die

Gruppe fällt unter die kritische Größe. Mal läßt ein Geburtenüberschuß die Gruppe zu groß werden. Mal werden zufälligerweise fast nur Jungen oder lauter Mädchen geboren, und schon klappt es nicht mehr mit der Fortpflanzung. Unsere Vorfahren haben deshalb bereits früh gelernt, mit anderen Sippen ein lockeres, aber friedliches Netzwerk zu bilden. Mehrere Sippen mit gleicher oder ähnlicher Sprache und Kultur bildeten einen Stamm. Sexualpartner konnten dann außerhalb der eigenen Sippe gesucht und gefunden werden.

Aber die Anzahl der Horden oder Sippen, die friedlich miteinander kooperieren konnten, war begrenzt. Die Außenbeziehungen zu den einzelnen Nachbargruppen mußten gepflegt werden, damit das Vertrauen aufrechterhalten werden konnte. Man konnte aber nicht mit hundert anderen Gruppen intensive Beziehungen pflegen. Damit war die Größe der Stämme ebenfalls klar begrenzt. Ein großer Stamm umfaßte 20 oder äußerstenfalls 25 Sippen. Und nur wer zum Stamm gehörte, war ein »Freund« – ja mehr noch: Nur wer zum Stamm gehörte, wurde als »Mensch« wahrgenommen.

Wir sind von der Evolution dafür ausgestattet worden, in kleinen, überschaubaren Gemeinschaften zu leben und mit einer äußerst begrenzten Anzahl anderer Gruppen freundnachbarliche Beziehungen zu pflegen – und auch dies nur, solange diese Nachbarn die gleiche Sprache sprechen und gleich oder ähnlich leben wie wir selbst. Auch das menschliche Gehirn – ein absolutes High-Tech-Produkt der Evolution – kann nur ein begrenztes Maß von Komplexität bewältigen.

Kampf ums Überleben

Der Mensch hat im Laufe der Evolution nicht nur gelernt, mit Artgenossen gefühlvolle Beziehungen aufzubauen, stabile Partnerschaften einzugehen und engste Gemeinschaften zu bilden. Er hat nicht nur die Fähigkeit zur Liebe, Zärtlichkeit, Fürsorge und Zusammenarbeit erworben. Er war gleichzeitig der brutalste Totschläger, den man sich vorstellen kann. Das Leben der Menschen war immer auch durch Haß und Aggression geprägt. Der Mensch hat sich seit seinen frühesten Anfängen durch eine besondere Brutalität sowohl gegen Tiere als auch gegen fremde Artgenossen ausgezeichnet. Und seit der Mensch Formen intelligenter Organisation gefunden hat, hat er auch Mord und Totschlag effizient organisiert. Wenn es in der Geschichte des Menschen Beispiele friedlichen Lebens gegeben hat, dann waren es vorübergehende Ausnahmeerscheinungen; andere Hinweise beruhen auf Geschichtsfälschungen.

Ob es uns paßt oder nicht: Wir sind nicht nur das sozialste, sondern auch das tückischste, rücksichtsloseste und brutalste Lebewesen auf diesem Planeten. Gewalt in allen nur denkbaren Formen – Kopfjagd, Kannibalismus, Folter, Blutrache, Vergewaltigung, Menschenraub und Massenmord – zieht sich wie ein roter Faden durch die gesamte Menschheitsgeschichte, von den frühesten Anfängen bis heute. Wenn Sie Mühe haben sollten, dies zu glauben, empfehle ich Ihnen ein besonders blutrünstiges Geschichtsbuch zum sorgfältigen und vorurteilslosen Studium – nämlich die Bibel, vorab das Alte Testament. Die Wirklichkeit war allerdings noch viel schlimmer, als die Bibel sie beschreibt. Die ursprünglichen Bibeltexte sind innerhalb der christlichen Kultur mehrmals redigiert und geschönt worden. Die Bibel, die Sie heute kaufen und lesen können, ist bereits ein jugendfrei zensiertes Werk. Aber soviel zeigt sie doch: Mord und Totschlag, Krieg und Unterwerfung gehören genauso zum spezifisch Menschlichen wie die Herstellung eines Werkzeugs oder das Malen eines Bildes. Der lateinische Spruch »*homo homini lupus*« hat es auf den Punkt gebracht – in freier Übersetzung: Der Mensch ist des Menschen ärgster Feind.

Die farbenprächtigen Fische, welche die Korallenriffe bevölkern, sind bekannt für ihre Revierverteidigung. Jeder beansprucht einen oder einige wenige Quadratmeter Lebensraum, die er besetzt und gegen jeden Eindringling, insbesondere gegen Artgenossen, verteidigt. Der Sinn dieses Verhaltens: Die Fische verteilen sich einigermaßen gleichmäßig über das Riff. Nur so ist gewährleistet, daß möglichst viele Platz haben und Futter finden. Nur so kann die Art überleben.

Eine Sippe unserer Vorfahren benötigte größere Reviere, um genügend Nahrung zu finden – je nach Pflanzenbestand sowie Art und Dichte der Fauna 20, 50 oder 100, in Dürregebieten bis zu 1000 Quadratkilometer. Revierüberschreitungen fremder Stämme und Gruppen waren gang und gäbe. Nicht überall war genug Nahrung vorhanden. Tierherden waren weitergezogen. Das Wasser war versiegt. Man mußte weiterziehen. Doch jeder fremde Eindringling wurde sofort verjagt – und wenn er sich nicht verjagen ließ, kam es zum Kampf. Dabei ging es für beide Seiten um Sein oder Nichtsein. Rücksichtnahme oder Mitleid gegenüber Fremden war ein Überlebensnachteil. Töten oder getötet werden, hieß die Devise. Wer raffinierter, hinterlistiger, aggressiver und brutaler kämpfte, hatte ein Revier und überlebte.

Die Köpfe von Feinden waren begehrte Trophäen. Feinde wurden verzehrt, sei es, um sie endgültig und zweifelsfrei zum Verschwinden zu bringen, sei es, um sich ihren Mut und ihre Kraft einzuverleiben. Ihre Populationen wurden oft ausgelöscht – mit Kind und Kegel totgeschlagen. Mit der

Zeit sind die Methoden, sich auf Kosten anderer Menschengruppen Vorteile zu verschaffen, immer raffinierter geworden. Man hat gelernt, andere nicht einfach zu töten, sondern sie zu unterwerfen und auszubeuten. Kriege wurden geführt, nicht nur um Territorien zu besetzen, sondern um Sklaven zu gewinnen – Frauen als Sexualobjekte, Männer als Arbeitstiere.

Gewalt – ein Element der Gesellschaftsbildung

Eines ist über die Jahrhunderttausende geblieben: Die Gefühllosigkeit und Brutalität gegenüber fremden Menschen, die Abstoßung des Andersartigen, die Hinterlist und die Tücke bei der Unterwerfung, Unterdrückung und Auslöschung anderer. Der Krieg in all seinen Formen und mit all seinen entsetzlichen Begleiterscheinungen ist nicht irgendeine seltene, abartige Entgleisung menschlichen Verhaltens. Er ist vielmehr Teil unserer Entwicklungsgeschichte. Liebe nach innen und Haß nach außen haben uns über Jahrmillionen zu dem gemacht, was wir sind.

Es ist heute Mode, so zu tun, als wäre Gewalt von jeher reine Männersache gewesen – und als würden wir, wenn es nach den Frauen gegangen wäre, auf diesem Planeten alle miteinander in der friedlichsten aller Welten leben. Dies ist natürlich eine grandiose Augenwischerei. Die Rollenteilung zwischen den Geschlechtern, die sich bei unseren Vorfahren herausgebildet hat, bedeutet noch lange nicht, daß die Frauen Gewalt grundsätzlich abgelehnt hätten. Die Frauen haben zu allen Zeiten Gewalt gegen Fremde und Andersartige nicht etwa widerwillig hingenommen, sondern beifällig unterstützt. Die Frauen waren zu allen Zeiten die Erzieherinnen des männlichen Nachwuchses zu Helden, Beschützern und Eroberern. In der freien Natur, in der Gewalt allgegenwärtig ist, hätten die Frauen auch gar nicht überlebt, wenn die Horde nicht von gewaltbereiten Männern verteidigt und beschützt worden wäre.

Gewalttätige Rituale – Menschenopfer, Kannibalismus, Folterungen sowie Pogrome gegen Minderheiten – waren zu allen Zeiten wichtige Elemente der Gesellschaftsbildung. Die Abfuhr von Aggression nach außen war unumgänglich, um den Zusammenhalt nach innen zu gewährleisten. Wo vorhanden, wurden zu diesem Zwecke Feinde gesucht, verfolgt und getötet. Wenn keine äußeren Feinde verfügbar waren, richtete sich die Gewalt immer wieder auch nach innen. In menschlichen Kulturen, die isoliert lebten, waren rituelle Menschenopfer aus den eigenen Reihen das notwendige Ventil. Und bis heute ist jeder, der Volksmassen hinter sich bringen will, als erstes darum bemüht, ein klares Feindbild aufzubauen, gegen das der Haß der Menschen gerichtet werden kann. Dann – und nur dann – lassen Menschenmassen sich nämlich problemlos führen.

Dieser Mechanismus hat mit männlich und weiblich wenig zu tun. Er ist ganz einfach menschlich. Er war es zu allen Zeiten und ist es noch heute. Wenn im alten Rom Menschen den Löwen zum Fraß vorgeworfen, wenn später Menschen durch den Strang öffentlich hingerichtet oder Hexen auf dem Scheiterhaufen verbrannt wurden, haben nicht nur Männer zugesehen. Und wenn Sie in Spanien einem Stierkampf beiwohnen, werden Sie dort ebenfalls nicht nur Männer antreffen.

Die Frauen übernehmen bei der Entwicklung von Gewalt in unserer Kultur eine ganz spezifische Rolle. Wer hier Anschauungsunterricht sucht, findet ihn bei der Entwicklung von Gewalt unter den Jugendlichen. Besonders gewalttätige junge Männer haben fast durchweg eine feste Freundin und häufig auch noch eine umfangreiche weibliche Fangemeinde um sich versammelt. Nicht gewalttätige Kollegen dagegen müssen allzu häufig als Mobbing-Opfer herhalten. Da muß man schon erhebliche geistige Verrenkungen bewerkstelligen, um die These aufrechtzuerhalten, Gewalt sei eine einseitig männliche Angelegenheit. Aber dieses Thema ist in unserer Gesellschaft tabuisiert.

Daß Frauen weit weniger als Männer zu aktiver, physischer Gewalt neigen, und daß Frauen, wenn wir eine weniger gewalttätige Gesellschaft haben wollten, mehr Einfluß gewinnen müßten, steht auf einem anderen Blatt. Aber eine solche Entwicklung beginnt nicht mit simplen Clichés. Gewalt war immer ein wesentlicher Bestandteil menschlicher Kulturen – und menschliche Kulturen sind immer von beiden Geschlechtern, wenn auch mit verteilten Rollen, gestaltet worden. Der Sache des Friedens wäre besser gedient, wenn wir versuchen würden, die Entstehung von Aggression und Gewalt im sozialen Gesamtzusammenhang zu verstehen.

Im Einklang mit der Natur

Der Mensch ist auch nicht erst in den letzten hundert Jahren zum rücksichtslosen Zerstörer seiner Umwelt geworden. Bereits die frühen Menschen haben mit allen Mitteln, die ihnen zur Verfügung standen, Raubbau betrieben. Sie haben riesige Tierherden dezimiert oder ausgelöscht, nur um vielleicht ein paar Tierkadaver zu verwerten. Manch eine menschliche Population ist verhungert, weil sie ihre eigenen Lebensgrundlagen fahrlässig aufs Spiel gesetzt hat.

Trotzdem lebten die Menschen über Jahrmillionen und bis noch vor ganz kurzer Zeit im Einklang mit der Natur. Die technologischen Möglichkeiten der Menschen und ihr Aktionsradius waren trotz allem sehr begrenzt. Einzelne Menschengruppen fanden zwar mal hier und mal da vorübergehend einen Überfluß an Wasser und Nahrung. Aber insgesamt mußte man für das eigene Überleben ununterbrochen hart arbeiten – und meistens sehr weit laufen.

Vor allem aber: Es gab niemals so viele Menschen, daß diese auch nur im entferntesten in der Lage gewesen wären, der Natur irgendeinen ins Gewicht fallenden Schaden zuzufügen. Eine Sippe von zwanzig Menschen bevölkerte den Großraum Berlin. In Europa gab es zeitweise nur zehn- bis zwanzigtausend Menschen. Die Weltbevölkerung betrug rund ein Sechstausendstel dessen, was sich heute auf diesem Planeten tummelt. Von jedem größeren Säugetier – ob Pferd, Hirsch, Büffel oder Elefant – gab es hundert- oder tausendmal so viele wie Menschen. Es hat nie ein Lebewesen gegeben, das so große Gebiete so dünn besiedelte wie der Mensch.

Der Mensch war im damaligen ökologischen System eine Randerscheinung, die es halt auch gab, aber die nicht den geringsten Einfluß nehmen konnte auf das Gesamtgeschehen in der Natur. Wären grüne Männchen vom Mars zu Besuch auf die Erde gekommen, wäre es ein großer Zufall gewesen, wenn sie überhaupt einen Menschen zu Gesicht bekommen hätten.

Kapitel 4

Der Umbruch: Ackerbau und Viehzucht

Doch nun zum letzten Zentimeter der hier als viereinhalb Kilometer lange Strecke dargestellte Entwicklungslinie unseres Planeten. Vor rund zehntausend Jahren hat die Entwicklung, deren letzte Phase wir heute miterleben, ihren Anfang genommen. Die Menschen sind seßhaft geworden.

Bis dahin hatten die Menschen als Nomaden in kleinen Horden und Stämmen gelebt. Die anstrengende Art und Weise der Nahrungsbeschaffung sorgte automatisch für eine Stabilisierung der Bevölkerungszahl auf tiefem Niveau. So brutal die Menschen gegen Fremde sein konnten – und sein mußten –, so sozial verhielten sie sich im Umgang miteinander innerhalb der Sippe und meistens auch des Stammes. Jeder kannte jeden. Jeder beherrschte alle Tätigkeiten, die zur Selbstversorgung und Verteidigung erforderlich waren. Es gab zwar zeitweilige Hordenführer, aber keine festgefügte, abgestufte Hierarchie. Jedes Gruppenmitglied war »wichtig« und »wertvoll«. Gerade auch die Alten genossen großen Respekt, denn sie verfügten über ein besonders wertvolles Gut: Lebenserfahrung. Kommunikation nahm vor, während und nach der Arbeit viel Raum ein. Das Zusammenleben war geprägt von Plaudern, Schwatzen, Feilschen, Streiten, Beten, Singen und Tanzen. Das Palaver war die zentrale Institution – die Vollversammlung der Sippe rund ums Lagerfeuer. Hier fand die Weitergabe von Wissen statt – und die gemeinsame Beratung darüber, was in wichtigen Fragen zu tun sei. Jeder konnte mitreden. Jeder hörte alles, was gesagt wurde. Die Urhorde war eine basisdemokratische Veranstaltung in Reinkultur. Zweieinhalb Millionen Jahre lang.

Seßhaftigkeit – die neue Lebensform

Als die letzte Eiszeit zu Ende ging, kam es erstmals zu vorübergehenden menschlichen Siedlungen, Winterlagerstätten zum Beispiel; ebenso zu Ansätzen von Gartenbau und Haustierhaltung. Hirten-Nomaden zogen mit Ziegen- und Schafherden durchs Land. Die Viehzucht hatte begonnen. Vor 6000 Jahren aber begannen die Menschen, das Land mit Pflug und Zugtieren zu bebauen und Rinder zu züchten. Sie wurden seßhaft. Dies war die mit Abstand größte und dramatischste Revolution seit der Beherrschung des Feuers. Der Umbruch vollzog sich weltweit innerhalb weniger Tausend Jahre. Vor dreitausend Jahren gab es nur noch wenige Nomadenvölker – im wesentlichen diejenigen, die bis heute bei dieser Lebensweise geblieben sind.

Wer seine Lebensmittel im Shopping-Center um die Ecke einkauft, kann sich schwer vorstellen, was es damals bedeutete, die Nahrung nicht mehr mühsam zusammensuchen oder auf der Jagd erlegen zu müssen, sondern selbst produzieren zu können und, dies vor allem, sie praktisch immer und in der jeweils benötigten Menge zur Verfügung zu haben. Dies war ein Quantensprung an Lebensqualität.

Die neue Lebensform hatte eine Kehrseite: Die Menschen mußten nicht mehr zwingend in kleinen Sippen leben, um sich über die Runden zu bringen. Im Gegenteil, sie versammelten sich mehr und mehr um die Zentren, wo in größerem Stil Ackerbau und Viehzucht betrieben wurde. Man konnte hier Know-how erwerben, Gerätschaften finden, Lebensmittel und Gegenstände tauschen. Handel kam auf. Es entstanden die ersten größeren Siedlungen – und damit völlig neue und andere gesellschaftliche Strukturen.

Lagerhaltung – Besitz und Verteidigung

In den frühen menschlichen Überlebensgemeinschaften gab es keine Probleme mit individuellem Besitz und Eigentum. Boden besaß man schon gar nicht. Und was die wenigen lebensnotwendigen Habseligkeiten wie Fellbekleidungen, Werkzeuge, Zelte oder Waffen betraf, so half man sich im ureigensten Interesse gegenseitig aus. Denn das Leben und Überleben des anderen bedeutete mehr Sicherheit für einen selbst.

Mit der seßhaften Lebensweise stellten sich mit einem Mal ganz andere Probleme. Lager mußten angelegt, Waren verschoben, Besitz verteilt und festgeschrieben, Haus und Habe gegen immer noch umherziehende Nomaden, und, bald einmal, auch gegen andere Seßhafte verteidigt werden. Boden wurde plötzlich zu einer zentralen Ressource – und der Besitz von wertvollem Boden zur Grundlage des Erfolges. Man war jetzt nicht mehr in einer kleinen Gemeinschaft, in der jeder jeden kannte, und jeder mit jedem durch ein persönliches Vertrauensverhältnis verbunden war. Besitz und Nichtbesitz brachten Mißtrauen, Mißgunst und Neid in den Alltag der Menschen.

Und da in größeren Siedlungen viel wertvoller Besitz konzentriert war – Tierherden, Warenlager, Häuser und Gerätschaften – wurde es immer wichtiger, diese Reichtümer gegen Diebstahl und Raub zu schützen. Einzäunungen wurden errichtet und rund um die Uhr bewacht, Befestigungen wurden gebaut, Frühwarnung und Verteidigung mußten planvoll organisiert werden. Spontane Entscheidungen, rasche Abstimmung und flexibles Agieren – die Stärken der Urhorde – genügten nicht mehr. Planung und Organisation wurden zu zentralen Erfolgsfaktoren.

Spezialisierung – die ersten Berufe

Die Komplexität der neuen und größeren sozialen Gebilde war mit »Generalisten« allein nicht mehr zu bewältigen. Die Menschen begannen, sich zu spezialisieren. Während die einen das Land bebauten, befaßten sich andere mit der Herstellung von Werkzeugen oder Waffen, wieder andere mit dem Aufrechterhalten einer ständigen Verteidigungsbereitschaft. Es bildeten sich erste Berufsstände. Auch im Handel entwickelten sich »Spezialisten«. Die einen organisierten Handel vor Ort. Die Institution »Markt« erblickte das Licht der Welt. Andere wiederum arbeiteten großräumiger. Sie brachten wertvolle Güter von einer Siedlung zur anderen. Ihre Tätigkeit war mit Reisen verbunden. Und während Tausenden von Jahren – bis in die jüngste Vergangenheit – waren fahrende Händler und Abgesandte von Handelshäusern die wichtigsten, oft die einzigen Informationsträger über das Geschehen in fernen Regionen, Ländern und Kontinenten.

Damals ist auch die Bürokratie in unser Leben getreten. Unumschränktes Vertrauen war kein taugliches Prinzip mehr für den Umgang mit Artgenossen. Es wurde ersetzt durch Kontrolle. Buchführung wurde zu einem unverzichtbaren Instrument der Verwaltung vorhandenen Besitzes. Immer mehr Vorgänge und Abläufe mußten durch Vorschriften geregelt werden. Aufsicht und öffentliche Sicherheit, Gerichtsbarkeit und Strafvollzug wurden zu zentralen Institutionen. Und auf allen diesen Gebieten haben sich Menschen spezialisiert, sind Menschen zu »Experten« geworden, haben einzelne Individuen ein für die Gesellschaft wertvolles Know-how und, in der Konsequenz, besonderen Rang und Einfluß erworben.

Der sicherste Weg, um zu Ansehen und Macht zu gelangen, war die Übernahme religiöser Funktionen und Aufgaben. Damit war man nicht nur für alle normalen Sterblichen »tabu«, sondern man wirkte praktisch immer im oder nahe am Zentrum der weltlichen Macht mit. Weltliche und religiöse Macht haben von jeher aufs engste kooperiert. Die Religion war und blieb immer auch eines der wesentlichen Mittel, um staatliche Macht aufrechtzuerhalten und das »gewöhnliche Volk« zu disziplinieren. Nicht von ungefähr hat Karl Marx vom »Opium für das Volk« gesprochen. Das Bodenpersonal der Götter war immer zu Diensten, wenn es darum ging, den weltlichen Herrschern Alibis für die Ausbeutung der eigenen Untertanen oder für die Unterwerfung fremder Völker zu liefern.

Hierarchie – die Klassengesellschaft

Verwaltung und militärische Organisation waren aber auf rein lokaler, dezentraler Basis nicht wirksam genug zu gestalten. Hunderte oder Tausende von Menschen können nicht durch direkte Kommunikation im Gesamtkreis koordiniert und gesteuert werden. Es kam zu ersten stufenweise organisierten Gesellschaften. An die Stelle des offenen Dialogs traten Befehl und Gehorsam. Einer Informations- und Machtzentrale unterstanden mehrere Steuerungszentren mit regionaler oder lokaler Zuständigkeit. Aufgrund der zentralen Steuerung konnte die geballte Verteidigungskraft mobilisiert und planvoll eingesetzt, das Territorium erfolgreicher verteidigt, das Überleben der Gesellschaft gesichert werden.

Im Zentrum saß der König. Dieser hatte als unmittelbare Untergebene seine Kurfürsten, diese wiederum ihre lokalen Statthalter. Die frühen Rangordnungen hatten zwar eine soziale, ökonomische und militärische Steuerungsfunktion, gleichzeitig aber meist auch eine ausgeprägte religiöse Bedeutung. Der Herrscher war nicht nur allmächtig, sondern auch »allwissend« und »unfehlbar« in seinen Entscheidungen. Er war für seine Untertanen ein Gott oder zumindest mit göttlichen Eigenschaften ausgestattet. Das Wort Hierarchie bedeutet denn auch sinngemäß »Herrschaft der Heiligen« oder »heilige Ordnung«. Monarchen mit göttlichen Attributen – wie etwa der Sonnenkönig Ludwig XIV. – gab es in Europa noch bis in die jüngere geschichtliche Vergangenheit, religiöse Oberhäupter – wie etwa der Dalai Lama oder der mit Unfehlbarkeit ausgestattete Papst – bis heute. Und die Struktur unserer großen Organisationen – staatliche Verwaltungen, Armeen und Kirchen genauso wie internationale Konzerne – beruhen nach wie vor auf Hierarchie, Spezialisierung und zentraler Befehlsgewalt.

Wer schon einmal erlebt hat, wie im Fahrstuhl einer modernen Hauptverwaltung gewöhnlichen Sterblichen das Reden auf den Lippen erstirbt, wie erwachsenen Frauen und Männern das Lachen im Halse stecken bleibt, wenn unvermutet ein höherer »Hierarch« zusteigt – der weiß, daß Hierarchie auch heute noch mehr ist als eine Frage organisatorischer Verbindungswege. Die mit der Ballung von Macht verbundene Heiligkeit der klassischen Hierarchie hat sich ohne wesentliche Beeinträchtigung in unsere scheinbar aufgeklärten Tage hinübergerettet.

Die Überlegenheit der Organisation

Wir müssen nicht darüber spekulieren, ob die neue, seßhafte Lebensweise und die damit verbundenen Formen gesellschaftlicher Organisation erfolgreich waren oder nicht. Sie haben sich in kürzester Zeit weltweit durchgesetzt. Das organisierte Staatswesen war allen nomadisierenden Horden und Stämmen haushoch überlegen.

Es entstanden immer größere Siedlungen, mit der Zeit die ersten Städte mit beeindruckenden Befestigungen und Palästen. Doch die militärische und wirtschaftliche Überlegenheit war nicht alles. Eine der entscheidenden Konsequenzen der organisierten Form menschlichen Zusammenlebens in größeren Gesellschaften war eine gegenüber früher dramatisch gesteigerte Innovationsrate. Die Spezialisierung von Fachleuten führte in immer kürzeren Abständen zur Einführung revolutionärer Technologien.

Von der Beherrschung des Feuers bis zur Viehzucht und zum Ackerbau hatte es noch 500 000 Jahre gedauert. Bis zur Erfindung der Schrift dauerte es noch 5000, bis zu Reitpferd und Wagen als Fortbewegungsmittel noch 1000 Jahre. Von Gutenberg, dem Erfinder des Buchdruckes, bis zur Dampfmaschine dauerte es gerade noch 250, bis zum Elektromotor 100 Jahre – und was seither passiert ist, läßt sich gar nicht mehr beschreiben. Die Neuerungen überstürzen sich auf so vielen Gebieten, daß niemand mehr den Überblick behält.

Die Jagd im Blut

Doch Jagen und Töten, Beutemachen, das Erobern und Verteidigen von Revieren – dies waren während Millionen von Jahren die Überlebensgrundlagen der Menschen. Der Mensch ist zwar ein Kulturwesen, aber deshalb noch lange nicht völlig frei von Verhaltensmustern, die im Erbgut verankert sind. Mit dem Beginn der Viehzucht und des Ackerbaues wurde der Jagdinstinkt nicht einfach von einem Tag auf den anderen ausgeknipst. Angriff, Eroberung, Landnahme und Ausbeutung sind bis heute die Fortsetzung der Jagd und des Revierkampfes mit anderen Mitteln. Die hierarchische Struktur unserer Gesellschaften erhöht lediglich das Risiko verheerender, kriegerischer Konflikte. Denn erstens sind es immer die einen, die das Ganze planen, und andere, die ausgeschickt werden, um den Kopf hinzuhalten. Zweitens haben die Populationen dramatisch an Größe zugenommen – und damit die Zahl der Toten, die am Wegrand zurückbleiben, wenn es zu blutigen Auseinandersetzungen kommt. Aber das einfache Volk hat noch immer applaudiert, wenn ein Krieg gewonnen wurde – unabhängig davon, was zum Waffengang geführt hat.

Wir müssen davon ausgehen, daß Revierkämpfe bei der Entwicklung der menschlichen Art eine wesentliche Rolle gespielt haben. Die Bereitschaft zu völlig enthemmter Aggression gegen fremde Artgenossen gehört zu unserem genetischen Erbe. Die Überlieferung neigt dazu, geschichtliche Vorgänge zu verklären. Man kann in den Geschichtsbüchern die kompliziertesten Analysen finden, weshalb es zu diesem oder jenem Krieg gekommen sei. Die Wahrheit aber ist, daß Völker immer wieder ohne äußeren Anlaß überfallen worden sind. Der Schnellere war der Klügere – und hinterher der Reichere. Es ging darum, andere zu unterwerfen und den eigenen Machtbereich auszudehnen. Begründungen, wo erwünscht, wurden hinterher nachgeliefert. Und noch heute wird weltweit für nichts so viel Geld aufgewendet wie für den Aufbau und die Einsatzbereitschaft gigantischer Zerstörungsmaschinerien.

Die dunkle Seite des Homo sapiens

Genozid – laut Lexikon »Völkermord« – wird immer gerne als ebenso seltenes wie abnormales Phänomen im Bereich menschlichen Sozialverhaltens dargestellt. Den meisten fällt zu diesem Stichwort die Ermordung von Juden durch die Nazis ein, einigen vielleicht noch die Tötung einiger Inkas und

Azteken durch die Spanier. In Tat und Wahrheit haben Menschen jedoch zu allen Zeiten – von den frühesten Anfängen unverändert bis zum heutigen Tag – andere Menschen umgebracht und ganze Populationen ausgelöscht. Genozid beginnt nicht erst dort, wo ein ganzes Volk bis zum letzten Individuum verschwunden ist, sondern überall, wo Massenmord an nationalen, ethnischen oder religiösen Gruppen verübt wird. Und dies geschieht auch heute noch so häufig, daß bei weitem nicht jedes derartige Ereignis den Weg über die Medien in unsere gute Stube findet.

Wenn wir nur mal einen Blick auf die jüngere Geschichte werfen, dann stellen wir Erstaunliches fest. Allein in der Zeit vom 15. bis zum 19. Jahrhundert gab es serienweise Fälle von Genozid. Ob die Aleuten durch Russen, die Hottentotten durch Buren, die Aborigines und die Tasmanier durch Australier, die Protestanten in Frankreich durch Katholiken ermordet wurden – es waren immer gleich Zehn- oder Hunderttausende. Und in drei Fällen wurden Populationen in Millionenzahl umgebracht: Die Karibik-Indianer in Westindien durch die Spanier, die Indianer in Mittel- und Südamerika ebenfalls durch die Spanier, und die Indianer Nordamerikas durch die Amerikaner. An diesem letzteren Fall kann man besonders deutlich demonstrieren, wie Geschichte zurechtgebogen wird: durch das Aufbauen und Aufrechterhalten von Legenden.

Legende Nr. 1: Es waren gar nicht so viele. Wissen Sie zufällig, wie viele Indianer in Nordamerika gelebt haben und den Amerikanern zum Opfer gefallen sind? 18 Millionen. Legende Nr. 2: Die meisten sind bei Auseinandersetzungen zwischen berittenen, erwachsenen Kriegern männlichen Geschlechts auf Schlachtfeldern wie Wounded Knee, Alamo oder Little Big Horn umgekommen. Die Wahrheit ist: Drei Viertel der Indianer waren Frauen, Kinder und ältere Menschen. Sie sind überwiegend wie Wild abgeschossen und bei Überfällen auf ihre Dörfer massenhaft abgeschlachtet worden – durch organisierte, bestens bewaffnete weiße Zivilisten. Legende Nr. 3: Die Weißen waren im Recht. Sie handelten aus Notwehr. Die Indianer waren wilde Bestien, denen man jeden Lebenswert absprechen mußte. »Die Siedler und Pioniere hatten im Grunde das Recht auf ihrer Seite; dieser großartige Kontinent konnte auf Dauer kein Reservat für schmutzige Wilde bleiben.« Wer das gesagt hat? Der amerikanische Präsident Theodore Roosevelt.

Bleibt unsere sogenannte moderne Zeit, das 20. Jahrhundert. Hier finden wir über 20 Fälle mit Zehn- oder Hunderttausenden von Toten. In der ersten Hälfte – bis 1950 – finden sich gleich drei der größten Massenmordprogramme aller Zeiten. In Rußland fallen Millionen Stalins Tötungsmaschinerie zum Opfer; den Nazis in ähnlichem Umfang Juden, Zigeuner, Polen und Russen; und im fernen Osten – von uns fast unbemerkt – noch weit mehr Chinesen den Horden Maozedongs. In der zweiten Hälfte – nach 1950 –

finden sich vier Fälle mit Hunderttausenden von Toten: Südsudanesen im Sudan; Ugander durch Idi Amin; Hutus und Tutsis in Ruanda und Burundi; Kommunisten und Chinesen in Indonesien. Über der Millionengrenze liegt der Massenmord an den Bengalen durch die Pakistani im Jahre 1971. Und die Roten Khmer haben zwischen 1975 und 1979 in Kambodscha über zwei Millionen Mitbürgerinnen und Mitbürger umgebracht – etwas mehr als ein Viertel der Gesamtbevölkerung.

Allein im Namen des Kommunismus sind zwischen 1917, dem Jahr der Oktoberrevolution, und 1990, dem Zusammenbruch der UdSSR, weltweit 85 Millionen Menschen umgebracht worden. Wenn der Titel eines Weltmeisters aller Klassen unter den Massenmördern zu vergeben wäre, würde er dem Philosophen und Literaten Mao zustehen. Unter der Führung des Großen Vorsitzenden sind nach vorsichtigen Schätzungen insgesamt 65 Millionen Menschen ermordet worden. Hitler rangiert erst an dritter Stelle hinter Stalin, der es immerhin – die Kriegstoten nicht eingerechnet – auf 20 Millionen gebracht hat.

Mythen, Märchen und Legenden

Wo immer Genozid begangen wird, finden sich Legenden, die das Schreckliche zu verharmlosen oder – wo dies nicht mehr möglich ist – zu legitimieren versuchen. Diese Legenden gleichen sich überall wie ein Ei dem andern: Die Massaker haben gar nicht stattgefunden, einige wenige Einzelfälle sind maßlos aufgebauscht worden; man hat das »Recht« auf seiner Seite; die Getöteten waren die Aggressoren, man hat in »Notwehr« gehandelt; den Ermordeten wird das Recht auf Leben oder, wenn es sein muß, schlicht das Menschsein abgesprochen. Und wenn erforderlich, bezieht man sich hierbei auch noch auf den Willen Gottes.

Auf diese Weise kann das Geschehene in unserem Bewußtsein ungeschehen gemacht werden. Dieser Mechanismus funktioniert so gut, daß auch wir gebildete Mitteleuropäer Statistiken zur Hand nehmen müssen, um uns zu vergegenwärtigen, daß Genozid während unserer ganzen Geschichte und bis zum heutigen Tag nicht eine seltene Ausnahme, sondern eine immerwiederkehrende Begleiterscheinung menschlicher Gesellschaftsbildung dargestellt hat. Die meisten Theorien über die Zukunft der menschlichen Zivilisation, die verkündet werden, blenden eine Seite der menschlichen Natur glatt aus: die Aggression gegen fremde Artgenossen.

Kapitel 5

Die Massengesellschaft

Es soll hier nicht behauptet werden, es sei von vornherein unmöglich, daß der Mensch mit den Anlagen, die er im Laufe der Evolution erworben hat, friedlich in großen Gesellschaften leben kann. Als Kulturwesen und Weltmeister der Anpassung müßte er, so scheint es, dazu grundsätzlich in der Lage sein. Theoretisch – ich betone: theoretisch – wäre er es wohl auch. Wenn es keinen Hunger und keine existentielle Armut gäbe; wenn alle Kinder in intakten Familien aufwachsen und sich zu gesellschaftsfähigen Menschen entwickeln könnten; wenn überall lebendige Formen direkter Demokratie praktiziert würden; wenn eine weltweit akzeptierte Wertordnung herrschen würde, welche den Schutz der natürlichen Umwelt und den Respekt vor anderen Menschen und Kulturen gewährleistet; und wenn es Institutionen gäbe, die in der Lage wären, diesen Werten weltweit Achtung zu verschaffen – dann wären die Menschen durchaus in der Lage, sich an diese Situation anzupassen. Trotz unseres angeborenen Aggressionstriebes: Eine friedliche Welt wäre grundsätzlich denkbar.

Es ist anders gekommen.

Verlust der Gemeinschaft

Massengesellschaften und regionale Überbevölkerung, verbunden mit Verknappung der natürlichen Ressourcen, Hunger und Armut hat es bereits sehr früh gegeben. Wo zu viele Menschen leben, werden sowohl die Versorgung als auch die Formen des Zusammenlebens auf die Dauer zum Problem. Das war immer schon so. Neu ist allerdings, daß die Überbevölkerung nicht mehr nur einzelne Regionen betrifft, sondern an die Grenzen dieses Planeten stößt. Und jetzt wird, solange weiterhin zu viele Kinder geboren werden, massenhaft gestorben. Denn die Ressourcen sind insgesamt knapp und im übrigen auch noch ungleich verteilt. Wir sind wahrscheinlich an dem Punkt angelangt, wo die Weltbevölkerung – unabhängig von der Geburtenrate – ganz einfach nicht mehr weiter wachsen kann wie bisher.

Doch das Zusammenleben der Menschen in Massengesellschaften führt nicht nur zu einer Knappheit der Ressourcen, sondern auch zu Störungen des Sozialverhaltens. Wissenschaftliche Experimente mit Tieren, die in ihrer natürlichen Umwelt in Gruppen leben, haben folgendes gezeigt: Stark erhöhte soziale Dichte führt zu einer enormen Multiplikation der sozialen Kontakte pro Zeiteinheit und damit zu einer Reizüberflutung. Die Interaktionen zwischen zwei Tieren können nur noch selten ihren natürlichen Ablauf nehmen. Kaum hat ein Tier angefangen, auf ein anderes zu reagieren, wird – bevor eine »Rückmeldung« erfolgen kann – bereits durch einen Reiz von anderer Seite eine nächste Reaktion ausgelöst. Der natürliche Dialog zwischen Individuen wird laufend gestört, unterbrochen, zerhackt. Die Tiere sind nicht mehr in der Lage, die von allen Seiten auf sie einstürmenden Signale zu verarbeiten. An die Stelle sinnvoller Abläufe treten zusammenhanglose Einzelreaktionen. Die »Melodie« wird zum »Geräusch«, der individuelle Partner zum bewegten Objekt ohne persönliche Identität.

Dies ist nicht nur bei Tieren so. Auch bei den Menschen geht in einer Massengesellschaft die Gemeinschaftsfähigkeit verloren – und zwar gleich in zweifacher Hinsicht. Zum einen wird es bei zu hoher sozialer Dichte immer schwieriger, stabile Familien zu bilden. Immer weniger Kinder und Jugendliche können von Grund auf lernen, wie man partnerschaftlich zusammenlebt. Zum zweiten: An die Stelle überschaubarer Sippengemeinschaften treten große, anonyme Massen – und wo Organisation notwendig ist, entstehen hierarchisch strukturierte Gebilde, in denen Macht und Ansehen völlig ungleichmäßig verteilt sind. Es ist nicht mehr jedes Individuum ein gleichwertiger, von allen respektierter Partner. Man kennt gerade noch die Menschen im unmittelbaren Umfeld persönlich. Der Rest degeneriert zu Nummern, Soldaten, Planstellen oder Schachfiguren.

In einer Umwelt ohne stabile persönliche Beziehungen aber kann sich niemand zurechtfinden. Es können sich keine funktionsfähigen Familien mehr bilden. An die Stelle der Geborgenheit in der Gemeinschaft tritt die Bedrohung in der Masse. Es kommt zu einer allgemeinen Desorientierung, zum Zusammenbruch der sozialen Anpassungsprozesse und zur seelischen Verwahrlosung der einzelnen Individuen. Verhaltensstörungen und Perversionen aller Art sind die Folgen.

Der Stoff, aus dem die Liebe ist

Einer der entscheidenden Faktoren für die Gesellschaftsfähigkeit von höher entwickelten Tieren und Menschen, sind die Verhältnisse, unter denen sie aufwachsen. Der amerikanische Verhaltensforscher Harry F. Harlow hat vor 40 Jahren bahnbrechende entwicklungspsychologische Untersuchungen durchgeführt. In verschiedenen Käfigen wurden einzelne neugeborene Rhesusäffchen mit künstlichen Müttern großgezogen. Im einen Käfig befindet sich nichts anderes als ein Drahtgestell, das ungefähr die Gestalt eines Affen hat, sowie ein Nippel, der Milch abgibt. In einem zweiten Käfig ist das Drahtgestell mit Pelz überzogen. In einem dritten Käfig führt das pelzüberzogene Drahtgestell von Zeit zu Zeit Schaukelbewegungen aus. Käfig Nr. 4 ist identisch mit Nr. 3, allerdings gibt der Nippel nur zu bestimmten Zeiten Milch ab. Die Tiere sind alle gut geschützt und werden bestens ernährt.

Die Ergebnisse: In Käfig Nr. 1 gehen die meisten Tiere innerhalb kürzester Zeit ein. In Käfig Nr. 2 überlebt ein Teil als Kümmerexemplare. In Käfig Nr. 3 überleben die meisten, werden sogar normal groß, jedoch nicht geschlechtsreif. In Käfig Nr. 4 – also dort, wo der Faktor »Versagung« mit eingebaut ist – entwickeln sich die Tiere in beträchtlicher Zahl bis zur biologischen Fortpflanzungsfähigkeit. Sie sind jedoch verhaltensgestört. Sie können keine Beziehungen zu anderen aufnehmen. Sie leiden unter Angstzuständen und zeigen Ausbrüche heftiger Feindseligkeit und Zerstörungswut. Auch in Gegenwart normaler Geschlechtspartner kommt es nicht zur Paarung – und wenn einmal doch, sind die Tiere nicht fähig, ihre Kinder liebevoll aufzuziehen, sondern lassen den Nachwuchs verenden.

Ein deutscher Verhaltensforscher machte später mit Mantelpaviansäuglingen ergänzende Erfahrungen. Er ließ sie in rohen Kisten aufwachsen, in denen es nichts gab als eine Milchflasche, einen Plastikkorb, ein elektrisches Heizkissen sowie ein paar Lappen aus Kunstfaserfell. Im Unterschied zu Harlow's Rhesusäffchen wurden die Pavianbabies aber nie lange allein gelassen. Immer wieder beschäftigte sich jemand mit ihnen – nicht etwa Artgenossen, *nota bene*, sondern menschliche Betreuer. Und siehe da: Alle Zöglinge entwickelten sich völlig normal, ja sie konnten später ohne große Schwierigkeiten in die Mantelpaviankolonie des Kölner Zoos eingegliedert werden.

Der Stoff, aus dem die Liebe ist, heißt Kommunikation. Persönlichkeit und Gesellschaftsfähigkeit – ob beim Tier oder beim Menschen – bilden sich durch Verständigung. Auch beim Menschen ist der fortlaufende, wechselseitige Austausch, das ständige Geben und Nehmen von Information im Rahmen sinnvoller Interaktionsketten die Grundvoraussetzung für eine normale geistige und seelische Entwicklung. Das Kind wird ohne Intelligenz, ohne Bewußtsein und ohne Gewissen geboren. Es kann, wenn es auf die Welt kommt, noch nicht einmal zwischen sich und der Umwelt, vorab der Mutter, unterscheiden. Allein schon dieser erste wichtige Schritt, die Trennung von »Ich« und »Nicht-ich«, kann nur durch Kommunikation gelingen. Ohne fortgesetzte Verständigung mit einem »Du«, das lebt, reagiert, Antwort gibt, können wir kein Bewußtsein entwickeln. Wir lernen weder denken noch reden. Und das, was wir Gewissen nennen, kann nur entstehen, wenn das Kind durch emotionale Nähe zu wichtigen Bezugspersonen, durch Lernen am Vorbild erfahren hat, daß Respekt vor anderen und Rücksichtnahme auf ihre Bedürfnisse sich lohnen.

Die Bereitschaft zur Unterwerfung

Von David Hume stammt dieser Satz: »*Nothing appears more surprising to those who consider human affairs with a philosophic eye than the easiness with which the many are governed by the few.*« Sinngemäß: »Nichts ist erstaunlicher für denjenigen, der menschliche Angelegenheiten mit einem philosophischen Auge betrachtet, als die Leichtigkeit, mit der die Vielen durch die Wenigen beherrscht werden.« Es ist in der Tat erstaunlich, wie leicht oft einzelne Individuen oder kleine Klans an die Macht kommen und große Menschenmassen, nicht selten ein ganzes Volk, beherrschen können. Es war eigentlich schon immer zu vermuten, daß solche Vorgänge nicht ausschließlich durch herausragende Fähigkeiten der Aufsteiger zu erklären sind.

»Ich halte das nicht aus! Ich werde doch den Mann da drin nicht umbringen! Hören Sie, wie der schreit?« Der Versuchsleiter: »Wie ich Ihnen vorher schon sagte: Die Schocks können schmerzhaft sein, aber ...« Herr Pozi: »Aber er schreit doch! Er kann das nicht aushalten! Was ist mit ihm los?« Der Versuchsleiter: »Das Experiment erfordert, daß Sie fortfahren.« Herr Pozi: »Jaaah, aber ich will den Mann da drin nicht fertigmachen...wer übernimmt denn die Verantwortung, wenn dem Herrn da drüben was passiert?« Der Versuchsleiter: »Ich trage die volle Verantwortung, wenn ihm etwas geschieht. Fahren Sie bitte fort!« – Herr Pozi fährt fort. Er verabreicht einem wehrlosen, unschuldigen, verzweifelt um Hilfe schreienden Unbekannten Elektroschocks, von denen er annehmen muß, daß sie zum Tode führen können. Er fährt fort, bis das Opfer sich nicht mehr regt.

Herr Pozi ist eine von über 1000 Versuchspersonen, an denen der Sozialpsychologe Stanley Milgram in Serien von Experimenten das Verhalten gewöhnlicher Menschen gegenüber hierarchischer Autorität getestet hat. In einem psychologischen Labor der Universität stellen sich per Inserat gesuchte Freiwillige für eine »Untersuchung über Gedächtnisleistung« zur Verfügung. Es gibt einen »Lehrer« und einen »Schüler«. Der Versuchsleiter, ein Wissenschaftler in grauem Kittel, erklärt, das Experiment befasse sich mit der Auswirkung von Strafe auf das Lernen. Der »Schüler« wird auf eine Art elektrischen Stuhl gefesselt. Der »Lehrer« soll dem »Schüler« einfache Wortpaare vorlesen und später wieder abfragen. Jeder Fehler wird mit einem um jeweils einen Grad stärkeren Elektroschock »bestraft«.

Der »Lehrer« sitzt im Nebenraum vor einem imposanten Schockgenerator und ist mit dem »Schüler« über eine Gegensprechanlage verbunden. 30 Tasten von 15 bis 450 Volt haben Bezeichnungen wie »leichter Schock«, »mittlerer Schock«, »schwerer Schock« oder »Gefahr: Bedrohlicher Schock«. Die letzten Tasten tragen nur noch die Bezeichnung »XXX«. Die Leute, die sich als »Lehrer« zur Verfügung stellen, sind die eigentlichen Versuchspersonen. Der »Schüler« dagegen ist ein eigens für diese Aufgabe vorbereiteter Schauspieler, der die zunehmend stärkeren Schockreaktionen bis hin zum Todesschrei zu simulieren hat. Es geht darum, herauszufinden, wie weit normale Menschen zu gehen bereit sind, wenn ihnen von einer Autoritätsperson befohlen wird, einem protestierenden Opfer immer größere Schmerzen zuzufügen.

Die Trennung des Tuns von der Verantwortung

Man hatte angenommen, daß nur eine pathologische Randgruppe von zwei bis vier Prozent bis ans Ende der Schockskala gehen würde. Doch in den ersten Testserien mit Studenten waren es 60 Prozent. Dann wurden die Tests ausgedehnt auf normale Durchschnittsbürger beiderlei Geschlechts, aller Berufsgruppen und Altersklassen. 65 Prozent aller Versuchspersonen gaben den Maximalschock. Weil es schwer fiel, das Unfaßbare zu akzeptieren, sind die Versuche seither in den verschiedensten amerikanischen Städten und europäischen Ländern wiederholt worden – mit Gehorsamsquoten bis zu 85 Prozent. Es bleibt dabei: Drei Viertel der Durchschnittsbevölkerung können durch eine pseudowissenschaftliche Autorität ohne jeglichen Zwang und ohne Androhung von Repressalien dazu gebracht werden, unschuldige Opfer zu foltern, ja zu liquidieren.

Doch nur ganz wenige verabreichen die Schocks, weil es ihnen Spaß macht. Das Verhalten der Mehrheit wird durch Anpassung an die aktuelle Situation, durch Unterwerfung unter die Autorität bestimmt. Wenn die Versuchsperson die Höhe der Schocks selbst wählen darf, gehen 70 Prozent nicht über das erste leise Anzeichen von Unbehagen, 95 Prozent nicht über den ersten heftigen Protest in der Mitte der Skala hinaus. Zweite entscheidende Erkenntnis: Arbeitsteilung korrumpiert die Verantwortung. Wer nur »ein Glied in einer Kette« ist, die Gesamtsituation nicht zu überblicken vermag und sich nur auf seinen engeren, unmittelbaren »Auftragsbereich« konzentriert, kann besonders leicht geführt und mißbraucht werden. Wenn die Versuchsperson nur irgendeine Hilfstätigkeit zugewiesen kriegt – zum Beispiel »Protokollieren« – ist das Resultat erschreckend: 92,5 Prozent machen das Experiment teilnahmslos bis zum mehrfachen Maximalschock mit.

Der Durchschnittsmensch in einer hierarchisch geschichteten Massengesellschaft verfügt nicht über das notwendige Selbstvertrauen, um den einzig möglichen Weg aus dem Konflikt mit einer Autorität zu wählen: den offenen Bruch. Mit Milgrams Worten: »Willkürherrschaft wird von unsicheren Menschen aufrechterhalten, die nicht genügend Mut besitzen, ihre Überzeugungen in die Tat umzusetzen.«

Dies alles sind keine brandneuen Erkenntnisse. Die Experimente, über die hier berichtet wird, und die ja letztlich nur wissenschaftlich untermauern, was im realen Leben zu beobachten ist, sind alle vor mehreren Jahrzehnten bekannt geworden. Einige sind so alt wie Einsteins Relativitätstheorie. Was haben sie bewirkt? Nichts – rein gar nichts. Wir leben in Massengesellschaften, und Massengesellschaften sind, wenn überhaupt, nur sehr begrenzt entwicklungsfähig.

Schule des Lebens

Die anonyme Massengesellschaft ist für allzuviele Menschen eine Schule der Rücksichtslosigkeit und der Brutalität. Die Anlagen dazu bringt der Mensch genauso mit wie diejenigen zur Liebe, Fürsorge und Zusammenarbeit. Was ein Kind aber tatsächlich lernt, und welche Fähigkeiten es entwickelt, hängt vom Umfeld ab, in dem es aufwächst; davon, wie die Menschen während seiner ersten Lebensjahre mit ihm umgehen; und davon, was sie ihm an Verhalten untereinander vorleben. Die Schule des Lebens beruht auf emotionaler Erfahrung am eigenen Leib – und auf Lernen am Modell.

Wenn man wissen will, wohin die Menschheit sich entwickelt, muß man die Bedingungen betrachten, unter denen die Mehrheit der Kinder und Jugendlichen aufwachsen – und die Chancen, die sich ihnen im Leben bieten. Und da zeigt sich leider ein erschreckendes Bild: In der modernen Massengesellschaft haben immer weniger Kinder und Jugendliche die Möglichkeit, in einer intakten Familie und unter gesunden schulischen Verhältnissen ein friedliches und ersprießliches Zusammenleben mit anderen zu lernen; eine starke und eigenständige Persönlichkeit zu entwickeln; zu stabilen moralischen Werten zu gelangen. In praktisch allen Kontinenten nehmen die Zahlen der Straßenkinder und der jugendlichen Gewalttäter dramatisch zu.

In den USA leben gerade noch 51 % der Kinder mit beiden Eltern zusammen. Soziologen haben die Auswirkungen der vaterlosen Gesellschaft untersucht. Danach stammen aus vaterlosen Familien: 63 % der jugendlichen Selbstmörder, 71 % der schwangeren Teenager, 90 % aller Ausreißer und obdachlosen Kinder, 85 % der jugendlichen Häftlinge, 75 % aller Heranwachsenden in Drogenentzugsanstalten.

Der Anteil Jugendlicher, die Gewaltdelikte begangen haben, ist in den USA von 1986 bis 1994 von 36 % auf 53 % angestiegen – und er verteilt sich fast gleichmäßig über alle Bevölkerungsschichten.

Neuer Lehrplan

Die Urhorde war eine außerordentlich intensive, lebenslange Schule für soziales Lernen. In einer überschaubaren Überlebensgemeinschaft haben die Menschen Partnerschaft, Zusammenarbeit und Zusammenhalt gelernt. Aber bereits damals war dies nur in zahlenmäßig höchst begrenzten Gruppen möglich – und solidarisches oder gar fürsorgliches Verhalten gab es nur nach innen. Nach außen wurde schon damals mit äußerster Brutalität gekämpft.

Mit dem Seßhaftwerden der Menschen und dem Entstehen größerer sozialer Gebilde ging bereits vor Jahrtausenden der Zwang zum Zusammenraufen in Überlebensgemeinschaften verloren. Es begann die Ära der Klassengesellschaft, in der im Prinzip jeder für sich selbst zu sorgen hat. Solidarität konnte gerade noch in intakten Kleinfamilien gelernt und geübt werden. Doch in der modernen Massengesellschaft, in der Tradition und Moral erodieren; in einer durch Technik dominierten Zivilisation; in einer von individuellem Besitz und Konsum geprägten Wertordnung – da zerfällt zunehmend auch die Keimzelle menschlicher Gesellschaftsbildung, die Familie. Immer weniger junge Menschen können in den entscheidenden Jahren, wo die Grundlagen für die Entwicklung der Persönlichkeit gelegt werden, friedliches und verantwortliches Zusammenleben mit anderen lernen und einüben.

Es ist nicht zu bestreiten, daß Menschen grundsätzlich – von ihren natürlichen Anlagen her – fähig wären, soziales Zusammenleben in großen Gesellschaften, ja sogar in einer globalen, multikulturellen Gesellschaft zu lernen. Aber eine solche Gesellschaft stellt, wenn sie funktionieren soll, höchste Anforderungen an das Sozialverhalten ihrer Mitglieder. Ich bestreite, daß in unserer Massengesellschaft – so, wie sie sich entwickelt hat – die Voraussetzungen dafür gegeben sind. Nur verhältnismäßig wenige Menschen können zu einer starken Persönlichkeit mit hochentwickelten sozialen Fähigkeiten heranwachsen. Als Folge von Verstädterung, Vermassung, Kommerzialisierung und Verarmung ist – aufs Ganze gesehen – das Gegenteil vorprogrammiert: Unsere Gesellschaft verlottert. Sie produziert in zunehmendem Masse sozialen Schrott. Und da jede Generation die Ausgangslage für die nächste prägt, kann man sich ausrechnen, wo das hinführt. Wir haben es hier mit dem für unsere Zukunft wahrscheinlich verhängnisvollsten, sich selbst verstärkenden Trend zu tun.

Es geht hier nicht etwa darum, das Leben in der Urhorde zu verherrlichen. Der Überlebenskampf in der freien Natur war hart und grausam. Es geht ausschließlich darum, zu betrachten, wie die Dinge sich entwickelt haben, wo wir heute stehen, und wie die Weichen für die Zukunft gestellt sind.

Teil II
Zeitbombe Umwelt

Kapitel 6

Teufelskreis der Armut

Die Weltbevölkerung wächst explosionsartig

Menschen in unserem Sinne gibt es nach heutigem Kenntnisstand seit rund zweieinhalb Millionen Jahren. Während 99,6 % dieser Zeit lebten die Menschen als Jäger und Sammler in kleinen, umherziehenden Gruppen – im Einklang mit der Natur. Die Gesamtbevölkerung betrug während all dieser Zeit nie mehr als wenige Millionen. Die meiste Zeit – bevor die Menschen sich aus dem heutigen Afrika, der Wiege der Menschheit, in andere Erdteile verbreiteten – gab es sogar nur einige Hunderttausend.

Vor rund 10 000 Jahren begannen die ersten Menschen, seßhaft zu werden und Ackerbau und Viehzucht zu betreiben. Innerhalb kurzer Zeit wurde dies zur vorherrschenden Lebensform. Die wichtigste Konsequenz dieses Umbruchs war, daß die Bevölkerung anfing, dramatisch zu wachsen. 7000 v. Chr. hatte sie sich bereits verzehnfacht. Im Jahre Null – zu Beginn unserer Zeitrechnung – hatte die Weltbevölkerung 250 Millionen erreicht. Im Zuge der Zivilisation verdoppelte sich die Menschheit in immer kürzeren Zeitabständen. Im Jahre 1650 waren es 500 Millionen. 150 Jahre danach, um 1800, war die erste Milliarde erreicht, 1925 die zweite – und nur 50 Jahre später, 1975, waren es vier Milliarden.

Wieviel Erde braucht der Mensch? Oder anders gefragt: Wie viele Menschen verkraftet dieser Planet? Über diese Fragen läßt sich trefflich streiten – und genau das tun viele gescheite Leute, die sich beruflich vorwiegend mit Zahlen, Statistiken und Computermodellen befassen. Es wird wohl nie allgemeingültige, das heißt von allen akzeptierte Antworten geben. Aber eines ist sicher: Wenn ein Punkt erreicht ist – und dies ist heute der Fall – an dem die Mehrheit der Weltbevölkerung unter menschenunwürdigen Bedingungen lebt, und wir gleichzeitig auf dem besten Wege sind, unsere gesamten Lebensgrundlagen zu zerstören – dann muß man nicht mehr fragen, ob eine

Überbevölkerung vorliegt oder nicht. Praktisch alle wesentlichen Probleme, die wir heute haben, hängen direkt oder indirekt mit der Überbevölkerung, dem zunehmenden Platzmangel sowie den immer knapper werdenden Ressourcen zusammen. Und die Menschheit wächst weiter – ja das Wachstum beschleunigt sich zunehmend. Der Fachjargon nennt dies bescheiden: exponentielles Wachstum.

Im Jahre 2000 wird die Weltbevölkerung 6,5 Milliarden betragen. Und von den Pessimisten wird für 2030, von den Optimisten für 2060 die Verdoppelung vorausgesagt. Im übrigen wird sich den Prognosen zufolge das Wachstum verlangsamen und die Weltbevölkerung dann irgendwo zwischen 9 und 14 Milliarden einpendeln. So unglaublich es klingt: In dieser Perspektive wird auch noch ein Grund zur Beruhigung gesehen. Dies zeigt den Zynismus moderner Zahlenakrobaten. Sie interessieren sich für Zahlen – nicht dafür, was sich hinter ihnen verbirgt. Um vorauszusehen, daß die Menschheit nicht unbegrenzt weiterwachsen kann, braucht man keinen Computer. Wo es nicht mehr genug zum Leben gibt, wird ganz einfach massenhaft gestorben. In verschiedenen Regionen der Erde hat dieser Vorgang längst eingesetzt.

Ursachen und Wirkungen

Womit hängt das fatal beschleunigte Wachstum zusammen? Dies ist die nächste deprimierende Erkenntnis: Zwischen Armut und Bevölkerungswachstum besteht ein direkter Zusammenhang. Je ärmer die Menschen, desto größer der Kinderreichtum – und je kinderreicher die Familien, desto größer die Armut. Genauer betrachtet, sind es vier Faktoren, die in verhängnisvoller Weise miteinander verknüpft sind: *Armut*, *Analphabetismus*, *Hunger* und *Überbevölkerung*. Wer am Hungertuch nagt, geht nicht zur Schule. Wer nicht zur Schule geht, kann nicht lesen und schreiben. Wer nicht lesen und schreiben kann, verfügt nicht über das notwendige Wissen, um sein Leben aktiv gestalten und sich durch geregelten Broterwerb über Wasser halten zu können.

Außerdem herrschen in Ländern der sogenannten »Dritten Welt« meist patriarchalische Kulturen. Kinderreichtum ist für die Armen oft das einzige erreichbare Statussymbol – und körperliche Liebe das einzige Vergnügen in einem ansonsten eintönigen und wenig erfreulichen Leben. Häufig genug sind Kinder willkommene Arbeitskräfte, die mal auf legale, mal auf weniger legale Weise ein Zubrot für die Familie verdienen helfen. Das Internationale

Arbeitsamt (ILO) hat erhoben, daß weltweit jedes achte Kind zwischen 10 und 14 Jahren arbeiten muß. Und dies ist nur ein Teil der Wirklichkeit. Über die Kinder unter 10 Jahren gibt es keine verläßlichen Daten. Es gibt nur eine Schätzung des Internationalen Arbeitsamtes, und diese besagt, daß die Zahl der arbeitenden Kinder weltweit insgesamt »einige hundert Millionen« beträgt.

Im übrigen: Wer nicht lesen und schreiben kann, weiß auch nicht Bescheid über Dinge wie Empfängnisverhütung oder Zusammenhänge zwischen Kinderreichtum und Hunger. Ungebildete und unterernährte Menschen sind ganz einfach nicht in der Lage, ihr Schicksal selbst in die Hand zu nehmen, auch dort nicht, wo theoretisch noch gewisse Überlebensmöglichkeiten vorhanden wären – und dies ist in vielen Gebieten, wo Massen armer Menschen leben, von vornherein nicht der Fall.

Hier liegt die eigentliche Tragik: Wir haben es mit einem Teufelskreis zu tun, der durch keine Maßnahme der Welt kurzfristig unterbrochen werden kann. Das Bevölkerungswachstum verstärkt sich selbst. Bis zum bitteren Ende.

Nichts zu essen, nichts zu trinken

Haben Sie in Ihrem Leben schon einmal unter Hunger gelitten? Großen Appetit zu verspüren und sich ein paar Stunden auf ein schönes Abendessen zu freuen, ist eine Sache, unter echten Hungergefühlen zu leiden eine andere. Ich hatte als junger Student ein paarmal, wenn auch nur ansatzweise, Gelegenheit dazu. Ich mußte damals mit ausgesprochen wenig Geld auskommen – und manchmal hatte ich vorübergehend gar keins mehr. Da konnte es schon passieren, daß ich mal hier und mal da einen oder zwei Tage schlicht nichts zu beißen hatte. Dies lag zwar immer an meiner lausigen Planung, änderte aber nichts an den Tatsachen. Ich habe da manchmal derart Hunger gehabt, daß ich nachts aufgestanden bin und in der Küche meiner Zimmerwirtin etwas Reis oder Teigwaren geklaut, schnell aufgekocht und verschlungen habe – nur kleine Portionen, damit es nicht auffallen würde. Ich habe erst später entdeckt, daß die gute Frau das ganz genau wußte. Aber sie mochte mich und hat nie etwas gesagt. Seit damals habe ich zumindest eine Ahnung davon, was es heißt, von Hungergefühlen tyrannisiert zu werden: nicht arbeiten und nicht schlafen zu können vor Hunger – und nichts anderes mehr denken zu können als dies: Wie komme ich zu etwas Eßbarem?

Nun, ein Fünftel der Menschen auf diesem Planeten kennt Hunger nicht als Ausnahmeerscheinung im Rahmen eines ansonsten gutbürgerlichen Lebens, sondern als Dauerzustand. Die Ärmsten der Armen – es sind etwas mehr als 1,2 Milliarden Menschen – leben mit weniger als 1 US$ pro Tag. Ihr Denken kreist täglich nur um diese eine Frage: Wie kann ich für mich und meine Familie etwas Eßbares beschaffen, um den schlimmsten Hunger zu stillen? Manchmal finden sie eine Antwort auf diese Frage – und manchmal nicht. Diese Menschen sind chronisch unterernährt – und wer lange genug zu wenig Nahrung gefunden hat, verspürt mit der Zeit nicht einmal mehr Hunger.

Ob in den Hungergebieten der Erde oder in den Armenvierteln der Großstädte: Häufig genug herrscht nicht nur Nahrungs-, sondern auch Wassermangel. Oft ist überhaupt kein Wasser verfügbar; oder es muß meilenweit zu Fuß in Kanistern angeschleppt werden; oder es ist derart verunreinigt, daß man es eigentlich gar nicht trinken dürfte. Viele Menschen verlieren mit der Zeit ihre Widerstandskraft. Sie vegetieren buchstäblich vor sich hin, werden immer schwächer, und eines Tages sterben sie an irgendeiner Krankheit – oder auch ganz einfach an Unterernährung.

Hausen wie die Tiere

Doch Hunger und Durst sind nicht alles. Die in tiefster Armut lebenden Menschen haben kein solides Dach über dem Kopf und keine saubere Kleidung, sie kennen keine Hygiene und keine medizinische Versorgung. Wo es keine Kanalisation und keine Abfallentsorgung gibt, bleiben menschliche und tierische Ausscheidungen liegen, wo sie fallen. Müll türmt sich zu Bergen. Die Luft wird verpestet, das Wasser – wenn es denn welches gibt – hoffnungslos verseucht. Wenn es regnet, läuft eine stinkende Brühe mitten durch die Bretterbude. Ratten und Insekten bevölkern den Wohnraum. Viele Menschen, vor allem Kinder, werden krank. Kleinste Verletzungen führen zu tödlichen Infektionen. Und es gibt weder Ärzte noch Medikamente.

Unter solchen Bedingungen verändern sich auch die Formen menschlichen Zusammenlebens. Alkohol, Drogen, Prostitution, Gewalt und organisierte Kriminalität gehören zum Alltag. Familien brechen auseinander. Massen von Kindern sind auf sich allein gestellt und haben niemanden mehr, der sich um sie kümmert. Es gibt zwar auch in den schlimmsten Slums intakte Familien, Solidarität unter Freunden und Nachbarn, junge Menschen, die auf legale Art und Weise und ohne gesundheitliche Beeinträchtigung ihr

Leben fristen können. Aber solche Kerne gesunder und stabiler Beziehungen sind im sozialen Gefüge von Slums nicht die Regel, sondern die glückliche Ausnahme.

Wer hat nicht schon Bilder gesehen von Menschen in Afrika, vorab Kindern, die zu Skeletten abgemagert sind und aus großen Augen in eine Welt schauen, die sie nicht verstehen – und die sie bald verlassen werden. Oder von Straßenkindern in Südamerika, die kein Zuhause mehr haben und gejagt werden wie streunende Hunde. Aber für uns sind dies lediglich Bilder – Momentaufnahmen aus einer anderen Welt, die wieder aus unserem Bewußtsein verschwinden, wie sie aufgetaucht sind. Wir sind nicht betroffen von dem Elend, welches sich dahinter verbirgt, und haben keine Vorstellung davon, wie viele Menschen es sind, von denen diese Bilder berichten. Zahlen sind abstrakt; Bilder zeigen immer nur Einzelfälle; den Urlaub verbringen wir nicht in Bangladesch; und in die Favelas von Rio de Janeiro wagt sich nicht einmal die Polizei.

Die Regionen extremster Verelendung finden sich zwar zur Zeit in Afrika, Südamerika und Asien. Doch ähnliche Phänomene gibt es bereits in näher gelegenen Regionen: in Rußland, Rumänien oder Tschechien – in ersten Ansätzen sogar in Berlin, Rom oder Paris.

Zum Sterben geboren

Einer der engsten Begleiter bitterer Armut ist der Tod. Er hat viele Gesichter. Weltweit sterben mehr als 8 Millionen Babies vor ihrem ersten Geburtstag aufgrund von Infektionen oder unzureichender Fürsorge bei der Geburt oder in den ersten Lebenswochen – 98 % davon in Entwicklungsländern. 7 Millionen Erwachsene erliegen an sich harmlosen oder zumindest leicht vermeidbaren Krankheiten, 500 000 Frauen sterben allein an Komplikationen während der Schwangerschaft. 15 Millionen Kinder sterben jedes Jahr, bevor sie das fünfte Lebensjahr erreicht haben – die meisten an Hunger und Unterernährung. 8 Millionen Kinder gehen an den Folgen von kontaminiertem Wasser oder verschmutzter Luft zugrunde. Und rund 50 Millionen Kinder bleiben wegen mangelnder oder schlechter Ernährung lebenslang geistig oder körperlich behindert. Soweit einige nackte Zahlen der Weltbank und der Weltgesundheitsorganisation (WHO).

Massenhaft gestorben wird nicht zuletzt auch in den Elendsvierteln der Multimillionenstädte. Hier sind es vor allem Infektionen, Immunkrankheiten und Gewaltverbrechen, welche die Menschen dahinraffen. Ob in Rio, in Sao Paulo, in Bangkok oder Bombay – in den Slums ist schon heute niemand mehr wirklich gesund. Die meisten Menschen sind immer an irgendetwas erkrankt. In Indiens Hauptstadt leiden 4 der 10 Millionen Einwohner an Atemwegserkrankungen. In Manila stirbt die Hälfte aller Kinder an Lungenentzündung. In Mexico-City herrscht an 345 Tagen pro Jahr Smog-Alarm. Von den unzähligen Straßenkindern erreicht nur eine Minderheit die Volljährigkeit. Sie sterben vorher an irgendwelchen Krankheiten oder werden ermordet.

Und dies ist erst der Anfang. Das World Resources Institute (WRI) in Washington geht von einer galoppierenden Verstädterung aus. Im Jahre 2015 wird es weltweit 543 Städte mit mehr als einer Million Einwohner geben – davon 33 Megametropolen mit über 8 Millionen Einwohnern. Wasserzufuhr, Kanalisation und Abfallentsorgung können heute schon nicht mehr gewährleistet werden – von Sicherheit, Bildung oder medizinischer Versorgung gar nicht zu reden.

Armut ist weiblich

Frauen stellen die Hälfte der Menschheit, leisten zwei Drittel aller Arbeitsstunden und erhalten ein Zehntel des Welteinkommens. Damit ist eigentlich alles Wesentliche gesagt. Aber man kann es ergänzen: Von den Kindern auf dieser Welt, die nie eine Schule besuchen können, sind 80 % Mädchen. In den meisten Ländern sind Mädchen von vornherein weniger »wert« als Knaben. Und mancherorts lassen Eltern sie gleich nach der Geburt sterben oder stecken sie in Heime, in denen sie wie Tiere gehalten werden und auf Nimmerwiedersehen in der Versenkung verschwinden.

Die Liste der Scheußlichkeiten, denen Mädchen und Frauen weltweit ausgesetzt sind – und zwar ausschließlich nur, weil sie weiblichen Geschlechts sind –, ließe sich hier beliebig verlängern. Dabei sind die Frauen vielfach die eigentlichen Ernährerinnen der Familien. Sie sind zuständig für die Feldarbeit. Sie beschaffen Wasser und Brennholz. Und sie – wenn überhaupt jemand – kümmern sich um die Gesundheit und die Bildung ihrer Kinder.

Die Rolle der Frauen wird in traditionell patriarchalischen Gesellschaften entweder gar nicht zur Kenntnis genommen oder aber systematisch abgewertet. Auch bei uns – in den scheinbar aufgeklärten westlichen Industrienationen – wirkt die patriarchalische Vergangenheit nach. Es gehört bezeichnenderweise zu den allerjüngsten Erkenntnissen der Wissenschaft, daß die Frauen bei der Entwicklung des Menschen, insbesondere bei der Entwicklung der Kulturfähigkeit *die* entscheidende Rolle gespielt haben. Und wir haben Jahrzehnte der Entwicklungshilfe gebraucht, um herauszufinden, daß die Frauen auch heute noch bei der Entwicklung eines Landes oder einer Region die Schlüsselrolle spielen.

Verschiedene Institutionen haben sich inzwischen darauf eingestellt und richten immer mehr Projekte gezielt auf die Frauen aus. Die Weltbank investiert jährlich 900 Millionen Dollar in Bildungsprojekte für Frauen und Mädchen. Sie gibt Kleinkredite an Frauen, die eine selbständige Erwerbstätigkeit aufbauen wollen. Sie unterstützt in Bosnien Frauen, die im Krieg ihre Männer verloren haben. Aber dies sind lediglich Einzelprojekte und damit Tropfen auf einen heißen Stein. Die richtigen Prioritäten beginnen sich in der Entwicklungshilfe erst langsam auf breiterer Front durchzusetzen. Und nun versiegen die Finanzquellen.

Bilanz der Entwicklungshilfe

Seit Jahrzehnten werden von staatlichen und privaten Institutionen Anstrengungen unternommen, die armen Länder mit Geldern, Dienstleistungen und Produkten aus den reichen Ländern zu unterstützen. Es gibt viele Einzelbeispiele erfreulicher lokaler oder regionaler Erfolge. Insgesamt muß man aber bis heute von enttäuschenden Ergebnissen sprechen. Etwas vereinfacht kann man die ernüchternde Geschichte der Entwicklungshilfe in drei Phasen unterteilen.

Phase 1 war die lange Zeit, in der man versucht hat, den Entwicklungsländern mit westlicher Hochtechnologie unter die Arme zu greifen. Man hat den Menschen Maschinen und Anlagen hingestellt, die sie mit den vor Ort vorhandenen Mitteln und Kenntnissen weder betreiben noch warten konnten. Mit dem Tag, an dem die westlichen Techniker abzogen, begannen sie zu verrotten. Unvorstellbare Summen sind in dieser Zeit buchstäblich in den Sand gesetzt worden.

Phase 2 waren die letzten 10 bis 15 Jahre, in denen man begonnen hat, Entwicklungshilfe als »Hilfe zur Selbsthilfe« zu verstehen. Das Ziel: dezentrale Selbstversorgung der Menschen. Entwicklungsprojekte wurden gemeinsam mit den betroffenen Menschen verwirklicht, Technologien auf die lokalen und regionalen Gegebenheiten abgestimmt. Es wurde auf kulturelle Voraussetzungen Rücksicht genommen. Man lieferte nicht einfach Technik, sondern entwickelte vor Ort maßgeschneiderte und praktikable Lösungen.

Auch in dieser Phase wuchsen die Bäume leider nicht in den Himmel. Die

Helfer mußten erst lernen, fremde Kulturen zu verstehen – und lernen, Menschen selbständig statt abhängig zu machen. Nationale Ministerialbürokraten hatten oft andere Vorstellungen davon, was für ihr Land gut sei, als die westlichen Helfer. Nicht selten hatte man es mit Behördenvertretern zu tun, die nur ein Ziel kannten: sich selbst Geld in die Tasche zu wirtschaften. Und wenn sich irgendwo erste konkrete Erfolge abzeichneten, brach womöglich ein Bürgerkrieg aus und machte die Aufbauarbeit von Jahren wieder zunichte.

Aber immerhin: Man hat gelernt, welche Voraussetzungen gegeben sein oder geschaffen werden müssen, damit westliche Unterstützung überhaupt einen Sinn macht. Darauf könnte man aufbauen.

Aber nun hat Phase 3 begonnen: Die sogenannten reichen Industrieländer geraten allesamt selbst in die finanzielle Bredouille. Allenthalben tun sich gewaltige Löcher in den Staatshaushalten auf. Es beginnt eine Zeit härtester politischer Verteilungskämpfe. Eine neue Verarmung breiter Bevölkerungsschichten steht ins Haus. Der Sozialstaat scheint ernsthaft gefährdet. Und so ist es nun mal: Budgets, hinter denen keine machtvollen politischen Lobbies stehen, werden in dieser Situation brutal zusammengestrichen.

Dies ist die Bilanz der Entwicklungshilfe: Bei Lichte betrachtet, stehen wir vor einem Scherbenhaufen. Raten Sie mal, um wieviel Prozent sich der Abstand zwischen den reichsten 20 % und den ärmsten 20 % der Länder dieser Erde seit 1960 verringert hat. Nun, er hat sich nicht verringert. Er hat sich schlicht verdoppelt. Und dies waren die Zeiten des Booms. Die Aufwendungen der Industrienationen für die Dritte Welt waren nie großartig. Aber jetzt schmelzen sie dahin wie Butter an der Sonne.

Inzwischen mehren sich weltweit Zeichen für eine Verlangsamung des Bevölkerungswachstums. Die Geburtenrate nimmt zwar weiter zu. Aber Hunger, Aids, Epidemien und Kriege dezimieren ganze Populationen. Der Sensemann hat sich des Problems angenommen.

Kapitel 7
Schleuderwirtschaft der Überflußgesellschaft

Unser Planet ist auf dem besten Weg, unbewohnbar zu werden. Eine Ursache ist die Überbevölkerung. Es gibt zuviele Menschen – und es werden immer mehr. Die andere Ursache ist der technisch und administrativ perfekt organisierte Raubbau an den natürlichen Ressourcen – die schleichende Zerstörung praktisch aller unserer Lebensgrundlagen. Die Hauptverantwortung dafür liegt bei uns Industrienationen – in den USA, in Europa und in Japan. Wir verbrauchen pro Kopf ein Vielfaches an Energie. Wir plündern die Weltmeere. Wir vergiften die Atmosphäre. Wir haben letztlich auch die Abholzung der tropischen Regenwälder zu verantworten. Wir sind es, die über genug Geld und Kurzsicht verfügen, um uns mit Möbeln und Häusern aus tropischen Hölzern zu umgeben. Und es sind nicht selten westliche Konzerne, welche das Ganze organisieren und die Hauptgewinne kassieren.

Es geht hier allerdings nicht in erster Linie darum, Schuld zu verteilen, sondern darum, Zusammenhänge zu verstehen. Nur wenn man weiß, was heute geschieht, wie es geschieht, und warum es geschieht, kann man sich ein realistisches Urteil darüber bilden, wie es voraussichtlich weitergehen wird.

Wachstum – Ideologie der Allmacht

Die Entwicklung der Sprache und die damit verbundene Möglichkeit zur Weitergabe von Wissen haben im Laufe der Menschheitsgeschichte zu einer immer schnelleren Entwicklung neuer Technologien geführt. Von der Beherrschung des Feuers bis zur Erfindung des Rades war es noch ein langer Weg; vom Buchdruck bis zur Elektrizität nur noch ein verhältnismäßig kur-

73

zer. Und heute überstürzen sich die Neuerungen derart, daß kein Mensch mehr alles überblicken kann. Nur wenige verstehen gerade noch knapp, was sich in jeweils einem der vielen Wissensgebiete tut. Und bei der Gentechnik, der Mikroelektronik, der Telekommunikation oder der künstlichen Intelligenz stehen wir vor Entwicklungen, deren Konsequenzen sich überhaupt nicht abschätzen lassen.

Der Einsatz von Maschinen zur industriellen Herstellung von Gütern aller Art hat in den vergangenen 100 Jahren vorab in unseren Regionen zu einer gewaltigen wirtschaftlichen Entwicklung und zu einem beachtlichen Wohlstand breiter Massen geführt. Dies ist zunächst ein durchaus positiver Tatbestand. Die Frage ist, was wir uns dafür eingehandelt haben.

Dies ist die Kehrseite unseres Wohlstandes: Ein ungeheuerlicher Verschleiß von Rohstoffen und Energie – und Abfälle, von denen niemand mehr weiß, wie sie entsorgt werden sollen. Für 1 kg Meeresfisch, das irgendwo in den USA oder in Europa über den Ladentisch geht, werden im Durchschnitt 6 kg Diesel verbraucht. Wenn in Japan französischer Champagner oder in Frankreich kalifornischer Rotwein getrunken wird, mag dies vielleicht noch als diskreter Charme der Bourgeoisie durchgehen. Aber wenn in Griechenland schwedisches und in Norwegen italienisches Mineralwasser getrunken wird, aus Einwegflaschen, die schwerer sind als ihr Inhalt; wenn deutsche Kartoffeln zur Reinigung nach Italien gekarrt werden, um anschließend wieder nach Deutschland zum Verkauf zu gelangen; wenn die Tomaten, die in Südspanien auf dem Markt angeboten werden, aus niederländischer Wasserkultur-Produktion stammen – dann sind dies nur einzelne, kleine Anzeichen dafür, daß unsere Art zu wirtschaften nicht mehr viel mit Vernunft und Verantwortungsbewußtsein zu tun hat.

Das Auto hat denjenigen, die es sich leisten können, eine unglaubliche Bewegungsfreiheit beschert. Aber mittlerweile sind mehrere hundert Millionen davon in Betrieb. Wir bauen Straßen, Brücken, Tunnels, Fabriken, Kraftwerke, Flughäfen und Wolkenkratzer. Otto Normalverbraucher fliegt mit seiner Familie für einen vierzehntägigen Urlaub mal kurz um die halbe Welt. Wir legen die Feuchtgebiete trocken, wir begradigen die Flußläufe, wir versenken ganze Dörfer in Stauseen.

Wir pumpen unvorstellbare Mengen Erdöl in Raffinerien, um unsere Maschinen, Autos und Flugzeuge in Betrieb zu halten. Wir produzieren massenhaft Waffen für Dutzende von Armeen. Wir bauen atombetriebene U-Boote, Flugzeugträger, Raketen und Wasserstoffbomben. Wir führen Kriege. Wir fliegen auf den Mars.

Der Turmbau zu Babel ist zum biblischen Symbol geworden für die Selbstüberschätzung des Menschen: für seinen Wahn, letztlich alles für technisch machbar zu halten – und zu meinen, alles, was technisch machbar erscheint, auch umsetzen zu müssen. Ohne Rücksicht auf Verluste. Dies, zusammen mit dem Wunsch des einzelnen nach mehr Komfort und mehr Besitz, hat schließlich zu einem beispiellosen Boom geführt.

Doch forciertes Wachstum ist tödlich. Die effizientesten Unkrautvertilgungsmittel sind Wachstumshormone. Sie lassen die Pflanzen zu schnell wachsen – und dadurch zugrundegehen. Daß wir über unsere Verhältnisse leben und bald an die Grenzen des Wachstums stoßen würden, hat der *Club of Rome* vor 25 Jahren klar vorausgesagt. Nun ist es soweit.

Konsum – Strategie der Ersatzbefriedigung

Es hat in meiner Jugendzeit eine Phase gegeben, da habe ich geglaubt, mein absolutes und endgültiges Lebensglück würde von einem Motorrad abhängen. Ich beschäftigte mich den ganzen Tag mit diesem Thema, wußte schon genau, welches Modell es sein würde, und malte mir in den buntesten Farben aus, was ich damit alles unternehmen wollte. Ich hielt meinen Vater für einen schrecklichen Geizhals und war bitter enttäuscht, als er mir erklärte, daß er nicht bereit sei, mir dieses Projekt zu finanzieren – übrigens nicht zuletzt, weil er Motorräder für eine gefährliche Angelegenheit hielt. Heute bin ich ihm dankbar. Ich weiß heute, was mir damals gefehlt hat: Ich wußte nicht, welchen Beruf ich wählen sollte; ich hatte keine Lust, Vorlesungen zu besuchen; ich fühlte mich in der Familie nicht »zu Hause«; ich hatte keine Freundin. Ich war einsam; ich hatte kein Ziel; ich fühlte mich nutzlos. Doch meine innere Leere war mir nicht bewußt. Ich glaubte allen Ernstes, das einzige, was mir fehle, sei ein Motorrad.

Ein paar Jahre später war ich verheiratet und hatte drei kleine Kinder. Das erste Motorfahrzeug, das wir uns leisten konnten, war ein alter Motorroller. Ich mußte immer zweimal fahren, um die ganze Familie von A nach B zu bringen. Die Kleinsten standen jeweils vorne, eingeklemmt zwischen meinen Beinen, und fühlten sich wie die Könige. Es war eine tolle Zeit. Da habe ich mein Motorrad-Trauma endgültig abgearbeitet.

Ersatzbefriedigungen spielen in unserer Zivilisation eine zentrale Rolle. Was ist mit einer Gesellschaft los, in der ein Großteil der Kinder jeden Tag mehrere Stunden vor dem Fernsehapparat verbringt und am Fließband dümmliche, zum Teil Gewalt verherrlichende Sendungen in sich hineinsaugt? In der Vermögen ausgegeben werden, um auf die verlogenste Art und Weise – mit intakter Natur, Gesundheit, Schönheit und Lebensfreude – bei der Jugend für Zigaretten Werbung zu machen? In der Millionen von Menschen nach der Arbeit derart gestreßt sind, daß sie als erstes zum Alkohol greifen? In der die Polizei nicht eingreift, wenn internationale Getränkekonzerne mit sogenannten »soft spirits« gezielt die Jugend an Alkohol gewöhnen? In der Massen von Menschen nur durch regelmäßige Einnahme von Psychopharmaka vor dem Abgleiten in eine lebensgefährliche Depression bewahrt werden können? In der ganze Industrien von kostspieligen Spezialpräparaten leben, mit denen Heerscharen von Wohlstandsbürgerinnen und -bürgern versuchen, überschüssige Pfunde, die sie sich aus Einsamkeit oder Langeweile angefressen haben, wieder loszuwerden?

Menschen, denen etwas Wichtiges im Leben fehlt, versuchen, dieses Manko durch Ersatzbefriedigungen auszugleichen. Das seelische Defizit wird mit materiellen Gütern und Augenblicksgenüssen gleichsam übertüncht und zugeschüttet. Bei diesem Vorgang ist zweierlei zu berücksichtigen. Zum einen: Das eigentliche Bedürfnis ist dem einzelnen nicht bewußt. Wie man seit Sigmund Freud so schön sagt: Es ist verdrängt. Es sind meistens existentiell wichtige, emotionale Bedürfnisse, die verdrängt werden. Sie werden ins Unterbewußtsein abgeschoben, weil die bewußte Auseinandersetzung mit dem Defizit Gefühle der Angst und der Hoffnungslosigkeit auslösen würde. Zum anderen: Das eigentliche Bedürfnis kann durch den materiellen Ersatz nicht befriedigt werden. Wer in der Tiefe seiner Seele zu kurz kommt, braucht immer mehr und immer stärkeren Ersatz. Die Situation nähert sich mit der Zeit einem Suchttatbestand. Der Psychoanalytiker Erich Fromm hat sich in seinem zum Klassiker gewordenen Buch *Haben oder Sein* intensiv mit diesen inneren Zusammenhängen in unserer Zivilisation befaßt.

Was ist es denn, was so vielen Menschen fehlt? Es sind an sich ganz einfache, normale, ja scheinbar selbstverständliche Dinge, die aber in unserer modernen Gesellschaft immer weniger gewährleistet sind: menschliche Zuwendung und Wärme; Liebe und Geborgenheit; die Anerkennung als wichtiges Mitglied einer Gemeinschaft; das Gefühl, gebraucht zu werden und einen nützlichen Beitrag zu leisten. Dies sind die Dinge, die einem Menschen das Gefühl geben, daß sein Leben erfüllt ist und daß die eigene Existenz einen Sinn hat.

Immer mehr Menschen leiden unter der Anonymität und dem Leistungsdruck in unserer Industriegesellschaft. Sie sind in der Masse anderer innerlich vereinsamt. Ihr Leben läuft ab wie eine Sanduhr – lautlos und gleichförmig. Sie haben nichts, wofür es lohnt, sich zu engagieren. Sie leben nicht mehr wirklich, sondern funktionieren nur noch. Sie langweilen sich zu Tode und brauchen immer wieder einen »Kick«, um sich selbst überhaupt noch zu spüren.

Eine Gesellschaft, in der so viele, nicht zuletzt auch junge Menschen in ihren wichtigsten emotionalen Bedürfnissen zu kurz kommen, ist krank. Unsere Gesellschaft ist krank.

Mobilität – Illusion der Freiheit

Der Mensch ist von Natur aus ein Langstrecken- und Dauerläufer. Während Löwen und Tiger nach wenigen Minuten Jagd schlappmachen, haben unsere Vorfahren als Jäger und Sammler auf der Suche nach Nahrung große Gebiete durchstreift; daher der aufrechte Gang und die kräftigen Beine. Und ein tiefes, natürliches Bedürfnis nach Raum und Bewegungsfreiheit. Allerdings: Man mußte sich seinerzeit noch selbst bewegen. Die Reviere hatten deshalb gewisse natürliche Grenzen.

Heute muß man sich nicht mehr selbst bewegen. Der physische Aktionsradius des einzelnen hat sich im Vergleich zu früheren Zeiten um Faktoren zwischen 10 und 100 vervielfacht. Wohnen auf dem Lande, arbeiten in der Stadt; für eine eintägige Geschäftsreise mal schnell tausend Kilometer woandershin; Heli-Skiing in den Rocky Mountains; Schnorcheln auf den Malediven oder im Great Barrier Reef; Spazieren auf der Chinesischen Mauer oder in der sagenumwobenen Inka-Stadt Machu Picchu hoch oben in den Anden.

In einer Zeit wie heute, in der die Menschen Angst haben vor der Zukunft, wird möglichst wenig Geld ausgegeben. Der Konsum geht deutlich zurück – aber es wird gereist! Man hält zwar Ausschau nach günstigen Angeboten – doch auf das Reisen wird nicht verzichtet. Dies ist ein überaus interessantes Phänomen. Die Menschen haben einen unbändigen Drang, ihrem Alltag – wenn auch nur für kurze Zeit – zu entfliehen. Es ist eine Flucht aus der Enge, Kälte und Gleichförmigkeit ihres normalen Lebens. Und bei manchen, zumal jungen Menschen kommt noch etwas hinzu: Sie haben das Gefühl, daß unsere schöne Erde schrittweise kaputt gemacht wird. Sie möchten noch etwas von ihr sehen, bevor es zu spät ist.

Neun von zehn Autos, die am Morgen in die Stadt und am Abend wieder herausfahren, sind mit einem einzelnen Individuum besetzt, welches täglich – jahrein, jahraus – eine Tonne Stahl und Blech mit sich herumführt. Kinderlose Ehepaare finden nichts dabei, drei Autos zu betreiben – je eines für die Fahrt zur Arbeit und ein drittes für die Freizeit. Bei einem Überseeflug wird pro Person der Jahreskraftstoffbedarf eines Pkw in die Luft gepustet. Und wenn in einem multinationalen Konzern ein Manager zu den Antipoden versetzt wird, schafft ihm die Firma das gesamte Mobiliar einschließlich Surfbrett und Weinkeller auf die andere Seite der Erdkugel.

Daß Frischwaren und lebende Tiere per Eisenbahn nicht rasch genug in die Verteilkanäle kommen können, mag einleuchten. Aber auf den Autobahnen tummeln sich Schnäpse, Konserven, Hi-Fi-Geräte, Kühlschränke, Backsteine und Zementsäcke. Und oft genug wird schlicht Luft spazierengefahren, weil es offensichtlich »wirtschaftlich« ist, eine Lastwagenladung Ware auf der Straße tausend Kilometer weit an einen Bestimmungsort zu bringen und anschließend leer wieder nach Hause zu fahren.

Dies alles hat seine unbestreitbaren Vorteile. Mobilität verschafft Menschen, die sonst nie aus ihrem Wohnort herauskommen würden, die Möglichkeit, etwas von der Welt zu sehen. Sie bringt Menschen zueinander. Sie vermittelt dem einzelnen etwas, das ihm in unserer Massengesellschaft ansonsten mehr und mehr abhanden kommt: das individuelle Gefühl von Unabhängigkeit. Mobilität ist der Ersatz für Freiheit.

Luxus – Statussymbol der Wohlhabenden

Ich war seinerzeit ein ziemlich neugieriges Kind. Wenn in meinem Umfeld ein Ausdruck fiel, den ich nicht verstand, wollte ich wissen, was das heißt. Ein solches Gespräch zwischen mir und meiner Tante ist der Überlieferung gemäß wie folgt abgelaufen: »Tanti, was ist ›Luxus‹?« – »Luxus ist etwas, das man gerne hat, aber eigentlich nicht braucht.« – »Dann ist also Rudolf ein Luxus.« Rudolf war das kleine Brüderchen, das sich kurz zuvor von mir nicht gerufen in unsere Familie eingeschlichen und meiner Existenz als gehätscheltes Einzelkind ein abruptes Ende bereitet hatte.

Der Luxus, den wir alle lieben, beginnt ganz harmlos – mit einer Zigarette, einem Cognac oder einem *Eau de Toilette*. Er setzt sich fort mit einem nicht ganz billigen Schmuck, einem Jahrgangs-Champagner, einer Kreuzfahrt in der Karibik, einem Zweitwagen, einem Motorboot, einem Ferienhaus. Und er endet bei ganzen Flotten hochkarätiger Sportwagen und Straßenkreuzer, von denen jeder eine halbe Million kostet; einem über die Kontinente verteilten Besitz herrschaftlicher Residenzen; Kunstsammlungen, die einem nationalen Museum zur Ehre gereichen würden; Hochseeyachten, Privatflugzeugen und Heerscharen von Bediensteten. Die Grenzen sind fließend. Irgendwo zwischen den beiden Extremen werden Sie und ich uns einordnen können.

Wer neu zu Geld kommt, neigt im allgemeinen dazu, dies nach außen hin zu dokumentieren. Luxus ist nicht zuletzt auch ein Statussymbol. Andere begüterte Menschen wiederum neigen eher dazu, bezüglich ihrer finanziellen Situation vornehme Zurückhaltung zu üben. Es hat heutzutage allein schon aus Sicherheitsgründen einen gewissen Charme, mit seinem Reichtum nicht zu protzen.

Doch es gibt Dinge, die kann man nur schwer verstecken. Von Nizza bis Marseille gibt es eine erstaunliche Anzahl großer Yachthäfen. In jedem einzelnen liegen so viele Yachten, daß man denken könnte, dies sei neben Hongkong und Miami die einzige Anlegestelle. Zunächst, so weit das Auge reicht, die 10- bis 15-Meter-Yachten der ärmeren Millionäre, und dann, diskret getrennt, der versammelte Reichtum der ganz Arrivierten: die vielen Schiffe von 20, 40 oder 80 Metern Länge – jahrein, jahraus bemannt mit mindestens einem Skipper, häufig aber mit einem Kapitän und einer ganzen Besatzung. Da sich diese Leute die meiste Zeit zu Tode langweilen, kann man leicht mit ihnen ins Gespräch kommen. Und dann hört man immer wieder dieselbe Geschichte: Man steht hier das ganze Jahr über auf Abruf bereit; man hält das Schiff in Schuß und wartet auf einen Anruf, der die Absicht des Besitzers ankündigt, eine, zwei oder auch mal drei Wochen Urlaub auf seiner Yacht zu verbringen. Den Glücklichen widerfährt dies zwei- oder dreimal im Jahr. Die meisten kommen allerdings gerade einmal im Jahr auf hohe See. Und manch einer wartet schon mal länger als ein Jahr auf einen Anruf.

Nun, die Côte d'Azur ist nur ein kleines Stück der Küste des Mittelmeeres, das Mittelmeer wiederum ein Teich, verglichen mit dem Rest der Weltmeere. Da kann man nur ahnen, was für Vermögenswerte weltweit in Yachthäfen ungenutzt vor sich hin dümpeln. Und Yachten sind lediglich ein kleiner Teil vom Luxus dieser Welt.

Luxus ist, wenn man sich ihn leisten kann, ein feine Sache. Und wer ihn hat, wird als erstes seine soziale Ader entdecken und argumentieren, daß von diesem Luxus ganze Industrien leben, und daß diese Industrien Massen von Arbeitsplätzen geschaffen haben und das Geld unters Volk bringen. Und dies ist noch nicht mal gelogen. Wo also liegt das Problem?

Erstens, die ökologische Bilanz industriell hergestellter Produkte zeigt immer wieder mit erschreckender Deutlichkeit, welche Mengen an Energie und Rohstoffen bei der Herstellung verschlissen und was für eine Fracht von Giften gleichzeitig in die Welt gesetzt wird – von den nachgerade gigantischen Problemen der Entsorgung gar nicht erst zu reden. Und dann ist noch keine einzige Betriebsstunde all der Luxuskarossen, -schiffe, -flugzeuge, -villen und -schwimmbäder in die Rechnung eingeflossen. Welche Umweltschäden dadurch angerichtet werden, läßt sich gar nicht beziffern.

Zweitens, und dies ist der springende Punkt: Dieser gesamte Aufwand entsteht ausschließlich für Dinge, die – um meine liebe Tante Klara selig zu zitieren – eigentlich gar nicht gebraucht werden. Diese Schäden werden von einer Minderheit verursacht – ohne Not; in einer Umwelt, die allen gehört. Stellen Sie sich mal vor, alle Menschen, die heute in der Herstellung von Luxusgütern beschäftigt sind, würden sich – gegen gleiche Bezahlung – mit ökologisch und sozial wertvollen Produkten und Dienstleistungen befassen. Unsere Welt würde ganz anders aussehen. Und auf eine gut riechende Seife müßten wir noch lange nicht verzichten.

Drogen – Flucht aus dem Leben

Wenn es einen Beweis gibt für die Krankheit der westlichen Industriegesellschaften, dann diesen: der Konsum von Drogen. Er zerstört einen zunehmenden Teil der Jugend, bringt unermeßliches Leid in zahllose Familien und zieht eine Beschaffungskriminalität nach sich, der die Sicherheitsorgane keines einzigen Landes auf dieser Welt mehr gewachsen sind – mit Ausnahme allenfalls von Singapur, wo jeder, der etwas mit Drogen zu tun hat, ohne langes Federlesen hingerichtet wird.

Auf das organisierte Verbrechen, welches die Volkswirtschaften schrittweise von innen heraus zersetzt und für welches der Drogenschmuggel und der Drogenhandel reiche Betätigungsfelder bieten, wird noch zurückzukommen sein.

Hier nur soviel: Durch den Drogenhandel werden der Volkswirtschaft unvorstellbare Summen entzogen und auf den Konten von Schwerverbrechern akkumuliert. In exakt dem gleichen Umfang verarmen und verelenden Massen von Drogenabhängigen – von den Kosten staatlicher Institutionen gar nicht zu reden. Mit anderen Worten: Das Drogenproblem ist einer der Faktoren, auf welche die sich fatal öffnende Schere zwischen Arm und Reich zurückzuführen ist.

Das Drogenproblem ist letztlich mit eine der Folgen der anonymen Massen- und Überflußgesellschaft. Es hängt aufs engste mit der Sinnkrise in unserer Leistungsgesellschaft, dem inneren Zerfall der Familien sowie mit der düsteren Zukunft zusammen, welche junge Menschen von heute vor sich haben. Ob man es wahrhaben will oder nicht: Es sind gerade die sensiblen, empfindsamen jungen Menschen, die am meisten leiden an der seelischen Verwahrlosung in ihrer Umgebung und an dem, was auf dieser Welt insgesamt passiert. Sie sind am anfälligsten dafür, in die Abhängigkeit von Drogen zu geraten.

Menschen, die mit dem Drogenmilieu aufs engste vertraut sind – Sozialarbeiter, Ärzte und Psychologen ebenso wie ehemalige Abhängige –, versuchen seit mindestens zwei Jahrzehnten auf eine kontrollierte Abgabe von Heroin hinzuwirken. Dies würde das Drogenproblem zwar nicht aus der Welt schaffen, aber massiv reduzieren. Die Sterberate würde deutlich sinken, denn die meisten Drogenabhängigen sterben nicht am Heroin, sondern am Dreck, mit dem der Stoff vom Handel gestreckt wird. Die Beschaffungskriminalität würde dramatisch zurückgehen. Der Handel würde vergrault. Last but not least: Die Gesamtkosten würden einen Bruchteil dessen betragen, was heute im Zusammenhang mit dem Drogenproblem aufgewendet werden muß. Und die Abhängigen wären in einem regelmäßigen, hilfreichen und nicht repressiven Kontakt mit dem Gemeinwesen. Doch seit Jahrzehnten wird die Diskussion überall auf dieser Welt nach dem gleichen Muster im Keime erstickt: »Das fehlte gerade noch, daß man mit unseren Steuergeldern diese Strolche gratis mit Stoff versorgt!« Und so bleibt alles beim alten.

Wenn wir von Drogen reden, denken wir an Hasch, Heroin oder Ecstasy und an junge, verwahrloste Fixerinnen und Fixer. In unseren Breitengraden wird von der Gesellschaft nach wie vor nicht zur Kenntnis genommen, daß Alkohol auch eine Droge ist und daß durch den Alkohol der Volksgesundheit insgesamt größerer Schaden zufügt wird als durch Heroin und Kokain. Und beim Alkohol verteilt sich die Abhängigkeit über alle Altersklassen. Junge Fixerinnen und Fixer werden von der Gesellschaft brutal ausgegrenzt. Wenn aber gestandene Männer in der Kneipe weit über den Durst trinken, wird dies mit Augenzwinkern zur Kenntnis genommen. Am Drogenhandel verdient das organisierte Verbrechen, am Alkohol unsere eigene Industrie. Und über alle TV-Kanäle flimmern Tag für Tag die Werbespots für Bier und Schnaps. Es herrscht eine doppelte Moral.

Eine Gesellschaft, die in so vielen Jahrzehnten nicht zu einem anderen Umgang mit Drogen und Alkohol gefunden hat, ist nicht lernfähig. In einer Zeit des Umbruchs droht ihr Zersetzung statt Erneuerung.

Kapitel 8

Völkerwanderung

Zur Zeit, da dieses Buch geschrieben wird, befinden sich in China 120 Millionen Menschen auf Wanderschaft. China hat in den letzten Jahrzehnten als Folge der Übernutzung ein Drittel seiner Agrarflächen verloren. Die Böden geben nichts mehr her, die Menschen, vorher schon nicht gerade auf Rosen gebettet, beginnen Hunger zu leiden. Sie verlassen ihre Heimat und gehen auf die Suche nach Arbeit und nach einer neuen Bleibe. Beides hoffen sie in einer der großen Städte zu finden. Aber nur für eine Minderheit geht diese Rechnung auf. Die andern irren umher – eine gigantische Masse entwurzelter, vagabundierender Menschen, die nichts mehr zu verlieren haben.

Wie überall auf der Welt, wo viele Menschen auf engem Raum und in bitterer Armut leben, wuchert in China das Verbrechen. Nach offiziellen Angaben haben die Sicherheitsorgane in einem Jahr 150 000 kriminelle Banden aus dem Verkehr gezogen. Verbrecher werden zwar massenhaft hingerichtet, aber die Kriminalität breitet sich weiter krebsartig aus. In ganz China regieren in ländlichen Regionen mehrheitlich nicht mehr offizielle Instanzen, sondern lokale kriminelle Banden. Der Staat schafft es gerade noch, in den großen und dramatisch wachsenden Städten ein gewisses Minimum an Sicherheit zu gewährleisten.

Doch dies ist nur das Beispiel Chinas, des bevölkerungsreichsten Landes der Welt – des Landes, dem nach den Prognosen der Wirtschaftsexperten die Zukunft gehört.

Zug ins gelobte Land

Überall auf der Welt sind Menschenmassen in Bewegung gekommen: im gesamten asiatischen Raum, in Südamerika, in Afrika, in Europa. Zum einen verlassen Menschen ihre Heimat, um in ein anderes, tatsächlich oder vermeintlich wohlhabenderes Land auszuwandern. Zum anderen flüchten die Menschen vom Lande, wo es keine Arbeitsplätze und häufig genug auch keine Nahrung mehr gibt, in die Städte. Und wenn in einer Region Krieg ausbricht, kann es schlagartig zu Flüchtlingsströmen kommen, die Millionen zählen. Insgesamt dürften heute halb so viele Menschen entwurzelt umherziehen wie zur Zeit der historischen Völkerwanderung – im 6. bis 8. Jahrhundert – insgesamt die Erde bevölkerten.

Die moderne Technik hat die Menschen bis in die entlegensten Winkel der Erde erreicht. Der überwiegende Teil der Menschheit hat heute Zugang zu einem Fernsehgerät. Viele haben zwar kein frisches Wasser und kennen keine Toiletten. Aber ein einfacher Solarkollektor, eine Satellitenschüssel und ein Fernsehgerät sind bis ins Innerste von Afrika fast immer in erreichbarer Nähe.

Was geht in einem Menschen vor, der nicht lesen und schreiben kann, am Hungertuch nagt, aber täglich *Dallas, Denver Clan* und *Baywatch* vorgeführt bekommt? Er sieht, wie die Reichen auf dieser Welt leben. Er weiß, daß ein Eldorado existiert. Und er riskiert, wenn es sein muß, sein Leben, um dahin zu gelangen.

Flucht in die Stadt

Die Flucht vom Land in die Stadt hat weltweit zwei Hauptursachen: die Unfruchtbarkeit der Böden als Folge von Erosion und Übernutzung und die Konzentration der fruchtbaren Böden in den Händen weniger Großgrundbesitzer, welche ihre Farmen mit modernster Technologie großräumig bewirtschaften. Die Chance der Besitzlosen, als Zugewanderte in einer Stadt Arbeit zu finden, ist zwar gering – aber statistisch betrachtet immer noch größer als auf dem Lande.

Auf der ganzen Welt wachsen deshalb die Städte – Mexico-City beispielsweise um 2000 Personen pro Tag. Zur Jahrtausendwende wird jeder zweite Erdenbürger ein Städter sein. Um 2015 wird mit weltweit 543 Millionenstädten gerechnet, wovon 30 Megametropolen mit 10, 20, 30 oder 40 Millionen Einwohnern sein werden. In Mexico-City leben heute 18 Millionen Menschen. Dieser Stadtmoloch wächst jedes Jahr um die Bevölkerung der Stadt Stuttgart und dürfte im Jahre 2020 etwa 46 Millionen Menschen zählen. Und um 2025 werden bereits zwei Drittel der Menschheit in Städten leben, in Lateinamerika, der am stärksten urbanisierten Region, sogar 85

Prozent. So lauten zumindest die Prognosen des World Resources Institute, der Weltbank und der UNO. Daß diese Voraussagen auf reichlich optimistischen Annahmen bezüglich der Ernährungslage, des Gesundheitszustandes der Menschen sowie der Belastbarkeit urbaner Infrastrukturen beruhen, sei hier nur am Rande vermerkt.

Konflikt der Kulturen

Die mit der Migration verbundenen Komplikationen beginnen damit, daß jeder Neuankömmling als zusätzlicher Konkurrent um Brot und Arbeit die Notlage der bereits vorhandenen Einwohner verschärft. Dies weckt schon mal keine Sympathien. Sprachliche Verständigungsschwierigkeiten kommen erschwerend hinzu. Vor allem aber prallen völlig unterschiedliche Weltanschauungen und Kulturen aufeinander. Das Ergebnis ist, daß die Menschen sich nicht mehr wechselseitig als »ihresgleichen« verstehen und akzeptieren. Wer nicht in einem Ghetto leben und sich zumindest im engeren Umfeld gegen Fremdeinflüsse abschirmen kann, dessen bisheriges Wertsystem ist in einer turbulenten und zumeist feindlichen Umwelt innerhalb kürzester Zeit dem Zerfall ausgeliefert. Er verliert seine seelische Heimat und seine innere Orientierung.

Fremdenhaß und Rassismus gehören zu den gefährlichsten Auswüchsen der modernen Zivilisationsgesellschaft. Es kann hier nicht darum gehen, diese Phänomene zu legitimieren. Aber man sollte sich mindestens darum bemühen, zu verstehen, wie und warum sie entstehen. Das friedliche Zusammenleben von Menschen unterschiedlicher Kulturen setzt zweierlei voraus: Ein wechselseitiges Kennenlernen und eine wechselseitige Anpassung. Wenn aber Menschen unterschiedlichster Herkunft derart durcheinandergewirbelt werden, wie dies heute in städtischen Agglomerationen der Fall ist, noch dazu in einem knallharten Wettbewerb ums nackte Überleben, kann ein derartiges Zusammenwachsen gar nicht stattfinden. Jeder bleibt sich selbst der Nächste – und potentieller Feind des anderen.

Es sind leider immer die einen, die in ihrem Alltag unmittelbar von der Einwanderung fremder Menschen betroffen sind – am Wohnort, in der Schule, auf der Straße und, so vorhanden, am Arbeitsplatz –, und es sind andere, die darüber wissenschaftliche Abhandlungen schreiben oder politische Thesen entwickeln.

Multiplikation des Mangels

Versorgung und Entsorgung sind in einer Stadt mit Millionen von Armen nicht nur ein wirtschaftliches, sondern vorab ein logistisches Problem gigantischen Ausmaßes.

Um beim Beispiel Mexico-City zu bleiben, weil hier konkrete Zahlen verfügbar sind: Einer Stadt pro Sekunde 63 000 Liter Wasser zuzuführen, ist schon nicht gerade einfach. Diese Wassermenge – sie entspricht derjenigen eines mittleren Flusses – innerhalb der Stadt zu verteilen, noch schwieriger. Die Gesamtlänge der Wasserleitungen beträgt 12 000 km – etwas mehr als ein Viertel des Erdumfanges. 4000 km des gesamten Netzes sind verrottet und lassen das Wasser versickern, bevor es irgendwo aus einem Hahn laufen kann. Und jeden Tag sollte für 2000 neue Einwohner Zugang zu Wasser geschaffen werden.

Hunger wird in der Großstadt für viele noch mehr zum Problem als auf dem Lande. In allen großen Metropolen rund um den Globus zeigt sich das gleiche Bild: kirchturmhohe Müllhalden; Schwärme von Möwen und Ratten; Heere barfüßiger Frauen und Kinder, die sich im rauchenden Abfall auf die neu ankommenden Kehrichtladungen stürzen, um sie nach etwas Eßbarem oder Verwertbarem zu durchsuchen, stundenlang, in einem Gestank, vor dem wir panikartig die Flucht ergreifen würden.

Ersticken im Dreck

Smogalarm und Atemwegserkrankungen sind auch in europäischen und amerikanischen Großstädten längst keine Seltenheit mehr. Aber in den Ballungszentren der Entwicklungsländer ist das Leben buchstäblich lebensgefährlich geworden. In Mexico-City laufen 3,5 Millionen Autos, die meisten veraltet, verrostet und ohne Katalysatoren. Pro Tag werden 43 Millionen Liter Brennstoff verbraucht und 600 000 Liter Lösungsmittel in die Luft gepustet. 40 % der Tankstellen sind leck und verseuchen das Grundwasser. An 345 von 365 Tagen herrscht Smogalarm. Ähnlich liegen die Dinge in Sao Paulo, in Santiago de Chile, Bangkok oder Neu-Delhi. In der Hauptstadt Indiens leiden 4 Millionen Menschen an Atemwegserkrankungen, ein hoher Prozentsatz der Kinder an Asthma.

In den Metropolen der Schwellenländer, wo sich ein gewaltiger Wirtschaftsboom anbahnt, steht den Einwohnern das Schlimmste noch bevor. Ein ungezügeltes Wachstum läßt Städte wie Jakarta, Kuala Lumpur,

Chengdu, Schanghai oder Peking zu flächendeckenden Baustellen werden. Der motorisierte Straßenverkehr verzeichnet dramatische Zuwachsraten – und die Luft wird derart verpestet, daß man zum Teil die Sonne kaum mehr sieht.

In den neuen Wirtschaftsräumen Asiens kommt zweierlei zusammen: Ein atemberaubendes Wachstum – und eine so gut wie totale Gleichgültigkeit, was die Umwelt betrifft. Das Ausmaß der Umweltzerstörung, die in diesem Teil der Welt zur Zeit stattfindet und sich in den nächsten Jahren fortsetzen wird, übersteigt jede Vorstellung. Daß wir uns – nach allem, was wir in der Vergangenheit selbst verbrochen haben – in einer schlechten Position befinden, um den Schwellenländern ins Gewissen zu reden, steht auf einem anderen Blatt.

Kapitel 9

Die bedrohte Art

Jedes Lebewesen besetzt in der Natur eine ganz spezielle ökologische Nische. Alle sind »Spezialisten« für eine ganz besondere Art, sich unter ganz bestimmten Umweltbedingungen Nahrung zu beschaffen und sich fortzupflanzen. Die Spezialisierung des Menschen besteht darin, nicht spezialisiert zu sein. Er hat sich zur weltweit dominierenden Art entwickelt, weil er gelernt hat, unter verschiedensten Umweltbedingungen zu leben. Uns findet man im ewigen Eis genauso wie im heißesten Herzen Afrikas, auf Meereshöhe genauso wie in den höchstgelegenen Bergregionen. Wir tauchen wie die Fische und fliegen wie die Vögel. Wir können uns von Fleisch oder als Vegetarier ernähren. Unsere Fortpflanzung funktioniert in der Polygamie genauso gut wie in der Monogamie. Wir verfügen über eine ganze Palette von Möglichkeiten, eine Schwangerschaft zu verhüten. Und wenn eine Frau dies wünscht, kann sie heute sogar ein Kind gebären, ohne einem Mann nahe kommen zu müssen. Wir sind in Sachen Anpassung die absoluten Weltmeister.

Aber auch unsere Anpassungsfähigkeit hat Grenzen. Es gibt Dinge, auf die auch wir nicht verzichten können. Dazu gehören zum Beispiel saubere Luft, frisches Wasser und gesunde Nahrung.

Luft zum Atmen

Stellen Sie sich unsere Erdkugel als Globus mit einem Durchmesser von einem halben Meter vor, wie man ihn in jedem Warenhaus kaufen kann. Die Erdatmosphäre wäre dann 1,8 Millimeter dick, die Schicht, in der wir atmen können 0,2 Millimeter. Wir haben es also mit einem hauchdünnen, hochsensiblen und im übrigen äußerst kostbaren Film zu tun. Wenn bei der

Erkundung des Weltalls irgendwo ein Planet entdeckt wird, untersuchen die Astronomen immer als erstes, ob er eine Atmosphäre hat, und, wenn ja, ob sie Sauerstoff enthält. Daß es irgendwo im Weltall derartige Himmelskörper gibt, wird heute kaum mehr ernsthaft bezweifelt. Bezweifelt wird, daß wir jemals einen entdecken werden. Solche Gebilde sind außerordentlich dünn gesät. Es wäre ein gewaltiger Zufall, wenn sich in dem winzigen, von uns überblickbaren Teil des Universums außer unserer Erde noch ein zweites finden würde.

Nun haben wir aber einen Planeten, dessen Atmosphäre Sauerstoff enthält, und da wir diesen dringend benötigen, wäre es gut, wenn wir uns darum kümmern würden, was mit ihm passiert.

Als unsere Atmosphäre noch gesund war, enthielt sie einen Sauerstoffvorrat, der für alle Menschen und Tiere etwa 300 Jahre gereicht hätte. Dieser Vorrat blieb während Jahrmillionen ungefähr gleich, weil zwei große Sauerstoff-Lieferanten ihn laufend aufgefüllt haben: das Phytoplankton, pflanzliche Kleinlebewesen im Meer, und die Laubbäume an Land. Grundsätzlich liefern zwar alle Pflanzen Sauerstoff, aber bei weitem nicht alle in so bedeutenden Mengen.

Nun ist seit einiger Zeit folgendes im Gange:

- Das Phytoplankton droht demnächst durch Ultraviolettstrahlen sterilisiert zu werden. Dort, wo das Ozonloch wirkt, hat dieser Prozeß bereits eingesetzt.
- Die tropischen Regenwälder werden abgeholzt. Weltweit sind zahllose Brandrodungen im Gange, welche unvorstellbare Mengen (a) an Sauerstoff verbrennen und (b) an Sauerstofflieferanten vernichten. In 20 Jahren werden die großen Wälder dieser Erde verschwunden sein. Zu mehr als der Hälfte sind sie es heute schon.
- Ein Pkw verbrennt in 5 Minuten soviel Sauerstoff wie ein Mensch an einem Tag. Die heute allein in Deutschland pro Tag gefahrenen Personenkilometer entsprechen 50 000 Erdumrundungen. Bis 2020 wird mit einer Verdoppelung des weltweiten Bestandes von heute 500 Millionen auf 1 Milliarde Pkw gerechnet.
- Alle anderen mit fossiler Energie betriebenen Maschinen zusammen – die Lkw, die Flugzeuge, die Kraftwerke, die Schiffe, die Heizungen, die Industrieanlagen – übertreffen das Automobil in puncto Sauerstoffverbrauch und Giftstoffausstoß bei weitem.

Da stellt sich eine simple Frage: Wo soll in Zukunft der Sauerstoff herkommen? Oder anders gefragt: Bis wann wird der vorhandene Sauerstoff zum Atmen reichen? 300 Jahre sind es jedenfalls schon lange nicht mehr.

Es ist allerdings kaum anzunehmen, daß wir wegen Sauerstoffmangel ersticken werden. Andere Faktoren könnten vorher unser Ende bewirken. Dazu gehören drei, die ebenfalls etwas mit unserer Atmosphäre zu tun haben, und über die im nächsten Kapitel zu sprechen sein wird: die Schadstoffkonzentration, der Treibhauseffekt und das sogenannte Ozonloch.

Wasser zum Trinken

Traurig, aber wahr: Es gibt weltweit kein sauberes Wasser mehr. Die Meere sind verschmutzt. Die Giftfracht der Flüsse macht die Fische ungenießbar. Die Böden sind überdüngt, der Regen sauer, das Grundwasser verseucht.

Noch kann man das Wasser zumeist zwar trinken, aber es ist, wenn auch in geringer Konzentration, mit Giftstoffen versetzt. Mineralwasser großer Getränkemarken, für die mit Bildern von kristallklaren Quellen und Bergbächen Reklame gemacht wird, sind nicht selten stärker verschmutzt als das Wasser aus der Leitung.

Um zu erfahren, wie das Wasser auf dieser Erde ursprünglich beschaffen war, muß man im Eispanzer der Polkappen einige hundert Meter tief bohren. Dann stößt man auf Eis, das sich vor tausend oder mehr Jahren durch Schneefall gebildet hat. Und siehe da: Man erhält eine Probe wirklich sauberen Wassers.

Die Versorgung mit Wasser wird aber auch unabhängig vom Reinheitsgrad zum Problem. Die Abholzung der Wälder und die Zersiedelung der Landschaft führen weltweit zu einer Absenkung der Grundwasserspiegel. Die Böden können das Regenwasser nicht mehr aufnehmen, es fließt an der Oberfläche sofort wieder ab. Immer häufiger kommt es zu verheerenden Überschwemmungen – und die Wasservorräte im Boden werden nicht mehr aufgefüllt. Mitte des nächsten Jahrhunderts – so eine Prognose des World Resources Institute – werden 2 ½ Milliarden Menschen, also fast die Hälfte der heutigen Erdbevölkerung, an Trinkwasserknappheit leiden.

Wasserknappheit hat drei, für die betroffenen Menschen vitale Konsequenzen: die Gefahr zu verdursten, das Austrocknen der Agrarböden und durch mangelnde Hygiene verursachte Epidemien.

Nahrung zum Essen

1974, anläßlich des ersten Welternährungsgipfels, hatte der damalige US-Außenminister Henry Kissinger folgendes verkündet: »In zehn Jahren wird kein Mann, keine Frau, kein Kind mehr hungrig zu Bett gehen.« Heute, fast 25 Jahre später, leiden 840 Millionen Menschen an chronischer Unterernährung, Millionen verhungern, pro Tag sterben 30 000 Kinder allein an den Folgen von Unterernährung. Die Haupthungergebiete befinden sich in Asien und in Afrika. Aber auch in den USA oder in Osteuropa sind heute Millionen von Menschen unterernährt.

1996 lud die UNO-Ernährungs- und Landwirtschaftsbehörde FAO wiederum zu einem Ernährungs-Gipfeltreffen nach Rom ein. Und auch hier wurden Visionen einer goldenen Zukunft beschworen: Die Zahl der Unterernährten soll bis spätestens 2015 halbiert werden, und in 30 Jahren werde man den Hunger weltweit endgültig besiegt haben. Der Chef der Weltbank, Wolfensohn, verstieg sich gar zu folgendem Satz: »In fünf Jahren wird die Welt anders aussehen.« Mit »anders« meinte er »besser«. Herr Wolfensohn ist kein Zyniker. Er glaubt, in fünf Jahren die Armut auf dieser Welt drastisch senken zu können. Der Titel von Teil IV dieses Buches lautet: »Fata Morgana – oder die Fähigkeit, zu glauben«.

Das Worldwatch Institute in Washington, ein renommiertes Forschungsinstitut, dessen Berichte über den ökologischen Zustand der Erde weltweit beachtet werden, beurteilt die Lage anders. In der Landwirtschaft sind die Grenzen des Wachstums erreicht. Die nutzbaren Agrarflächen sind erschlossen, wesentliche Ertragssteigerungen nicht mehr möglich. Im Gegenteil: Viele Böden sind ausgelaugt; Bewässerung wird zum Problem; die rasant wachsenden Städte fressen Agrarflächen weg und plündern die Grundwasserreserven.

Der amerikanischen Kornkammer, einem der wichtigsten Getreideproduktionsgebiete der Welt, droht als Folge des wegen exzessiver Bewässerung abgesunkenen Grundwasserspiegels in absehbarer Zeit die Verwüstung. In den Schwellenländern schafft das explosive Wirtschaftswachstum neue Fakten. Allein auf der Insel Java in Indonesien werden pro Jahr 20 000 Hektar Land zubetoniert – eine Fläche, die 280 000 Menschen mit Reis versorgen könnte. Die Bevölkerung Javas wächst im gleichen Zeitraum um drei Millionen.

Der Wirtschaftsboom in China wird nach Schätzungen von Experten mehrere zehntausend Quadratkilometer Boden der Versiegelung zuführen. 1995 hat sich das Reich der Mitte vom Getreideexporteur in einen der größten Importeure verwandelt. Wenn Bevölkerung und Wirtschaft, wie abzusehen, weiter wachsen, wird China im Jahre 2030 einen Einfuhrbedarf von mehr als 300 Millionen Tonnen Getreide haben. Dies übertrifft den heutigen weltweiten Getreidehandel um mehr als 50 Prozent.

Theoretisch ließe sich das Hungerproblem um einiges entschärfen: Es dürfte lediglich kein Fleisch mehr gegessen werden. Für 1 Kilogramm

Schweinefleisch werden 4, für 1 Kilogramm Rindfleisch 7 Kilogramm Getreide verbraucht. Doch in Südamerika und in Asien wird neues Agrarland zunehmend von Zulieferbetrieben für die großen amerikanischen Fastfood-Ketten bewirtschaftet, welche weltweit, nicht zuletzt in den neuen Wirtschaftszentren Asiens, traumhafte Zuwachsraten verzeichnen.

Das Resümee des Worldwatch Institute: »Bislang wurden die alarmierenden Entwicklungen unterschätzt. Zum ersten Mal in ihrer Geschichte muß sich die Menschheit auf einen stetigen und zeitlich nicht absehbaren Rückgang der pro Kopf verfügbaren Nahrungsmittel einstellen.«

Dabei ist der Welthunger, bei Lichte betrachtet, nicht mal nur eine Frage der pro Kopf der Weltbevölkerung verfügbaren Getreidemenge. Was insgesamt in den Silos auf Halde liegt, würde – zumindest zur Zeit – allemal noch reichen, um das Schlimmste zu verhindern. Aber es gibt eine ganze Reihe anderer Engpaßfaktoren: Erstens, irgend jemand muß Geld auf den Tisch legen, bevor auch nur ein Sack Getreide ein Silo verläßt. Zweitens, das Getreide muß möglicherweise um den halben Erdball transportiert werden. Drittens, wenn es im Zielgebiet angekommen ist, muß eine logistisch nicht immer ganz einfache Feinverteilung zu den oft über weite Gebiete verstreuten, hungernden Menschen bewerkstelligt werden. Aber auch wenn all dies sichergestellt wäre, kann noch vieles schiefgehen. In Krisengebieten werden ganze Lebensmittelkonvois von Militärs einer kriegführenden Partei kurzerhand beschlagnahmt – oder so lange blockiert, bis alles verrottet ist. Und wenn die Lieferung vom Sender nicht Schritt für Schritt begleitet wird, kann es passieren, daß geschäftstüchtige Behördenvertreter des Empfängerlandes ganze Schiffsladungen, bevor sie gelöscht werden können, woandershin umdirigiert und verkauft haben.

Boden zum Bepflanzen

Neben der Zersiedelung ist es vor allem die Verseuchung, welche die Anbaumöglichkeiten reduziert. Kunstdünger und Pflanzenschutzmittel reichern den Boden mit giftigen Chemikalien und Schwermetallen an. Im Laufe der Jahre dringen diese in tiefere Schichten ein und verseuchen das Grundwasser. Da die Böden immer weniger hergeben und viele Schädlinge mit der Zeit den Pestiziden gegenüber Immunität entwickeln, werden immer größere Mengen an Düngemitteln eingesetzt und an Giften verspritzt.

Bereits in unseren sogenannten entwickelten Ländern wird auf beiden Seiten vielbefahrener Straßen ein 10 bis 15 Meter breiter Streifen Land durch Schwermetalle kontaminiert. In Entwicklungs- und Schwellenländern wird die Umwelt noch radikaler zerstört. Die Autos sind im Durchschnitt älteren Jahrganges, schlecht gewartet, und verbrennen Treibstoff minderer Qualität. Katalysatoren sind so gut wie unbekannt. Die Industrieschlote schleudern den Dreck ungefiltert in die Luft. Die Kanalisationssysteme der Städte sind, wo vorhanden, reparaturbedürftig. Der Klärschlamm, der als Dünger über die Felder verteilt wird, ist mit Schwermetallen angereichert. Die Mülldeponien platzen allenthalben vor den Städten aus den Nähten und verseuchen die Böden und das Grundwasser.

Weltweit versteppen, verwüsten und verkarsten jedes Jahr unvorstellbare Flächen. China ist nur das größte und bevölkerungsreichste unter den Ländern, die aufgrund eines gigantischen Verlustes an Agrarböden einen wachsenden Bedarf an Getreideimporten haben. Wenn aber China allein mehr Getreide importieren möchte, als die USA insgesamt exportieren können, stellt sich die simple Frage, wo denn die weltweit benötigten Getreidemengen herkommen sollen. Kopfrechnen reicht da nicht mehr. Zaubern ist gefragt.

Wald zum Holzschlagen

Holz ist für den Menschen ein wichtiger Rohstoff – als Energieträger in ärmeren Gegenden sogar lebenswichtig. Doch auch diese Ressource wird weltweit knapp.

Raubbau an den Wäldern ist keine Erfindung der Neuzeit. Das ganze Mittelmeergebiet war einst dicht bewaldet. Die Römer haben so lange so viele Kriegsschiffe gebaut und mit Galeerensklaven bemannt, bis es nur noch in unzugänglichen Bergregionen etwas gab, das den Namen Wald verdient.

Heute führen wirtschaftliche Interessen – der Handel mit wertvollen Hölzern und die zunehmende Knappheit an bebaubaren Böden – zur systematischen Vernichtung der letzten großen Wälder. Allein Amazonien, die Lunge dieser Erde und von entscheidender Bedeutung für das Weltklima, hat im Jahr 1995 rund 5,5 Millionen Hektar Regenwald – mehr als die Fläche der Schweiz – durch Kahlschlag und Brandrodung verloren. Weltweit dürfte im gleichen Jahr etwa die Fläche Deutschlands an Wäldern verlorengegangen sein.

Die Hauptverursacher und Profiteure dieser Umweltverbrechen sind große Holzhandelskonzerne. Sie verkaufen die tropischen Hölzer vor allem in die reichen Industrienationen. An zweiter Stelle stehen Agrarindustrielle, welche ganze Regionen niederbrennen, um Viehweiden anzulegen. Hier geht es um die Produktion von Fleisch. Viele dieser Großfarmen gehören einer der großen, weltweit tätigen Fastfood-Ketten. Dazu kommen Massen von Kleinbauern, die sich mit der Kettensäge Acker- oder Weideland beschaffen. Von amerikanischen Beobachtungssatelliten sind bisweilen bis zu 70 000 Brandherde vermeldet worden.

Nach der Rodung können die Böden, die zumeist keine tiefe Krume aufweisen, für einige wenige Jahre landwirtschaftlich genutzt werden. Dann sind sie ausgelaugt – nicht selten bereits nach zwei Jahren. Die Feuerwalze zieht weiter. Zurück bleibt im günstigsten Fall ein Stück Steppe, häufiger ein Stück unfruchtbaren Bodens, das innerhalb kürzester Zeit zur Wüste erodiert – und nichts erinnert mehr daran, daß sich dort in Jahrmillionen eines der größten und artenreichsten Biotope dieser Erde entwickelt hatte.

Aber auch Wälder, die nicht durch Kahlschlag vernichtet werden, gehen zugrunde. In den gemäßigten Zonen sterben ausgedehnte Waldgebiete als Langzeitfolge der Luftverschmutzung einen langsamen und deshalb unauffälligen Tod. Die sich schrittweise verschlechternden Kennzahlen sorgen kaum mehr für Schlagzeilen.

Spektakulärer dagegen sind die immer häufiger auftretenden, großflächigen Waldbrände. Sie figurieren gemeinhin unter der Rubrik »Naturkatastrophen«. In Tat und Wahrheit sind aber auch sie eine Konsequenz menschlicher Eingriffe. Es gibt nämlich keine naturbelassenen Wälder mehr. Alle Wälder – sogar die zu Touristenattraktionen hochstilisierten, sogenannten Naturparks – werden »bewirtschaftet«: Einzelne, ausgewählte Bäume werden geschlagen und an Ort und Stelle entastet. Das herumliegende Geäst verdorrt und wird zu Zunder. In einer Trockenperiode genügt ein Funke, und das Ganze steht in Flammen. Wenn Wind herrscht, kann keine Feuerwehr mehr etwas ausrichten.

Steppenbrände, vorab in Afrika und Australien, hat es zwar immer gegeben – aber kaum Waldbrände. Ein gesunder Wald kann nämlich gar nicht brennen.

Meer zum Fischen

Die Oberfläche der Erde ist zu über 70 % von Wasser bedeckt. Im Meer ist das Leben auf diesem Planeten seinerzeit entstanden – nach allem, was man heute weiß, in Tausenden von Metern Tiefe. Dort, wo heiße Quellen ein besonders günstiges Klima schaffen, findet man noch heute Bakterienstämme, die möglicherweise seit Jahrmilliarden unverändert geblieben sind.

Im Meer leben drei Viertel aller Arten. Der Fischreichtum war noch vor hundert Jahren überwältigend. Im norwegischen Lofot-Busen, wohin die Dorsche von weit her kommen, um zu laichen, haben sich die Fischleiber früher derart gedrängt, daß die Boote der Fischer sich an ihnen gestoßen haben.

Wenn man Bilder der farbenprächtigen Fische sieht, die im Great Barrier Reef, auf den Malediven oder im Roten Meer die Korallenriffe bevölkern, könnte man denken, die Unterwasserwelt sei heute noch in Ordnung. Doch dem ist nicht so. Die Meere sind verschmutzt und überfischt, viele Arten ausgerottet, das ökologische Gleichgewicht gestört. Die Weltmeere sind vor allem in den letzten Jahrzehnten systematisch geplündert worden. Gewaltige Fangflotten verschiedenster Nationalitäten befinden sich permanent auf hoher See. Die schwimmenden Fischfabriken spüren mit modernster Technologie – mit Flugzeugen und mittlerweile bereits über Satelliten – die noch vorhandenen Fischschwärme auf, kreisen sie mit kilometerlangen Netzen ein und verarbeiten sie gleich zu Speisekonserven oder, man mag es kaum glauben, zu Fischmehl als Tierfutterzusatz.

Die russischen, norwegischen, japanischen, kanadischen oder spanischen Armadas müssen immer weiter von ihrer Heimat entfernt nach noch nicht geplünderten Fanggründen suchen. Hierbei kommen sie sich nicht selten gegenseitig in die Quere. Hier und da kommt es bereits zu kleineren oder auch größeren Scharmützeln. Möglicherweise wird man demnächst mit Kriegsschiffen auf Fischfang gehen. Im Südpolarmeer sind inzwischen die ersten Pinguinkolonien verhungert, weil ihre Fischgründe leergefischt waren.

Mit der größte Schaden wird von Trawlern angerichtet. Sie ziehen riesige, tonnenschwere Schleppnetze über den Meeresgrund, in denen alles, was größer ist als ein Hühnerei, hängen bleibt und zugrunde geht. Die wertvollen Speisefische werden aussortiert, der ganze Rest, die Hälfte bis zwei Drittel des Fanggewichts, ein Brei aus kleineren Fischen, Krustentieren, Quallen, Muscheln und Pflanzen, wird zurück ins Meer gekippt. Und wo immer ein solcher Pflug durchgezogen ist, sind die Laichgründe zerstört. Was zurückbleibt, ist eine Unterwasserwüste, die sich oft nicht regenerieren kann, bis der nächste Trawler über sie hinwegzieht.

Die UNO-Organisation für Ernährung und Landwirtschaft (FAO) schätzt, daß 70 % der Weltfischbestände erschöpft sind. Auch Arten, die jahrelang geschützt wurden, können sich nicht mehr erholen. Einer der Gründe: Es gibt keine alten Fische mehr, welche die Migrationsrouten und die Nahrungsgründe kennen. 85 % der weltweit gefangenen Meerhechte haben das fortpflanzungsfähige Alter noch nicht erreicht. Im Golf von Biscaya, einer früher besonders fischreichen Gegend des Atlantiks, herrscht unter Wasser gähnende Leere. Roter Thun, Meerhecht, Brasse, Seezunge, Makrele, Seeteufel und Sardine sind ausgeräumt. Hunderte von Schiffen machen jetzt Jagd auf die letzten Schwärme des weißen Thun, genannt Bonito.

Fisch, von Umweltpolitikern einst als ultimative Nahrungsreserve für eine vom Hunger bedrohte Menschheit besungen, ist mittlerweile knapp und weltweit teuer geworden. Für einen 100 Kilo schweren roten Thun zahlen Japaner bis zu 10 000 Dollar. Bedeutende Fischschwärme finden sich immer seltener. Die japanische Fischindustrie ist deshalb schon vor einiger Zeit dazu übergegangen, auf hoher See Treibnetze von bis zu 50 Kilometern Länge auszulegen, in denen alles hängenbleibt und verendet, was sich auf See bewegt. Die Schiffe fahren nur noch die ausgelegten Netze ab, sammeln die Speisefische ein und befreien die Netze von all den Tieren und Tierleichen, die nicht verwertet werden: Haie, Delphine, Schildkröten, Seevögel sowie viele Fischarten, die nicht auf Japans Speisezetteln stehen. Haifischflossensuppe dagegen ist, nicht nur in Japan, eine begehrte Spezialität. Den Haien, von denen viele Arten akut vom Aussterben bedroht sind, werden deshalb bei lebendigem Leib die Flossen abgeschnitten. Die tödlich verletzten Tiere wandern zu Tausenden über Bord.

Aber auch im Atlantik wird krimineller Raubbau getrieben. Die größten Schleppnetze haben eine Öffnung, in die man 14 Jumbo-Jets stellen könnte. Sie säubern das Meer auf einer Breite von 140 Metern und bis in eine Tiefe von 60 Metern radikal von allem, was sich bewegt. Die Länge der Treibnetze ist zwar von der Europäischen Union auf 2,5 Kilometer limitiert worden. Aber es gibt keine Kontrollen. Das längste bisher gefundene Treibnetz hat eine Länge von 100 Kilometern. Die vom Aussterben bedrohten Delphine gehen zu Tausenden zugrunde. Da sie geschützt sind und nicht gefangen werden dürfen, schlitzen ihnen die Fischer die Bäuche auf, damit sie schnell absinken.

Insgesamt werden heute pro Jahr noch 78 Millionen Tonnen Fisch aus dem Meer geholt. Das ist nicht mehr allzuviel. Um so perfekter ist der Overkill organisiert. 13 Millionen Menschen sind weltweit im Einsatz. Die eine Hälfte der Fangerträge teilen sich insgesamt 12 Millionen traditioneller Fischer mit teils einfachen, teils auf höchstem technischen Niveau ausgestatteten Kuttern und Trawlern. Die andere Hälfte geht auf das Konto von 37 000 industriell betriebenen Kühlschiffen mit einer Gesamtbelegschaft von rund einer Million Arbeitern und Angestellten – Zerstörer und Kanonenboote des gelegentlich notwendigen Begleitschutzes nicht mitgerechnet. Allein im pazifischen Ozean sind insgesamt 24 000 Kilometer Treibnetze ausgelegt – etwas mehr als die Hälfte des Erdumfangs. Petri Heil!

Zusammenfassend kann man nur feststellen: Die Rechnung geht ganz einfach nicht mehr auf. Die Zahlen und Fakten bezüglich unserer biologischen Lebensgrundlagen sprechen eine deutliche Sprache. Wir sind auf dem besten Wege, uns selbst auszurotten. Und da das einzige, was dagegen unternommen wird, darin besteht, die eine oder andere Zahl als wissenschaftlich nicht genügend gesichert anzuzweifeln, werden wir auf diesem Weg unbeirrt weitermarschieren.

Kapitel 10

Biologischer Holocaust

Die Klimakatastrophe

Bei Verbrennungsvorgängen irgendwelcher Art – beim Zigarettenrauchen, beim Autofahren oder am Kaminfeuer – wird neben Teer und Ruß eine verwirrende Vielfalt von Gasen freigesetzt. Einige dieser Gase sind völlig harmlos, andere hochgiftig. Einige wiederum, wie etwa das in besonders rauhen Mengen anfallende Kohlendioxid, verändern die Brechungseigenschaften des Luftgemischs unserer Atmosphäre. Die Wärmestrahlen der Sonne werden nicht in gleichem Maße wie vorher in den Weltraum zurückgeworfen. Ein Teil bleibt gleichsam in der Erdatmosphäre hängen und heizt diese auf wie ein Treibhaus. Man spricht deshalb vom Treibhauseffekt.

Neben Vulkanausbrüchen, Waldbränden und Brandrodungen sind vor allem Verbrennungsmotoren von Automobilen, Flugzeugen, Kraftwerken, Heizungen und Industrieanlagen wichtige Produzenten von Treibhausgasen. Wer einmal auf die Malediven jettet, produziert gleichviel Treibhausgas wie einer, der ein ganzes Jahr Auto fährt. Der Luftverkehr, gemessen in Passagierkilometern, hat sich seit 1970 vervierfacht und dürfte in den kommenden zehn Jahren nochmals um 30 % zunehmen. Über die rosige Zukunft des Automobils haben wir bereits an anderer Stelle gesprochen. Nun, zur Zeit werden jedes Jahr insgesamt rund 7,5 Milliarden Tonnen Kohlendioxid in den dünnen Luftfilm gepustet, der unsere Erde umgibt.

Die Erwärmung unserer Atmosphäre hat verschiedene Konsequenzen. Drei davon sind für unsere Zukunft besonders bedeutsam. Zum einen: Das Weltklima gerät aus den Fugen. Das Wetter spielt verrückt. Tropische Wirbelstürme nehmen sowohl an Häufigkeit als auch an Heftigkeit zu. Der Jahrhundertregen oder -wirbelsturm wird zum Zehnjahresereignis.

Eine Branche, die sich diesbezüglich besonders sachkundig gemacht hat, sind die Rückversicherer. Bei ihnen geht es nämlich um Geld – viel Geld.

Ihre Statistiken – und, davon abgeleitet, ihre Prämien – besagen, daß das Klima längst begonnen hat, sich zu verändern. Dies sind die nackten Zahlen: Seit den 60er Jahren hat sich die Zahl klimatisch bedingter Naturkatastrophen – innerhalb eines Beobachtungszeitraumes von jeweils zehn Jahren – vervierfacht. Gleichzeitig hat die durchschnittliche Heftigkeit massiv zugenommen. Die Summe der Schäden hat sich verachtfacht.

Eine zweite Konsequenz, mit der gerechnet werden muß, ist die Ausbreitung von Tropenkrankheiten in die bisher gemäßigten Zonen. Parasiten und Bakterien, die wir heute nur vom Hörensagen kennen, dürften in zunehmend größeren Gebieten die Gesundheit der Bevölkerung gefährden und für Epidemien sorgen. Eine der Infektionskrankheiten, von denen wir angenommen hatten, sie sei endgültig besiegt, ist Malaria. Es gibt mittlerweile mehrere resistente Stämme von Erregern, gegen die kein antibiotisches Kraut mehr gewachsen ist. Experten befürchten bereits für die nahe Zukunft eine Seuche ungeahnten Ausmaßes.

Und schließlich wird vorausgesagt, daß die Eispanzer der Polkappen ganz oder teilweise abschmelzen werden. Dies wird zu einem Ansteigen des Meeresspiegels führen. Ganze Küstengebiete werden unter Wasser gesetzt. Die Malediven verschwinden. Hafenstädten, die nicht durch Dämme geschützt werden können, droht der Untergang. 40 % der Städte mit mindestens einer Million Einwohnern und 60 % aller großen Metropolen liegen direkt am Meer oder in der gefährdeten Zone.

Bis 2050 dürfte es gemäß Prognosen des World Resources Institute soweit sein. Der Anstieg des Meeresspiegels hat zwar bereits begonnen, liegt aber erst im Millimeterbereich pro Jahr. Das Potential nach oben liegt bei 6 Metern. Zwei bis drei Meter dürften aber bereits genügen. Städte wie etwa Schanghai, Hongkong, Bangkok, Bombay, New York oder Istanbul müssen sich dann entweder mit Dämmen umgeben, auf Bootsverkehr umstellen – oder in eine höher gelegene Region umziehen.

Das Ozonloch

Unsere Erde hat nur ein paar hundert Millionen Jahre gebraucht, um eine feste Kruste und Meere mit ersten einfachen Formen von Leben zu bilden. Cyanobakterien und Algen benötigten danach zwei Milliarden Jahre, um soviel Sauerstoff zu produzieren, daß sich eine lebensfreundliche Atmosphäre bilden konnte. Weitere eineinhalb Milliarden Jahre dauerte es, bis sich in den oberen Schichten der Atmosphäre soviel Ozon gebildet hatte, daß die lebensgefährlichen Ultraviolettstrahlen der Sonne weitgehend abgeschirmt wurden. Bis dahin gab es nur im Meer Leben. Aber seit 420 Millionen Jahren sind nun auch die Kontinente von Pflanzen und Tieren besiedelt.

In den frühen 70er Jahren stellten Forscher fest, daß sich das Ozon in der Stratosphäre gegenüber den 50er Jahren deutlich zurückgebildet hatte – in der Antarktis so stark, daß von einem eigentlichen »Ozonloch« gesprochen wurde. Klar war, daß der Ozonabbau stark mitverursacht wurde durch eine Gruppe von Gasen, den sogenannten Fluorchlorkohlenwasserstoffen (FCKW), die hauptsächlich als Treibgase in Spraydosen und Isolierschäumen sowie als Verdampfermedium in Kühlaggregaten Verwendung finden. Unklar war, wie schnell sich der Ozonabbau vollziehen und das Leben auf der ganzen Erde bedrohen würde.

Einiges ist inzwischen bekannt. Der sogenannte Ozonschild ist eine Anreicherung der dünnen Luft in 15 bis 30 Kilometern Höhe mit Ozonmolekülen. Es handelt sich also nicht um einen »Schild«, sondern allenfalls um einen hochsensiblen und verletzlichen Schleier. Die FCKW-Moleküle brauchen Jahre, um in die Schichten aufzusteigen, in denen sie ihren Schaden anrichten. Und sie haben dort oben sehr lange Verweilzeiten – nicht Jahre, sondern Jahrzehnte. Die Erwärmung der unteren Schichten der Atmosphäre durch Abgase menschlichen Ursprungs führt zu einer Auskühlung in den oberen Schichten – und beschleunigt dort den Ozonabbau.

1987 unterzeichneten alle Industrienationen das sogenannte »Montrealer Protokoll«. Diese Vereinbarung besagt, daß der Einsatz von FCKW in den Industrieländern ab 1996, in den Entwicklungsländern ab 2010 verboten ist. Die damaligen Bestimmungen sind inzwischen zweimal verschärft worden und haben Früchte getragen. Der Ausstoß an FCKW konnte tatsächlich drastisch reduziert werden. Dieses Beispiel wird immer wieder herangezogen, um die Wirksamkeit globaler Kooperation zu beweisen. Aber erstens ist das Montrealer Protokoll bis heute weit und breit das einzige derartige Beispiel geblieben. Zweitens erklärt sich der Erfolg in erster Linie dadurch, daß inzwischen Gase gefunden wurden, mit denen die FCKW ohne allzu große wirtschaftliche Einbußen ersetzt werden können. Im übrigen geht der Ausstoß von FCKW, wenn auch vermindert, fröhlich weiter.

Vor allem aber: Wir wissen nicht, was in den nächsten Jahren und Jahrzehnten in der Stratosphäre passieren wird. Das einzige, was wir mit Sicherheit wissen, ist dies: Das Ozonloch weitet sich aus. Auf der südlichen Halbkugel sind heute Neuseeland, Australien, Tasmanien sowie die Südspitze von Argentinien, Feuerland, betroffen. Hautkrebs hat in diesen Gebieten Hochkonjunktur. In Neuseeland dürfen die Kinder bei strahlendem Sonnenschein nur noch vermummt auf die Straße. In den allerletzten Jahren ist nun auch auf der nördlichen Hemisphäre eine Ausdünnung des Ozonschildes festgestellt worden – im Durchschnitt um zehn Prozent. Im Frühjahr 1996 wurde über Europa eine Reduktion von 45 Prozent registriert – zum Glück nur kurzzeitig. Ein Prozent weniger Ozon in der Stratosphäre bedeutet zwei Prozent mehr Ultraviolettstrahlung am Boden.

Die chemischen und physikalischen Vorgänge in der Atmosphäre sind bis heute nicht wirklich erforscht und schon gar nicht prognostizierbar. Dies gilt sowohl für die Klimaerwärmung als auch für das Ozonloch. Allein an den photochemischen Prozessen in den höheren Luftschichten sind 140 verschiedene Reaktionen beteiligt, die je nach Druck- und Temperaturbedingungen unterschiedlich ablaufen – und dies in einem weltumspannenden, dreidimensionalen Raum, in dem alles ständig in Bewegung ist. Doch das eigentliche Problem ist nicht die Komplexität. Das Problem ist ausschließlich der Mensch: Die Legitimationspflicht politischen Handelns verhindert jede Maßnahme auf dringenden Verdacht. Sogenannte unwiderlegbare wissenschaftliche Beweise werden verlangt. Dramatische Umbrüche in komplexen Systemen können aber erst bewiesen werden, wenn sie stattfinden.

Der Physiker und Nobelpreisträger Paul Crutzen, der »Ozonpapst« unter den Forschern, beurteilt die Situation wie folgt: Wenn das Montrealer Protokoll in seiner aktualisierten Form weltweit zu 100 Prozent eingehalten werden sollte, und wenn nicht irgendein bisher unbekannter chemischer Prozeß den Ozonschild zusätzlich schädigt, nimmt die Ozonausdünnung in der Stratosphäre kurz nach der Jahrtausendwende nur noch wenig zu. Aber, Zitat: »Bis zum Jahr 2005 können wir eigentlich nur noch beten.«

Das Gift, die Schwermetalle und die Strahlen

In der Gegend von Semipalatinsk in Kasachstan, einem großen, mit rund drei Millionen Menschen nur sehr dünn besiedelten Gebiet kommt nur selten ein gesundes Kind zur Welt. Fast alle Kinder haben ein beschädigtes Zentralnervensystem. Totgeburten, monströse Mißbildungen, mongoloide und andere Behinderungen, Hirntumore und schwere Wirbelsäulenverkrümmungen sind an der Tagesordnung. Ein normales Kind, das lediglich mit einer schweren Gelbsucht geboren wird und später allenfalls mit gewissen Lernschwierigkeiten rechnen muß, ist bereits ein Glücksfall. Eine junge Mutter: »Wir haben hier nur die Wahl, kranke Kinder oder keine Kinder zu haben. Ich wollte ein Kind. Also habe ich ein krankes Kind.«

Es hat sich auch im Westen herumgesprochen, daß die russische Weltraumagentur über besonders starke und überdies kostengünstige Trägerraketen verfügt. Ihre Startbasis befindet sich in dem erwähnten Randgebiet der russischen Republik. Wer immer einen kommerziellen Satelliten in den Weltraum schießen möchte, war und ist hier ein gerne gesehener Kunde. Der Raketentreibstoff, der bei rund 50 Starts pro Jahr in gewaltigen Mengen in die Luft gepustet wird, heißt Heptyl. Heptyl ist ein Nervengift. Es ist sechsmal giftiger als Blausäure – aber natürlich »völlig harmlos«, denn es verflüchtigt sich ja nach dem Ausstoß innerhalb kürzester Zeit. So die offiziellen Kommentare.

Ganz in der Nähe haben über die Jahre mehrere hundert, mehrheitlich unterirdische, vereinzelt aber auch überirdische Atomversuche stattgefunden – ebenfalls »völlig sauber« und ohne den geringsten Fall-out. Und schließlich ist da noch ein staatlicher Komplex der chemischen Industrie. Hauptprodukte: chemische Waffen und Pestizide. Es fallen massenhaft an: Dioxin und Aflotoxin. Alles selbstverständlich blitzsauber und völlig ungefährlich. Aber, so die offizielle Version: Es ist eine einsame Gegend. Die Menschen sind arm. Es gibt viele Alkoholiker. Dies beeinträchtigt möglicherweise den Gesundheitszustand der Bevölkerung.

Was soll's, werden manche sagen, Kasachstan ist weit weg. Stimmt. Nur: Was irgendwo auf dieser Erde in die Luft geblasen wird, bleibt drin. Allein die Konzentration entscheidet darüber, was unmittelbar giftig wirkt und was nicht. Und die Konzentration an Umweltgiften im Meer und in der Atmosphäre nimmt weltweit laufend zu. In allen Nationen wird permanent Gift produziert. Die Entwicklungsländer tun dies ohne jegliche Rücksicht auf die Umwelt, haben aber einen geringen Anteil am Wirtschaftsvolumen. Die Industrienationen haben schärfere Normen, sind aber für vier Fünftel der Weltproduktion zuständig.

Die schweren Umweltgifte werden in der Natur nur sehr langsam abgebaut, Quecksilber, Kadmium und andere Schwermetalle so gut wie überhaupt nicht. Sie lagern sich in den Organismen ab, werden in der Nahrungskette weitergereicht und vergiften schrittweise Tiere und Menschen. Viele Agrarböden sind heute derart mit Rückständen von chemischen Düngemitteln und Pestiziden versetzt, daß sie nicht mehr bebaut werden können und das Grundwasser vergiften. Radioaktives Material hat Halbwertzeiten von Hunderten und Tausenden von Jahren. Verseuchter Boden muß abgetragen werden – oder man darf ihn nicht mehr betreten.

Doch was an Schwermetallen, Giften und verstrahltem Material in die Umwelt entweicht, ist nur ein Teil des Problems – wahrscheinlich noch nicht mal der gefährlichste. Da ist nämlich die Frage der Entsorgung. Es wird heute weit mehr Sondermüll produziert, als die vorhandenen Deponien aufnehmen können. Niemand will das Zeug haben, weil es hochgefährlich ist. Viele Abfälle werden deshalb falsch deklariert und landen an Orten, wo sie die Luft, den Boden und das Wasser vergiften. Unvorstellbare Mengen an lebensgefährlichen Abfällen sind in den letzten Jahren und Jahrzehnten in irgendwelche Länder abgeschoben worden, in denen niemand so genau hinschaut, was wo abgelagert wird. Es hat sich ein äußerst lukrativer, internationaler Sondermülltourismus entwickelt.

Auch erste Adressen der europäischen chemischen Industrie haben in der Vergangenheit beide Augen zugedrückt, wenn es darum ging, gefährliche Abfälle loszuwerden. Man fühlte sich nicht selbst für die Verbrennung oder Endlagerung verantwortlich. Die schriftliche Bestätigung, den Abfall gegen Bezahlung irgendeiner Firma zur Entsorgung übergeben zu haben, genügte für ein reines Gewissen. Die Entsorgungsfirmen waren oft genug kriminelle Organisationen. In Sizilien hat die Mafia jahrelang Sondermüll für viel Geld in Empfang genommen und anschließend gleich um die Ecke ins Meer gekippt. In Rußland, in Südamerika, in Asien lief und läuft es zum Teil noch heute nicht anders. Oft sind sogar staatliche Stellen mitbeteiligt, wenn es irgendwo darum geht, auf die Schnelle Millionen zu verdienen. Denn für die Entsorgung von Sondermüll wird allenthalben sehr viel Geld bezahlt.

Unzählige Zeitbomben, von denen niemand eine Ahnung hat, ticken heute weltweit irgendwo in einem Acker oder in einer ganz normalen Mülldeponie. Ab und zu wird eine entdeckt. Dann sorgt sie für Schlagzeilen. Und selten, ganz selten, findet sich dann auch das Geld, um den Ort zu sanieren. Die größten und gefährlichsten Zeitbomben aber befinden sich auf dem Grund der Meere. Von einigen wenigen weiß man, wo sie sich befinden. In diesen Fällen geht es heute um die Frage, ob man sie überhaupt heben kann – und, wenn ja, wer das finanziert. Von den meisten aber wird nie jemand erfahren, daß es sie gibt. Die Fässer rosten langsam vor sich hin – bis zum bitteren Ende.

Rebellion der Immunabwehr

Der Kelch der nuklearen Vernichtung, so scheint es zur Zeit, ist an uns vorbeigegangen. Wenn die kontrollierte atomare Abrüstung so weitergeführt wird, wie sie begonnen hat, und wenn kein Geistesgestörter Interkontinentalraketen und Nuklearsprengköpfe in die Hand bekommt, wird es den nuklearen Weltkrieg, der lange Zeit gedroht hatte, wohl nicht geben. Dafür sind wir im Begriffe, uns langsam zu vergiften.

Unser Körper kommt täglich in Berührung mit Schadstoffen und Krankheitserregern aller Art. Es gibt kaum ein Bakterium, ein Virus oder eine

Pilzspore, die in der Luft, die wir atmen, nicht vertreten wäre. Im Wasser, das wir trinken, wimmelt es von Leben – und bei weitem nicht alles ist harmlos für unsere Gesundheit. Das war schon immer so. Wenn Sie die Luft oder das Leitungswasser in Ihrer Wohnung auf chemische Giftstoffe untersuchen lassen, präsentiert man Ihnen eine Liste mit allem, was man braucht, um Leben zu vernichten. All dies gelangt täglich in unseren Körper. Die Frage ist lediglich, in welchen Mengen – und was der Körper damit macht.

Unser Organismus verfügt über ein sogenanntes Immunsystem – eine Art Gesundheitspolizei, die sich im ganzen Körper permanent auf Patrouille befindet und alles daraufhin überprüft, ob es zu uns gehört oder nicht. Alles, was »fremd« ist, wird sofort attackiert und entweder an Ort und Stelle zerstört oder aber »gefesselt und geknebelt«, in die Entsorgungskanäle abtransportiert und ausgeschieden. Es ist nicht übertrieben, wenn man sagt: In unserem Körper findet ein permanenter Krieg statt. Denn es sind unvorstellbar viele derartige Einzelaktionen, die laufend durchgeführt werden müssen, damit wir nicht irgendeiner Infektion oder Vergiftung zum Opfer fallen.

Eine bestimmte Anzahl von Polizisten kann aber nur ein bestimmtes Gesamtvolumen an Kriminalität wirksam bekämpfen. Und wenn die Polizeitruppe schlecht bezahlt, schlecht organisiert und schlecht geführt ist, fangen einzelne Beamte an, mit den Verbrechern zu kooperieren, anstatt sie zu bekämpfen. So ist es auch in unserem Körper: Die Zahl der schädlichen Eindringlinge kann so groß werden, daß das körpereigene Immunsystem überfordert ist. Oder aber das Immunsystem kann selbst Schaden nehmen und an Wirksamkeit verlieren. Das eine geht oft mit dem anderen einher.

Die Giftstoffe in unserer Umwelt haben an Zahl und Menge massiv zugenommen. Darunter befinden sich viele synthetische Wirkstoffe, die in unserer natürlichen Umwelt gar nicht vorkommen. Keime, die früher verhältnismäßig leicht bekämpft werden konnten, sind als Folge exzessiven Einsatzes von Antibiotika resistent geworden. Gleichzeitig führt unsere Lebensweise zu einer Schwächung des Immunsystems. Die Faktoren sind allgemein bekannt: psychosozialer Streß, ungenügende Erholung, Bewegungsmangel, Alkohol, Rauchen, ungesunde Ernährung.

Streß ist zunächst ein genialer Überlebensmechanismus. Wenn Gefahr droht, wird im Blut Adrenalin ausgeschüttet, eine Art körpereigene Droge, die kurzzeitig höchste Konzentration und Muskelspannkraft erzeugt – für eine Flucht, einen Angriff oder eine Verteidigung. Unsere heutigen, teilweise degenerierten Formen sozialen Zusammenlebens führen nun aber bei vielen Menschen zu Dauerstreß – einer permanenten Anspannung, die mit einer kontinuierlichen Ausschüttung von Adrenalin verbunden ist. Der Körper vergiftet sich selbst. Mediziner sprechen von einer »Autointoxikation«. Sie führt mit der Zeit zu einer Schädigung des Immunsystems.

Wir haben Pest, Cholera, Tuberkulose und Kinderlähmung weitgehend überwunden – und leiden dafür zunehmend an sogenannten Immunkrankheiten, Krankheiten also, die mit einer Störung der Immunabwehr im Zusammenhang stehen: Krebs, Aids, Asthma, Allergien, rheumatisch-degenerative Erkrankungen des Bewegungsapparates, BSE – »Rinderwahnsinn« – sowie andere Virusinfektionen und -epidemien.

In unserem Körper werden laufend Krebszellen produziert. Normalerweise kommen diese aber nicht weit. Sie werden von weißen Blutkörperchen sofort als »fremd« identifiziert und aufgefressen. Wenn die Immunabwehr jedoch durch die Masse der Aufgaben überfordert ist, können sich Krebszellen irgendwo einnisten, und beginnen dort, ungehindert zu wuchern. In anderen Fällen kann es passieren, daß die Immunabwehr gleichsam verrückt spielt, gesunde Zellen unseres Körpers als »fremd« wahrnimmt und beginnt, eigene Organe anzugreifen. Dies ist nichts anderes als ein auf breiter Front geführter Krieg der Staatspolizei gegen die eigene Bevölkerung. Wir zerstören uns selbst.

Unsere körpereigenen Sicherheitskräfte sind den Aufgaben, die auf sie einstürmen, immer weniger gewachsen. Außerdem werden sie von uns nicht gepflegt, sondern auch noch miserabel behandelt. Dafür kriegen wir heute die Quittung.

Chemische Kastration

Man war der Sache in den 80er Jahren erstmals auf die Spur gekommen, und zwar bei Vögeln, Fischen, Fröschen und Alligatoren, welche die Sümpfe und die Great Lakes in den USA bevölkern. Der Nachwuchs wurde spärlicher, kränkelte und blieb irgendwann ganz aus. Mehrere Arten verschwanden von der Bildfläche.

Seit den 50er Jahren waren auch in anderen Erdteilen immer wieder ähnliche Anomalien in der Tierwelt beobachtet worden: Störungen des Paarungsverhaltens, Mißbildungen der Sexualorgane, zunehmende Sterblichkeit des Nachwuchses, Unfruchtbarkeit. Man wußte zwar seit längerer Zeit, daß großflächig versprizte Pestizide auch für andere Lebewesen giftig sind und Krebs erzeugen können. 1965 war das Buch *Der stumme Frühling* von Rachel Carlson erschienen. Seither wissen wir, wie langlebige synthetische Chemikalien – PCBs, Dioxine, DDT, Bisphenol A, Phtalate (Weichmacher), Alkyphenole, Tributylzinn, Pentachlorphenol – sich in unserem Körper anreichern, diesen schädigen und über die Muttermilch sogar an die Säuglinge weitergegeben werden. Aber man hatte keine Anhaltspunkte, womit die merkwürdige Degeneration des Sexualverhaltens, welche ganze Tierpopulationen dezimierte, zusammenhängen könnte.

1996 erschien dann das Buch *Die bedrohte Zukunft* von Theo Colborn. Er berichtet über die Forschungen an den Tierpopulationen der Great Lakes, welche zu einer ebenso bahnbrechenden wie erschreckenden Erkenntnis geführt haben: Einige der massenhaft verwendeten chemischen Wirkstoffe werden vom Organismus des Tieres als weibliches Sexualhormon wahrgenommen. Wenn sie über die Nahrung, das Wasser oder die Luft in den Körper gelangen, bringen sie den Hormonhaushalt durcheinander. Der männliche Körper »verweiblicht«. Es kommt zu einer chemischen Kastration, es beginnt eine schleichende Geschlechtsumwandlung. Das Werbungsverhalten läßt nach, es werden keine Spermien mehr produziert, der Penis verkümmert.

Mittlerweile weiß man, daß es auch umgekehrte Effekte gibt: Einzelne Wirkstoffe werden von Organismen wie männliche Hormone wahrgenommen. Man hat weibliche Schnecken gefunden, denen ein Penis gewachsen war.

Wie nicht anders zu erwarten, hat sich inzwischen gezeigt: Diese Vorgänge betreffen auch den Menschen. Wir sind täglich chemischen Verbindungen ausgesetzt, die von unserem Körper als weibliche Geschlechtshormone wahrgenommen werden. Sie befinden sich im Benzin und in Reinigungsmitteln; in Kunststoffbeschichtungen von Lebensmittelverpackungen, Konservendosen, Kronkorken und Wasserrohren; in Farben und Lacken, Klebstoffen und Waschmitteln, Folien und Bodenbelägen; aber auch in Kosmetika, Zahnfüllungen oder Kontaktlinsen. Sie befinden sich in Pflanzen- und Insektenvertilgungsmitteln – und damit in der Luft, im Wasser und in den Nahrungsmitteln. Und sie reichern sich in den Pflanzen sowie in den Körpern von Tieren und Menschen an.

Dies sind einige Resultate: Eine erste dänische Langzeitstudie, in der die Samenflüssigkeit jüngerer Männer untersucht wurde, hat ergeben, daß die Qualität des männlichen Spermas innerhalb von zehn Jahren um 50 % abgenommen hat. Parallel dazu haben die Krebserkrankungen der Sexualorgane bei Frauen und Männern innerhalb von 25 Jahren massiv zugenommen – Brustkrebs um 30 – 40 Prozent, Hodenkrebs um das Doppelte bis Dreifache. Inzwischen sind auch die Ergebnisse einer finnischen Studie bekannt geworden. Hier wurde das Hodengewebe verstorbener Männer untersucht. 1981 wiesen 56,6 % eine normale Spermienreifung auf, 1991 gerade noch 26,9 %. Der Anteil der Fälle, in denen die Spermienbildung vollständig zum Erliegen gekommen war, hatte in dieser Zeit von 8 % auf 20 % zugenommen.

Im Ruhrgebiet, einer besonders stark zersiedelten und industrialisierten Gegend, gibt es ein Zentrum für Samenspender. Ihr Produkt wird, wie es sich im Zeitalter des Konsumentenschutzes gehört, regelmäßig auf seine Qualität hin untersucht. 1940 enthielt ein Milliliter Samenflüssigkeit 113 Millionen Spermien. 1990 wurden im Durchschnitt noch 45 bis 60 Millionen Spermien pro Milliliter Samenflüssigkeit registriert. 60 bis 70 % davon waren gesund und vital, das heißt sie bewegten sich lebhaft und zeigten den Vorwärtsdrang, den eine Samenzelle braucht, um den Weg zu einer Eizelle im weiblichen Körper bewältigen zu können. Heute ist die durchschnittliche Zahl auf 20 bis 30 Millionen gesunken. Nur noch 50 bis 55 % der Spermien sind wirklich gesund. Der Grenzwert zur physiologischen Unfruchtbarkeit liegt gemäß Weltgesundheitsorganisation WHO bei 20 Millionen Spermien pro Milliliter Samenflüssigkeit. Das heißt: Wir stehen in Gebieten mit besonders starken Umweltimmissionen bereits heute kurz davor, unsere Fortpflanzungsfähigkeit zu verlieren.

Diese Erkenntnisse haben weltweit Beunruhigung ausgelöst. Wichtigste Konsequenz: Die Fruchtbarkeit des Menschen ist zu einem ernsthaften Forschungsgegenstand geworden. Eine ganze Reihe neuer Projekte – insgesamt rund 500 an der Zahl – lassen für die kommenden Jahre weitere Daten und Fakten erwarten. Dies ist außerordentlich tröstlich: Wir werden noch genauer wissen, warum und wodurch unsere Fortpflanzungsfähigkeit geschädigt wird. An den Realitäten ändert sich dadurch allerdings gar nichts. Unsere Umwelt ist voll von Substanzen, die in unserem Körper wie weibliche Hormone wirken. Diese Stoffe sind nur sehr schwer abbaubar. Die Schädigung unseres Organismus hat Latenzzeiten von bis zu 25 Jahren. Noch lange nicht alle derartigen Wirkstoffe sind überhaupt bekannt. Und wenn man sie kennen würde, wären sie trotzdem da – um uns herum und in uns drin.

Der Gipfel von Rio

1992 fand in Rio de Janeiro die historische Umweltkonferenz statt. Ziel: Die Erde soll vor einem ökologischen Kollaps bewahrt werden. Die vereinigten Staatschefs dieser Welt haben sich gegenseitig tief in die Augen geguckt und unter dem verheißungsvollen Titel *Agenda 21* – »Aktionsplan für das 21. Jahrhundert« – gemeinsam zukunftsweisende Beschlüsse gefaßt. Das Stichwort: nachhaltige Entwicklung. Der Ausstoß an Kohlendioxid soll bis zum Jahre 2000 auf die Werte von 1990 zurückgefahren werden. Dies würde zwar die Erwärmung der Atmosphäre noch lange nicht aufhalten, zeigt aber zumindest, daß das Problem sich mittlerweile sogar in der hohen Politik herumgesprochen hat. Die Artenvielfalt soll erhalten, die Abholzung der Wälder gestoppt werden. Vor allem aber: Aufgrund des engen Zusammenhanges zwischen Armut und Umweltzerstörung sagen die Industrieländer eine Verdoppelung der Entwicklungshilfe von durchschnittlich 0,34 Prozent auf 0,7 Prozent zu.

Fünf Jahre danach, im Juni 1997, fand in New York erneut ein Erdgipfel statt. Es ging darum, Bilanz zu ziehen. Resultat: Der Ausstoß an Kohlendioxid hatte sich nicht verringert, sondern deutlich zugenommen. Der Wirtschaftsaufschwung in einzelnen Regionen – vor allem in Asien und in den USA – hatte die Szenarien verändert. Das Worldwatch Institute prognostizierte bis 2020 eine Verdoppelung des Verbrauchs an fossiler Energie – und eine Zunahme des Ausstoßes an Treibhausgasen zwischen 45 und 90 Prozent. Die Abholzung der Wälder und die Zerstörung der Arten waren unvermindert fortgeschritten. Der Anteil der staatlichen Entwicklungshilfe am Bruttosozialprodukt der Industriestaaten war in den fünf Jahren von 0,34 Prozent auf 0,27 Prozent gesunken – und der Trend für die nächsten Jahre wies klar nach unten. Die Konferenz konnte sich noch nicht einmal auf eine gemeinsame politische Erklärung, geschweige denn auf verbindliche, in Zahlen ausgedrückte Zielvorgaben einigen. Verschiedene Staaten stehen abseits – unter anderen die Weltmacht USA, welche für den Wohlstand von 4 Prozent der Weltbevölkerung 22 Prozent der Treibhausgase produziert. Präsident Clinton verkündete vor versammelter UNO-Konferenz: »Wir sind gescheitert beim Versuch, das amerikanische Volk über die Folgen der globalen Erwärmung aufzuklären.« Man setzte für das Jahresende in Kyoto eine spezielle Klimakonferenz an.

Bankrott der Umweltpolitik

Mittlerweile ist klar geworden: Die Klimaerwärmung hat bereits begonnen, und sie wird sich während der nächsten wenigen Jahrzehnte fortsetzen, unabhängig davon, ob der Ausstoß von Treibhausgasen heute reduziert wird oder nicht. Offen sind nur noch das Ausmaß und die Dauer der Erwärmung in der längerfristigen Zukunft. Es herrscht also höchste Alarmstufe. Man wartete deshalb gespannt auf die Ergebnisse der Konferenz in Kyoto. Doch wenn es noch eines definitiven Beweises bedurft hätte, daß die Politik unsere existentiellen Probleme nicht lösen wird, dann ist er in Kyoto erbracht worden.

Die gesamte amerikanische Industrie funktioniert unter anderem auf der Basis viel zu billiger fossiler Energie. In New York kostet ein Liter Mineralwasser im Supermarkt umgerechnet DM 1,10, ein Liter Benzin an der Tankstelle DM 0,54. Die USA hatten deshalb in Kyoto nur ein Ziel: Für ihre Wirtschaft diese paradiesischen Zustände zu erhalten. Sie legten sich gegen jede einigermaßen wirksame Reduktionsquote quer. Sie verhinderten jede Vereinbarung über Sanktionen im Falle der Nichterfüllung. Und: Sie setzten eine Vereinbarung durch, wonach mit ungenutzten Emissionsquoten Handel betrieben werden kann. Was bedeutet das? Entwicklungsländer, welche aufgrund geringer Industrialisierung unterhalb des in Kyoto angesetzten Grenzwerts bleiben, können ihre freie Quote an die USA verkaufen.

Soweit haben wir es also in unserer kaputten Welt gebracht: Die weltweit führende Industrienation hält ihre Wirtschaft mit viel zu billiger fossiler Energie auf Hochtouren, verdient sich damit eine goldene Nase und kauft sich dann bei Entwicklungsländern Emissionsquoten zusammen, die es ihr erlauben, den Ausstoß an Treibhausgasen im eigenen Land in die Zukunft zu retten.

Was den USA recht ist, wird anderen billig sein. Ein widerlicher Kuhhandel hat das ernsthafte Bemühen um den Schutz des Weltklimas ersetzt. Rund zehntausend Funktionäre, Wissenschaftler, Umweltschützer und Wirtschaftslobbyisten aus aller Welt waren nach Kyoto gereist, um tagelang rund um die Uhr für die von ihnen vertretenen Interessen zu kämpfen. Es wäre für unsere Umwelt unter dem Strich wahrscheinlich besser gewesen, wenn sie allesamt zu Hause geblieben wären.

Aber man soll das alles nicht zu negativ bewerten, wird uns gesagt. Es ist ja noch nicht aller Tage Abend. Es braucht eben alles seine Zeit. Dafür sind Millionen von Arbeitsplätzen geschaffen worden. Im übrigen wird betont, es gebe ja auch immer wieder Positives zu vermelden. Nun, so sei denn hier zum Schluß ein solches Beispiel berichtet.

Es war einmal ein Bartgeierküken

Kürzlich hat eines der aufwendigsten Artenschutzprojekte Europas Früchte getragen. Im Jahre 1978 hatte der World Wildlife Fund WWF eine Konferenz veranstaltet, bei der die Wiederansiedlung des Bartgeiers im Alpenraum beschlossen wurde. Mehr als 20 europäische Zoos haben in der Folge für dieses Projekt Bartgeier gezüchtet. 68 Jungvögel wurden ausgesetzt und von Dutzenden von Biologinnen und Biologen individuell überwacht und betreut. Und siehe da: 19 Jahre danach, im Jahre des Herrn 1997, konnte der Erfolg verbucht werden. In den Savoyer Alpen hat erstmals in diesem Jahrhundert ein Paar außerhalb eines Geheges gebrütet. Im Wonnemonat Mai konnte dann die frohe Botschaft verbreitet werden: Ein Bartgeierküken war geschlüpft.

Im November 1997 erschien in der Schweizer Presse folgende Meldung: Ein Jäger des Kantons Wallis hatte ein Bartgeierweibchen abgeschossen – und war auch noch erwischt worden. Es kam zu einer das gesamte politische Geschehen dominierenden Kontroverse zwischen der Jagdaufsichtsbehörde und der mächtigen Jägerlobby im Parlament, ob dem fehlbaren Schützen die Jagdlizenz entzogen werden dürfe oder nicht. Falls diese Frage heute schon geklärt sein sollte, wäre mir die Entscheidung nicht bekannt geworden. Aber das abgeschossene Weibchen war zumindest nicht die Mutter des kostbaren Kükens. Man konnte mit an Sicherheit grenzender Wahrscheinlichkeit davon ausgehen, daß dieses noch existierte. Und wenn es nicht gestorben ist, so lebt es heute noch. Dies wäre gut, denn auf ihm ruhen unsere Hoffnungen auf eine Rettung der Umwelt.

Wie lautet das Fazit?

Der Mensch gehört zu den großen Lebewesen auf diesem Planeten – und diese sind besonders gefährdet, wenn die Umwelt sich verändert. Außerdem ist unser Erbgut bereits geschädigt. Und nun kommen Jahre und Jahrzehnte rapider Verknappung und Verschlechterung alles dessen, was wir zum Leben brauchen: saubere Luft, sauberes Wasser und gesunde Nahrung.

Daß unsere Zukunft bedroht ist, kann kaum mehr bezweifelt werden. Die Frage ist lediglich, von wo die unmittelbare Gefahr droht – von außen, der Umwelt, oder von innen, nämlich dem Zerfall unserer gesellschaftlichen Strukturen.

Teil III

Zeitbombe Gesellschaft

Kapitel 11
Leben in Megalopolis

Menschen verlassen ihre Heimat nicht ohne triftigen Grund. Wer alle Brükken hinter sich abreißt, tut dies, weil er da, wo er herkommt, nicht mehr leben kann. Die meisten sind auf der Flucht vor existenzbedrohender Armut, viele vor Krieg oder politischer Verfolgung. Und einige sind von Haus aus kriminell. Sie sind auf der Flucht vor den Konsequenzen ihrer Verbrechen. Dies sind die Hintergründe der heutigen Massenmigration. Der Weg führt häufig in ein fremdes Land, und er führt fast immer in die Stadt. In allen Erdteilen konzentriert sich die Bevölkerung immer mehr in urbanen Ballungszentren. Die Zukunft der Menschheit entscheidet sich in Megalopolis.

Fremde unter Fremden

Wenn man verstehen will, was in den Schmelztiegeln wuchernder Großmetropolen passiert, muß man sich die Situation von Neuzuzüglern vergegenwärtigen: Sie sind in der Regel ungebildet, sozial entwurzelt und mausarm. Viele haben ihr letztes Geld für die Reise ausgegeben oder an kriminelle Schlepperbanden verloren. Sie kommen in eine völlig fremde Welt. Sie haben allein schon Mühe, sich zu verständigen. Sie sind nirgends willkommen. Legale Arbeit ist Mangelware. Und sie brauchen Nahrung und Unterkunft, um zu überleben. Der Weg in die Prostitution und ins Verbrechen ist deshalb für viele so gut wie vorprogrammiert.

Menschen sind zwar grundsätzlich fähig zu wechselseitigem Respekt, zu partnerschaftlicher Zusammenarbeit, ja sogar zu Liebe, Freundschaft und Solidarität. Über diese Fähigkeit verfügen aber nur Menschen, die in einem einigermaßen intakten sozialen Umfeld aufgewachsen sind – und sie zeigen sie nur Mitmenschen gegenüber, die sie kennen, und denen sie vertrauen.

Fremdheit dagegen – Fremdheit der Hautfarbe, der Sprache, der Denkweise, der Religion oder auch nur der Kleidung – ist der Nährboden für Mißtrauen, Aggression und Haß.

Einvernehmliches Zusammenleben setzt einigermaßen dauerhafte Beziehungen zwischen den Menschen voraus. Sie müssen sich persönlich kennen und Vertrauen aufbauen können. Wo immer Menschen in Massen bunt durcheinander gewürfelt werden, bleiben sie sich gegenseitig fremd. Wie im ersten Teil dieses Buches – »Das Erbe des Neandertalers« – dargelegt: Menschen, die völlig fremd sind, werden von anderen nicht als ihresgleichen, häufig gar nicht als »Menschen«, sondern lediglich als »Objekte« wahrgenommen. Die natürliche »Beißhemmung« fällt weg. Der Aggression, der Gewalt, der Hinterlist und der Ausbeutung sind Tür und Tor geöffnet. Die Geschichte der Menschheit lehrt, wie entsetzlich Menschen mit fremden Menschen – sei es in fernen Regionen, sei es im eigenen Land – umgegangen sind. Über die Jahrtausende. In allen Erdteilen. Bis heute.

Der extreme Anstieg der Kriminalität, der mit der Migration einhergeht, ist nicht nur eine Folge der Armut, sondern auch der Kälte und Brutalität, mit der Menschen einander begegnen, die sich wechselseitig fremd sind und keine Gelegenheit haben, sich in angemessener Zeit besser kennenzulernen. Der Neuankömmling ist für die bereits Ansässigen nicht ein Mitmensch, sondern ein Fremdling – und das neue Umfeld ist für viele Zuzügler nicht mehr als ein wie auch immer auszubeutendes »Jagdrevier«. Da ist häufig auch nicht die Spur einer inneren Hemmung zu erkennen – höchstens Angst vor Strafe.

Der Streß der Masse

Vielleicht haben Sie bei sich selbst schon einmal festgestellt: Der Mensch braucht ab und zu mal seine Ruhe. Auch wer mit Menschen zusammenlebt, die er liebt, braucht hin und wieder einen Platz, wo er allein und ungestört ist. Die besten Familien und Wohngemeinschaften funktionieren nur, wenn jeder ein Refugium hat, wo er sich zurückziehen kann. Wenn zu viele Individuen zu lange auf zu engem Raum zusammenleben müssen, führt dies zu Streß – zu sogenanntem Dichtestreß.

Was man bei Menschen im praktischen Leben beobachten kann, ist bei Tierarten, die in ihrer natürlichen Umwelt Auslauf haben, in systematischen Experimenten wissenschaftlich untersucht worden: das Verhalten unter Dichtestreß. Ob bei Hühnern, Mäusen, Ratten oder Spitzhörnchen: Länger dauernder Dichtestreß führt zu Aggressionen, zu schwerwiegenden Verhaltensstörungen sowie zur Schädigung des Immunsystems. Die Tiere werden nervös. Sie greifen sich gegenseitig an. Es kommt zu schweren Verletzungen, es gibt Tote. Man kann Mäuse dazu bringen, an Magengeschwüren und bösartigen Geschwülsten zu erkranken – ausschließlich dadurch, daß man zu viele von ihnen auf zu engem Raum zusammenpfercht. Ratten pflanzen sich nicht mehr fort, weil keine Schonräume für die Bildung und Entwicklung von Familien mehr vorhanden sind. Dafür rotten sich Banden männlicher Jungtiere zusammen, die marodierend umherziehen und ihre Umwelt terrorisieren – Vergewaltigung, Totschlag und Kannibalismus eingeschlossen.

Das Leben in der Stadt ist von vornherein mit Streß verbunden: Verkehrslärm, Gestank und Giftstoffe, aber auch allgemeine Hektik, Unfallgefahr sowie kriminelle Bedrohungen sorgen dafür. Wer außerdem noch mit zu vielen Menschen in einer zu engen Mietwohnung oder gar in einer Bretterbude ohne jeglichen Schutz vor Lärm, Kälte, Nässe, Ungeziefer und Eindringlingen lebt, steht permanent unter starkem Streß. Dies sind nicht Bedingungen, unter denen ersprießliche menschliche Beziehungen gedeihen können. Alkohol wird zum Dauerbegleiter, Prostitution ist für viele die einzige Möglichkeit des Broterwerbs, Familien brechen auseinander. Kinder wachsen in einer Welt auf, in der jeder sich selbst der Nächste ist, und viele landen auf der Straße, noch bevor sie lesen und schreiben gelernt haben.

Einsamkeit, Gefühlskälte, Egoismus, Rücksichtslosigkeit und Brutalität können nirgends so leicht, so effizient und so nachhaltig gelernt und eingeübt werden wie in einer anonymen Masse von Menschen, die sich gegenseitig fremd sind.

Gesundheit und Wohlbefinden der Menschen sind letztlich von zwei Faktoren abhängig: Erstens, vom *verfügbaren Einkommen*, um die unmittelbaren Grundbedürfnisse zu befriedigen. Dieses mißt sich ganz simpel in Geld. Zweitens, von der sogenannten *Lebensqualität*. Diese mißt sich nicht in Geld, läßt sich aber anhand definierter Kriterien objektiv feststellen: saubere Luft, sauberes Wasser, gesunde Nahrung; geschützter Wohnraum; genügend Platz; Ruhe; soziale Integration; Schulbildung und medizinische Versorgung; Möglichkeiten zu kreativer und naturnaher Freizeitgestaltung. Bezeichnenderweise wird mit dem Begriff »Freizeit« stillschweigend vorausgesetzt, daß der Mensch noch etwas anderes hat, nämlich Arbeit. Auch dies gehört letztlich zur Lebensqualität: eine sinnvolle und befriedigende Beschäftigung.

Diese an sich ganz einfachen Merkmale zeigen: Die Armenviertel der Großstädte sind buchstäblich das Gegenteil dessen, was Menschen brauchen, um gesund leben und sich sozial entwickeln zu können. Sie sind vielmehr gigantische Brutstätten der Krankheit, der Gewalt und des Verbrechens.

Ghetto der Reichen

Wer Geld hat, will nicht an einem Ort wohnen, wo es viele Arme gibt. Und wer kein Geld hat, kann es sich nicht leisten, dort zu wohnen, wo es Reiche gibt. Resultat: Weltweit sind Arm und Reich fein säuberlich voneinander getrennt. Je mehr Arme es gibt, desto höher die Kriminalität – und desto rigoroser müssen die Reichen ihre Villen und Wohnsiedlungen nach außen abschirmen.

Ob in den USA, in Südamerika, in Indien oder teilweise auch bereits in Europa: Villen sind ausgebaut wie Festungen, Wohnsiedlungen für Wohlhabende mit Mauern und Stacheldraht hermetisch nach außen abgeriegelt. Ein eigener, schwerbewaffneter Sicherheitsdienst mit Hunden patrouilliert Tag und Nacht. Alles, was man für das tägliche Leben benötigt, ist intern vorhanden: der Supermarkt und das Restaurant, die Apotheke und die Modeboutique, der Internist und der Zahnarzt, der Friseur und das Kosmetikstudio, die Schule und der Kindergarten, die Tankstelle und die Autowaschanlage, das Fitness-Zentrum und der Tennisplatz. Frauen und Kinder verbringen mit Ausnahme des Urlaubes praktisch ihr ganzes Leben auf dieser Insel der Glückseligen. Sie verkehren nur noch mit ihresgleichen. Ihr Bild von der Außenwelt beruht auf dem Fernsehen. Und wer täglich raus muß zur Arbeit, pendelt im gepanzerten Wagen. Denn jenseits der Mauer beginnt das Niemandsland.

In den USA wird heute für private Sicherheitskräfte doppelt soviel Geld aufgewendet wie für den gesamten staatlichen Polizeiapparat.

Ghetto der Armen

Und dies sind die Ghettos der Armen: gigantische Wohnsilos mit Tausenden und Abertausenden gleichförmiger und überbelegter Wohnungen – eine Betonwüste ohne Bäume und Grünflächen, durchsetzt mit Baustellen und Bauruinen sowie Bergen von Schutt und Kehricht. In den westlichen Ländern gibt es im Durchschnitt pro Kopf der Bevölkerung 1,5 umbaute Räume. In den ärmeren Ländern liegen die Werte zwischen 0,45 (Mexiko) und 0,36 (Indien). Und dies sind die Durchschnittswerte. In den Armenvierteln leben in der Regel 4 bis 6 Personen in einem Raum – in einem Gebiet ohne öffentliche Verkehrsmittel, Schulen oder Krankenhäuser.

Und dann die Bidonvilles, die Bretterbudenstädte, die Heimat der Ärmsten der Armen. Staub, Dreck und Gestank allenthalben. Kein fließendes

Wasser, keine Kanalisation, meist noch nicht einmal elektrischer Strom. Verlumpte und dreckige Kinder. Viele kranke Menschen. Keine Straßen, keine Wege, nur festgestampfter Naturboden. Das Regenwasser fließt oft mitten durch die Hütten, eine dreckige, stinkige Brühe – und doch die einzige Reinigung, welche wegschwemmt, was überall herumliegt: Hundekot, Abfälle, menschliche Fäkalien.

Der Bürgermeister von Rio de Janeiro wohnt in einer wunderschönen, sorgfältig befestigten und streng bewachten Villa – nur einen Steinwurf vom Rand der Favelas, der berüchtigten Slums entfernt. Hier lebt ein Drittel der Bevölkerung der Multimillionenstadt, und hier wird im Durchschnitt alle zwei Stunden ein Mord verübt. »Jede Nacht«, erklärt der Bürgermeister, »hören wir da drin Schießereien. Aber wir gehen gar nicht erst rein. Am Rande der Favelas hört die Autorität des Staates auf. Das ganze Gebiet wird von kriminellen Banden kontrolliert. Da kann auch die Polizei nicht rein. Die Beamten würden nicht mehr lebend herauskommen. Wenn wir eine Razzia durchführen, holen wir die Armee. Aber bis die Soldaten kommen, sind die Gangster meistens verschwunden. Wenn nicht, kommt es zu Schießereien, und dann gibt es Tote. Wir befinden uns hier im Krieg.«

Zukunftslabor Slum

Drogenhändler und ihre mafiaartig organisierten Banden sind die eigentlichen Herren der Favelas. Sie sind die einzigen Arbeitgeber, und sie haben die gesamte Bevölkerung hinter sich. Die Drogenbarone erklären den Bewohnern der Favelas: »Wir holen das Geld bei den Reichen und bringen es euch.« Daß in Tat und Wahrheit nur Brosamen in den Favelas hängen bleiben, braucht niemand zu wissen. Das Rezept funktioniert: Die Gangster sind die Helden, der Staat ist der Feind.

Die bewaffnete Drogenmafia hat die unumschränkte Macht übernommen und den Staat ersetzt. Sie macht die Gesetze – und sorgt dafür, daß sie eingehalten werden. Sie verteilt Aufgaben und Arbeitsplätze. Sie rekrutiert und bezahlt die Spitzel und die Killer, die in Massen gebraucht werden. Wenn bei einer Schießerei ein Soldat ums Leben kommt, geht ein Freudengeschrei durch die Favelas. Wenn ein Gangster erschossen wird, gibt es eine Trauerfeier nach Art eines Staatsbegräbnisses, an der die gesamte Bevölkerung der näheren Umgebung teilnimmt.

»Hier kann man studieren, was weltweit auf uns zukommt. Das Schicksal von Rio ist das Schicksal aller großen Städte auf dieser Erde.« So der Bürgermeister. Der Staat hat schon heute in keinem Land mehr die Kapazität, um allen seinen Bürgern Sicherheit zu gewährleisten. Er konzentriert sich auf die Stadtzentren, auf wichtige Einrichtungen sowie auf die Siedlungen der herrschenden Klasse. In den anderen Gebieten wird die Macht schrittweise von einer anderen Autorität übernommen – von einer Autorität, die gut organisiert ist, und die als einzige über die Mittel verfügt, um ihrer Macht Nachdruck und Achtung zu verschaffen: Waffen. Diese Autorität ist die organisierte Kriminalität. Ob in Moskau, in der chinesischen Provinz oder in den Favelas von Rio: Der Staat hat abgedankt. Und die Vorstädte großer europäischer oder amerikanischer Metropolen – etwa die Banlieue von Paris – sind davon nicht mehr weit entfernt.

Die Blätterteiggesellschaft

Auflösungserscheinungen zeigen sich aber auch beim wohlhabenderen Teil der Menschheit. Mobilität, Telekommunikation und Globalisierung führen zu dramatischen Veränderungen in unseren gesellschaftlichen Strukturen.

Manager stehen ihren Kollegen rund um den Globus, mit denen sie ständig verkehren, oft näher als ihren Mitarbeitern in den nächsttieferen Etagen. Wissenschaftler und Fachleute aller Art kommunizieren intensiv mit ihresgleichen über alle Grenzen hinweg – und haben oft in ihrem nächsten Umfeld kaum mehr engere Freunde. Dieser Trend wird durch die Verkabelung der Menschen im Cyberspace noch verstärkt. Über Internet werden Beziehungen geknüpft mit Menschen in den entferntesten Ländern, die das gleiche Hobby haben oder sich für das gleiche Thema interessieren. Bald hat man eine Reihe von Freunden bei den Antipoden – und weiß nicht, wie der Wohnungsnachbar heißt. Die Gesellschaft wird Schritt für Schritt in immer feinere und vielfältigere horizontale Schichten aufgelöst. Das Gefühl der Zugehörigkeit geht immer mehr verloren, der Begriff »Heimat« verliert seinen Sinn.

Marc Andreessen, Mitbegründer der auf Internet-Anwendungen spezialisierten Softwarefirma Netscape, beschreibt die Entwicklung wie folgt: »Geographische Grenzen, die bisher einen Staat zusammengehalten haben, werden immer unwichtiger. Die Mitglieder einzelner Gruppen kommunizieren lieber weltweit untereinander, statt mit ihrem Nachbarn zu reden. Wir werden uns noch damit befassen müssen, was das für unsere Gesellschaft heißt.« Die Trennung der Gesellschaft in Besitzer von Know-how und Habenichtse geht nach Andreessen Hand in Hand mit der wirtschaftlichen

Trennung, denn Informationstechnik ist teuer und ihre Nutzung setzt Bildung voraus. »Die Welt spaltet sich in eine Klasse von gut verdienenden Professionals, die Häuser, Computer und Geländewagen besitzen, und eine Unterklasse, die von der Hand in den Mund lebt. Diese Unterklasse hat keinerlei Verhandlungsposition den Arbeitgebern gegenüber, in den USA noch nicht mal eine Krankenversicherung, und schon gar keine Sicherheit, auch morgen noch einen Job zu haben.« Darin liegt – so Andreessen – politisches Sprengpotential. »Wenn man die Mehrheit der Bevölkerung auf diese Weise entrechtet, besteht auf lange Sicht die Gefahr einer Revolte gegen die privilegierte Oberschicht.«

Kollektive Verantwortungslosigkeit

Die Spezialisierung der Tätigkeiten und die soziale Schichtung der Gesellschaft haben fatale Konsequenzen. Immer mehr Menschen verkehren nur noch in mehr oder minder geschlossenen Zirkeln mit ihresgleichen, haben kaum Kontakt mit Vertreterinnen und Vertretern anderer Schichten und verlieren den Bezug zur sozialen Realität in der Gesamtbevölkerung. Jeder geht seinen privaten und beruflichen Geschäften nach – und niemand fühlt sich dafür verantwortlich, was insgesamt passiert. Daß Otto Normalverbraucher kein politisches Wesen ist, und sich um nichts kümmert, was über seinen engen Horizont hinausgeht, ist in diesem Buch hinlänglich besprochen. Die Trennung der eigenen Tätigkeit von der Gesamtverantwortung hat aber auch bei obersten Verantwortungsträgern einen Perfektionsgrad erreicht, der jede Hoffnung auf eine Lösung unserer Probleme und Konflikte zunichte macht.

Ein Topmanager fühlt sich äußerstenfalls gerade noch dafür verantwortlich, was seine Firma tut. Wenn in der Branche, der sein Unternehmen angehört, in der Wirtschaft oder erst recht in der Gesellschaft insgesamt problematische Dinge passieren – dies alles sind nicht seine Obliegenheiten. Er ist ja kein Politiker. Der Leiter eines Forschungsinstitutes, der Chefarzt, der Rektor einer Universität – jeder sitzt in seinem Kästchen und ist froh, wenn er seinen eigenen Kram einigermaßen ordentlich geregelt kriegt. Nicht, daß da nicht hart gearbeitet würde. Aber jeder zieht haarscharfe Grenzen, wofür er sich interessiert und wofür er sich engagiert. Wir sind eine Gesellschaft von Spezialisten.

Wenn ein Topmanager, ein Hochschullehrer, ein Rundfunkintendant oder ein anderer Würdenträger unserer Gesellschaft sich öffentlich zu Wort meldet, dann ist es mit an Sicherheit grenzender Wahrscheinlichkeit zu einem Thema, das seinen unmittelbaren Interessen- und Zuständigkeitsbereich tangiert. Dann vertritt er die Interessen seiner Institution, seines Berufsstandes, seiner Fakultät oder seiner Branche. Wie gewählt und ausgewogen er sich immer ausdrücken mag – er ist in der Regel nichts weiter als ein Lobbyist.

Ende des Dialogs

Es gilt in unserer Kultur auch als vornehm, sich so zu verhalten. Es wird als durchaus legitim betrachtet, daß man sich nur mit Dingen befaßt und sich nur zu Fragen äußert, von denen man als Fachmann oder Fachfrau unmittelbar etwas versteht. Sachkompetenz ist gefragt. Zuständigkeit oder Nichtzuständigkeit regelt den Energiefluß. Und niemand, der den Staatsbeamten – durchaus zu Recht – übertriebenes Zuständigkeitsdenken vorwirft, hat das Gefühl, daß es vor seiner eigenen Türe etwas zu wischen gäbe. Wenn aber alle – die Vertreterinnen und Vertreter der Elite genauso wie die einfachen Bürgerinnen und Bürger – sich vornehm aus allem raushalten, was nicht ihren unmittelbaren Zuständigkeits- und Interessenbereich tangiert, dann muß man sich um die Zukunft unserer Gesellschaft ernsthafte Sorgen machen.

Die trennenden Faktoren nehmen dramatisch zu: zunehmender Reichtum an der Spitze, zunehmende Verarmung an der Basis der sozialen Pyramide; intensive Beschäftigung für die einen, massenhafte Arbeitslosigkeit bei anderen; direktes Aufeinanderprallen der Sprachen und Religionen als Folge der Migration; wachsende Angst und Mißtrauen aufgrund der zunehmenden Kriminalität; Zerfall der Familien und Verwahrlosung der Jugend. Allein in Rußlands Städten gibt es bereits eine Million Straßenkinder. Sie werden zum Teil wie streunende Hunde eingesammelt und in geschlossene, maßlos überfüllte Heime gesteckt, wo sie gehalten werden wie Tiere und psychisch und physisch verelenden. Denn der Staat hat kein Geld.

Was uns verloren gegangen ist und bitter fehlt, ist das gemeinsame Palaver rund ums Lagerfeuer – der Ort wo alle, unbesehen des Alters, des Geschlechts und der besonderen Funktionen, miteinander diskutieren, und irgendwann gemeinsam beschließen: Unternehmen wir etwas oder unternehmen wir nichts? Und wenn wir etwas unternehmen wollen, wie packen wir's an. Wir. Nicht die.

Dies hat nichts mit Pfadfinderromantik zu tun. Wenn kein ganzheitlicher und partnerschaftlicher Dialog stattfindet, kann auch nicht gemeinschaftlich gehandelt werden. Die Gesellschaften werden von innen heraus zersetzt.

Kapitel 12

Spirale der Gewalt

Kaleidoskop des Schreckens

Unter einer italienischen Autobahnbrücke kommt es immer wieder zu Unfällen durch herabfallende Steine. Eines Tages durchschlägt ein kopfgroßer Brocken die Windschutzscheibe eines durchfahrenden Autos. Der Wagen zerschellt, alle Insassen sind tot. Man findet eine Gruppe von Jugendlichen, die ein Spiel erfunden hatten: Man stellt sich rückwärts ans Geländer der Autobahnbrücke und versucht, ein vorher bezeichnetes Auto mit einem Stein, den man hinter sich wirft, zu treffen. Wer trifft, hat gewonnen: »*Bingo!*«

In Paris überfallen Jugendliche zwei Clochards im Schlaf, übergießen sie mit Alkohol und zünden sie an. Einer kann fliehen, der andere stirbt vor ihren Augen in den Flammen. Er hatte ihnen nichts getan. Sie waren lediglich der Meinung, er sei zu nichts mehr nütze.

In einem Schweizer Dorf verschwindet ein 13jähriger Schüler. 30 Zivilisten, Feuerwehrleute und Polizisten suchen die Gegend ab. Man findet den Jungen tot im Wald. Die Untersuchung ergibt: Ein Mitschüler, mit dem er während des ganzen Nachmittags zusammengewesen war, hatte ihn erstochen. Ob sie Streit gehabt hätten, fragt der Untersuchungsrichter. Nein, meint der Schüler, er hätte nur mal wissen wollen, wie es sich anfühlt, wenn man jemanden tötet.

Ein aus dem gehobenen Mittelstand stammender Chemiestudent und drei Oberschüler aus Madrid haben ein großes Projekt. Sie wollen Europas erste Serienkiller ohne Tatmotiv werden. Ihr Ziel: das perfekte Verbrechen. Das erste Opfer ist ein auf der Straße zufällig ausgewählter 52jähriger Familienvater. Sie schlachten ihn mit einem Messer ab und beobachten 20 Minuten lang, wie er stirbt – viel zu langsam, wie sie finden. Der Tathergang wird sorgfältig schriftlich dokumentiert. Unmittelbar vor dem zweiten Mord werden sie geschnappt. Man findet eine Sammlung mit 3000 Gewaltschmökern und Gewaltvideos sowie eine genaue Beschreibung ihres Projektes. »Unser größter Trumpf ist«, so ist in der Dokumentation nachzulesen, »daß wir weder das Opfer noch den Tatort kannten, noch irgendein wirkliches Motiv hatten, ihm etwas anzutun.« *American Psycho* läßt grüßen.

Einzelfälle, alles Einzelfälle, werden Sie sagen. Stimmt genau: Jeder Mord und jeder Totschlag ist ein Einzelfall. Die Frage ist nur, wie häufig so etwas vorkommt – und aus welchen Motiven. Nun, die Häufigkeit nimmt dramatisch zu. Das weiß jeder, der regelmäßig Zeitung liest – und das belegt die Statistik. Doch welches sind die Motive?

Die Banalität des Bösen

Unbändige sexuelle Triebe, schwerwiegende Geisteskrankheiten oder massive Affektausbrüche, so glauben wir gerne, seien die häufigsten Ursachen für schwere Gewaltverbrechen. All dies gibt es. Aber das Hauptproblem, mit dem wir heute konfrontiert sind, ist etwas anderes: eine immer tiefer sinkende Hemmschwelle, anderen Böses anzutun; die zunehmende Unfähigkeit zu menschlichen Empfindungen; die Verkümmerung dessen, was wir Gewissen nennen.

Auf das organisierte Verbrechen, den Terror und den Krieg wird noch zurückzukommen sein. Hier geht es zunächst nur um die von einzelnen begangenen Gewaltverbrechen. Und da verzeichnen die Kriminalstatistiken nicht nur eine steigende Tendenz, sondern auch einen bemerkenswerten Wandel bezüglich der Motive: Man bricht ein, jemand stört einen dabei, also schießt man ihn tot. Man hat Lust auf eine Frau, also schnappt man sich eine und vergewaltigt sie. Man braucht Geld, also überfällt man eine alte, alleinstehende Frau, schlägt sie erst mal tot und guckt dann, ob man in der Wohnung etwas findet. Man ist pädophil veranlagt, also entführt man zwei Kinder, vergewaltigt sie und bringt sie anschließend um, damit man keine Scherereien hat – und, am besten, man nimmt die Vergewaltigung und den Totschlag auf Video auf. Dann kann man auch gleich noch ein Versandgeschäft aufziehen.

Die meisten Menschen, die andere töten, tun dies nicht aus abgrundtiefem Haß oder in einem verzweifelten Kampf um das eigene Überleben. Gewalt gehört vielmehr bei einem bedrohlich zunehmenden Teil nicht zuletzt auch junger Menschen zum ganz gewöhnlichen Alltag. Sie kennen nichts anderes und finden nichts dabei. Die tieferen Ursachen – wenn es denn überhaupt welche gibt – sind Gleichgültigkeit, Gefühllosigkeit und, so unglaublich es klingen mag: Langeweile.

Der Zerfall der Familie

Normalität ist bekanntlich ein dehnbarer Begriff. Aber Sigmund Freud hat einmal drei einfache Merkmale für psychische Gesundheit benannt: Liebesfähigkeit, Arbeitsfähigkeit und Genußfähigkeit. Ich bin mit dieser Faustregel sowohl in meinem Beruf als auch im Privatleben immer gut zurechtgekommen. Doch es ist nicht zu übersehen: Unsere Gesellschaft produziert immer mehr Menschen, die nicht mehr über diese Fähigkeiten verfügen. Dies hat mit der sogenannten Sozialisation zu tun – dem Lernprozeß, den ein Mensch im Laufe der Kindheit auf seinem Weg zum Erwachsensein durchläuft.

Gefühle wie Zuneigung, Wertschätzung oder Respekt empfinden kann nur, wer in einem menschlich intakten Umfeld aufgewachsen ist. Wem als Kind keine Zuwendung, keine Zärtlichkeit und keine Beachtung geschenkt worden sind, wem die Erwachsenen während seiner Kindheit nur Gleichgültigkeit, Egoismus und Rücksichtslosigkeit vorexerziert haben, der hat nicht gelernt, für andere Menschen Gefühle zu empfinden. Er kann hochintelligent sein – aber er empfindet nichts. Er hat weder ein gutes noch ein schlechtes Gewissen. Er hat gar kein Gewissen. Die Datei »Moral« fehlt ganz einfach in seinem Verhaltensprogramm.

Die eine Ursache für diese Entwicklung ist der Zerfall stabiler Familienstrukturen. Die für uns verwöhnte Wohlstandsbürger unvorstellbaren Zustände in den Armenvierteln der Großstädte lassen die Entwicklung gesunder und stabiler Familien häufig gar nicht zu. Es gibt zwar immer Ausnahmen. Aber in der Mehrheit wachsen hier junge Menschen heran, denen das Leben vom ersten Tag an miserabel mitgespielt hat. Doch Wohlstand allein schützt auch nicht vor seelischer Verwahrlosung. Die den ganzen Tag sich selbst überlassenen »Schlüsselkinder« berufstätiger Eltern sind zum Symbol für eine Jugend geworden, die in unserer Leistungsgesellschaft keinen Platz mehr hat.

Die zweite Ursache ist der Zerfall der Werte im sozialen Umfeld. In einer Welt, in der sich durchsetzt, wer eine Waffe besitzt; in der ein Menschenleben keinen Pfifferling wert ist; in der Millionen verhungern und Verbrecher am meisten Geld verdienen – in einer solchen Welt haben viele nur die Wahl, vor die Hunde zu gehen oder sich auf Kosten anderer finanziellen Erfolg und soziale Achtung zu verschaffen.

Das Monster von nebenan

Die Menschen, die in den Schlagzeilen als »Monster« bezeichnet werden, Menschen, die unsägliches Leid über andere gebracht haben und die sich vor Gericht oft gar nicht erst Mühe geben, Reue zu heucheln – sie sind nur selten die Opfer unbeherrschbarer Emotionen. Im Gegenteil. Eiseskälte durchweht die Leere ihres Innenlebens. Sie sind nie geliebt worden, sie kennen keine Wärme, sie haben nie jemandem viel bedeutet. Sie liefern, ohne mit der Wimper zu zucken, ihren besten Kumpel ans Messer, wenn dies für sie mit einem Vorteil verbunden ist.

Der zivilisatorische und kulturelle Überbau in der Persönlichkeitsstruktur des Durchschnittsbürgers ist wesentlich fragiler, als wir wahrhaben wollen. Die meisten Menschen haben einen kleinen Dr. Jekyll und einen kleinen Mr. Hyde in sich. Bei erschreckend vielen entscheiden lediglich die äußeren Umstände darüber, welcher der beiden die Oberhand behält. Dies ist die bittere Erkenntnis: Unendlich viele »Monster« schlummern rund um uns herum. Man sieht es ihnen nicht an. Es sind ganz gewöhnliche Bürger und Normalverbraucher. Aber wehe, wenn sie losgelassen – wie seinerzeit im Dritten Reich. Oder in Kambodscha. Oder in Bosnien. Oder in Zaire. Oder in Afghanistan. Oder in Tschetschenien. Und es werden allenthalben immer mehr.

1996 wurden in Deutschland bosnische Frauen betreut, die während des Bürgerkrieges mehrfach vergewaltigt und deren Männer und Söhne ermordet worden waren. Alle waren schwer traumatisiert. Viele aber haben irreparablen seelischen Schaden davongetragen – und zwar diejenigen, die von Bekannten vergewaltigt und ihrer Angehörigen beraubt worden sind. Vergewaltigung und Verlust von Familienmitgliedern sind an und für sich schon schwer genug zu ertragen. Was diese Frauen endgültig gebrochen hat, ist das Unfaßbare: Das Monster war der Nachbar von nebenan, mit dem man jahre-, wenn nicht jahrzehntelang normale, ja freundschaftliche Beziehungen gepflegt hatte.

Die Brutalisierung der Kinder

Zwei Zehnjährige nehmen in einer Liverpooler Einkaufspassage den für ein paar Sekunden unbeaufsichtigten zweijährigen James Bulger bei der Hand. Sie gehen mit ihm spazieren. Sie gehen ziemlich weit durch die Stadt, der Kleine beginnt zu schreien. Mehrere Passanten erinnern sich später, die drei gesehen zu haben. Weiter draußen, wo es niemand sehen kann, erschlagen die beiden James Bulger mit Steinen und mit einer Metallstange. In Chicago werfen zwei Brüder – der eine elf, der andere zehn Jahre alt – einen fünfjährigen Jungen aus dem Fenster eines Hochhauses. Er hatte sich geweigert, für die beiden Süßigkeiten zu stehlen. Diese Kinder verkörpern nach Ansicht amerikanischer Kriminologen einen neuen Straftätertypus, den sogenannten *Superpredator* – eine neue Generation völlig skrupelloser und extrem gewalttätiger Räuber und Mörder im Kindesalter.

»Immer kleinere Kinder entwickeln eine immer größere kriminelle Energie«, stellt ein deutscher Polizeibeauftragter für Jugendliche fest. Von den im Jahre 1995 in Deutschland ermittelten Räubern waren 2500 strafunmündige Kinder. Die Gewalt unter Kindern und Jugendlichen hat viele Gesichter. Gewaltanwendung bei Eigentumsdelikten ist das eine; Haß und körperliche Gewalt gegen Andersartige und Randgruppen das zweite; ganz simpel Spaß an der Freud das dritte: Gewalt um der Gewalt willen – der spezielle Kick zu Tode gelangweilter und sich selbst überlassener Jugendlicher als Form lebendiger Freizeitgestaltung. Und dies ist das Beängstigende: Gewalttätige Jugendliche stehen in der Hierarchie immer häufiger ganz oben. Gewalt wird zum Bestandteil der Jugendkultur.

In vielen Schulen haben sich bereits mafiaartige Strukturen herausgebildet: Gangs bewaffneter Schüler, welche von ihren Mitschülern Schutzgelder erpressen und ständig auf der Suche sind nach einem Anlaß, um irgend jemanden zusammenzuschlagen. Der Anstieg des Aggressionspegels unter Kindern und Jugendlichen wird von Fachleuten als alarmierend bezeichnet. Der harte Kern – völlig enthemmt und allen bekannten Formen der Therapie unzugänglich – wurde 1996 auf fünf Prozent pro Jahrgang beziffert. Er ist eingebettet in ein Heer von Mitläufern. Fast die Hälfte aller Jungen und ein Drittel der Mädchen halten Gewalt für »normal«. Und wir befinden uns hier immer noch in Zentraleuropa – nicht in Caracas, nicht in Medellin und auch nicht in Miami, wo mittlerweile mit Maschinenpistolen bewaffnete Banden von zehnjährigen Killern am hellichten Tag auf der Autobahn Touristen überfallen und massakrieren.

Nicht alle jugendlichen Straffälligen gehören zu dieser Kategorie. Aber im Jahre 1994 wurden in den USA mehr als 150 000 Kinder und Jugendliche wegen schwerer Gewaltverbrechen wie Mord, Vergewaltigung, Raub und Überfall verhaftet. Und seit 1994 ist es nur schlimmer geworden. Die Zahl der von Jugendlichen verübten Morde hat sich in zehn Jahren verdreifacht. Führende Kriminologen halten die aktuelle Situation jedoch erst für die Ruhe vor dem Sturm. Sie entwerfen für die kommende Dekade apokalyptische Szenarien. Zur Zeit leben in den USA 39 Millionen Kinder unter zehn Jahren. Die sozialen Bedingungen, unter denen die Mehrheit von ihnen aufwächst, lassen für die Zukunft nur das Schlimmste befürchten: Armut, gestörte Familienverhältnisse, Kindesmißhandlungen, Verfall der Schulen in den Ghettobezirken, mangelnde Bereitschaft der Regierung, Sozialprogramme zu finanzieren. Die Versuche, durch strengere Strafverfolgung »Law and Order« aufrechtzuerhalten, erweisen sich schon heute zunehmend als wirkungslos.

Das Vorbild der Eltern

Was wird den Kindern und Jugendlichen heute von den Erwachsenen geboten? Ein 16jähriger Deutscher hat im Durchschnitt neben 10 500 Schulstunden 8 500 TV-Stunden konsumiert und dabei einige tausend Tötungen von Menschen mitangesehen. Das Fernsehen bietet pro Woche rund 500 Morde an. Zweierlei ist hierbei bunt vermischt: die detaillierte wirklichkeitsnahe Darstellung aller nur erdenklichen Gewalttaten in Filmen und TV-Serien – und die Berichterstattung über tatsächliche Kriege und Verbrechen im realen Leben. Wer fleißig zappt, kann das eine gar nicht mehr vom andern unterscheiden. Fiktion und Realität verschmelzen zu einem Einheitsbrei ganz normaler und alltäglicher Brutalität. Jugendliche, die über Internet in den Cyberspace eintreten, können rund um die Uhr die haarsträubendsten Brutalitäten in sich hineinsaugen. Und sehr viele können leider nicht nur – sie tun es auch.

Das Fernsehen zeigt weiteres. Etwa, daß auf dieser Welt die einen schöne Autos, Villen und Yachten haben – und die anderen verhungern; daß auf der ganzen Welt jeden Tag Menschen von anderen Menschen fachmännisch organisiert mit modernsten Spezialgeräten in Massen vernichtet werden; aber auch, wie gesund und glücklich man wird, wenn man Zigaretten raucht und Schnaps trinkt. In den Familien wird geglotzt anstatt geredet – und wer kommuniziert, tut dies vorzugsweise mit dem elektronischen Kollegen, dem Computer.

Unvorstellbare Summen werden von der Wirtschaft für Fernsehwerbung ausgegeben. Die Einschaltquoten sind zum Fetisch des Jahrhunderts geworden. Der Werbeerfolg wird von spezialisierten Instituten für teures Geld laufend bis auf die dritte Stelle hinter dem Komma genau gemessen. Und dann werden – ohne daß irgend jemand rot anlaufen würde – tiefschürfende, wissenschaftlich verbrämte Diskussionen darüber geführt, ob Gewalt im Fernsehen auf Kinder einen Einfluß haben könnte oder nicht. Wir merken gar nicht, wie kaputt wir sind.

An einer belebten Straße in Hamburg dringen aus einem Hauseingang ununterbrochen laut klatschende Geräusche und qualvolle Schreie eines Kindes. Während einer Stunde gehen 989 Passanten vorbei – 982 völlig ungerührt. Drei Personen klopfen und klingeln ratlos und gehen dann weiter. Vier laufen aufgeregt zur nahe gelegenen, gut sichtbaren Polizeiwache. Diese vier Menschen sind die einzigen, die erfahren haben, was in dem Haus los war. Die Geräusche kamen von einem Tonband. Das Ganze war ein Experiment. Es zeigt, was für Erwachsene die Welt bevölkern, in die unsere Kinder hineingeboren werden.

Nur langsam dringt ins kollektive Bewußtsein, was bisher von einer verlogenen Gesellschaft erfolgreich totgeschwiegen wurde: Die alltägliche Gewalt innerhalb der vier Wände der honorigen Durchschnittsfamilie. Die Zahlen über vergewaltigte und verprügelte Frauen, mißhandelte und mißbrauchte Kinder, gequälte und vernachlässigte Alte sind erschreckend. So erschreckend, daß wir uns weigern, sie zur Kenntnis zu nehmen. Aber sie sind veröffentlicht. Man kann sie nicht mehr wegdiskutieren. Man kann sie nur totschweigen.

Wir brauchen keine soziologischen Studien über die Hintergründe der Jugendkriminalität. Wir haben keine Krise der Jugend. Wir sind die Krise.

Die Popularisierung des Zerstörungspotentials

»Zagreb. – Drei Mittelschüler aus der kroatischen Hafenstadt Zadar sind über das Internet in einen Computer des US-Verteidigungsministeriums eingedrungen und haben dort den Code für die Unterlagen eines Atomwaffenstützpunktes geknackt.« Dies ist nicht etwa ein Auszug aus dem Drehbuch eines Science-Fiction-Thrillers, sondern eine Anfang 1997 verbreitete Mitteilung der Nachrichtenagentur SDA. Die erste Freude über die Meisterleistung dreier junger Menschen wird beim Weiterlesen gleich wieder getrübt: Dem Trio winkt nicht etwa ein Preis der Stiftung »Jugend forscht«, sondern ein lebenslanges Internet-Verbot wegen Datenmißbrauchs. Der hochbezahlte Künstler im Pentagon dagegen, der letztlich dafür verantwortlich ist, hat wahrscheinlich zum Jahresende seine gewohnte Tantieme kassiert.

Wissen Sie, wie man Giftgas herstellt? Oder hochbrisanten Sprengstoff? Oder eine Atombombe? Möchten Sie es wissen? Kein Problem. Dies ist per Mausklick im Internet alles zu erfahren. Für den Bau eines Nuklearsprengsatzes brauchen Sie zwar spaltbares Material. Aber dieses ist auf dem Schwarzmarkt zu haben. Sie brauchen dazu lediglich Geld. Sollten Sie nicht genug davon vorrätig haben, bleiben Sie ganz einfach bei Giftgas und konventionellem Sprengstoff. Die Zutaten sind problemlos in der Apotheke sowie im Chemikalienhandel zu haben. Sie werden in der Landwirtschaft, im Gewerbe und in der Industrie gebraucht. Bei einigen Substanzen muß der Verwendungszweck schriftlich deklariert werden. Schreiben Sie einfach: Düngen von Geranien oder Mottenschutz im Kleiderschrank.

Millionen von Maschinengewehren, Maschinenpistolen und Faustfeuerwaffen, aber auch Minen, Handgranaten und Raketenwerfer vagabundieren durch die Welt. Man könnte ganze Armeen damit ausrüsten. Sie stammen aus geplünderten Polizei- und Armeebeständen osteuropäischer Staaten. Korrupte Beamte und weltweit agierende Waffenschieberbanden haben damit Milliarden gescheffelt. Ein Teil dieser Waffen ist in den legalen Handel geflossen. UZI-Maschinenpistolen, die berüchtigten »Straßenfeger« aus israelischer Produktion, sowie Kalaschnikows verschiedenster Provenienz sind in jedem Waffengeschäft zu haben. Der größte Teil, vor allem das schwere Gerät, ist verschwunden. Es wartet irgendwo auf seinen Einsatz.

In den Wirren des zusammenbrechenden Ostblocks sind aber auch noch ein paar andere Dinge herrenlos geworden – Plutonium etwa, nukleares Spaltmaterial, das man braucht, um Atombomben zu bauen. Das eine oder andere Mal konnte eine Lieferung sichergestellt werden. Aber wer weiß schon, wo überall etwas von dem Zeug herumgelegen hat und wo es hingekommen ist. Das gleiche gilt für ganze Arsenale von Nuklearsprengköpfen. Es fehlt nicht an Staaten, die sich brennend dafür interessieren – und die auch über genügend Geld verfügen, um es zu erwerben. Ein Trost bleibt: Für die gröbsten Kaliber benötigt man zusätzlich eine interkontinentale Trägerrakete – und diese läßt sich nicht so leicht verstecken.

Vor zehn Jahren mußte einer noch über gewisse Grundkenntnisse in Chemie und Physik verfügen, um einen Atomsprengsatz, eine Briefbombe oder eine Giftgasgranate herstellen zu können. Heute flattern die Bastelanleitungen wie Kochrezepte durch den Cyberspace. Man muß nur noch lesen und schreiben können, wenn man einen Massenmord begehen will. Der Bösewicht aus dem James-Bond-Film hat ausgedient. Die Realität hat ihn überholt.

Massenmord als Kommunikationsform

Timothy McVeigh ist ein breitschultriger, sportlich durchtrainierter, ansonsten aber eher unauffälliger junger Amerikaner. Er schlägt sich mit manchmal etwas zweifelhaften Geschäften mehr schlecht als recht durchs Leben. Sein Hauptinteresse gilt Waffen. Und er hegt einen abgrundtiefen Haß auf den Staat und die Regierung, die die Freiheit des einzelnen immer mehr einschränken. Im September 1994, nur Tage nach Inkrafttreten eines von Präsident Clinton verabschiedeten Gesetzes zur Einschränkung des Waffenbesitzes, kauft er erstmals 40 Säcke Düngemittel Ammoniumnitrat zu je 50 Pfund. Am 19. April 1995 explodiert in Oklahoma City vor einem neunstöckigen Behördengebäude in einem Transporter eine zwei Tonnen schwere, aus Ammoniumnitrat, Diesel und Rennwagenkraftstoff gebaute Bombe – morgens um 9 Uhr. 168 Menschen sind tot, 500 zum Teil schwer verletzt. Das Gebäude ist abbruchreif. Nach Aussagen von Polizeipsychologen ist Timothy McVeigh ein typischer Vertreter einer Gruppe von Serienmördern und Terroristen mit folgendem Täterprofil: »Antisoziale, asexuelle, zurückgezogene Einzelgänger aus Problemfamilien, die schon früh im Leben die Erfahrung gemacht haben, Versager zu sein.« Die Tat ist ihr Weg aus der Anonymität und aus der Bedeutungslosigkeit; ihr Weg des Protestes gegen die ganze Gesellschaft; ihre Form der Kommunikation.

Wer einen Terroranschlag verübt, will Aufmerksamkeit erregen. Massenmord ist dazu bestens geeignet. Entscheidend ist einzig und allein die erzeugte Signalwirkung. Daß dabei Menschen umkommen, ist lediglich Mittel zum Zweck. Terror ist, wie der Krieg, die Fortsetzung der Politik mit anderen Mitteln. Und dies ist die Konsequenz: Es sind immer häufiger völlig Unbeteiligte, die in Mitleidenschaft gezogen werden. Sie haben niemandem etwas getan. Ihr Tod ist reiner Zufall.

In einer belebten Pariser Straße geht vor einem Restaurant eine Bombe hoch, viele Passanten bleiben tot oder schwerverletzt liegen; in Deutschland zünden rechtsextreme Jugendliche spät nachts ein Asylantenheim an, alle Bewohner kommen in den Flammen ums Leben; in Ägypten dringen Terroristen in die Tempel von Luxor ein und massakrieren 68 Touristen, welche die historische Stätte besichtigen wollten; in der U-Bahn von Tokio verüben Mitglieder einer Sekte einen Giftgasanschlag, zwölf Menschen sind tot, 5000 verletzt, viele tragen bleibende Schäden davon, nur durch Zufall kann eine noch viel größere Katastrophe verhindert werden; in Algerien erstechen und erschlagen militante Islamisten in mehreren Dörfern innerhalb von 10 Tagen 400 Männer, Frauen und Kinder. Die Grenzen zwischen simplem Mord und Genozid an der eigenen Bevölkerung haben begonnen, sich zu verwischen.

Der Staat als Terrorist

Alles nur verschrobene Individuen, irregeleitete Sektenmitglieder, fanatisierte politische Extremisten? Weit gefehlt. Der Terrorismus wird von einzelnen

Staaten bewußt gefördert und gezielt finanziert. Im Rahmen der Hilfe zur Selbsthilfe werden Ausbildungscamps, Operationsbasen, Waffen und militärische Berater zur Verfügung gestellt. Und manchmal wird der Staat selbst zum Meuchelmörder.

Salman Rushdie ist ein britisch-indischer Schriftsteller. Ende der 80er Jahre veröffentlicht er ein kleines Büchlein mit dem Titel *Die satanischen Verse*, welches den Zorn des iranischen Staatsoberhauptes, Ayatollah Khomeini, erregt. Nicht etwa, daß darin der Iran angegriffen würde. Es geht um religiöse Fragen – um Fragen der Interpretation des Korans. Salman Rushdie wird offiziell aufgefordert, seine Schrift öffentlich zu widerrufen. Als er dies nicht tut, erteilt Khomeini kurzerhand den Befehl zur Ermordung des unflätigen Schreiberlings. Ein Kopfgeld wird ausgesetzt. Salman Rushdie muß untertauchen.

Zur Zeit, da dieses Buch geschrieben wird, lebt Rushdie noch, Khomeini nicht mehr. Die Prämie auf den Kopf von Rushdie ist 1997 von den im Iran herrschenden Mullahs um 500 000 Dollar auf 2,5 Millionen US-Dollar erhöht worden. Doch inzwischen hat ein anderer Skandal Schlagzeilen gemacht. 1994 waren in einem deutschen Restaurant namens *Mykonos* vier iranische Oppositionspolitiker von einem Killerkommando massakriert worden. Die Untersuchung hatte Jahre gedauert. Doch im Frühjahr 1997 wird das sogenannte »Mykonos«-Urteil verkündet: Es hatte sich um einen staatlich angeordneten Auftragsmord des iranischen Regimes gehandelt.

Der Iran ist hier nur als Beispiel zitiert. Allein die Beschreibung aller Gewalttaten, welche die amerikanische CIA, das russische KGB und der israelische Mossad auf fremden Territorien organisiert haben, würde Bände füllen. In vielen Staaten gehören Folter und Mord zum alltäglichen Instrumentarium der Unterdrückung und der Machtausübung. Was wir als »Menschenrechte« bezeichnen, wird weltweit mit Füßen getreten. Doch das kümmert nur exotische Organisationen wie etwa *Amnesty International*. Unsere Politik wird davon in keiner Weise tangiert. Eine vorübergehende Abkühlung der diplomatischen Beziehungen ist das Gröbste, wozu man sich da entschließen mag. Denn wir machen mit diesen Ländern gute Geschäfte. Und das soll auch so bleiben. Bei den Taten des iranischen Mullah-Regimes, so das deutsche Bundeskriminalamt, »handelt es sich um Organisierte Kriminalität höchster Ausprägung«. Den Außenminister hat dies nicht angefochten: »Ein so großes und wichtiges Land kann nicht isoliert in die Ecke gestellt werden.«

Das neue Gesicht des Krieges

Es ist seinerzeit alles ganz präzise vorausgesagt worden: Die Zukunft gehört nicht den großen, Kontinente in Schutt und Asche legenden Kriegen, sondern dem lokalen Konflikt. Die Zukunft gehört dem Bürgerkrieg. Religiöse, ethnische, wirtschaftliche oder auch kriminelle Konflikte werden zu immer zahlreicheren, aber regional begrenzten Kriegen führen. Es ist nicht von heute auf morgen so gekommen – aber heute ist es soweit. In der ersten Hälfte der 90er Jahre kam es weltweit insgesamt zu 82 größeren blutigen Konflikten – gerade drei davon zwischen verfeindeten Staaten. Und was wir in der zweiten Hälfte der 90er Jahre bisher gesehen haben – etwa in Bosnien, Tschetschenien, Albanien, Ruanda oder Zaire – ergibt kein anderes Bild.

Jeder mit Waffen ausgetragene Konflikt hat seine Geschichte. Sie reicht manchmal weit in die Vergangenheit zurück. Niemand mag mit einem Bürgerkrieg gerechnet haben – aber wenn er ausbricht, findet man immer Wurzeln: unüberbrückbare kulturelle oder religiöse Gegensätze, soziale und wirtschaftliche Ungerechtigkeiten, ungleich verteilte Ressourcen, rivalisierende Machtansprüche. Doch warum kommt es – nach Jahren und Jahrzehnten – gerade jetzt zur blutigen Auseinandersetzung? Warum haben sich die regional begrenzten Konflikte derart vervielfältigt?

Die latenten Spannungen und Interessengegensätze sind das eine – die Möglichkeit, sie mit Waffen auszutragen, das andere. Die Rahmenbedingungen haben sich grundlegend verändert. Wir leben im Zeitalter des Zerfalls staatlicher Ordnungen. Hoffnungslos überforderte parlamentarische Demokratien, die systematische Ausbeutung und Plünderung ganzer Völker durch Diktatoren und ihre Clans, unfähige Regierungen, zerstrittene politische Parteien, korrupte Behörden – all dies führt zu politischer Instabilität, zu Revolutionen und zu Umstürzen. Doch in neun von zehn Fällen wechseln nur die Machthaber – die Zustände bleiben. »*Plus ça change, plus c'est la même chose*«, lautet eine alte französische Lebensweisheit – zu deutsch: Je mehr sich ändert, desto mehr bleibt alles beim alten.

Jeder, der über genügend Geld verfügt, kann alles kaufen, was gebraucht wird, um Krieg zu führen – und jeder, der Krieg führt, findet einen oder mehrere, die ihn finanziell unterstützen. Dazu kommt: Immer mehr Menschen haben nichts mehr zu verlieren – und immer mehr Menschen haben immer geringere Hemmschwellen, gewalttätig zu werden. Gestaute Aggressionen warten förmlich darauf, abgerufen zu werden. Viele suchen nachgerade eine Gelegenheit, Gewalt anzuwenden. Sie wollen ganz einfach kämpfen – gegen wen, ist letztlich von untergeordneter Bedeutung.

90 % der Korsen möchten unter gar keinen Umständen, daß ihre Insel

von Frankreich getrennt wird – nicht zuletzt, weil sie wissen, wieviel Geld der französische Staat jedes Jahr für sie ausgibt. Die Heimat Napoleon Bonapartes ist eines der ärmsten Départements Frankreichs. Mit der Verselbständigung würde das gesamte Sozialnetz schlagartig wegfallen. Doch das kümmert die Separatisten einen Dreck. Seit zehn Jahren führen sie einen Guerillakrieg gegen Frankreich. Sie zünden die Häuser von Kontinentalfranzosen und Ausländern an, sie sprengen offizielle Gebäude in die Luft, sie erschießen aus dem Hinterhalt Polizisten und Soldaten. Sie machen gar mit der Mafia gemeinsame Sache. Und fühlen sich auch noch als die Freiheitshelden von Korsika. Ähnliche Phänomene sind im Baskenland, in Irland und in vielen anderen Gegenden dieser Welt zu beobachten.

Wir müssen Abschied nehmen von der Vorstellung, jeder Krieg sei die Folge existentieller Konflikte. Immer häufiger ist es genau umgekehrt: Ganz normale Meinungsverschiedenheiten werden zum historischen Konflikt hochstilisiert und als Feigenblatt herangezogen, um einen Krieg, auf dem eine kleine Gruppe ihr Süppchen kocht, nach außen zu legitimieren.

Die Not, die Unzufriedenheit und das Aggressionspotential haben weltweit zugenommen. Vor allem aber: Die gesellschaftlichen Ordnungen – die sozialen Werte und die staatliche Autorität – kollabieren. Es ist ein Kinderspiel geworden, einen kleinen Krieg anzuzetteln.

Gelernt ist gelernt

»Ist dies hier ein Stammeskrieg?« »Nein.« In Sierra Leone, einem vom Bürgerkrieg ausgezehrten Land, in einem Gebiet, in dem laufend Zivilisten massakriert werden, befragt ein Fernsehreporter einen Offizier der kämpfenden Truppe. »Ist es ein Krieg zwischen ethnischen Gruppen?« »Nein.« »Ist es ein Religionskrieg?« »Nein.« »Eine postkoloniale Auseinandersetzung, ein Befreiungskrieg?« »Nein.« »Ist es ein Wirtschaftskrieg?« »Nein.« »Was ist es dann?« »Das weiß hier niemand. Das werden Ihnen auch die Rebellen nicht sagen können. Der Krieg hat sich verselbständigt.« Die marodierenden Horden haben sich an ihre Waffen, an das Vergewaltigen und an das Töten gewöhnt. Ihr Feind ist, wer ihnen Widerstand entgegensetzt – und erst recht, wer ihnen ihre Waffen wegnehmen will. Krieg ist noch nicht einmal ihr Geschäft. Er ist ihre Lebensart geworden.

In Kolumbien werden mit Kokain pro Jahr 100 Milliarden Dollar erwirtschaftet. Doch der Drogenhandel ist ein blutiges Geschäft. Allein in Medellin werden im Durchschnitt pro Tag 20 Menschen ermordet. Es gibt in dieser

Stadt 5000 *Sicarios*, Jugendliche, die sich für Auftragsmorde anheuern lassen. Die Preisspanne reicht von 200 bis 400 Dollar pro Kontrakt. Man kann mit diesen Kindern und Jünglingen ganz offen über ihr Geschäft reden. Sie geben völlig unbefangen Auskunft über die Tarife sowie über die Arbeitsmethoden. Sie kennen weder ihre Auftraggeber noch ihre Opfer. Sie erhalten einen Auftrag, führen ihn aus und kassieren. Keiner rechnet damit, lange zu leben. »Ich wüßte nicht, von was ich hier sonst leben sollte«, sagt einer, »ich werde ohnehin nicht alt werden. Aber solange ich noch da bin, will ich etwas vom Leben haben.«

Ähnlich äußert sich ein Mitglied der russischen Mafia in Moskau – ein gut angezogener, jüngerer Mann unterer Kaderstufe, der schon eine ganze Menge Leute ins Jenseits befördert hat: »Das ist nun mal mein Beruf. Ich habe nichts anderes gelernt. Und ich lebe gut. Ich würde mich eher umbringen, als so zu leben wie all diese Sklaven, die tagein, tagaus von morgens bis abends in einer Fabrik oder in einem Büro irgendeine völlig idiotische Arbeit ausführen und dabei auch noch halb verhungern.«

Auch dies gehört zur Banalität des Bösen: Wer nichts anderes als Gewalt gelernt hat, kann und will nichts anderes mehr tun. Viele Vietnam-Veteranen sind Söldner geworden, nicht wenige haben in der organisierten Kriminalität Karriere gemacht. Die Spezialisten und Kader des ostdeutschen Staatssicherheitsdienstes, des KGB und anderer früherer Geheimdienstorganisationen – wo sind sie alle geblieben? Die einen haben sich zur Ruhe gesetzt und leben von den Millionen, die sie ihrem Volk gestohlen und rechtzeitig ins Ausland geschafft hatten. Die anderen haben die Stelle gewechselt. Sie haben in der Russenmafia und in anderen weltweit agierenden Verbrecherkartellen eine neue berufliche Heimat gefunden. Der Know-how-Zufluß hat dort zu einer Professionalität geführt, die alles bisher Gesehene in den Schatten stellt. Ihr ist keine Polizei, kein FBI und keine Interpol mehr gewachsen.

Begriffe wie *strukturelle Gewalt* oder »*no-future generation*« sind in unserer saturierten Gesellschaft jahrzehntelang als leere Parolen linker Ideologen abqualifiziert worden. Man hat sich gar nicht erst die Mühe gemacht, einen ernsthaften Gedanken daran zu verschwenden. Jetzt wird uns die Quittung präsentiert.

Kapitel 13

Das organisierte Verbrechen

Die amerikanische Wirtschaftszeitschrift *Fortune Magazine* veröffentlicht jedes Jahr die Liste der 500 größten Unternehmen der Welt. Man findet hier alles, was in der Weltwirtschaft Rang und Namen hat, von Coca-Cola über General Electric und IBM bis zu ABB, Nestlé und Daimler-Benz. Umsatz, Gewinn, Mitarbeiterzahl, Unternehmenswert – alles ist fein säuberlich aufgeführt. Doch ausgerechnet der größte Konzern fehlt. Er macht weit über 1000 Milliarden Dollar Jahresumsatz sowie traumhafte, wenn auch unveröffentlichte Gewinne. Das weit verzweigte, international tätige Konglomerat umfaßt insgesamt rund 1,8 Millionen Mitarbeiter. Es ist die russische Mafia, das größte und gefährlichste Verbrechersyndikat der Welt.

Wachstumsbranche Nr. 1

Die organisierte Kriminalität ist heute weltweit die mit Abstand bedeutendste Wirtschaftsbranche. Ihr Wachstum stellt alles andere in den Schatten. Der weltweite Umsatz wurde 1997 auf 1000 Milliarden Dollar geschätzt. Dies ist eine Zahl mit zwölf Nullen und entspricht einer Million Millionen. Pro Kopf der Weltbevölkerung macht dies 170 Dollar im Jahr aus – Säuglinge und Greise mitgerechnet. Man muß sich diese Dimensionen ganz sorgfältig zu Gemüte führen. Das Problem wird nämlich nach wie vor systematisch verdrängt und verharmlost – von den Politikern, von den Wirtschaftsführern und auch von den Medien. In den meisten Büchern über die wichtigsten Zukunftstrends kommt es gar nicht erst vor.

Man kann im wesentlichen drei Kategorien unterscheiden: die Professionellen, die Kartelle und die neuen ethnischen Gruppen.

Die *Professionellen* oder *Spezialisten* sind in der Regel kleinere Gruppierungen, die sich für ein einziges Unternehmen – zum Beispiel für einen Bankraub, einen Bahnüberfall oder eine Entführung – zusammenschließen und nach Abschluß des Projektes sofort wieder auflösen. Sie setzen hochqualifizierte Fachleute ein, verwenden modernstes Material, sind hervorragend organisiert und arbeiten ebenso schnell wie präzise. Sie sind aber im allgemeinen nicht besonders gewalttätig.

Die *Kartelle* sind fest gefügte, straff hierarchisch strukturierte und zentral geführte Organisationen. Sie laufen gemeinhin unter dem Begriff »Mafia«. Zu trauriger Berühmtheit gelangt sind vor allem Kartelle wie *Cosa Nostra* (Sizilien), *Camorra* (Neapel), *N'drangheta* (Kalabrien), *Sacra Corona* (Apulien), *Cali* und *Medellin* (kolumbianische Drogenkartelle), die japanische *Yakuza,* die chinesischen *Triaden* oder die *Russen-Mafia.* Dies sind jedoch nur einige besonders prominente Namen unter den großen, extrem gewalttätigen und zum Teil weltweit verzweigten Organisationen von Schwerverbrechern.

Die *neuen ethnischen Gruppen* sind kleinere und mittlere, international operierende Banden verschiedener Ursprungsländer: China, Korea, Vietnam, Nigeria, Kroatien, Albanien, Rumänien, Tschetschenien, Ukraine, Georgien – um nur einige zu nennen. Sie haben das Gesicht des organisierten Verbrechens dramatisch verändert, und zwar nicht nur durch ihre immense Zahl, sondern auch durch ihre Arbeitsweise: Sie sind hochmobil, operieren in kleinen, unabhängigen Gruppen und sind sehr schwer zu fassen. Manchmal handelt es sich um Gruppierungen von hundert Personen, manchmal lediglich um einen Familien-Clan von einer Handvoll Leute. Die Szene ist dadurch äußerst unübersichtlich geworden.

Das moderne organisierte Verbrechen ist geprägt von einem völlig neuen Pragmatismus. Moralische Kategorien, Ehrenkodex und geheimbündlerische Rituale befinden sich in der Mottenkiste. Das einzige, was zählt, ist möglichst hoher Gewinn bei möglichst geringem Risiko. Das Geschäft wird eiskalt geplant und äußerst effizient abgewickelt. Und: Es gibt keine Berührungsängste. Jeder kooperiert mit jedem, wenn es dem Unternehmenszweck dient – die Italiener mit den Russen, die Vietnamesen mit den Tschetschenen, die Albaner und Kroaten mit den Kolumbianern. Wie sich's halt gerade anbietet. Die Verbindungen laufen kreuz und quer.

Absolute Skrupellosigkeit, hohe Mobilität, modernstes Gerät, hochflexible internationale Kooperationen sowie gewaltige liquide Mittel – dies sind heute die zentralen Erfolgsfaktoren des organisierten Verbrechens.

Die russische Mafia ist aus mehreren Gründen besonders interessant: Sie erfüllt alle Kriterien eines hochstrukturierten Kartells. Sie ist das erfolgreichste Verbrechersyndikat der Welt. Vor allem aber: Sie ist so gut etabliert und fühlt sich derart ungefährdet, daß sie schon fast offen operiert. Über sie ist mehr bekannt als über irgendein anderes Kartell. Nirgendwo kann man die Funktionsweise der Mafia und ihre enge Verflechtung mit der staatlichen Korruption besser studieren als in Rußland.

Stalins Erben

Korruption und organisiertes Verbrechen haben in Rußland eine lange Tradition. Jossif Wissarionowitsch Dschugaschwili, der sich selbst später den Namen Stalin – »der Stählerne« – gab, hat seine Karriere als einfacher Bankräuber begonnen. Nachdem er sich mit Mord und Totschlag an die Macht gebracht hatte, bestückte er den staatlichen Geheimdienst mit notorischen Schwerverbrechern und ließ wohlhabende Bürger systematisch überfallen und ausplündern. Das KGB war von Anfang an eine im Schutze des Staates operierende Verbrecherorganisation. Bereits zu Zeiten der Sowjetunion hat der russische Geheimdienst Schmuggelringe aufgezogen, mit Waffen gehandelt, Drogentransporte durchgeführt und rund um den Globus Leute umgebracht. Die Ministerialbürokratie war durchsetzt mit korrupten Apparatschiks. Mit der KPdSU hatte Rußland nur die Pferde gewechselt. Die Zweiklassengesellschaft wurde nach der Oktoberrevolution nahtlos fortgeführt.

Es gab auch schon eine Mafia. Die Bezeichnung für ihre Paten, »*Wori w Sakone*«, spricht für sich selbst: »*Diebe im Gesetz*«. Der große Sprung nach vorn kam allerdings erst mit dem Zusammenbruch des kommunistischen Systems und dem Wegfall einer zentralen, wenn auch korrupten staatlichen Autorität. Das russische Reich wurde zum Selbstbedienungsladen für Politiker, Offiziere und Beamte auf der einen, organisierte Verbrecherbanden auf der anderen Seite. Mit einem weltweit beispiellosen Zynismus wurde und wird das gesamte Volksvermögen des russischen Reiches verscherbelt und in Privatvermögen einer dünnen, extrem reichen Schicht von Verbrechern und Profiteuren umgewandelt.

Die Milliarden der KPdSU und des KGB sind verschwunden. Ganze Waffenarsenale der Armee sind verschwunden. 80 % der staatlichen Kunstschätze – Hunderttausende von Bildern und Ikonen, Hunderttausende von wertvollen Antiquitäten – sind im Ausland verschwunden. Die Bodenschätze – Holz, Öl, Edelmetalle – wurden und werden vom Staat zu Spottpreisen an irgendwelche namenlosen Firmen verkauft und von diesen dann im Ausland zu Marktpreisen abgesetzt. Staatliche Unternehmen sind serienweise privatisiert worden und über Nacht in anonyme Hände übergegangen. Soweit das russische Volksvermögen. Dazu kommen die Gelder, die als Entwicklungshilfe ins Land fließen. Allein die Bundesrepublik hat in den letzten Jahren über 70 Milliarden Mark nach Rußland gepumpt. Der größte Teil ist in irgendwelchen undurchsichtigen Kanälen versickert.

Vor allem aber: Die Wirtschaft wird ausgepreßt wie eine Zitrone. Kein Unternehmen, kein Laden, kein Kiosk existiert lange, ohne Schutzgeld zu bezahlen. 80 % aller Geschäftsleute entrichten 15 bis 20 % ihres Gewinnes an Erpresser. Da die Schutzgelderpressung landesweit und flächendeckend organisiert ist, kann man getrost davon ausgehen, dass die 20 % der »Bisnesmen«, die kein Schutzgeld entrichten, selbst der Mafia angehören. Wenn ein Unternehmen nämlich wirklich rentabel ist, wird es schrittweise von der Mafia übernommen. Zuerst wird nur Schutzgeld verlangt. Dann wird ein Buchhalter der Mafia ins Unternehmen delegiert, um sicherzustellen, »daß alles mit rechten Dingen zugeht«. Dann kommt der Tag, an dem die Mafia sich im Management einnistet. Und zuletzt wird der Laden für ein Butterbrot »gekauft«. Und jetzt dürfen Sie dreimal raten, warum es in Rußland so schwierig ist, ausländische Investoren zu finden.

Dies alles ist nur möglich aufgrund einer sehr engen Verflechtung von Mafia, Politik und Ministerialbürokratie. Die Zusammenarbeit ist so eng, daß man von einer eigentlichen Symbiose sprechen muß. Die Mafia braucht den Staat, um den Mantel der Rechtmäßigkeit über ihre Verbrechen zu legen. Der Staat braucht die Mafia, um die unsauberen Geschäfte im In- und Ausland abzuwickeln. Die eine Hand wäscht die andere. Staat und Mafia sind auch personell aufs engste verwoben. Rund 200 000 Offiziere und Spezialisten des KGB und der Armee sind seinerzeit arbeitslos geworden. Einige haben sich – vorab im Ausland – zur Ruhe gesetzt. Die anderen sind im organisierten Verbrechen aufgegangen und verhelfen diesem zu einer Professionalität, die ihresgleichen sucht. Know-how, Kapital und Waffen – dies sind die Ingredienzien der Macht in Rußland. Sie liegen nicht bei der Regierung, sondern bei der Mafia – in enger Zusammenarbeit mit der korrupten Staatsbürokratie.

2500 Banken aus dem Hut gezaubert

Neben Institutionen wie dem Londoner *Institut für Konflikt- und Terrorismusforschung* interessieren sich auch westliche Geheimdienste wie die *CIA* oder der israelische *Mossad* für die Entwicklung in Rußland. Denn neben harmlosen Hölzern werden auch strategisch wichtige Metalle wie Platin, Titan, Beryllium oder Lithium sowie nukleares Spaltmaterial von der Mafia auf dem internationalen Schwarzmarkt versilbert. Man möchte sich zumindest versichern, daß die unzähligen russischen Atomsprengköpfe fürs erste mal dort bleiben, wo sie zum Zeitpunkt der Öffnung gelagert waren.

Aufgrund dieser Anteilnahme an den Geschicken Rußlands ist im Westen einiges über das Innenleben und die Außenkontakte der Mafia bekannt geworden. Ein Schlüsselfaktor sind logischerweise die Banken. Sie werden dringend gebraucht, erstens, um das schmutzige Geld sauber zu waschen; zweitens, um die blühenden Exportgeschäfte zu finanzieren; und drittens, um die unvorstellbaren, sich anhäufenden Vermögen der herrschenden Schicht im In- und Ausland zu investieren.

1992 gab es in Rußland vier Banken, die alle von der Zentralbank kontrolliert waren. Drei Jahre später waren es rund 2500 Banken. Heute dürften es wiederum einige mehr sein. Man geht davon aus, daß sie praktisch alle der Mafia gehören. Wer eine Lizenz zur Gründung einer Bank braucht, läßt ein bißchen Geld springen – und morgen ist er ein salonfähiger, auch an der Wall Street gern gesehener Bankier. Boris Jelzin hat sich trotz des Drängens seiner westlichen Partner bis heute erfolgreich darum herumgedrückt, ein Bankengesetz zu verabschieden. Und dabei wird es auch bleiben.

Die russischen Banken kaufen in den USA pro Woche rund 100 Millionen Dollar in 100-Dollar-Scheinen ein, die täglich zentnerweise aus New York nach Moskau eingeflogen werden – von der *Federal Reserve Bank,* der amerikanische Notenbank, hochoffiziell abgesegnet. Diese vergleichsweise kleinen Scheinchen dienen im wesentlichen zur Begleichung der laufenden Angestelltenlöhne und Beamtenbestechung. Gleichzeitig aber fließen gewaltige Kapitalströme ins Ausland – im wesentlichen auf Privatkonten. 1992 waren es rund 40 Milliarden, 1995 bereits 120 Milliarden Dollar. Der Rest wird im Inland investiert. Denn wie gesagt: Wer in der Mafia etwas auf sich hält, präsentiert sich als ehrenwerter »Bisnesman«.

Einer der Glücklichen, die in den letzten Jahren zu traumhaften Vermögen gekommen sind, ist der ehemalige Ministerpräsident Tschernomyrdin. 1992 wurde sein Vermögen noch auf bescheidene 28 Millionen Dollar geschätzt. 1995 hatte es sich auf wundersame Weise um den Faktor 16 vermehrt. Der *Mossad* schätzte es unlängst auf 5 Milliarden Dollar. Tschernomyrdin war, bevor er von Jelzin an die Spitze der Regierung berufen wurde, Chef des halbstaatlichen Energiekombinates *Gazprom,* von dem die westeuropäischen Länder 25 % ihres Bedarfes an Erdgas beziehen. Es scheint, daß dort bemerkenswert gute Managergehälter bezahlt werden.

An der Côte d'Azur und in anderen bevorzugten mediterranen Gegenden sind in den letzten Jahren Massen von Immobilien der obersten Preisklasse in russische Hände übergegangen. Banken und Hotels schwärmen von splendablen Russen, die per *Aeroflot* mit Koffern voller Dollars in den Urlaub angereist kommen. In Nobelrestaurants wird die Menükarte bereits in Russisch angeboten.

Menschliche Organe und andere Handelsgüter

Schutzgelderpressung ist wahrscheinlich überall auf der Welt das tägliche Brot des organisierten Verbrechens. Dieses Metier beherrschen alle Mafia-Organisationen. Einmal etabliert, ist hier mit dem geringsten Risiko am meisten Geld zu verdienen, und zwar auf Dauer. Einziger Nachteil: Das Geschäft ist ausgesprochen personalintensiv. Der Aufwand für Inkasso, Kontrolle sowie Strafaktionen gegen unbotmäßige Funktionäre ist verhältnismäßig hoch. Heerscharen von Fußsoldaten werden benötigt. Und diese müssen wiederum straff geführt werden.

Weitere Standardaktivitäten: Drogenhandel und Entführungen. Die Lösegelderpressung ist eines der lukrativsten Geschäfte der Mafia. Bei Entführungen ist die Dunkelziffer extrem hoch. Viele Betroffene vermeiden jeden Kontakt mit Behörden – aus Angst vor der Ermordung der Entführten. Die Polizei erfährt deshalb nur von einem geringen Teil der Fälle. Entführungen sind verhältnismäßig einfach zu bewerkstelligen. In verschiedenen Ländern ist die Mafia bereits dazu übergegangen, Vertreter der Mittelklasse zu entführen – und zwar gleich am Fließband. Die erpreßten Beträge sind zwar bei Ärzten, Anwälten und Gewerbetreibenden kleiner als bei schwerreichen Industriellen, aber durch die Masse gleicht sich das wieder aus. Vorteile: Völlig unvorbereitete und ungeschützte Opfer; größere Bereitschaft der Angehörigen, sofort zu bezahlen; weitaus geringerer Aufmerksamkeitswert; von vornherein total überforderte Polizei.

Im übrigen sind die Tätigkeitsfelder des organisierten Verbrechens breit gefächert. Alles, was Geld bringt, wird im großen Stil organisiert: Autodiebstahl, Prostitution, Schmuggel, Waffenhandel. Ein wichtiges Gebiet ist außerdem die Piraterie zu Wasser und auf der Straße. Hochseefrachter und Schwerlaster werden gekapert, entführt, geplündert und irgendwo wieder stehen gelassen. Zu den entsetzlichsten Verbrechen gehört der Menschenhandel, insbesondere der Handel mit Frauen und Kindern. Und schließlich wird sogar mit menschlichen Organen Handel getrieben. Leichen fallen ohnehin in rauhen Mengen an. Es werden aber auch immer wieder Fälle von Menschen bekannt, die speziell zum Zwecke der Organentnahme entführt und getötet oder verstümmelt worden sind.

Das Mineralwasser von der Mafia

Im organisierten Verbrechen fallen unvorstellbare Gewinne an. Auch wer einen aufwendigen Lebensstil pflegt, kann nur einen verschwindenden Teil seines Einkommens verbrauchen. Die mit der organisierten Kriminalität befaßten Behörden gehen von folgendem aus: Etwa die Hälfte der Gewinne werden in die eigene Infrastruktur investiert: in Waffen, Waffenherstellung und Waffenhandel; in Flugzeuge, Schiffe und Transportunternehmen; in Kommunikationsmittel; in Bewachungs- und Sicherheitsdienste; in Betriebe, die fürs Geschäft benötigt werden: Labors, Werkstätten, Lagerhäuser; und, nicht zu vergessen: in Banken.

Die andere Hälfte wird in der legalen Wirtschaft investiert – in Aktien, Beteiligungen, Firmenaufkäufe. Sehr beliebt sind mittlerweile Beteiligungen an kränkelnden kleineren und mittleren Unternehmen – denn wer würde besonders kritisch hingucken, wenn in letzter Not ein Kapitalgeber auftaucht, der bereit ist, das Unternehmen vor dem Konkurs zu retten. Spätestens hier ist das organisierte Verbrechen nicht mehr von der normalen Wirtschaft zu unterscheiden. Das investierte Geld ist blütenweiß. Und da nirgendwo so viel Geld verdient wird wie im organisierten Verbrechen, kann man sich unschwer ausrechnen, daß ein zunehmender Teil der Weltwirtschaft schrittweise in die Hände von Menschen übergeht, die ihr Vermögen durch Korruption, Drogenhandel, Mord und Erpressung verdient haben.

Wenn Sie und ich ein Mineralwasser trinken, Spaghetti essen, ins Kino gehen oder Baustoffe beziehen, werden wir nie mit Sicherheit wissen, ob wir nicht mit der Mafia ein Geschäft getätigt haben. Anläßlich des G8-Gipfels im Juni 1997 in Denver gingen die Staatschefs der führenden Industrienationen davon aus, daß acht Prozent der Weltwirtschaft von Mafia-Kartellen beherrscht sind. Diese Zahl wird jedes Jahr nach oben zu korrigieren sein, und zwar aus dem einfachen Grund, weil jedes Jahr Hunderte von Milliarden Dollar an Erträgen anfallen – und dieses Geld will angelegt werden.

Die Verbindung zwischen Recht und Unrecht

Klein Hänschen und klein Gretchen machen sich im allgemeinen rührend naive Vorstellungen vom sogenannten Verbrechen. Sie denken an etwas, das sich in der »Unterwelt« abspielt, irgendwo im Dunkeln und vor allem ganz woanders. Denn Gut und Böse sind in unserer Vorstellungswelt sauber getrennt. Doch die Realität sieht anders aus. Zum einen befinden sich die schwersten Verbrecher, vorab die obersten Verantwortlichen, mitten unter uns – im Hotel, im Restaurant, im Theater, in der Bank, auf der Straße. Sie sind nach außen nichts anderes als erfolgreiche Geschäftsleute. Sie verkehren in den besten Kreisen. Denn so ist es nun mal auf dieser Welt: Wer Geld hat, ist allenthalben gern gesehen.

Zum zweiten aber ist die Grenze zwischen schwerem Verbrechen und scheinbar harmloser Korruption fließend. Viele Leute, die noch nie mit dem Gesetz in Konflikt gekommen sind, drücken mal hier und mal dort ein Auge zu, um sich selbst oder einem guten Freund einen Vorteil zu verschaffen. Und allzu häufig stößt man mitten in der legalen Wirtschaft, in der Politik und in der Verwaltung auf erschreckende Abgründe von Korruption und Vetternwirtschaft – auch dort, wo es noch kein im großen Stil organisiertes Verbrechen gibt.

Die Gefahr der Korruption droht immer und überall. Die Schweiz gilt immer noch als eines der demokratischsten, stabilsten, saubersten und sichersten Länder der Welt.

Doch eine unlängst vom Bundesrat in Auftrag gegebene Studie hat ergeben, daß Korruption bei der Vergabe von Aufträgen in der Wirtschaft alarmierende Ausmaße angenommen hat; daß das »Schmieren« von Beamten im Zusammenhang mit Aufträgen der öffentlichen Hand zugenommen hat; und daß in vielen Auslandsmärkten die Kunst der Bestechung seit Jahren nachgerade zur Konkurrenzfähigkeit gehört.

China gilt als die kommende Wirtschaftsweltmacht Nr. 1. Anläßlich des 15. Parteitages der Kommunistischen Partei im September 1997 rief Staats- und Parteichef Jiang Zemin in seiner Eröffnungsrede die Genossen zum Kampf gegen die Korruption auf. Die größte derzeitige Gefahr, welche die »Existenz von Partei und Staat« bedrohe, sei die Korruption in den eigenen Reihen. Ihr könne gelingen, was ein äußerer Feind nie schaffen werde: die Partei zu besiegen.

Wir und die andern

Eine internationale Umfrage bei Finanzanalysten und Portfoliomanagern hat ergeben, daß rund ein Viertel der Befragten im Laufe eines Jahres bei Kollegen Verstöße gegen ethische Berufsgrundsätze beobachtet hat. Ein Fünftel gab an, von ihren eigenen Vorgesetzten zu unstatthaften Handlungen, insbesondere zur Beteiligung an Insider-Geschäften, angeregt worden zu sein. Und dies dürfte noch nicht mal die ganze Wahrheit sein, denn die

Erfahrung zeigt, daß bei solchen Erhebungen nur ein Teil der Befragten wirklich offen antwortet. Verständlicherweise.

Ob es uns gefällt oder nicht: Die meisten Menschen sind bis zu einem gewissen Grade und viele in geradezu erschreckendem Ausmaß korrumpierbar. Das zeigt nicht nur die Praxis in der Politik, der Wirtschaft und der Verwaltung. Dies zeigen auch unverdächtige, verhaltenswissenschaftliche Untersuchungen, von denen einige Beispiele an anderen Stellen in diesem Buch beschrieben sind. Korruption ist leider etwas ganz Normales und Alltägliches. Auch wenn wir sie immer nur bei anderen wahrnehmen: Sie beginnt im Grunde bei einer ganz harmlosen Notlüge, die niemandem irgendeinen Schaden zufügt. Von hier bis zu einer bewußten Unterlassungssünde oder Manipulation, durch die man eine Million verdienen kann, sind es nur mehrere kleine Schrittchen. Ob man sie macht oder nicht, hängt davon ab, welche Gelegenheiten sich ergeben, in welchen Notlagen man sich befindet – und davon, wie viele kleine Schrittchen man ohnehin schon gemacht hat.

Korruption ist der Boden, auf dem das organisierte Verbrechen in seiner heutigen Form sich überhaupt erst entwickeln konnte. Das Phänomen »Mafia« wird erst durch die aktive und passive Unterstützung durch Politiker, Beamte und Wirtschaftsfunktionäre so erfolgreich – und so gefährlich. Die Mafia ist nichts Exotisches. Sie ist kein Fremdkörper in unserer Gesellschaft, wie wir uns immer gerne einreden. Sie ist vielmehr ein Teil unserer Gesellschaft. Sie ist letztlich ein Teil von uns selbst.

Keine Nachwuchssorgen

Obszöner Reichtum bei den einen, schrittweises Abdriften in die Armut bei den anderen, zunehmende Arbeitslosigkeit, aber auch der Zerfall intakter Familien, in denen junge Menschen Respekt vor anderen, Gemeinschaftssinn und partnerschaftliche Zusammenarbeit lernen können – all dies führt zu einem rasch wachsenden Nachwuchspotential sowohl für das organisierte Verbrechen als auch für Funktionäre in der Wirtschaft oder in der Verwaltung, die nur zu gerne geneigt sind, sich durch kleine oder auch mal größere Gefälligkeiten ein Zubrot zu verdienen. In vielen Ländern hat der Staat kein Geld. Beamte sind miserabel bezahlt. Schmiergelder sind häufig der wichtigste Bestandteil ihres Einkommens. Ohne sie würde der Verwaltungsapparat sofort zusammenbrechen.

Irgendwann einmal beginnen sich dann auch aktivere Formen des Nebenerwerbs zu entwickeln. In verschiedenen südamerikanischen Ländern kommt es beispielsweise immer häufiger zu Gemeinschaftsaktionen von Gangsterbanden und Polizei – Raubzüge, Plünderungen, Auftragsmorde, mal hier und mal da ein kleines Massaker unter Straßenkindern. Man arbeitet aufs engste zusammen – und jedermann weiß das. Die Aussicht, sich durch Nebeneinkünfte gut situieren zu können, ist dort mittlerweile das wichtigste Motiv junger Leute, sich um die Aufnahme in den Polizeidienst zu bewerben.

Die organisierte Kriminalität wird von der Allgemeinheit als exotisches Phänomen betrachtet, als eine in sich geschlossene Subkultur von begrenzter Bedeutung. Dieses Bild ist zu korrigieren. Das organisierte Verbrechen steht in engem Zusammenhang mit einer ganzen Reihe dramatischer Veränderungen in unseren Gesellschaften: der zunehmenden Armut, der Arbeitslosigkeit, der inneren Zersetzung gesellschaftlicher Strukturen, dem Versagen staatlicher Kontrolle in einer globalisierten Welt, der in vielen Ländern wuchernden Korruption, dem illegalen und weltweiten Drogen-, Waffen- und Menschenhandel sowie – nicht zuletzt – der hohen Nachfrage nach verfügbaren flüssigen Mitteln in einer kapitalistischen Wirtschaft. Das organisierte Verbrechen hat sich zu einer gigantischen, völlig unübersichtlichen und nicht mehr kontrollierbaren Schattenwirtschaft entwickelt, in der Jahr für Jahr unvorstellbare Gewinne anfallen, die allesamt gezielt wieder investiert werden – die eine Hälfte in das eigene Wachstum, die andere in der legalen Wirtschaft.

Der weitere Lauf der Dinge wird nicht danach fragen, ob es uns heute beliebt, diese Vorgänge zur Kenntnis zu nehmen oder nicht.

Kapitel 14

Krise der Wirtschaft

Drei Instanzen legen fest, wie das insgesamt verfügbare Geld innerhalb der Gesellschaft verteilt wird: der Zufall, der Markt und der Staat. Der Zufall bestimmt, wer Millionen erbt und wer in Armut geboren wird. Er sorgt dafür, daß die These von der Chancengleichheit immer eine Lebenslüge bleiben wird. Der Markt belohnt die Leistung und sorgt für das Überleben des jeweils Stärkeren. Dieses Prinzip hat sich in der Natur bewährt, und es hat uns in den vergangenen Jahren und Jahrzehnten eine leistungsfähige Wirtschaft sowie einen beachtlichen allgemeinen Wohlstand beschert. Der Staat andererseits ist zuständig für den Zusammenhalt innerhalb der Gesellschaft. In einer Demokratie gewährleistet er den notwendigen Ausgleich, damit Schwächere und Minderheiten nicht völlig ausgegrenzt werden. Er sichert ein Minimum an Solidarität in der Gemeinschaft.

Der Kapitalismus, in Verbindung mit der freien Marktwirtschaft, hat sich in der historischen Betrachtung als dem Kommunismus überlegen erwiesen. Die zentrale Planwirtschaft und die damit verbundene Ineffizienz waren schlicht nicht mehr finanzierbar. Dies – und nicht etwa ein ideologischer Schwenker – hat unter Michail Gorbatschow zu *Glasnost* und *Perestroika* und, in der Konsequenz, zum Zusammenbruch des sozialistischen Systems geführt.

»Na also, wir haben es ja immer gesagt«, werfen sich die Wortführer der freien Marktwirtschaft in die Brust, »wo Staat ist, muß Markt werden.« Wenn es nach ihnen ginge, könnte man den Staat glatt abschaffen. Die Dienstleistungsfunktionen sollten privatisiert und in börsennotierte Aktiengesellschaften umgewandelt werden. Und die hoheitlichen Funktionen kann man getrost ersatzlos abschaffen. Sie kosten nur Geld und stören den freien Markt. Die einen sprechen es offen aus, die andern denken es halblaut: »Man muß nur den freien Markt spielen lassen, und alle Probleme regeln sich von selbst.«

Schön wär's. Die Ironie des Schicksals will es, daß der westliche Kapitalismus, kaum daß er seinen historischen Sieg errungen hat, auch schon die Welt und sich selbst in eine Sackgasse führt.

Darwin läßt grüßen

In der Schweiz – einem der Länder mit besonders geringen sozialen Unterschieden – besitzen die reichsten 5 % der Bevölkerung zusammen gleichviel Vermögen wie die restlichen 95 %. Aber nur 5 % sind wirklich arm, es gibt sehr wenige Obdachlose, verhungern muß keiner. Am anderen Ende der Skala liegen Länder wie Indien, China, Rußland oder Brasilien. Hier liegt bei einem Bruchteil eines Prozentes der Bevölkerung ein märchenhafter Reichtum – und gewaltige Massen von Menschen sind mausarm.

Die sozialen Unwuchten schlagen sich auch auf der Weltkarte nieder. 20 % der Länder – die sogenannten hochentwickelten Industrienationen – haben einen Anteil von 85 % am Weltbruttosozialprodukt, besitzen 85 % aller Sparguthaben und verbrauchen 80 % der gesamten Energie sowie aller weltweit verfügbaren natürlichen Ressourcen.

Die 447 reichsten Einzelpersonen der Erde besitzen zusammen gleichviel Geld wie die ärmere Hälfte der gesamten Weltbevölkerung, 2,9 Milliarden Menschen. Wenn die 447 Multimilliardäre sich bei den Händen halten und in einer Reihe aufstellen, reicht die Menschenkette knapp für eineinhalb Runden auf der Aschenbahn des nächsten Sportplatzes. Wenn die 2,9 Milliarden Armen das gleiche tun, läuft die Menschenkette dem Äquator entlang 85-mal um den ganzen Erdball.

Dies ist also die Ausgangslage: Die Karten sind nicht gerade gleichmäßig verteilt. Und nun hat auch noch eine Umverteilung des Wohlstandes von unten nach oben eingesetzt.

Bei einer kleinen Minderheit akkumulieren sich immer größere Vermögen. Auf der anderen Seite bricht der Mittelstand weg. Immer breitere Schichten der Weltbevölkerung driften ab in die Armut. In der Bundesrepublik Deutschland hat sich die Zahl der Vermögensmillionäre von 1980 (67 000) bis 1993 (131 000) praktisch verdoppelt. Die Zahl der Sozialhilfeempfänger hat sich zwischen 1980 (922.000) und 1995 (2 269 000) verzweieinhalbfacht. Und seither hat sich dieser Trend noch massiv verschärft. So sieht die ominöse »Schere« in nackten Zahlen aus.

Doch dies ist kein nationales Phänomen, sondern ein durch die Globalisierung der Märkte eingeleiteter, allgemeiner Trend mit drei wesentlichen Komponenten: Erstens, enorme Produktivitätssteigerungen lassen die Kapitalien einer dünnen Schicht von Großinvestoren und -aktionären aufgehen wie Brötchen im Ofen; zweitens, die durch die weltweite Vernetzung gegebenen, vielfältigen Möglichkeiten legaler Steuerflucht und illegaler Steuerhinterziehung sind die Hefe im Teig des Kapitalismus. Sie lassen die Kapitalgewinne erst recht florieren – und die Staatskassen auf nationaler, regionaler und kommunaler Ebene schrittweise leerlaufen. Drittens, Rationalisierung und Automatisierung führen zu einer allgemeinen Verknappung der Arbeit. Arbeitslosigkeit und Armut in bisher nicht gekannten Dimensionen sind so gut wir vorprogrammiert.

Ein Basar, genannt Weltmarkt

Unsere einst große Welt ist als Folge der modernen Technik zusammengeschrumpft. Der Kommunikationsforscher Marshall McLuhan hat bereits in den 60er Jahren den Begriff vom »globalen Dorf« geprägt. Jeder kann mit jedem innerhalb von Minuten rund um den Globus telefonieren – vom Klo eines Restaurants aus, wenn es sein muß. Manager senden und empfangen im fahrenden Wagen mit Chauffeur per Fax Informationen, Pläne und Dokumente. Man fliegt in Stunden Tausende von Kilometern weit zu einer Verhandlung – oder verhandelt per Video-Konferenz oder Internet gleichzeitig mit Partnern in fünf verschiedenen Ländern.

Klein Hänschen und klein Gretchen verbringen ihren Urlaub bei den Antipoden. Das Fernsehen bringt das Weltgeschehen nicht nur in die gute Stube von Otto Normalverbraucher, sondern auch in den entlegensten Winkel des indischen Subkontinents. Ein lückenloses Netz geostationärer Satelliten macht es möglich. Hunderte von Millionen, ja Milliarden von Menschen schauen zu, wenn ein Königshaupt gekrönt oder die Olympiaflamme entzündet wird. Cindy Crawford und Claudia Schiffer blinzeln rund um die Erde gleich tiefsinnig von allen Plakatwänden und Titelseiten. Die Oberweite des Busenmädchens aus der amerikanischen TV-Serie hat einen höheren Bekanntheitsgrad als der Beruf von Mutter Teresa. Und von der Schokolade über das Markenbier bis zur Luxuszigarre, vom Turnschuh über den Designerpullover bis zum Notebook-Computer ist weltweit jedes Produkt in jedem Land in praktisch gleicher Form zu haben.

Wo entwickelt der Software-Gigant Microsoft seine Programme? Rund um die Erde. Das Unternehmen hat in allen Zeitzonen Entwicklungsteams sitzen. Wenn am einen Ort Feierabend ist, werden die gesamten Daten über geschützte Verbindungen ans nächste Team fernübertragen, welches die Arbeit nahtlos fortführt. Der Entwicklungsprozeß läuft rund um die Uhr – und rund um den Globus. Ähnliches gilt für die Aktien- und für die Devisenmärkte. New York, London oder Tokyo – eine der großen Börsen ist immer geöffnet. Die großen Banken und Brokerfirmen haben überall Niederlassungen. Händler, Sekretärinnen und Manager absolvieren normale Arbeitstage – der Markt funktioniert permanent.

Wer auf dem globalen Markt mitmischen will, hat es mit hochpotenten und hochprofessionellen Konkurrenten zu tun. Da sind hohe Innovationskraft, hohe Produktqualität, niedrige Preise sowie ausgeklügelte Formen der Marktbearbeitung und der Logistik gefragt. Da muß manchmal von heute auf morgen entschieden werden, von welchem Land in welches andere die Entwicklung oder die Herstellung eines Produktes oder einer Dienstleistung verlagert werden soll. Dies setzt eine Investitionskraft voraus, die nur noch große Konzerne aufzubringen vermögen.

»*Global player*« heißt das Zauberwort. Aber Größe allein ist keine Erfolgsgarantie. Auch im Klub der Giganten können nur die Allerbesten vorne mitmischen.

Die Geldmaschine

Massenproduktion, weltweite Absatzmöglichkeiten sowie früher nicht für möglich gehaltene Produktivitätssteigerungen haben in den letzten Jahren zu gewaltigen Kapitalgewinnen geführt. Das wichtigste und gleichzeitig einfachste Fieberthermometer der Weltwirtschaft, der amerikanische *Dow-Jones*-Aktienindex, zeigt auf einen Blick, was sich da abgespielt hat. Wer vor zehn Jahren behauptet hätte, der *Dow Jones* würde jemals die magische Grenze von 3000 Punkten überschreiten, wäre von allen Sachverständigen milde belächelt worden.

Nun, Ende 1991 war es soweit. Anfang 1995 wurde gar die 4000-Marke überschritten – und anschließend erfolgte in drei Jahren der steilste Anstieg in der Geschichte des Index auf weit über 9000 Punkte. In dieser Zeit sind an den Aktienmärkten unvorstellbare Vermögen verdient worden. Natürlich hat nicht jeder Gewinne gemacht. Man kann auch den falschen Berater haben und auf die falschen Pferde setzen. Aber insgesamt haben die Kapitalmärkte goldene Zeiten hinter sich – die Zeiten, in denen viele Millionen Menschen ihren Arbeitsplatz verloren haben. Und wenn man dem *grand old man* der Börsenspekulation, André Kostolany, glauben kann, haben die Aktienmärkte weitere goldene Jahre vor sich.

An den internationalen Finanzmärkten wurden in den letzten Jahren mit schöner Regelmäßigkeit Kapitalzuwächse von 10 bis 20 % verzeichnet. 10 bis 12 % Rendite auf das eingesetzte Kapital gilt heute bei großen Konzernen als untere Grenze des Erstrebenswerten. Und manche Unternehmen – vorab Banken und Versicherungen, aber auch einzelne Industriekonzerne – haben Abschlüsse mit 20 oder gar 30 % Gewinn vorgelegt. Nicht wenige sind gezwungen, immense stille Reserven aufzubauen, um nicht obszöne Gewinne ausweisen und versteuern zu müssen.

Wes Brot ich eß, des Lied ich sing

In der obersten Etage großer Konzerne werden pro Kopf und Jahr eine bis mehrere Millionen verdient. Studien zeigen, daß die Einkommen im höheren Management in den letzten Jahren im Durchschnitt um ca. 15 % gestiegen sind – dies genau in der Zeit, in der in großem Umfang Personal abgebaut wurde. Aber Management ist ein Beruf wie jeder andere. Auch Managergehälter unterliegen den Gesetzen des Marktes. Es herrscht zwar heute ein Überfluß an Managern – aber ein akuter Mangel an wirklich fähigen Köpfen. Wer sie haben und behalten will, muß sie gut bezahlen. Daß viele unfähig sind und trotzdem fürstlich bezahlt werden, gehört zu den Streuverlusten der freien Marktwirtschaft.

Größere Firmen können heute nur noch erfolgreich geführt werden, wenn sie Zugang haben zu den internationalen Kapitalmärkten. Diesen Zugang haben sie nur dann, wenn die Finanzanalysten großer Banken, Investmentfonds und Privatinvestoren rund um den Globus das Unternehmen als lohnendes Investitionsobjekt beurteilen. Das wesentliche Beurteilungskriterium ist hierbei die voraussichtliche Rendite auf das eingesetzte Kapital – die Rentabilität für den Aktionär, in Heller und Pfennig, unter dem Strich. Nicht der Standort des Unternehmens, nicht die Beschaffung oder Erhaltung von Arbeitsplätzen, nicht die Zufriedenheit oder Unzufriedenheit der Mitarbeiter. Und auch nicht eine mögliche Rentabilität irgendwann in der Zukunft, sondern die zu erwartende Rendite in der allernächsten Zeit. Denn Aktien können gekauft und verkauft werden. Und wer sein Kapital vermehren möchte, kauft nur Aktien, die in der nächsten überschaubaren Zeitperiode eine ansehnliche Verzinsung des eingesetzten Kapitals versprechen. Da geht es nicht um langfristige Entwicklung, sondern um kurzfristige Gewinnmaximierung.

Das Management handelt also im Rahmen seiner Aufgabe durchaus vernünftig, wenn es – auf welchem Wege auch immer – versucht, die Attraktivität des Unternehmens für Anleger zu steigern. Die Rendite errechnet sich aus der jährlich ausgeschütteten Dividende einerseits und der Bewertung der Aktie an der Börse andererseits. Diese beiden einfachen Kennzahlen definieren den »*Shareholder value*«, den finanziellen Wert des Unternehmens. Dieser, und nur dieser ist es, der den Anleger interessiert – und nur das Interesse des Anlegers sichert dem Unternehmen letztlich den lebensnotwendigen Kapitalzufluß. Ob es einem gefällt oder nicht – dies sind die Spielregeln des globalen Marktes, denen sich kein größeres Unternehmen entziehen kann.

Topmanager rechtfertigen den von ihnen organisierten personellen Kahlschlag gerne mit markigen Sprüchen: »Wir sind ein Wirtschaftsunternehmen und keine Wohltätigkeitsveranstaltung« oder »Wer nicht rationalisiert, ist im Markt abgemeldet.« So zynisch dies in manchen Ohren klingen mag – beides stimmt. Sogar die doppelbödige These »Wir müssen Stellen abbauen, um Arbeitsplätze zu sichern« ist nicht ganz falsch. Denn wer als »*Global player*« im Weltmarkt mitspielen will, hat letztlich nur zwei Alternativen: Entweder, man ist wettbewerbsfähig – oder man muß von der Bühne abtreten.

60 % der amerikanischen Aktien befinden sich im Besitz von Altersvorsorgeinstitutionen. Ein Teil des Erwirtschafteten fließt also in Form von Renten wieder zurück an Arbeitnehmer. Wenn aber 40 % des Kuchens an eine verhältnismäßig kleine Minderheit verteilt wird, während viele Menschen arbeitslos werden oder drastische Einkommenseinbußen zu verzeichnen haben, öffnet sich die Schere zwischen Arm und Reich immer weiter. Nichts illustriert dies eindrücklicher als Fusionen großer Unternehmen. Wo immer zwei Konzerne ihren Zusammenschluß bekanntgeben, steigt der Wert der Aktien schlagartig um 30, 60 oder auch mal 100 %. Eine begrenzte Anzahl von Großaktionären verdient über Nacht ein Vermögen – und gleichzeitig wird das Schicksal von Tausenden, wenn nicht Zigtausenden von Arbeitsplätzen besiegelt. Mit der Übernahme von Boehringer Mannheim durch den Pharma-Konzern Roche verbanden sich beispielsweise folgende Erwartungen: Abbau von 4500 Stellen – und ein zusätzlicher Jahresgewinn von rund einer Milliarde Schweizerfranken. Bei der »Elefantenhochzeit« zwischen der Schweizerischen Bankgesellschaft und dem Schweizerischen Bankverein wurde mit dem Abbau von 15 000 Arbeitsplätzen und einem zusätzlichen jährlichen Gewinnpotential von rund drei Milliarden Franken gerechnet.

So bitter es klingen mag: Der Wert der Aktie steigt *in Erwartung zukünftiger Rationalisierung*. Es ist heute soweit, daß die Leitung eines bedeutenden Unternehmens nur die Absicht bekanntgeben muß, in ernsthaftem Umfange Personal abbauen zu wollen – und die Aktie macht an der Börse eine Freudensprung nach oben. Des einen Leid, des andern Freud.

$$E = mc^2$$

Globalisierung führt unter anderem zu einer Konzentration von Kräften – und diese hat auch die Finanzmärkte erfaßt. Man kann hier im Wesentlichen zwei Stufen der Verdichtung unterscheiden.

Zum einen lassen immer mehr private und institutionelle Anleger – nicht zuletzt die mit gewaltigen Kapitalien ausgestatteten Altersvorsorgestiftungen – ihre Gelder durch spezialisierte Vermögensverwaltungsgesellschaften verwalten oder plazieren sie bei sogenannten Investmentfonds. Dadurch konzentrieren sich in den Händen einer weltweit überschaubaren Gruppe professioneller Händler und Fondsmanager unvorstellbar große Summen, die je nach aktueller Marktlage bewegt und umgeschichtet werden. Allein amerikanische Fondsmanager verwalten insgesamt 8 Billionen Dollar an Sparguthaben und Rentenrückstellungen: $ 8 000 000 000 000,– oder 8 Millionen Millionen. Und dies sind nur die Investmentfonds – und nur die amerikanischen.

Zum anderen sind die Finanzmärkte heute weltweit elektronisch vernetzt. Devisenhändler verbringen ihren Arbeitstag in einem Cockpit vollgestopft mit Bildschirmen, Telefonhörern, Mikrophonen und Lautsprechern. Sie sind durch sogenannte Standleitungen permanent mit den anderen Marktteilnehmern rund um den Globus verbunden. In Sekunden werden Millionen und nicht selten Milliarden hin und her geschoben – im Durchschnitt pro Sekunde 17,3 Millionen Dollar. Das weltweite Handelsvolumen aller Währungen beträgt pro Tag rund 1,5 Billionen Dollar. Mit anderen Worten: Da wechseln jeden Tag 1 500 Milliarden Dollar die Hand. Und dies ist nur der Devisenmarkt. Ebenso astronomisch sind die Umsätze bei Staatsanleihen oder bei den sogenannten Derivaten, speziellen Formen von Wertpapier-Termingeschäften.

Zweierlei kommt da zusammen: Gewaltige Kapitalvolumina – und, bedingt durch die elektronische Datenübermittlung, eine blitzartige Abwicklung eingehender Aufträge. Dies ist eine brisante Mischung. Jeder Fondsmanager macht sich zwar seine eigenen Gedanken zur jeweiligen Marktsituation, aber alle haben letztlich die gleichen Informationen – und die erhalten sie praktisch in der gleichen Sekunde. Wenn aber in einem Markt, an dem eine begrenzte Anzahl von Leuten mit gewaltigen Volumina beteiligt ist, alle zur gleichen Zeit das Gleiche tun wollen, ist Gefahr im Verzug. Da kann es leicht passieren, daß der Ausstieg eines einzelnen den Kurs ins Wanken bringt – und alle anderen entscheiden sich ebenfalls für den Ausstieg. Wenn aber plötzlich alle gleichzeitig das gleiche verkaufen wollen, ist keiner da, der es haben will. Resultat: Der Preis fällt ins Bodenlose. Es kommt innerhalb von Stunden, Minuten oder Sekunden zu extremen Kursschwankungen. Da werden schlagartig Milliarden gewonnen oder verloren, und wer zu hohe Risiken eingegangen ist, macht Pleite und reißt möglicherweise Heerscharen von Anlegern, die ihm ihr Geld anvertraut haben, mit ins Verderben.

Die Dynamik der modernen Finanzmärkte unterliegt Einsteins einfacher Formel: $E = mc^2$ – Energie gleich Masse mal Lichtgeschwindigkeit im Quadrat. Begrenzte Crash-Situationen sind heute praktisch an der Tagesordnung. Es vergeht kein Jahr, ohne daß irgendwo irgendein Devisenhändler oder Fondsmanager ein paar hundert Millionen Dollar verspekuliert. Nick Leason hat vor wenigen Jahren einen vorläufigen Rekord aufgestellt. Er setzte im Alleingang fast zwei Milliarden Dollar in den Sand und brach damit seinem Arbeitgeber, der Baring Bank, das Genick. Hilmar Kopper, Chef der Deutschen Bank, kommentierte diesen Vorfall mit der süffisanten Bemerkung, so etwas könnte in seinem Institut nie passieren. Wochen später verspekulierte ein Mitarbeiter der Morgan Grenfell, der prominenten Tochter der Deutschen Bank, ein paar hundert Millionen Mark. »Peanuts«, ließ Kopper hinterher verlauten.

Doch die Konzentration geht weiter. Allein die Vermögen, die weltweit als Rentenrückstellungen in Vorsorgeeinrichtungen herumliegen, werden nach Expertenmeinung zwischen 1996 und 2000 von 8 176 Milliarden auf 12 600 Milliarden Dollar anwachsen – und der überwiegende Teil wird von Investmentfonds treuhänderisch verwaltet. Je mehr Geld aber in wenigen Händen zusammenkommt, desto gefährlicher wird die Situation für alle. Die Wahrscheinlichkeit einer Kettenreaktion, die nicht mehr begrenzt werden kann, nimmt zu. Das Risiko, vor dem immer mehr Experten warnen, ist ein weltweiter Finanzcrash.

Der Staat guckt in die Röhre

Die Globalisierung hat viele Gebiete unseres Lebens erfaßt. Der Spitzensport ist globalisiert. Die Werbung und die Massenmedien sind globalisiert. Der Tourismus, die Industrie, die Finanzmärkte sind globalisiert. Das organisierte Verbrechen ist globalisiert. Aber das Denken der Bürger in den einzelnen Ländern ist nicht globalisiert. Die Gewerkschaften sind nicht globalisiert. Die Rechtsprechung ist nicht globalisiert. Die Politik ist nicht globalisiert. Im Gegenteil: Es gibt einen globalen Trend hin zu dezentraler Autonomie. Seit 1914 hat sich die Zahl der souveränen Länder auf der Erde verdreifacht. Die Welt wird atomisiert. Und dies hat bittere Konsequenzen.

Hunderte von Milliarden an dreckigem Geld werden jährlich blütenweiß gewaschen und irgendwo als sauberes Kapital investiert oder angelegt. Jeder Diktator einer Bananenrepublik, die gesamten korrupten Eliten von Entwicklungsländern, die Funktionäre des Staatssicherheitsdienstes der früheren DDR, die Paten und Führungskader von Dutzenden von Mafia-Organisationen – sie alle verfügen über unermeßliche Summen, die nirgendwo versteuert werden. Aber auch Investmentfonds, Finanzinstitute und Industriekonzerne haben heute die Möglichkeit, dem Fiskus auf ganz legalem Wege die Einkünfte zu entziehen. Und niemand kann das verhindern. Die Politik findet lokal, regional und national statt.

Große, komplex verschachtelte und weltweit tätige Konzerne sind durch die Steuerbehörde eines einzelnen Landes praktisch nicht kontrollierbar. Sie handeln mit dem Staat aus, was sie an Steuern zu zahlen bereit sind. Wenn man sich nicht findet, wird der Steuersitz ganz einfach in ein Land verlegt, das einen niedrigeren Steuersatz aufweist – oder mit dem man sich zuvor bezüglich der Steuersumme geeinigt hat. Es ist gängige Praxis, daß ein Konzern im Lande seines Hauptsitzes so viele Kosten verbucht, daß ein Verlust entsteht – und an einem sogenannten »Off-shore«-Finanzplatz, einer Steueroase, wo praktisch keine Steuern bezahlt werden müssen, einen konsolidierten Konzerngewinn von Hunderten von Millionen Dollar ausweist. Dies ist nicht etwa ein krimineller Akt, sondern eine Möglichkeit, von der Gebrauch machen muß, wer im Konkurrenzkampf der globalisierten Wirtschaft bestehen will.

Und dies ist das beunruhigende Ergebnis: Trotz gewaltig steigender Gewinne haben Firmen und vermögende Privatleute 1996 fast ein Fünftel weniger veranlagte Einkommenssteuern und direkte Unternehmenssteuern bezahlt als fünf Jahre zuvor. Das Wirtschafts- und Sozialwissenschaftliche Institut in Düsseldorf hat ausgerechnet, daß die Abgaben in der Periode 1982 bis 1993 bei den Selbständigen von 30 % auf 23 % gesunken, bei den Angestellten dagegen von 27 % auf 30 % gestiegen sind. Die Lohnempfänger tragen längst den Löwenanteil der Staatslasten. Ihre Zahl nimmt ab, ihre Realeinkommen gehen zurück – doch auf ihre Schultern wird weiterhin fröhlich draufgepackt. In der Schweiz sind im Jahr 1997 allein an den einheimischen Börsen Buchgewinne von 280 Milliarden Schweizerfranken angefallen – 30 Milliarden mehr als die Summe aller Arbeitseinkommen der gesamten Bevölkerung. Aber es gibt keine Kapitalgewinnsteuer. Die ganze, gigantische Zunahme von Reichtum rauscht deshalb fröhlich winkend am Fiskus vorbei. Die Umverteilung nimmt ihren Fortgang.

Die dunkle Seite der Medaille

Die hohen Produktivitätsgewinne haben eine Kehrseite: Immer mehr Menschen verlieren ihren Arbeitsplatz. In 15 bis 20 Jahren werden nach Schätzungen von Experten nur noch 20 bis 30 % der arbeitsfähigen Bevölkerung Arbeit finden. Diese Aussicht wird selbstverständlich von den meisten Wirtschaftskapitänen und Politikern glatt in Abrede gestellt. Die offiziellen Statistiken weisen heute in den meisten westlichen Ländern Arbeitslosenquoten um die 10 % aus. Jedermann hält diese Quoten für »außerordentlich hoch« – und alle warten von Monat zu Monat, von Jahr zu Jahr auf den Konjunkturaufschwung, der wieder zur Vollbeschäftigung zurückführt. Wie kommt da jemand dazu, zu behaupten, in absehbarer Zeit würden drei Viertel keinen Arbeitsplatz finden? Leider gibt es für diese Prognose triftige Gründe.

Als erstes ist zu berücksichtigen, daß alle offiziellen Arbeitslosenstatistiken von vornherein ein Trugbild abgeben. Sie sagen nämlich nichts darüber aus, wie viele Menschen tatsächlich arbeitslos sind, sondern lediglich darüber, wie viele zu einem gegebenen Zeitpunkt Arbeitslosengeld beziehen. Doch in den meisten Ländern wird nur ein oder maximal zwei Jahre Arbeitslosengeld ausbezahlt. Wer länger arbeitslos bleibt, wird Sozialhilfeempfänger – und figuriert ab sofort nicht mehr in der Arbeitslosenstatistik. So einfach ist das.

Magie der Statistik

Wer soeben arbeitslos geworden ist, figuriert zunächst auch noch nicht in der Statistik, denn die Bezugsberechtigung beginnt erst nach einer gewissen Übergangszeit. Ganze Berufskategorien – in vielen Ländern etwa sämtliche Selbständige – werden vom Staat von vornherein gar nicht versichert. Wenn sie arbeitslos werden, kümmert dies die Statistik keinen Deut. Das gleiche gilt für Arbeitnehmerinnen und Arbeitnehmer, die eigentlich bezugsberechtigt wären, sich aber aus verschiedensten Gründen nicht ausdrücklich als arbeitslos gemeldet haben – Männer etwa, die Arbeitslosigkeit als »Schande« betrachten, oder Frauen, die als Zweitverdienerinnen ihre Stelle verloren haben und einfach wieder zu Hause bleiben. Alles in allem muß man die offiziellen Zahlen mindestens verdoppeln, wenn man abschätzen will, wie viele arbeitsfähige Menschen tatsächlich keinen Arbeitsplatz haben.

Von Arbeitgebervertretern und Investoren wird immer wieder darauf hingewiesen, daß viele Menschen nur deshalb arbeitslos sind, weil sie nicht arbeiten wollen. Dies entspricht leider der bitteren Realität. Es gibt sehr viele Drückeberger, die Mittel und Wege gefunden haben, den Staat auszutricksen. Studien zeigen, daß je nach Land bis zu rund einem Viertel der Empfänger finanzieller Hilfe den Staat in der einen oder anderen Weise ausbeuten. Sie kosten den Steuerzahler jedes Jahr Milliarden. Aber die Profiteure finden sich nicht nur auf den unteren Stufen der sozialen Pyramide. Andere Studien untersuchen, wieviel Geld dem Staat durch Steuerflucht und Steuerhinterziehung von Unternehmen, Aktionären und Investoren verlorengeht. Raten Sie mal, was dabei herauskommt. Der Betrag liegt um ein Vielfaches – laut einzelnen Quellen um einen Faktor zehn – höher. Wer nur die eine Seite beleuchtet, muß sich den Vorwurf der gezielten Volksverdummung gefallen lassen.

Von einem anderen Phänomen wird bezeichnenderweise nicht so gerne gesprochen: Es gibt immer mehr Arbeitnehmer, die, um nicht zu verhungern, jeden Job übernehmen, den sie kriegen können. Dies sind oft Gelegenheitsjobs, es sind schlecht bezahlte Jobs, und in manchen Ländern sind es Jobs ohne jegliche soziale Absicherung. Wo es keine Mindestlöhne und kein Sozialnetz gibt – wie etwa in den meisten asiatischen Schwellenländern oder weitgehend auch in den USA – gibt es Massen von Menschen, die schwer arbeiten und dabei immer tiefer in Armut geraten. Dies ist besonders häufig das Schicksal von Frauen, insbesondere von alleinerziehenden Müttern. Die USA, deren Regierung immer gerne mit den »Millionen neugeschaffener Arbeitsplätze« politische Reklame macht, haben dafür einen eigenen Begriff gefunden: *the working poor* – die arbeitenden Armen. Wer entlassen und anschließend zum halben Lohn wieder eingestellt wird, oder wer während zwei Stunden in der Woche einen Gelegenheitsjob versieht, für den interessiert sich keine Arbeitslosenstatistik. Das amerikanische Job-Wunder beruht – von der auf Kosten der Umwelt künstlich verbilligten fossilen Energie einmal abgesehen – auf den längsten Arbeitszeiten, der schlechtesten sozialen Absicherung und seit 17 Jahren real sinkenden Löhnen. »Die Wirtschaft blüht«, freuen sich die einen. »Die Armut hat massiv zugenommen«, so lautet die traurige Bilanz der anderen. Jeder spricht von dem, was ihm persönlich mitteilenswert erscheint.

Doch nun zu dem, was die Zukunft bringen wird. Es sind heute vier verschiedene, langfristige Entwicklungstrends im Gange, die alle mit einem dramatischen Abbau von Arbeitsplätzen verbunden sind.

Das Drama der Arbeitslosigkeit

Trend Nr. 1: Die *technologische Rationalisierung* oder *Automatisierung*. Immer mehr Tätigkeiten können von Maschinen schneller, präziser, fehlerfreier und kostengünstiger ausgeführt werden als von Menschen – und wer in der harten Konkurrenz auf den Weltmärkten bestehen will, ist praktisch gezwungen, von diesen Möglichkeiten Gebrauch zu machen. In vielen Produktions- und Dienstleistungsprozessen legt schon heute kein Mensch aus Fleisch und Blut mehr Hand an – außer einigen Spezialisten, welche die technischen Anlagen überwachen. Die Produktion ist bereits in verschiedenen Branchen weitgehend automatisiert. Doch das Potential ist noch bei weitem nicht ausgeschöpft – allein schon mit den heute verfügbaren technischen Mitteln. Und die Technik entwickelt sich in rasantem Tempo weiter.

Trend Nr. 2: Die *organisatorische Rationalisierung*. Jedes Unternehmen, gleich welcher Branche, ist heute gezwungen, Kosten zu senken. Zwei Drittel bis drei Viertel der Kosten aber sind Personalkosten. Kosten senken bedeutet deshalb nichts anderes, als gleiche Leistungen mit weniger Menschen zu erbringen. Dies sind die wesentlichen Konsequenzen: Neugestaltung der Geschäftsprozesse; Vereinfachung der Arbeitsabläufe; Zusammenlegung gleicher Fachfunktionen an einer Stelle; Zusammenschlüsse, Fusionen und Kooperationen mit anderen Unternehmen – praktisch immer mit dem Ziel und mit dem Effekt eines massiven Stellenabbaus. Wenn zwei große Unternehmen fusionieren, geht es immer gleich um Tausende von Stellen.

Trend Nr. 3: Die *Auslagerung von Arbeitsplätzen* in Niedriglohnländer oder der sogenannte *Arbeitsexport*. Dieser Trend betrifft vor allem die hochentwickelten Industrieländer und hier wiederum am stärksten sogenannte »Hochlohnländer« wie etwa Deutschland oder die Schweiz. Wenn eine Arbeitsstunde anderswo nur ein Zehntel kostet, sind immer mehr Unternehmen gezwungen, Produktions- und Dienstleistungszentren dorthin zu verlagern. In den Industrienationen gehen hierbei Millionen von gutbezahlten Arbeitsplätzen verloren. Ein Teil davon wird, schlecht bezahlt und meist ohne jegliche Sozialbeiträge, anderswo wieder aufgebaut – in Indien, China, Taiwan oder Korea. Dieser Ausverkauf der Arbeitsplätze wird solange weitergehen, wie anderswo die Arbeitskraft wesentlich billiger zu haben ist.

Trend Nr. 4 hat einen kurzen Namen: Die *Pleite*. In jedem Land gehen jedes Jahr Tausende von Firmen – kleinere, mittlere und auch mal größere – in Konkurs. Und jedes Mal, wenn ein Unternehmen seine Bilanz deponiert, verlieren viele Menschen ihren Arbeitsplatz. Natürlich werden auch neue Firmen gegründet. Aber das Verhältnis liegt etwa bei eins zu vier – und Neugründungen sind in der Regel kleine Unternehmen mit einer höchst begrenzten Anzahl von Arbeitsplätzen.

In den meisten Zweigen der Wirtschaft tummeln sich heute immer noch viel zu viele Marktteilnehmer – darunter viele, die von vornherein nicht leistungsfähig genug sind, um im internationalen Wettbewerb zu bestehen. Ein weiteres kommt hinzu: Viele Märkte haben begonnen, insgesamt zu schrumpfen. Da ist ganz einfach nicht mehr genug Volumen vorhanden – und mit zunehmender Arbeitslosigkeit und schwindenden Einkommen werden die Märkte immer enger. Da geht alles zurück: Der private Konsum, die Investitionen in der Wirtschaft und die Investitionen des Staates. Jede weitere Pleite aber entzieht dem wirtschaftlichen Kreislauf letztlich ein weiteres Quentchen Energie – genannt Kaufkraft. Es ist wie bei einer Kettenreaktion: Der Trend nährt sich selbst.

Visionen der Zukunft

In den vergangenen Jahrzehnten ist ein großer Teil der menschlichen Arbeitskraft, die in der Industrie freigesetzt wurde, vom Dienstleistungsbereich aufgenommen worden. Doch jetzt steht genau hier das große Reinemachen bevor – und es gibt keinen Bereich mehr, der dies ausgleichen könnte.

Der Cyberspace wird uns das Grausen lehren. Vor zehn Jahren war das Internet noch so gut wie unbekannt, und bis vor fünf Jahren wurde die digitale Weltbegegnungsstätte fast nur von Wissenschaftlern frequentiert. Mittlerweile gibt es nach offiziellen Schätzungen weltweit über 20 Millionen Anschlüsse, 100 Millionen Menschen bewegen sich gelegentlich oder regelmäßig im Cyberspace – und die Teilnehmerzahl verdoppelt sich zur Zeit jährlich. Der Punkt, an dem es für jedes Unternehmen praktisch unumgänglich wird, im Internet als Anbieter aufzutreten, wird demnächst erreicht sein. Und dies ist die Konsequenz: Ein erheblicher Teil des weltweiten Marktgeschehens verlagert sich auf diese eine, gigantische elektronische Drehscheibe. Wenn aber einmal ein größerer Teil des Banken- und Versicherungs-, des Einzelhandels- oder des Reisebürogeschäftes über Internet abgewickelt wird, dann sterben reihenweise Berufe im Verkauf, in der Beratung, in der Kommunikation und in der Verwaltung ganz einfach aus – und in einer global vernetzten Welt geht so etwas schneller, als man zugucken kann.

Parallel zur Verschmelzung der Weltmärkte zu einem einzigen, elektronisch gesteuerten Großbasar vollziehen sich weitere Entwicklungen. Auf allen Fachgebieten werden sogenannte Expertensysteme entwickelt: mit umfangreichen Fachinformationen angereicherte Computerprogramme, die es einem Laien erlauben, im direkten Austausch mit seinem Personalcomputer höchst anspruchsvolle Probleme zu lösen – beispielsweise die Aktien der großen Erdölgesellschaften zu analysieren, medizinische Diagnosen zu stellen, das für eine bestimmte Familienkonstellation günstigste Versicherungsprogramm zu eruieren oder für ein in einer bestimmten Gegend gelegenes Stück Agrarland das ökonomisch und ökologisch sinnvollste Bewirtschaftungskonzept zu erarbeiten.

Noch müssen Menschen, um solche Expertensysteme zu nutzen, lernen, einen Personalcomputer zu bedienen. Doch gerade hier steht ebenfalls ein gewaltiger Innovationssprung unmittelbar bevor: Die alltagstaugliche Schrift- und Spracherkennung. Der freie Dialog zwischen Mensch und Maschine wird die Einsatzmöglichkeiten für den Computer vervielfachen – und Massen von Menschen aus dem Arbeitsprozeß katapultieren.

Es bleibt dann nur noch eine einzige, letzte große Barriere auf dem Weg zur »schönen neuen Welt«: Die von Informatikern kurz »KI« genannte künstliche Intelligenz, an der weltweit intensiv geforscht wird. Computer sind heute lediglich schnelle, aber stupide Rechenmaschinen. Wenn sie eines Tages denken können, werden sie die menschliche Intelligenz sehr bald bei weitem übertreffen und einen technologischen Quantensprung auslösen. Aber ich will in diesem Buch nicht darüber spekulieren, wie sich dies auf die Lage der Menschheit auswirken wird. Es reicht, wenn wir uns mit den heute bereits absehbaren Verwerfungen auf diesem Planeten auseinandersetzen.

Armut in Eldorado

Soweit wir dies heute beurteilen können, wird es auch auf längere Sicht Tätigkeiten geben, die nicht einfach automatisiert oder wegrationalisiert werden können. Wissenschaftler in der Forschung, Ärzte, Juristen, Ingenieure, Psychologen, Designer, Lehrer, Journalisten, Programmierer oder Manager wird man auch in 15 oder 20 Jahren noch brauchen. Aber erstens in einer erheblich geringeren Anzahl als heute, und zweitens mit gegenüber heute wesentlich veränderten Aufgaben. Wenn man all die genannten Entwicklungen zugrundelegt, ergibt sich auf Sicht von ein bis zwei Jahrzehnten nur noch für eine begrenzte Gruppe hoch qualifizierter Fachleute und Führungskräfte die Chance, einen einigermaßen gutbezahlten Arbeitsplatz zu finden.

Die Dramatik dessen, was uns bevorsteht, wird immer noch maßlos unterschätzt. Einer der Gründe liegt darin, daß der Stellenabbau in der Wirtschaft bis heute noch weitgehend mit sogenannten »weichen« Maßnahmen bewerkstelligt werden konnte: Nichtersetzen der natürlichen Abgänge; vorgezogene Ruhestandsregelungen; sorgfältig ausgehandelte Sozialpläne; beratende Begleitung ausscheidender Mitarbeiter beim Suchen eines neuen Arbeitsplatzes; Ausgliederung einzelner Betriebsteile als selbständige Unternehmen. Wer den Arbeitsplatz verliert, finanziell aber einigermaßen abgesichert oder sogar komfortabel ausgestattet ist, belastet keine Arbeitslosenstatistik – und leidet letztlich auch keine Not. Doch die Möglichkeiten des Personalabbaus durch weiche Maßnahmen sind mittlerweile praktisch ausgereizt. Viele Unternehmen haben kein Geld mehr, um ausscheidende Mitarbeiter großzügig abzufinden; das Sozialnetz wird dünner und dünner; und der Staat lebt bei der Finanzierung der Sozialkosten zunehmend von der Hand in den Mund.

Spiel mit dem Feuer

Mit jedem einzelnen neuen Arbeitslosen aber sind im wirtschaftlichen Kreislauf drei Vorgänge verbunden. Erstens, beim Staat fallen gewaltige Kosten an. Zweitens, der Staat verliert einen Steuerzahler und damit ein Stück seiner Einkommensbasis. Drittens – und dies wird immer gerne übersehen – der Markt verliert einen kaufkräftigen Konsumenten. Ohne Konsum aber keine Konjunktur.

Im übrigen ist Arbeitslosigkeit nicht nur ein wirtschaftliches Problem. Arbeitslosigkeit führt zu schweren psychischen Belastungen und steht in engem Zusammenhang mit der Verwahrlosung und Kriminalisierung der Gesellschaft, mit Alkohol- und Drogenmißbrauch sowie mit dem Zerfall der Familie. Arbeit bedeutet nicht nur Einkommen, sondern auch persönliche Identität und sozialen Halt. Der bekannte US-Politologe Michael Walzer: »Die Arbeitslosigkeit ist wahrscheinlich die gefährlichste Form der Dissoziation.«

Dies ist also das Szenario: Eine Minderheit der Bevölkerung wird in der Zukunft Anteil haben am wirtschaftlichen Produkt, sei es durch hoch qualifizierte Arbeit oder aber durch Kapitalrenditen. Der Rest wird schrittweise verarmen. Dies vermag jedoch weder die Wirtschaft noch die Politik zu schrecken. Man geht von zwei Annahmen aus. Erstens: Die Kaufkraft eines Viertels der Bevölkerung reicht aus, um eine funktionierende Wirtschaft aufrechtzuerhalten. Zweitens: Die Mehrheit der Bevölkerung wird es sang- und klanglos hinnehmen, ausgegrenzt zu werden.

Dies sind Thesen aus dem Märchenland. Wenn immer mehr Menschen arbeitslos werden, gibt es sehr bald nicht mehr genügend Kaufkraft, um eine gesunde Wirtschaft am Laufen zu halten – und nicht mehr genügend Steuergeld, um einen funktionierenden Staat vorzuhalten. Und wenn immer mehr Menschen bewußt wird, wie dieses Spiel gespielt wird, werden einige es sich nicht gefallen lassen wollen. In Klartext: Der heiße Sozialkonflikt ist vorprogrammiert. Die Dramaturgie kann im Märchen vom Hans im Glück nachgelesen werden: »Tischlein deck dich, Goldesel streck dich, Knüppel aus dem Sack.«

Gesucht: Soziale Verantwortung

Der Begriff »soziale Verantwortung« geistert zwar allenthalben durch die Leitbilder der Firmen und die Sonntagsreden von Topmanagern. Doch, zugegeben oder nicht: Die meisten verstehen darunter allenfalls den pfleglichen Umgang mit den jeweils vorhandenen Mitarbeiterinnen und Mitarbeitern – eine Tugend also, die man in der normalen Umgangssprache als Anstand bezeichnet, und die für jedes erfolgreiche Unternehmen allein schon aus Eigeninteresse zur Selbstverständlichkeit geworden ist. Die soziale Verantwortung für diejenigen dagegen, die man nicht mehr gebrauchen kann, fällt ganz einfach in die Zuständigkeit des Staates.

Es wäre jedoch falsch, hier zu moralisieren. Dies alles ist letztlich nicht die Schuld der einzelnen Unternehmensleitung. So funktioniert nun mal unser Wirtschaftssystem. Solange es allen gut ging, hat niemand etwas dagegen eingewendet – noch nicht einmal die Gewerkschaften. Das System kann nicht von irgendeinem einzelnen Unternehmen oder auch nur von einem einzelnen Land geändert werden. Wer sich heute nicht an die Spielregeln des freien, globalisierten Marktes hält, verliert seine Konkurrenzfähigkeit – und wer seine Konkurrenzfähigkeit verloren hat, ist im Handumdrehen weg vom Fenster. Dies ist das zentrale, letztlich nicht auflösbare Dilemma.

Es ist schon fast rührend, mit welcher Hingabe auf den politischen Parketts der einzelnen Länder um einen Lohnverzicht hier, eine Steuersatzanpassung da oder eine Finanzspritze dort gestritten wird. Dies alles gehört in den Bereich der Symptomtherapien. Das einzige, was das Problem zumindest etwas entschärfen könnte, wäre eine gerechtere Verteilung der Arbeit. In der Wirtschaft müssen heute in vielen Bereichen in einem geradezu monströsen Ausmaß Überstunden produziert werden. Der Personalbestand ist nämlich vielerorts soweit reduziert worden, daß das normale Arbeitsvolumen mit einem normalen Arbeitseinsatz gar nicht mehr bewältigt werden kann.

Wenn andererseits alle beim Staat Besoldeten dem Gesetz nach leben und dem Arbeitgeber ihre volle Arbeitskraft zur Verfügung stellen würden, hätten viele Arbeit, die heute stempeln gehen müssen. Zwischen 15 und 40 Prozent der Beamten – je nach Land und Bereich – gehen so ganz nebenbei noch irgendwelchen anderen, einträglichen Erwerbstätigkeiten nach. Laut einer Schätzung des Bundes der Steuerzahler entspricht das Gesamtvolumen der Schwarzarbeit der Beamten in der Bundesrepublik Deutschland etwa einer halben Million Arbeitsplätze. Aber die Beamten haben, wie bereits erwähnt, eine besonders mächtige Lobby im Parlament. Da guckt niemand gerne allzu genau hin, ob alles so ist, wie es sein sollte.

Der Aktionismus, der allenthalben an den Tag gelegt wird, wenn es um die Staatsfinanzen geht, verbirgt nur die fundamentale Ratlosigkeit sowohl der Politiker als auch der Wirtschaftsführer angesichts eines Problems, welches erstens nicht auf nationaler Ebene und zweitens nicht ohne Veränderungen im bisher geltenden Wirtschaftssystem gelöst werden kann. Niemand mag es aussprechen, aber so ist es nun mal: Der freie Markt löst eben nicht alle Probleme. Völlig freier Markt bedeutet in letzter Konsequenz Darwinismus in Reinkultur: das Überleben des jeweils Stärkeren – auf Kosten der Schwächeren. Dies ist letztlich nichts anderes als die Verherrlichung des Faustrechts mit wirtschaftstheoretischen Mitteln. Wenn der Markt einmal zur globalen Veranstaltung geworden ist, bedarf er auch eines globalen Regulativs. Weltweit geltende und eingehaltene Spielregeln und Steuerungsmechanismen wären gefragt. Doch dazu wäre so etwas wie eine globale Solidarität unter den Völkern dieser Erde erforderlich. Und diese wird es nicht geben.

Kapitel 15

Konkurs des Staates

In einer Zeit zunehmender Verteilungskämpfe, politischer Instabilität und steigender Kriminalität würden wir gut daran tun, für ein funktionierendes Staatswesen zu sorgen. Doch das Gegenteil ist der Fall. In unseren westlichen Demokratien herrscht eine allgemeine Staatsverdrossenheit. Wirtschaftskreise und wirtschaftsorientierte Politiker betreiben immer offener und hemmungsloser eine gezielte Demontage des Staates. Die Parlamente tun alles, um die öffentliche Verwaltung immer tiefer in einer Flut von Gesetzen und Reglementierungen zu ersticken. Die Sozialkosten explodieren. Die Steuereinkommen brechen ein. Und niemand weiß, wo in einigen Jahren das Geld herkommen soll, das gebraucht wird, um ein funktionierendes Staatswesen aufrechtzuerhalten.

Die parlamentarische Demokratie erweist sich zunehmend als unfähig, den Problemen, die von allen Seiten auf sie einstürmen, wirksam zu begegnen. Hierbei handelt es sich nicht um einen akuten Schwächeanfall, sondern um eine progressive Sklerose. Hinter allem, was im öffentlichen Bereich geredet oder geschwiegen, getan oder unterlassen wird, stecken letztlich Menschen aus Fleisch und Blut. Das Wirken und Zusammenwirken dieser Menschen entscheidet darüber, ob das Staatswesen funktioniert oder nicht. Leider tragen alle Beteiligten kräftig mit dazu bei, daß es nicht funktionieren kann: die Parlamente, die Regierungen, die Parteien, die vielfältigen Interessengruppen – und, gesagt muß es sein: die Bürgerinnen und Bürger, die nicht mehr überblicken, was da eigentlich passiert. Um es auf einen Nenner zu bringen: Es herrscht eine kollektive Überforderung.

Gezielte Demontage

»Markt statt Bürokratie« – mit dieser und ähnlichen Phrasen wird der Bürger glauben gemacht, erstens, die Ursache allen Übels sei »zuviel Staat«, und zweitens, der freie Markt sei das Patentrezept zur Lösung aller Probleme. Anstatt den Staat umzubauen und fit zu trimmen, wird er schlechtgeredet und nach dem Motto »Wo Staat ist, soll Markt werden« schrittweise abgebaut. Wir werden dies bereits in naher Zukunft bitter zu beklagen haben.

Ein kleines, aber typisches Beispiel dafür, wie fahrlässig heute mit dem Staat umgesprungen wird, ist die hochaktuelle Diskussion über Datensicherheit im Internet. Immer mehr Firmen und Institutionen wollen die Vorteile des globalen Netzwerkes – erhebliche Beschleunigung und Verbilligung des Datentransfers – für sich nutzen und wickeln wichtige Teile ihrer Kommunikation über Internet ab. Wenn Vertraulichkeit gefragt ist – etwa beim Verkehr einer Bank mit ihren Kunden – werden die Daten mittels spezieller Programme verschlüsselt.

Doch wo die Freiheit grenzenlos ist, gibt es Leute, die sie mißbrauchen. Drei Gruppen sind besonders glücklich über die Möglichkeit, weltweit blitzschnell, billig und vor allem geheim kommunizieren zu können: das organisierte Verbrechen, der internationale Terrorismus und der politische Extremismus. Die deutsche Regierung hat deshalb vorgeschlagen, daß jeder, der verschlüsselt kommunizieren will, seinen Code beim Staat deponiert, so daß im Falle eines dringenden Verdachtes auf kriminelle Aktivitäten Kontrollen durchgeführt werden können – selbstverständlich rechtsstaatlich überwacht und von einem parlamentarischen Ausschuß kontrolliert, wie dies beispielsweise auch bei der Telefonüberwachung der Fall ist.

Die Reaktion darauf war ein landesweiter Aufschrei der Empörung: »Das fehlte gerade noch, daß der Staat sich auch hier noch einmischt! Das ist eine Verletzung der Privatsphäre! Wo kommen wir denn da hin, wenn der Staat über die Schlüssel zu vertraulichen Informationen verfügt!« Der geharnischte Widerstand nicht zuletzt aus Wirtschaftskreisen wird die Initiative massiv verzögern, möglicherweise sogar zu Fall bringen.

Die Demontage staatlicher Autorität ist längst zum Ritual geworden. Die Platte des Marktliberalismus wird bei jeder passenden und unpassenden Gelegenheit aufgelegt und wie eine Gebetsmühle abgespielt. Mit großem Pathos wird die Einschränkung der Freiheit durch den Staat angeprangert. Man verirrt sich gar auf die Ebene der Menschenrechte. Die Konsequenzen für das Gemeinwesen dagegen interessieren keinen Dreck. Und niemand tut etwas dagegen.

Daß jugendliche Computerfreaks und Internetsurfer, die sich nur noch in virtuellen Räumen bewegen, den Bezug zur Realität verloren haben und für die vermeintlich völkerverbindende Freiheit im Cyberspace auf die Barrikaden gehen, ist zwar traurig, aber vergleichsweise harmlos. Bedenklicher ist dies: Die Kapitäne der Wirtschaft, die sich immer gerne öffentlich zu Wort melden, wenn es darum geht, ihre Interessen zu vertreten, hätten Gelegenheit gehabt, Klarheit zu schaffen. Keiner hat es getan.

Das organisierte Verbrechen läßt herzlich grüßen. Es fühlt sich ausgezeichnet vertreten. Es ist nämlich absolut der gleichen Meinung: Freiheit ist unser höchstes Gut – und es gibt viel zuviel Staat.

Doch wir leben bekanntlich in einer Demokratie, und da kommt es letztlich darauf an, wie das Volk zu seinem Staat eingestellt ist.

Die Legende von der Volksherrschaft

Demokratie wird gemeinhin verstanden als Staatsform, bei welcher der Staat nach dem Willen des Volkes regiert wird. Nun stellen Sie sich einmal vor, alle Bürgerinnen und Bürger von Frankreich, Deutschland oder Italien – um nur mal im engeren Bereich der Europäischen Union zu bleiben – würden folgende simple Frage vorgelegt bekommen: »Wird Ihr Staat nach Ihrem Willen regiert?« Wenn die Demokratie funktionieren würde, müßte eine solide Mehrheit der Befragten mit einem ebenso simplen »Ja« antworten. Die Realität sieht anders aus: Die meisten würden wahrscheinlich einen Lachanfall kriegen. Die Gefühle, die dem Staat gegenüber vorherrschen, sind Wut, Enttäuschung und Resignation.

Wie kommt das?

Beginnen wir bei der sogenannten »Basis«, nämlich dem Volk. Die meisten Menschen sind keine politischen Wesen. Ihr Interesse gilt ihrer Familie, ihrem Beruf, ihrem Häuschen, ihrem Auto, ihrem Schrebergarten. Und einmal im Jahr dem Urlaub am Meer. Sie erwarten vom Staat Sicherheit zu Hause und auf der Straße, ein einigermaßen stabiles Einkommen, Strom aus der Steckdose und Wasser aus dem Hahn. Wie dies gewährleistet werden kann, interessiert die meisten im Grunde nicht. Otto Normalverbraucher ist weder fähig noch bereit, sich mit den komplexen Problemen dieser Welt auseinanderzusetzen. Dies ist die Verantwortung der Politiker. Dafür zahlt man Steuern.

Otto Normalverbraucher hört es zwar nicht ungern, wenn man sagt: Wir sind eine Demokratie, alle Macht liegt beim Volk. Das tut seinem Selbstwertgefühl gut. Aber sein Beitrag erschöpft sich auf die Wahl von anderen

Menschen, die für ihn Politik machen. Wenn er einer Partei angehört, wählt er so, wie die Partei es von ihm verlangt. Wenn nicht, gibt er seine Stimme den Kandidaten, die ihm am besten gefallen. Und am besten gefallen ihm Leute, die nicht so tun, als wäre alles so furchtbar kompliziert. Leute, die eine einfache und klare Sprache sprechen, die Dinge beim Namen nennen und zeigen, daß es für die vorhandenen Probleme einfache und leicht umsetzbare Lösungen gibt. Aber letztlich interessieren ihn nicht Programme. Er wählt eine Person.

Im übrigen ist Otto Normalverbraucher ein gutmütiger und vor allem äußerst nachsichtiger Geselle. Er hat so gut wie gar kein Langzeitgedächtnis. Wenn ein Politiker nichts von dem einhält, was er seinerzeit versprochen hat, macht das gar nichts. Ein paar Jahre später gibt Otto ihm wieder seine Stimme – wenn er nur möglichst genau das erzählt, was Otto hören möchte. Deshalb sitzen in demokratischen Ländern, auch mitten in Europa, immer wieder Staatschefs komfortabel im Sattel, die ihre Wähler schon mehr als einmal brandrabenschwarz angelogen haben.

Berufspolitiker wissen das alles. Und so kommt es, daß in praktisch allen Demokratien von einer verhältnismäßig schmalen Schicht von Politikern, Wirtschaftsführern und Funktionären die Politik gemacht wird – meilenweit am Volk vorbei. Alle paar Jahre einmal ist das Volk gefragt. Von allen Plakatwänden herab suchen strahlende Gesichter tiefen Augenkontakt mit den einzelnen Bürgerinnen und Bürgern. Doch sobald die Wahlen über die Bühne sind, verabschiedet sich die große Politik von der kleinen Welt des einfachen Bürgers und führt ihr eigenes Leben. Zeitungen und Fernsehen vermitteln zwar immer wieder blitzlichtartige Eindrücke von dem Geschehen auf dem Olymp, aber sogar Otto Normalverbraucher merkt: Da wird im Grunde eine ganz große Show abgezogen. Und wenn er sich anschaut, was im Laufe eines Jahres passiert, was nicht passiert, und wie viele Skandale auffliegen, stellt er fest: Politik ist etwas anderes als ein Dienstleistungsbetrieb zur Sicherung seiner Interessen – und die Musik spielt nicht vor, sondern hinter den Kulissen.

Schleichende Entfremdung

Mit ihrer Ohnmacht der Politik und dem Staat gegenüber hätten sich die Menschen längst abgefunden. Viel gravierender ist dies: Auch die weiß Gott nicht überzogenen Erwartungen, die sie an ihren Staat als Dienstleister und Ordnungshüter hatten, werden zunehmend nicht mehr erfüllt.

Viele Ältere haben ein Leben lang hart gearbeitet – und es finanziell auf keinen grünen Zweig gebracht. Viele Junge dagegen, die das Leben noch vor sich haben, stehen vor Zukunftsperspektiven, die man nur als deprimierend bezeichnen kann: zerstörte Umwelt, immer weniger Arbeit, geringes oder gar kein Einkommen, schwindende soziale Sicherheit. Dabei wird alles laufend teurer. Was der Staat ihnen aus der Tasche zieht, wird immer happiger – für viele nachgerade erdrückend. Der Anteil, den der Staat durch direkte und indirekte Steuern und Abgaben von dem abschöpft, was die Bürgerinnen und Bürger durch Arbeit erwirtschaften, beträgt mittlerweile je nach Land und beruflicher Situation zwischen 50 und 70 Prozent. Und wenn sie mitansehen müssen, wie der Staat mit diesem Geld umgeht, packt sie mal hier und mal da die kalte Wut. Während sie selbst jeden Fünfer dreimal wenden müssen, können sie im Fernsehen mitverfolgen, wie in der Geschäftswelt von einigen ganz gewaltig abgesahnt wird. Die Wirtschaft blüht. Banken, Versicherungen und Industriekonzerne streichen fette Gewinne ein. Und für ihre Renten hat der Staat zusehends nicht mehr genügend Geld.

Wo sie direkt mit dem Staat zu tun haben, werden sie womöglich wie dahergelaufene Bittsteller behandelt. Ihre Anliegen werden verzögert behandelt. Niemand fühlt sich für sie zuständig. Sie werden kiloweise mit in Amtskauderwelsch abgefaßten Druckmaterialien abgefertigt, die kein normaler Mensch versteht. Und wenn sie arbeitslos werden, müssen sie neben der Schmach in der Familie und im Bekanntenkreis auch noch entwürdigende Rituale bei den zuständigen Ämtern über sich ergehen lassen.

Gleichzeitig erleben sie tagtäglich, daß der Staat sie nicht mehr vor Einbruch, Diebstahl und Gewalt schützt. Angst und Mißtrauen werden zu Dauerbegleitern. In ihrem engeren Umfeld sind sie von immer mehr Menschen aus fremden Kulturen umgeben. Viele dieser »fremden« Menschen sprechen nicht einmal ihre Sprache, leben auf Kosten des Staates, besetzen begehrten Wohnraum und bleiben weitgehend unter ihresgleichen, ohne Kontakt zur einheimischen Bevölkerung. Wenn sie dann der Zeitung auch noch entnehmen müssen, daß ein weit überproportionaler Anteil der Verbrechen von Ausländern begangen werden, kommt es zu ohnmächtiger Wut und abgrundtiefem Haß.

Die Mitglieder von Regierung und Parlament, die selbstverständlich in besseren Wohngegenden zu Hause sind, predigen »Integration« und »Solidarität«. Aber sie predigen nur. Sie sorgen nicht dafür, daß die Integration auch tatsächlich stattfindet. Viele Menschen fühlen sich mittlerweile in ihrer eigenen Heimat als Fremde. Sie verstehen die Welt nicht mehr, die sie umgibt. Sie fühlen sich betrogen, von ihrem eigenen Staat verraten und verlassen.

Dieses Problem wird von der hohen Politik nach wie vor sträflich verharmlost und außerdem politisch falsch angegangen: mit Phrasen und Appellen statt mit konsequenter Steuerung und konkreten Maßnahmen zur Integration. Es genügt nicht, sich über die neue extreme Rechte zu beklagen. Es genügt nicht, deren primitives Weltbild anzuprangern. Die schlimme Vereinfachung beginnt dort, wo die Politik versucht, sich ausschließlich mit gut klingenden Floskeln aus einer ebenso komplexen wie emotional geladenen Affäre zu ziehen – so lange bis eine Integration politisch gar nicht mehr möglich ist.

Der Anteil ausländischer Einwohner an der Gesamtbevölkerung in Prozenten besagt zunächst gar nichts. Das Problem konzentriert sich nämlich in Ballungsgebieten. Und hier wiederum ergibt sich ein äußerst vielschichtiges Bild. Es gibt »Fremde«, die schon lange da und sozial bestens integriert sind. Es gibt andere, die schon lange da und überhaupt nicht integriert sind. Es gibt nochmals andere, die erst seit kurzem da sind und noch nicht integriert sein können. Dann gibt es leider nicht wenige, die von Haus aus kriminell sind. Und es gibt wieder andere, die zwar nicht von Haus aus kriminell sind, aber beispielsweise als junge Arbeitslose aus Langeweile – nicht einmal aus unmittelbarer materieller Not – in die Gewalt und ins Verbrechen abdriften. Durch Gruppen- und Ghettobildung wird die Integration noch zusätzlich erschwert.

Solche differenzierenden Betrachtungen dürfen aber nicht in Verharmlosungen münden. Solange das Problem, das viele Menschen mit dem ungebremsten Zustrom haben, nicht ernst genommen, in seinen Ursachen nicht akzeptiert und lediglich mit politischen Verbalmanifestationen zugekleistert wird, kann man für die Zukunft nur rabenschwarze Prognosen stellen.

Wurzeln der Bürokratie

Daß der staatliche Verwaltungsapparat dringend der Reform bedarf, steht außer Frage. Tiefgestaffelte Hierarchie, auf die Spitze getriebene Arbeitsteilung und eine Regelungsdichte, in der jede Eigeninitiative im Keime erstickt wird, führen zu einer Schwerfälligkeit, zu einer Ineffizienz und zu Kosten, die schlicht nicht mehr finanzierbar sind. Unkündbarkeit, Beförderung nach dem Senioritätsprinzip und fehlende Möglichkeiten, Leistung zu honorieren, verhindern jeden Anreiz, sich persönlich zu engagieren. In der Wirtschaft würde jedes Unternehmen, das so geführt wird, innerhalb kürzester Zeit in Konkurs geraten.

Doch damit, daß man auf die Beamten schimpft, ist es nicht getan. Die Beamten sind letzten Endes nur Produkte des Systems, in das man sie gezwängt hat. Woher kommt die verheerende Regelungsdichte im öffentlichen Bereich?

Der Gesetzgeber ist das Parlament. Und damit sind wir beim Kernproblem. Das Parlament versteht sich in erster Linie als Gesetzesproduktionsmaschine. Es sieht seine Aufgabe darin, möglichst viele Dinge möglichst präzise per Gesetz zu regeln. Doch kein Abgeordneter fühlt sich zuständig dafür, bereits bestehende Gesetze daraufhin zu überprüfen, ob sie der heutigen Zeit noch entsprechen, ob sie überhaupt noch einen Sinn haben, und ob sie eventuell im Widerspruch stehen zu einem anderen Gesetz. Seit hundert Jahren werden einfach laufend neue Gesetze draufgepackt – und der Verwaltungsapparat muß das Ganze bewirtschaften. Dabei werden nicht nur Heerscharen von Menschen geistig und psychisch verbogen, bis sie nur noch in Reglementen denken können. Der Apparat wird auch monströs aufgebläht. Die Aufgaben des Staates könnten locker mit der Hälfte der Beschäftigten bewältigt werden, wenn diese nach Gesichtspunkten des gesunden Menschenverstandes geführt würden und handeln dürften.

Dies ist die eine Wurzel der Bürokratie: Gesetzesflut und Regelungsdichte. Es gibt eine zweite, nicht minder fatale: die Abwesenheit klarer und stabiler Ziele, das Nichtvorhandensein strategischer Richtlinien, das Fehlen eines Orientierungsrahmens, an dem der Beamte sein Handeln ausrichten kann. Klare Ziele und Richtlinien sind in der Wirtschaft das kleine Einmaleins der Unternehmensführung. Sie sagen dem einzelnen Mitarbeiter, wohin die Reise geht – und was von ihm erwartet wird. Wer die Ziele kennt, braucht nicht täglich neue Arbeitsanweisungen. Er kann selbständig handeln. Nicht so in der öffentlichen Verwaltung. Die Vorgesetzten der Chefbeamten auf der politischen Ebene sind in aller Regel weder willens noch fähig, strategisch zu arbeiten. Sie stecken selbst tief im operativen Detail, weil sich's hier leichter werkeln läßt.

Die Beamten wissen häufig nur, daß gestern »hüh!« und heute »hott!« verlangt wird – aber sie wissen nicht, warum. Wenn auf der politischen Ebene die Couleur wechselt, wird der Kurs von heute auf morgen um 180 Grad gedreht. Die braven Soldaten haben nur eines zu tun: zu marschieren. Die Beamten sind ausführende Organe. Sie leben am besten, wenn sie sich gar nicht erst zu viele Gedanken darüber machen, was sinnvoll wäre. Und häufig genug erhalten sie auch noch Signale und Aufträge, die sich gegenseitig widersprechen. Dazu kommt: In der öffentlichen Verwaltung sitzt man im Glashaus. Alle gucken hin; jeder weiß besser, wie man's machen sollte; und jeder fühlt sich als Steuerzahler und »Arbeitgeber« befugt, überall reinzureden. In einer Welt ständig wechselnder, kaum interpretierbarer und vor allem widersprüchlicher Botschaften und Ansinnen aber gibt es nur eines, an dem man sich orientieren und festhalten kann: das Gesetz, die Vollzugsverordnung, das Reglement. Und das Papier, auf dem sie schwarz auf weiß gedruckt sind.

Der dritte kritische Punkt ist die faktische Unkündbarkeit der Beamten. Wessen Beschäftigung lebenslang sichergestellt ist, der kann gelassen an seine beruflichen Aufgaben herangehen. Im öffentlichen Bereich läuft deshalb alles ein bißchen gemächlicher. Verglichen mit der Anspannung in der Industrie herrschen teilweise idyllische Verhältnisse. Es fehlt das Quentchen Druck, das in der Wirtschaft auch dort für Bewegung sorgt, wo wenig Begeisterung vorhanden ist.

Die vom Volke Auserwählten

Das Parlament, welches immer bei der Hand ist, wenn es darum geht, den schwerfälligen Verwaltungsapparat zu kritisieren, ist selbst ein Moloch. Es ist nicht nur viel zu groß, um effizient arbeiten zu können. Es setzt sich naturgemäß auch aus höchst unterschiedlichen Menschen zusammen. Etwas vereinfacht, kann man quer durch die Parteien vier Kategorien von Abgeordneten unterscheiden: Die Überzeugungstäter, die Lobbyisten, die Opportunisten und die Vereinsmeier. In der Praxis begegnet man sowohl eindeutig zuzuordnenden Exemplaren als auch den buntesten Mischungen.

Die Überzeugungstäter und -täterinnen sind Männer und Frauen, die sich aus echter politischer Überzeugung – welcher Art auch immer – für ihr Staatswesen engagieren. Sie sind klar in der Minderheit. Die Lobbyisten sind die mit Abstand größte Gruppe. Sie vertreten in der Politik die spezifischen Interessen ihres Berufsstandes oder ihrer Wirtschaftsbranche. Alles andere interessiert sie nur sehr begrenzt oder gar nicht. Die Opportunisten sind diejenigen, die in der Politik sind, um sich persönlich profilieren zu können, Einfluß zu gewinnen und sozialen Status aufzubauen. Über welche Partei und auf welchem Weg sie dazu kommen, ist letztlich gar nicht von Belang. Bei ihnen weiß man nie, wann und wo sie plötzlich den Drang verspüren, sich persönlich zu engagieren. Das macht sie brandgefährlich. Die Vereinsmeier sind die Harmlosesten. Sie suchen in erster Linie gesellschaftlichen Anschluß. Sie sind immer bereit, irgendein arbeitsintensives Amt zu übernehmen, um sich nützlich zu machen. Aber sie zerreißen politisch keine Stricke.

Kurz, Parlamentarierinnen und Parlamentarier sind im Grunde Menschen wie du und ich. Aber dies hat Konsequenzen. Jeder pickt sich wie bei einem Menü à la carte die Themen heraus, mit denen er allenfalls gedenkt, sich näher zu beschäftigen – und bei allen anderen wird bedeutungsvoll geschwiegen, Zeitung gelesen oder durch Abwesenheit geglänzt. Resultat: Es herrscht akuter Mangel an Politikern, die sich ganzheitlich um unser Staatswesen kümmern. Zweierlei kommt hinzu: chronische Zeitnot aufgrund chaotischer Arbeitsweise – und die typische Arroganz vieler Volksabgeordneter: Man ist Mitglied der höchsten Instanz im Staate. Man ist persönlich vom Volk gewählt. Man gehört zur obersten Elite. Die abgrundtiefe Ehrfurcht vor sich selbst ersetzt die Notwendigkeit der Sachkunde. Es herrscht allenthalben ein dramatischer Mangel an Kompetenz.

Und schließlich: Als Mitglied der obersten Kontrollinstanz fühlt man sich befugt, wann immer man Lust dazu verspürt, irgendeinen Chefbeamten anzurufen und eine ausführliche Ausarbeitung zu irgendeinem Thema in Auftrag zu geben, das einen gerade beschäftigt – bis übermorgen, wenn es geht, bitte schön. Und so kommt es, daß viele Verwaltungsabteilungen bis zu einem Drittel ihrer gesamten Arbeitszeit dafür aufwenden, Politikern Auskünfte zu erteilen, Informationen zusammenzutragen und Berichte auszufertigen. Manch einer benötigt sie nur, weil er nächste Woche im Rotary Club ein Referat halten soll. Was ihn aber nicht hindert, bei jeder Gelegenheit gegen die Ineffizienz der Verwaltung zu wettern.

Es gibt selbstverständlich auf kommunaler, regionaler und nationaler Ebene durchaus kompetente und weitblickende Volksvertreter und -vertreterinnen. Aber sie sind in der Minderheit. Die politischen Aufgaben haben an Vielfalt und Komplexität zugenommen, doch die Parlamentsdebatten bewegen sich häufig auf einem derart erbärmlichen Niveau, daß einem um die Zukunft angst und bange wird. Die großen Fragen unserer Zeit – die Sanierung der Umwelt, die Globalisierung der Wirtschaft, die strukturelle Arbeitslosigkeit, die Migration, das organisierte Verbrechen und die Finanzkrise des Staates – werden gar nicht erst aufgegriffen. Sollen die zuständigen Ämter und Fachstellen in den einzelnen Ministerien sich darum kümmern. Das Parlament hat anderes zu tun.

Die Parlamente in ihrer heutigen Größe, Zusammensetzung und Funktionsweise sind schlicht überfordert – und sie haben niemanden über sich, der sie kontrolliert. Sie sind selbst die höchste Instanz im Staate und kümmern sich nur um die Funktionsweise aller andern.

... Minister sein dagegen sehr

Managementkapazität ist in der Wirtschaft eine der wichtigsten, wenn nicht die wichtigste Ressource überhaupt. Wer in die Unternehmensleitung gelangt, hat in der Regel Jahre oder Jahrzehnte der Führungsausbildung und

169

der praktischen Führungserfahrung hinter sich und ist nach Gesichtspunkten der Eignung ausgesucht worden. An die Spitze eines Ministeriums dagegen gelangt man auf dem Weg der Politik. Die Menschen, die gemeinsam die Geschicke einer Stadt, einer Region oder eines Landes leiten, kommen aus allen möglichen Berufen. Da findet man Menschen aus dem Lehrberuf, der Landwirtschaft, der Sozialarbeit, der Juristerei, der Hauswirtschaft. Nur wenige bringen Managementerfahrung mit. Viele aber stehen Verwaltungsbereichen von der Größe eines mittelständischen Unternehmens vor – und sollten diese nicht nur führen, sondern auch noch erneuern und umbauen. Mehr betriebswirtschaftliche Effizienz, mehr Kundenorientierung und mehr unternehmerischer Geist wären gefragt.

Dieses System hat durchaus Vorteile. So kommen immer wieder unverbrauchte Menschen zum Zuge, die nicht mit managerialer Routine, sondern unverstelltem Blick und gesundem Menschenverstand an die Dinge herangehen. Aber leider genügt dies nicht. Management ist heute, in einer Zeit des Wandels, eine äußerst anspruchsvolle Aufgabe, die ein Mindestmaß an Professionalität erfordert. Doch die obersten Leitungsfunktionen im öffentlichen Bereich sind allzu häufig mit Amateuren und Dilettanten besetzt, die oft noch nicht mal lange genug im Amt sind, um im Ressort ihrer Zuständigkeit eine befriedigende Sachkunde, geschweige denn allgemeine Managementkompetenz zu erwerben.

Die Beschränkung des Denkens und Handelns auf das eigene Ressort, der Mangel an echter Führung, das Durchgreifen der Vorgesetzten in den operativen Alltag der Beamten – all dies beginnt an der Spitze. Die vornehmste Aufgabe des Managements dagegen – das Einleiten und konsequente Verwirklichen von Veränderungen der Strukturen und Abläufe sowie der Kommunikation, der Führung und der Zusammenarbeit – bleibt liegen.

Wenn die Verwaltung effizienter und flexibler werden soll, brauchen die einzelnen Fachfunktionen im Rahmen vereinbarter Leistungsziele und Budgets ihren definierten unternehmerischen Handlungsspielraum. Vorbei wäre es dann mit täglichen Durchgriffen von Ministern und Parlamentariern ins operative Geschäft. Vor allem aber: Die Strukturen müßten auch auf der Ebene der Regierung und des Parlamentes überprüft werden. Dazu kommt: Verschiedene heilige Kühe – wie etwa die Unkündbarkeit von Beamten – müßten geschlachtet werden. Leistungsbezogene Gehälter wären gefragt. Ein neues Beamtengesetz wäre erforderlich. Doch es gibt Volksvertretungen – wie etwa der deutsche Bundestag – die zu 70 % mit staatlich Besoldeten besetzt sind. Da soll mal einer versuchen, eine Reform des Beamtenrechts durchs Parlament zu bringen.

Auch in der Wirtschaft gibt es Widerstände gegen Veränderungen. Aber es gibt einen besonderen Ansporn zur Lösung von Problemen und zur Steigerung der Leistungsfähigkeit: die allgegenwärtige Bedrohung der Existenz – und der Wille, zu überleben. Dieses Moment fällt im öffentlichen Bereich weg. Es gibt zwar immer wieder löbliche Ausnahmen. Aber aufs Ganze gesehen, ist ein erschreckender Mangel an Erneuerungsfähigkeit festzustellen. Die Beratungsfirma McKinsey, sonst nicht feige, wenn Kunden »mit Aufträgen drohen«, hat in mehreren Ländern bereits vor Jahren aufgehört, Mandate im Bereich der öffentlichen Verwaltung zu übernehmen. Bei zum Teil großangelegten Projekten hatte sich immer wieder gezeigt, daß die Politiker am Schluß nur marginale Teile der Empfehlungen umzusetzen bereit waren. Das könne man sich nicht mehr leisten, so McKinsey, das schade dem guten Ruf einer professionellen Beratungsgesellschaft.

Die Polizei, dein Freund und Helfer

Die Gewährleistung der öffentlichen Sicherheit ist nicht nur eine der wichtigsten, sondern auch die nach außen sichtbarste Funktion des Staates. Doch ausgerechnet die Sicherheitskräfte, die Rechtsprechung und der Strafvollzug erweisen sich zunehmend als überfordert.

Die Polizei ist nur noch punktuell in der Lage, Schutz vor Verbrechen zu bieten. Außerdem gerät sie immer mehr ins Kreuzfeuer auseinanderdriftender gesellschaftlicher Kräfte. Da wird öffentlich zu zivilem Ungehorsam aufgerufen. Wer immer Lust dazu verspürt, organisiert eine Demonstration. Aber kein Veranstalter kümmert sich um den Ordnungsdienst. Wenn dann vermummte Randalierer auftreten, Steine fliegen und Autos angezündet werden, fühlt sich niemand zuständig. Das Ganze ist plötzlich eine Angelegenheit des Staates. Und am Ende des Schlamassels ist auch der Sündenbock gefunden: die Polizei. Sie hat zu hart durchgegriffen. Sie hat zu wenig hart durchgegriffen. Sie war nicht dort, wo sie hätte sein sollen. Alle wissen genau, was die Polizei hätte tun sollen – am allerbesten diejenigen, die gar nicht dabei waren.

Der Polizist soll uns Gewalttäter vom Leibe halten – aber wenn er bei einer Konfrontation in der Hitze des Gefechts zu hart zugreift, zu früh schießt oder den Delinquenten nicht genau dort trifft, wo das Reglement es vorschreibt, zieht er sich eine monatelange administrative Untersuchung auf den Hals und wird, wenn ein Fehler festgestellt wird, bestraft. Die Bürgerinnen und Bürger wollen Ruhe und Ordnung. Aber die Polizei soll sich, bitte schön, zurückhalten. Kaum greift sie aktiv ein, wird lauthals auf den »Bullenstaat« geschimpft. Wir sind mittlerweile so weit, daß die Polizei in den Medien der »Provokation« beschuldigt wird, wenn sie sich überhaupt zeigt. Statt daß wir froh sind, wenn die Polizei Präsenz markiert, wird sie möglichst von der Bildfläche verbannt. Kommt es dann zu kriminellen Übergriffen, hat die Polizei versagt.

Zugegeben: Es gibt auch bei der Polizei Rüpel, Schläger und Rassisten – und gegen diese muß vorgegangen werden. Man findet nicht immer die besten Leute, und häufig werden sie auch noch einseitig ausgebildet – im Umgang mit der Waffe, nicht aber im Umgang mit Menschen. Doch in den meisten westlichen Ländern kann die Polizei mittlerweile machen, was sie will – sie wird pauschal verunglimpft. Eines nicht allzu fernen Tages werden sich für den Polizeidienst nur noch Leute finden, die entweder einen sicheren Arbeitsplatz oder aber die Möglichkeit suchen, von Amtes wegen eine Waffe zu tragen. Möglicherweise wird man dann auch den Polizeidienst privatisieren und vielleicht den Skinheads übertragen.

In Unterpfundwilen – so die Legende – sieht man eines Tages hinter dem Hügel eine große Rauchsäule aufsteigen. Im Nachbardorf Hinterallmendingen muß Feuer ausgebrochen sein. Die Feuerwehr versammelt sich, besteigt das rote Mobil, und ab geht die Post, um den Kollegen zu Hilfe zu eilen. Die einheimische Feuerwehr ist bereits auf dem Platz, ein Haus brennt lichterloh. Doch der Hauptmann läßt das Wendrohr auf die Ankömmlinge richten und brüllt sie an: »Verschwindet hier! Macht schleunigst, daß Ihr nach Hause kommt! Das ist unser Feuerchen!«.

Die Tragik dieser Anekdote besteht darin, daß sie ziemlich genau beschreibt, wie heute zwischen kommunalen, regionalen und nationalen Sicherheitskräften zusammengearbeitet wird. Das internationale Verbrechen operiert hochprofessionell, blitzschnell und großräumig. Jeder arbeitet mit jedem zusammen, wenn es der Sache dient. Die unterschiedlichen Polizeiorgane aber verstricken sich in Revier- und Zuständigkeitsgerangel. Und wenn dann jemand wegen Ineffizienz Prügel bezieht, sind es wiederum die Beamten im operativen Bereich. Niemand jagt die Politiker zum Teufel, die ihre Hausaufgaben nicht gemacht haben.

In den ersten Septembertagen 1997 wurde in Zürich ein spektakulärer Postraub verübt. Maskierte Räuber entkamen mit einer Beute von 56 Millionen Schweizer Franken. Die Kriminalpolizei kam innerhalb von Tagen auf eine heiße Spur. Ein Dutzend Verdächtige, darunter der mutmaßliche Bandenchef, konnte verhaftet, ein Teil der Beute, etwas über 20 Millionen Franken, in einer Wohnung sichergestellt werden. Die flüchtige Wohnungsinhaberin wurde sofort international zur Fahndung ausgeschrieben und konnte tatsächlich kurz darauf in Mailand festgenommen werden. Zwei Tage später schlug die Bombe ein: Die italienischen Behörden hatten die Verdächtige wieder auf freien Fuß gesetzt – ohne die Schweizer, die sofort ein Auslieferungsgesuch gestellt hatten, auch nur zu informieren. Es gibt nicht nur Unprofessionalität, Schlamperei und mangelnde Koordination. Es gibt auch gezielte Obstruktion.

Doch die mit Abstand größte Gefahr droht ganz woandersher. Dem Staat geht das Geld aus.

Von der Hand in den Mund

Ob auf kommunaler, regionaler oder nationaler Ebene: Die Aufgaben des Staates nehmen an Zahl und Komplexität zu, die Sozialkosten explodieren – das Einkommen aber geht in den Keller. Arbeitslosigkeit, Konkurse, Kapitalflucht und Steuerhinterziehung führen zu einem dramatischen Einbruch der Steuereinnahmen. Und hier zeigt sich die Überforderung der Politik am allerdeutlichsten.

Da wird von allen so getan, als hätten wir es mit einer momentanen konjunkturellen Schwankung zu tun. Von Jahr zu Jahr wurstelt man sich durch – den Blick immer erwartungsvoll auf den unmittelbar bevorstehenden Aufschwung gerichtet. Man spart hier und spart da. Man stellt längst fällige Investitionen zurück. Man streicht gar die Ausgaben für den normalen Unterhalt zusammen – wohl wissend, daß das Schicksal einen einholen und dem Fiskus wenig später um so teurere Reparaturen und Ersatzinvestitionen bescheren wird. Man baut Leistungen ab. Man erhöht nochmals den ohnehin schon beängstigenden Schuldenberg. Ja, man beginnt gar mit dem Ausverkauf der staatseigenen Immobilien, um mit dem Haushalt für ein weiteres Mal gerade noch knapp über die Runden zu kommen. Denn nächstes Jahr, wenn nicht schon vorher, wird ja alles ganz anders sein. Und um zu demonstrieren, daß es seine Rolle als Kontrollinstanz ernst nimmt, straft das Parlament kurzerhand den Finanzminister für schlechte Leistungen ab – als ob die Strukturschwäche der Wirtschaft, die steigenden Arbeitslosenzahlen, die explodierenden Sozialkosten, die Abwanderung des Kapitals und die Schwindsucht der Steuereinnahmen im Finanzministerium zu verantworten wären.

Und die sogenannten staatstragenden Parteien, denen die Volksvertreterinnen und -vertreter ja nun mehrheitlich entspringen – ist von ihnen Hilfe zu erwarten? Weit gefehlt! Sie investieren den größten Teil ihrer Zeit und Energie in das längst zum Ritual gewordene Gezänk untereinander. Jede versucht, auf Kosten der anderen ihre Süppchen zu kochen. Keine beschäftigt sich unter langfristigen Gesichtspunkten mit der Zukunft. Keine sagt der Bevölkerung, was mittel- und längerfristig auf sie zukommt.

Programmierte Pleite

Aufgrund der fortschreitenden Globalisierung konzentrieren sich Geld und Macht immer mehr um zwei Pole. Erstens, bei einer immer kleineren Gruppe immer größerer Industrie-, Banken- und Versicherungskonzerne. Zweitens, bei einer Vielzahl von Gruppen des organisierten Verbrechens. Und letztere erwerben schrittweise größere Anteile an der ersten.

Der Staat dagegen ist – und zwar je demokratischer, desto ausgeprägter – national, regional und lokal organisiert. Der Parlamentarismus ist angesichts der heute herrschenden Probleme total überfordert und degeneriert auf nationaler, regionaler und kommunaler Ebene immer mehr zu einem Schmierentheater. Der Staat wird gleich in zweifacher Hinsicht schrittweise, aber systematisch ausgepowert: Seine Autorität wird untergraben und die Finanzkraft wird ihm entzogen. Er gleitet mehr und mehr ab in die Bedeutungslosigkeit. Dies ist die bittere Erkenntnis: Die parlamentarische Demokratie wird den heute gestellten Anforderungen nicht mehr gerecht. Ihre Vorausschau reicht nicht bis morgen, und ihre Mühlen mahlen viel zu langsam. Die schnellebige Zeit rauscht ganz einfach an ihr vorbei. Sie bleibt nach wie vor eine interessante Spielwiese für eine dünne Schicht äußerst geschäftiger Akteure und Akteurinnen, die sogenannte *classe politique*«. Aber sie ist zunehmend nicht mehr wirklich von Belang.

Kein größeres Unternehmen, dessen Strukturen älter sind als fünf oder sechs Jahre, könnte heute überleben. Die staatlichen Strukturen vieler Länder sind 50 oder 100, im Falle der Schweiz gar 150 Jahre alt. Sie stammen aus ganz anderen, vergangenen Zeiten und müßten dringend erneuert werden. Dies würde bedeuten: Parlamentsreform, Regierungsreform, Revision von Gesetzen, in vielen Fällen gar eine Verfassungsänderung. Doch da beißt sich die Katze in den Schwanz: Die Meinungsbildungs- und Entscheidungsvorbereitungsprozesse, ob man all dies tun soll – und womöglich auch noch wie – müßten innerhalb eben dieses erstarrten, ineffizienten und überforderten Apparates ablaufen. Noch schlimmer: Die Energie, so etwas überhaupt zu wollen, müßte aus diesem Apparat kommen. Denn wer, wenn nicht das Parlament, sollte so etwas einleiten und durchziehen können?

Aber die politische Klasse, Ausfluß des herrschenden Parteiensystems, ist zu verfilzt. Es dominiert nicht die Frage: »Was nützt dem Volk?«, sondern

174

»Was ist gut für die Partei?« Wilhelm Hennis, namhafter ehemaliger Professor für Politikwissenschaft in Freiburg: »Die parlamentarische Demokratie, mit ihrer Mitte in einem lebendigen Parlament, ist durch Machterhaltungsinstitutionen des Parteienstaates überwuchert und verschlissen worden.«

So ist niemand da, der das Ganze betrachtet und sich über die Zukunft Gedanken macht. Niemand hat den Mut zu extrapolieren. Die Beurteilung der Lage wird laufend den aktuellen Gegebenheiten angepaßt – von Tag zu Tag, von Jahr zu Jahr. Aber das Nachführen des Kassenbuches genügt nicht, um die Zukunft zu bewältigen. Niemand fragt: Was wird in zehn oder zwanzig Jahren sein – wenn nicht grüne Männchen vom Mars kommen und alles für uns richten?

Das dringlichste und unmittelbar gefährlichste Problem ist zweifellos die sich dramatisch zuspitzende Finanzkrise des Staates. Es wäre schon schwierig genug, hier überhaupt einen Ausweg zu finden. Aber die Politik ist noch nicht einmal in der Lage, das Problem zu erkennen. Und für Probleme, die nicht erkannt sind, gibt es keine Lösungen. Die Überforderung des Systems ist komplett, die Pleite nur noch eine Frage der Zeit.

Der Staat ist die einzige legitime Steuerungsinstanz, die wir haben. In den Zeiten, die kommen, hätten wir diese bitter nötig. Was die Gesellschaft hier geschehen läßt, wird – unter langfristigen Perspektiven – tragische Konsequenzen haben.

Teil IV

Fata Morgana – oder die Fähigkeit zu glauben

Kapitel 16

Weil nicht sein kann, was nicht sein darf

Alles, was sich heute auf diesem Planeten abspielt, ist seit langem vorausgesagt worden; es ist eingetroffen; es ist wissenschaftlich dokumentiert; und es wird seit Jahren darüber berichtet – in Büchern, Zeitungen und Zeitschriften, Radio und Fernsehen. Aber dies alles hat so gut wie nichts bewirkt. Einige Seen sind sauberer geworden; einige, nicht alle. Der Ausstoß an Fluorchlorkohlenwasserstoffen (FCKW) konnte reduziert werden; reduziert, nicht gestoppt. Einige vom Aussterben bedrohte Arten sind mit gewaltigem Aufwand vorläufig gerettet worden; einige wenige unter Tausenden. Es findet ab und zu ein internationaler Umweltgipfel statt. Dieser führt mit schöner Regelmäßigkeit zur finsteren Entschlossenheit, daß man »die Entwicklung im Auge behalten« will. Und damit hat sich's. Im übrigen nimmt das Debakel seinen Fortgang, als sei nichts geschehen. Die Politik, die Medien und die große Mehrzahl der Bürger und Konsumenten gehen eifrig ihrem Tagesgeschäft nach. Als ginge uns dies alles gar nichts an.

Soll einer sagen, das sei kein interessantes Phänomen. Da schaut die gesamte Population der intelligentesten aller existierenden Arten scheinbar teilnahmslos zu, wie ihre eigenen Lebensgrundlagen schrittweise vor die Hunde gehen. Sie macht sich noch lustig über Lemminge oder Schafe, von denen berichtet wird, daß sich schon ganze Herden ins Verderben gestürzt haben. Und scheint nicht zu bemerken, daß sie auf dem besten Wege ist, sich selbst auszurotten – nicht etwa lokal oder regional, nein, gleich weltweit. Etwas derart Interessantes ruft nach Klärung.

Der Mensch hat im Laufe der Evolution nicht nur einen beachtlichen Verstand, sondern auch Phantasie erworben. Er ist in der Lage, Wissen, welches ihm seine fünf Sinne und sein Verstand vermitteln, durch Annahmen, die ausschließlich emotional begründet sind, zu ergänzen – und zwischen beidem nicht mehr klar zu unterscheiden. Er ist außerdem in der Lage, Dinge, die er eigentlich wissen könnte, aber nicht unbedingt wissen möchte, zu übersehen, auszublenden oder schleunigst wieder zu vergessen. Mit anderen Worten: Er hat die Fähigkeit, sich sein Bild von der Wirklichkeit zurechtzulegen. Glaubensinhalte waren zu allen Zeiten und in allen Erdteilen entscheidend für eindrucksvolle kulturelle Leistungen. Tabus, Projektionen und Verdrängung – Vorgänge, die Sigmund Freud ergründet hat – waren und sind wesentliche Elemente menschlicher Gesellschaftsbildung.

Über gewisse Aspekte der Realität nicht nachzudenken und nicht zu reden, kann das Leben des einzelnen oder den Zusammenhalt in einer Gesellschaft entscheidend erleichtern. Es kann aber auch zu Blindheit für Gefahren führen. Fehlinterpretationen, systematische Verharmlosung und der naive Glaube, irgendwer werde irgendwie alles zum Guten wenden, sind wesentliche Gründe für die unglaubliche Gleichgültigkeit, mit der die Menschheit heute dem von ihr selbst geschaffenen Bedrohungspotential gegenübersteht. Man kann verschiedene Typen von Verdrängungsstrategien unterscheiden.

»Kein Problem«

Da gibt es die einen, die überhaupt kein Problem sehen. Das ganze Umweltgeschwätz ist für sie lediglich eine Art Modeerscheinung, ausgelöst durch ein paar Wirrköpfe, die – anstatt etwas Ordentliches zu tun – sich als Weltverbesserer aufspielen. Und was die gesellschaftliche Entwicklung betrifft, so haben wir zwar im Moment eine konjunkturelle Delle zu bewältigen. Wir müssen den Gürtel enger schnallen. Aber insgesamt ist es den Menschen doch noch nie so gut gegangen wie heute.

Wenn es da ein Problem gibt, dann dies: Zu viele Leute haben sich von den Grünen den Kopf verdrehen lassen. Und jetzt haben wir den Schlamassel: Die Wirtschaft, von der wir schließlich alle leben, wird in unerträglicher Art und Weise behindert. Tausend Umweltauflagen – es werden jeden Tag mehr – verzögern oder verhindern die Umsetzung unternehmerischer Entscheidungen. Und wer die Auflagen einhalten will, muß derart hohe Investitionen tätigen, daß er international nicht mehr konkurrenzfähig ist. Wir sind auf dem besten Wege, die Wirtschaft lahmzulegen. Und dann wundern sich die Leute noch, daß es so viele Arbeitslose gibt. Das haben wir zu einem guten Teil den Umweltideologen zu verdanken.

»Halb so schlimm«

Andere wiederum sehen sehr wohl, daß es eine ganze Reihe ernst zu nehmender Probleme gibt, die bewältigt werden müssen. Aber sie sind der Meinung, man sollte das alles nicht dramatisieren. Diese Probleme sind nicht von einem Tag auf den anderen entstanden, und sie werden auch nicht von einem Tag auf den anderen überwunden werden können. Wichtig ist, daß die Richtung stimmt. Und da zeigt sich doch, daß wir auf gutem Wege sind. In Sachen Umwelt haben wir bereits große Fortschritte erzielt. Das Problem des Ozonlochs gehört praktisch der Vergangenheit an. Gerade die massive Reduktion des Ausstoßes an Gasen, die den Ozonschild gefährdet haben, zeigt, daß wir durchaus in der Lage sind, wirklich notwendige Maßnahmen weltweit durchzusetzen. Das kann für die Zukunft nur optimistisch stimmen.

Es ist leider in Mode gekommen, nur noch darüber zu klagen, wie schlimm alles ist. Die Medien leben nun mal davon, mit Hiobsbotschaften Aufsehen zu erregen. Dabei gibt es so viele gute Nachrichten. Sie werden nur nicht zur Kenntnis genommen. Der Schwarzwald ist schon vor Jahren totgesagt worden – und es gibt ihn noch immer. Der Rhein ist bereits wesentlich sauberer geworden. In Seen, die angeblich irreparabel geschädigt waren, tummeln sich wieder Forellen. In der Themse ist kürzlich der erste Lachs gesichtet worden. Das Wachstum der Weltbevölkerung hat sich bereits deutlich verlangsamt. Aufgrund der Fortschritte in der Gentechnik können neue, besonders robuste und resistente Getreidesorten gezüchtet werden. Die internationale Zusammenarbeit unter den Weltmächten ist heute so weit gefestigt, daß ein dritter Weltkrieg praktisch ausgeschlossen werden kann.

Die Welt geht nicht so schnell zugrunde. Es hat sich immer wieder gezeigt, daß Entwicklungen mehr Zeit brauchen, als man ursprünglich gedacht hatte. Die einzige echte Gefahr besteht darin, daß die Zukunft schwarz gemalt wird. Dann resignieren die Menschen, anstatt sich für die Umwelt und die Gesellschaft zu engagieren. Man kann den eigenen Untergang auch herbeireden.

»Nichts bewiesen«

Dies sind die ganz Schlauen: Sie stellen die vorhandenen Probleme keineswegs in Abrede – sie sagen nur: Die Katastrophenszenarien sind reine Spekulationen. Es fehlt der wissenschaftliche Beweis. Bevor einschneidende

Maßnahmen verantwortet werden können, muß erst eine solide wissenschaftliche Grundlage geschaffen werden.

Streng sachlich und objektiv bleiben – das macht sich immer gut. Eingehende Analysen zu verlangen, war schon immer der beste Ausweg aus Entscheidungsschwäche und Handlungsunfähigkeit. Jeden Tag machen unzählige Firmen Konkurs, deren überforderte Manager dieser Philosophie nachgelebt haben.

Man darf sich von diesem pseudowissenschaftlichen Gehabe nicht beeindrucken lassen. Erstens: Es gibt überhaupt nichts zu beweisen. Wenn man die Augen aufmacht und sich mit unverstelltem Blick anguckt, was auf diesem Planeten vor sich geht, genügt der gesunde Menschenverstand, um sich in etwa auszurechnen, wohin dies führen wird. Auf den Segen der Erbsenzähler kann verzichtet werden.

Zweitens: Bei jedem einzelnen Trend, der unsere Zukunft bedroht, handelt es sich um ein hochkomplexes und turbulentes Geschehen. Man kann zwar die Bedingungen erkennen, unter denen ein System kippt. Aber man kann nicht exakt vorhersagen, zu welchem Zeitpunkt an welchem Ort welche Auswirkungen eintreten werden. Wer hier wissenschaftlich exakte Beweise verlangt, beweist vor allem eines: daß er sich noch nie mit der Dynamik komplexer Systeme auseinandergesetzt hat.

Einige Schlaumeier argumentieren deshalb gerade andersrum: Das globale Geschehen sei derart komplex, daß überhaupt keine Vorhersagen gemacht werden könnten. Möglicherweise bestehe überhaupt keine Gefahr für unsere Zukunft. Geradesogut könnte man argumentieren, mit der Einsteinschen Relativitätstheorie und der Heisenbergschen Unschärferelation sei bewiesen, daß die Dinge im Grunde gar nicht so sind, wie wir sie wahrnehmen, und daß letztlich nichts wirklich bestimmt ist – es sei deshalb reine Spekulation, anzunehmen, daß morgen die Sonne aufgeht und die Erde sich dreht.

Die Zukunft läßt nicht mit sich handeln. Der endgültige Beweis für die Gefahr einer globalen Katastrophe wird allemal geliefert werden – hieb- und stichfest. Aber wenn es soweit ist, wird keiner mehr dasein, der sagen kann: »Donnerwetter – hätt' ich nicht gedacht!«

»Fünf vor zwölf«

Diese Variante wird von Leuten bevorzugt, die sich hauptberuflich mit der Zukunft beschäftigen. Sie beschreiben Trends, zeigen Probleme auf und präsentieren auch gleich die Lösungen. Sie sagen: Die Lage ist dramatisch; wenn nichts geschehen würde, müßte mit dem Schlimmsten gerechnet werden – aber wenn wir jetzt sofort eine Reihe von Maßnahmen beschließen und umsetzen, läßt sich die Katastrophe gerade noch abwenden. Dann folgt eine Aufzählung der notwendigen Maßnahmen – meist ein 10-Punkte-Programm.

Und in der Tat: Wenn all diese Maßnahmen sofort weltweit umgesetzt würden, ließe sich die Kurve möglicherweise gerade noch kratzen. Das einzige Problem besteht darin, daß nicht eine einzige dieser Maßnahmen weltweit durchgesetzt werden kann – und schon gar nicht innerhalb nützlicher Frist. Der amerikanische Präsident müßte nochmals gewaltig an Charme zulegen, um seinen Mitbürgern eine hohe Energiesteuer – oder sonst irgendeinen Weg zur drastischen Einschränkung des Verbrauchs an fossiler Energie – anzugefälligen. Und Amerika wäre noch lange nicht die Welt. Oder: Stabilisierung der Weltbevölkerung; Entflechtung und Sanierung der großen Ballungszentren, insbesondere in der Dritten Welt; enge internationale Zusammenarbeit aller Sicherheitskräfte zur Bekämpfung der organisierten Kriminalität. Dies sind nur einige Beispiele von Postulaten, wie man sie in den Programmen zur Rettung unserer Zukunft finden kann.

All diese klugen Rezepturen entspringen lupenreinem Wunschdenken. Sie haben für die Praxis ungefähr die gleiche Bedeutung, wie wenn Sie einem in hohen Wellen um Hilfe schreienden Nichtschwimmer vom Boot aus zurufen, 300 Meter süd-südöstlich befinde sich eine große Fischerboje – da könne er sich erst mal festhalten. Die Kunst der Fuge besteht nicht darin, zu wissen, was zu tun wäre, sondern darin, das, was notwendig ist, umzusetzen.

Warten auf Godot

Viele Bürgerinnen und Bürger wiederum haben bezüglich unserer Zukunft ein flaues Gefühl in der Magengrube. Sie halten es durchaus für möglich, daß die derzeitige Lage mit ernst zu nehmenden Gefahren verbunden ist. Aber sie mögen sich nicht mit den möglichen Konsequenzen auseinandersetzen. Dies würde sie zu sehr belasten. Sie versuchen, positiv zu denken. Sie konzentrieren sich auf die erfreulichen Nachrichten. Und davon gibt es immer wieder eine ganze Menge. Man muß sie nur beachten.

Im übrigen sagen sie sich, daß es ja andere, klügere und einflußreichere Menschen gibt, die sich mit den großen Problemen dieser Welt befassen. Sie werden schon Lösungen finden. Die Menschheit hat in der Vergangenheit noch immer Lösungen gefunden. Es hat zwar manchmal lange gedauert. Aber die Menschen sind nun mal erst dann zu grundlegenden Veränderungen bereit, wenn es gar nicht mehr anders geht. Vielleicht ist ganz einfach der Druck noch nicht stark genug. Wahrscheinlich bedarf es eines massiveren Schocks. Aber früher oder später wird das Blatt sich wenden.

Die vorhersehbare Katastrophe

Wenn ein tonnenschwerer Meteorit mitten in einem Dorf einschlägt, und Menschen dabei umkommen, ist dies ein Schicksalsschlag, für den man niemanden verantwortlich machen kann. Aber die allermeisten Katastrophen sind vorhersehbar. Wenn nicht das Ereignis selbst, so doch seine tragischen Konsequenzen könnten weitestgehend vermieden werden. Von Kriegen, Industriekatastrophen, Flugzeug- und Schiffsunglücken, Großbränden und Terroranschlägen, die ohnehin von A bis Z Menschenwerk sind, will ich hier gar nicht erst reden. Ich meine Naturkatastrophen wie Wirbelstürme, Überschwemmungen, Erdbeben oder Vulkanausbrüche.

Ein reizendes südfranzösische Provinzstädtchen liegt im nationalen Gefahrenkataster in der roten Zone. Aufgrund eines topografischen Engpasses ist es besonders überschwemmungsgefährdet. Im September 1992 erhielt das Bürgermeisteramt einen dringenden Anruf aus Paris. Das meteorologische Zentralinstitut informierte darüber, daß in zwei Tagen genau in dieser Gegend zwei Luftschichten mit gleicher Geschwindigkeit, aber unterschiedlicher Temperatur aufeinanderstoßen und voraussichtlich längere Zeit stehen bleiben würden. Es bestehe große Gefahr schwerer und anhaltender Regenfälle. Vorsorgemaßnahmen seien dringend angezeigt. Das Bürgermeisteramt erklärte den Klugscheißern aus Paris, man hätte hier auch schon mal ein Gewitter gesehen. Es wurden keine Vorkehrungen getroffen. Zwei Tage später kam die Katastrophe. 37 Menschen sind in den Fluten ertrunken.

1994 erschien ein Bericht der obersten polnischen Kontrollkammer in Warschau. Darin wurde nicht nur auf speziell überschwemmungsgefährdete Regionen und Städte – unter anderen die oberschlesische Stadt Ratibor – hingewiesen, sondern auch auf festgestellte Mängel im Hochwasserschutz. Fehlende, zu niedrige oder vergammelte Deiche waren in dem Bericht einzeln festgehalten. Die Verschlechterung des Hochwasserschutzes berge – so die Fachleute –»die Gefahr, daß die Menschen in den gefährdeten Gebieten Vermögenswerte vieler Generationen verlieren«. Es geschah so gut wie nichts. Im Sommer 1997 trat die Katastrophe ein – mit exakt den vorausgesagten Konsequenzen, in exakt den vorausgesagten Gebieten. Die Schäden – vor allem die irreparablen – kann gar niemand beziffern.

Wenn der Regenwald brennt

Was sich im Sommer 1997 in Indonesien abspielte, ist – so der Generaldirektor des WWF International – »der extreme Fall einer von Menschenhand verursachten Naturkatastrophe«. Man war gewarnt. Seit über zehn Jahren gab es jedes Jahr verheerende Waldbrände auf Kalimantan und Sumatra. Aber der Kahlschlag der Urwaldriesen ging weiter. 900 000 Hektar Regenwald – ein Stück so groß wie der Libanon – werden jedes Jahr vernichtet. Die Regierung in Djakarta finanziert mit dem Ausverkauf der Wälder den sogenannten Fortschritt des Landes – und den Reichtum der Machthaber. Dann sorgte El Niño – eine noch nicht erforschte, möglicherweise auf den Treibhauseffekt zurückzuführende, warme Meeresströmung – für eine länger anhaltende Trockenperiode. Es kam zur größten Waldbrandkatastrophe aller Zeiten.

Das Feuer geht auf Brandrodungen von Bauern, Großgrundbesitzern und Holzindustriekonzernen zurück. Es beginnt im Juli, greift auf immer mehr Gebiete über, und kann monatelang nicht unter Kontrolle gebracht werden. Ende September stehen 800 000 Hektar Wald in Flammen. Rauch und Smog hüllen die Inselwelt von Malaysia über Indonesien und die Philippinen bis nach Thailand ein. Schulen, Universitäten, Flughäfen müssen geschlossen werden. Es gibt nicht genügend Atemmasken. Hunderte von Menschen kommen um – teils durch Cholera, teils durch Hunger, einige ersticken im Rauch. Unzählige tragen bleibende gesundheitliche Schäden davon – denn der Rauch, den sie während Wochen und Monaten inhalierten, entspricht teilweise dem Konsum von 100 Zigaretten pro Tag. Flugzeuge mit Hilfsgütern können nicht landen. Im Süden der Philippinen, 3000 Kilometer von den Feuern entfernt, können die Fischer wegen schlechter Sicht nicht auslaufen. Zwei Frachter kollidieren im dichten Smog. Ein Airbus der staatlichen *Garuda Airlines* gerät beim Sinkflug unversehens in zu dicken Rauch und stürzt ab. Alle 234 Insassen kommen ums Leben. Riesige Waldgebiete sind zerstört, viele Menschen werden obdachlos, das ökologische Gleichgewicht in ganz Südostasien ist gefährdet. Ein weiteres Stück Regenwald – Stabilisator des Weltklimas – ist verschwunden.

Dies sind nur drei Beispiele für die merkwürdige Sorglosigkeit, mit der menschliche Gesellschaften in existentieller Gefahr leben können. Die Gefahr ist bekannt; sie ist aktenkundig; aber sie wird nicht zur Kenntnis genommen. Die Menschen können einen unglaublichen Fatalismus an den Tag legen. Sie schwindeln sich ganz einfach durch – nach dem Motto »Es wird schon nichts passieren« oder »So schlimm wird's nicht werden«.

Halali

In einer mediterranen Gegend, in der ich gerne meinen Urlaub verbringe, gibt es Wildschweine. Man findet immer wieder verwüstete Gärten und Rebberge. Die Besitzer sind böse auf die Wildschweine. Sie würden sie am liebsten mit bloßen Händen erwürgen.

Die Retter in der Not sind die Jäger. Sie jagen die Wildschweine. Sie tun dies nicht etwa, weil sie gerne Tiere abschießen, oder um sich durch den Verkauf von Wildschweinfleisch ein Zubrot zu verdienen – nein, ausschließlich zur Hege des Schwarzwildbestandes, im Dienste der Allgemeinheit, um eine verheerende Wildschweinplage zu verhindern. Nur Eingeweihte wissen, daß es in der ganzen Gegend schon lange keine Wildsau mehr gäbe, wenn die Jäger nicht jedes Jahr im Dutzend billiger Jungtiere einkaufen und aussetzen würden, auf daß sie sich in den Gärten ihrer Mitbürger mästen und vermehren können.

So bleibt nicht nur das ökologische, sondern auch das soziale System im Gleichgewicht – mit einer Ausnahme. Jedes Jahr wird irgendein Jäger von einem Kollegen totgeschossen. Wildschweine sind scheue Tiere. Wenn Menschen in der Nähe sind, verstecken sie sich im Gebüsch. Wenn man wartet, bis man sie zu Gesicht bekommt, ist es oft zu spät, um einen sauberen Fangschuß anzubringen. Man muß gucken, wo sich im Gebüsch etwas bewegt, und rechtzeitig da reinschießen. Und ab und an stellt man hinterher fest: Es war nicht ein Wildschwein, sondern der Kollege, der sich versteckt hatte. Dann gibt es ein großes Begräbnis, alle trauern mit, und die Versicherung zahlt. Denn es war, wie alle Zeugen bestätigen, ein bedauerlicher Unfall, den niemand hätte verhindern können.

Es geht hier nicht darum, sich über die Jäger im Mittelmeerraum lustig zu machen. Es geht ausschließlich darum, an praktischen Beispielen zu illustrieren, wie Menschen denken und handeln. Man kann im Kleinen immer am besten beobachten, was im Großen in die Katastrophe führt.

Ein GAU, der nicht stattgefunden hat

Charles Perrow hat in seinem Buch *Normale Katastrophen. Die unvermeidbaren Risiken der Großtechnik* aufgrund des Studiums unzähliger Katastrophen einige allgemeingültige Gesetze formuliert. Eines davon lautet: Alle großen Katastrophen sind in letzter Konsequenz auf menschliches Versagen zurückzuführen. Es stimmt schon, was immer wieder behauptet wird: Wir haben die Technik im Griff. Nur uns selbst nicht.

Ich will dies am Beispiel eines GAU – größter anzunehmender Unfall – illustrieren, der nicht stattgefunden hat, und von dem ich nur aufgrund sehr spezieller Umstände in Kenntnis gesetzt worden bin. Vor einigen Jahren wurde in einem dicht besiedelten Gebiet im deutschen Sprachraum ein hochmodernes Atomkraftwerk in Betrieb genommen. Bei dieser Technologie befinden sich die Wärme erzeugenden nuklearen Brennstäbe in einem tiefen, mit Wasser gefüllten Becken. Bei einer nicht mehr steuerbaren Überhitzung käme es zu derart hohen Temperaturen, daß die dicksten Betonwände glatt durchbrennen würden. Es käme zur Katastrophe. Für diesen äußersten Notfall – der eigentlich nie eintreten sollte – ist der Tank durch eine Rohrleitung ansehnlichen Kalibers mit einem großen, höher gelegenen Wasserbecken verbunden. Wenn das Ventil direkt beim Tank geöffnet wird, kann der Tank so lange mit großen Mengen Frischwasser durchflutet und gekühlt werden, bis der nukleare Brand gestoppt ist.

Ungefähr ein Jahr nach Inbetriebnahme kam es in diesem AKW zu einer derartigen, nicht mehr steuerbaren Überhitzung. Das Ventil wurde geöffnet – es kam kein Tropfen Wasser. Ein GAU stand unmittelbar bevor. Aus Gründen, für die niemand etwas konnte, bildete sich die Überhitzung buchstäblich in letzter Sekunde wieder zurück. Die Öffentlichkeit hat nie etwas davon erfahren.

Nun wurde der Sache nachgegangen, und es hat sich folgendes herausgestellt: Außer dem Ventil im Kraftwerk sowie einem Ventil oben beim Reservebecken gab es noch ein drittes Ventil irgendwo auf der Strecke. So unglaublich es klingt: Dieses dritte Ventil war in den Plänen versehentlich nicht eingezeichnet. Niemand im AKW hatte von seiner Existenz gewußt – und es war geschlossen. Soweit das menschliche Versagen auf Seiten des Unternehmens, welches die Anlage projektiert und gebaut hatte. Der größte Künstler aber war der Betriebsleiter. Er hatte die Anlage abgenommen, angefahren und ein ganzes Jahr lang betrieben, ohne auch nur ein einziges Mal zu prüfen, ob – wenn man denn wider Erwarten einmal welches benötigen würde – Wasser aus der Leitung kommen würde. Wenn die Feuerwehrleute in Hinterallmendingen alle halbe Jahre einmal ausrücken, mit Hydranten hantieren und Wasser in der Gegend herumspritzen, werden sie belächelt. Aber wenn es in Hinterallmendingen brennt und die Feuerwehr Wasser benötigt, ist welches da.

Wer sich ans Steuer eines Autos setzt, wer in seinem Betrieb mit giftigen Chemikalien hantiert, wer ein geladenes Schießeisen mit sich herumträgt oder ein Atomkraftwerk betreibt, weiß haargenau, was theoretisch – bei einer Verkettung unglücklicher Umstände – alles passieren könnte. Sorglosigkeit, Fahrlässigkeit und die Hoffnung, der »worst case« werde nicht einen selbst treffen, führen zu den unzähligen kleinen und auch mal großen Katastrophen, über die wir dann in der Zeitung lesen.

Das Prinzip Hoffnung

Ohne Hoffnung kann der Mensch nicht leben. Die Hoffnung, daß das gezeugte Kind gesund und normal zur Welt kommen, der Partner nach einer schweren Krankheit wieder genesen, der Sohn heil aus dem Krieg zurückkommen, der eigene Arbeitsplatz nicht der Rationalisierung zum Opfer fallen wird – all dies hilft, das Leben zu meistern. Hoffnung bedeutet Sinn – und solange das Leben einen Sinn hat, lohnt es sich, Kraft aufzuwenden und sich zu engagieren.

Wenn der Mensch keine Hoffnung mehr hat, erlahmt seine Lebensenergie. Er verfällt in eine tiefe Depression. Und manch einer macht seinem Leben ein Ende. Menschen können aus den verschiedensten Gründen Selbstmord begehen – aus tief empfundener Schuld; aus Scham dem sozialen Umfeld gegenüber; aus Angst vor der Endphase einer unheilbaren Krankheit; oder aufgrund irgendwelcher Wahnvorstellungen – etwa der Idee, der jüngste Tag sei gekommen und es gelte nun, in ein nächstes Leben hinüberzutreten. In unserer Wohlstandsgesellschaft ist jedoch die weitaus häufigste Form der sogenannte Bilanzselbstmord. Ein Mensch, der in einer Sinnkrise steckt, fragt sich: Was ist in meinem Leben gewesen? Was ist heute? Und: Was habe ich noch zu erwarten? Wenn die Bilanz negativ ausfällt, legt er Hand an sich.

Eines ist allerdings höchst bemerkenswert: Die Selbstmordrate steigt mit zunehmendem Wohlstand. Wer arm ist und körperlich hart arbeiten muß, um zu überleben, kommt gar nicht erst auf den Gedanken, sich umzubringen. Die Selbstmordrate war in Europa nie geringer als zu Kriegszeiten. Sogar im Warschauer Ghetto und in den Konzentrationslagern waren Selbstmorde äußerst selten. So paradox es erscheinen mag: Die Katastrophe, wenn sie denn eintritt, bedeutet nicht von vornherein den Verlust von Hoffnung und Zukunft. Sie kann im Gegenteil eine neue Herausforderung darstellen und damit wieder Sinn in ein Leben bringen, das mit der Sättigung aller materiellen Bedürfnisse hohl und leer geworden war. Auf diesen Zusammenhang wird am Schluß dieses Buches zurückzukommen sein, wenn es unter dem Titel »Szenarium Crash« um die Frage geht, wie wir mit der Aussicht auf einen Zusammenbruch unserer Zivilisation fertig werden können.

Kapitel 17

Der Mensch – ein irrationales Wesen

Es sind schon die verschiedensten Versuche unternommen worden, präzise zu definieren, was den Menschen vom Tier unterscheidet. Zuerst glaubte man, es sei die Intelligenz. Aber auch Tiere verfügen über Intelligenz. Sie ist nur nicht so hoch entwickelt. Dann war man längere Zeit der Meinung, Kultur unterscheide den Menschen grundsätzlich vom Tier. Aber auch dies erwies sich als nicht ganz richtig. Schimpansen zeigen zumindest Ansätze von Entwicklung unterschiedlicher Kulturen.

Der derzeitige Stand der Erkenntnis lautet: Der Mensch ist das fragende Wesen. Tiere stellen keine Fragen. Sie handeln im unmittelbaren Auftrag der Natur. Es gibt nichts, was den Menschen so klar vom Tier unterscheidet wie die Frage: »Warum?« Mit der Sprache und dem Denken in Ursache-Wirkung-Zusammenhängen hat der Mensch gelernt, Fragen zu stellen und Fragen zu beantworten. Die einfache Frage »Wie geht es dir?« ist – echtes Interesse vorausgesetzt – etwas zutiefst Menschliches.

Fragen stellen, Zusammenhänge verstehen und planvoll handeln zu können, ist etwas Großartiges. Aber es ist auch eine Last. Denn es gibt nicht auf alle Fragen befriedigende Antworten. Wer aber, wie der frühe Mensch, gelernt hat, daß folgerichtige Schlüsse für das eigene Überleben von entscheidender Bedeutung sind, der ist zutiefst verunsichert, wenn er mit Fragen konfrontiert wird, auf die er keine Antwort findet. Wissen heißt Sicherheit, Nichtwissen bedeutet potentielle Gefahr. Nichts ist für die Menschen so schwer zu ertragen wie Ungewißheit.

Antworten auf offene Fragen

Bitte versetzen Sie sich einmal in die Lage früherer Menschen, die in einer Gruppe von zwanzig Individuen in der freien Natur in ständiger Gefahr um ihr Leben kämpften. Sie fanden nicht immer Wasser und Nahrung. Sie hatten nicht immer ein schützendes Dach über dem Kopf. Sie litten unter Parasiten. Sie mußten ununterbrochen auf der Hut sein vor wilden Tieren. Sie wußten nie, wann sie von irgendwelchen Horden überfallen und vertrieben oder getötet würden. Sie lebten in permanenter Ungewißheit. Sie lebten in ständiger Angst.

Allein schon die Vorgänge in ihrem täglichen Leben – das Verhalten des Wildes, das Auf- und Untergehen der Sonne, des Mondes und der Sterne, die Wolken, der Wind und der Regen – waren für sie zunächst nur erlebbar, nicht erklärbar. Sie waren nicht zur Schule gegangen, hatten keine Universität besucht, konnten in keinem Lexikon nachschlagen. Sie waren mit Ereignissen konfrontiert. Die Ursachen blieben ihnen verborgen. Sie konnten fragen »Warum?« – aber es gab keine Antworten.

Und nun stellen Sie sich vor, was für Empfindungen erst außergewöhnliche Ereignisse bei Ihnen ausgelöst hätten – zum Beispiel ein riesiger, perfekt runder und in prächtigen Farben leuchtender Bogen am Himmel, der aus dem Nichts erscheint und auf ebenso geheimnisvolle Weise wieder verschwindet. Oder: Sie rufen in Richtung einer Felswand, und der Berg ruft mit Ihrer Stimme zurück, ja, er scheint Sie gleichsam nachzuäffen; in Ihrer Nähe gibt es einen grellen Lichtschein, einen entsetzlichen Schlag – und ein Baum steht in Flammen; die Erde, auf der Sie stehen, das sicherste und stabilste, was Sie kennen, fängt plötzlich an zu zittern und zu beben; der Fluß wird größer und größer, tritt über die Ufer, das ganze Land, so weit das Auge reicht, steht plötzlich unter Wasser, und wer nicht auf einen Baum klettern kann, ertrinkt; ein Teil des Berges stürzt herunter, verändert die Landschaft, und der Eingang Ihrer Höhle ist verschwunden; am Horizont erscheint eine riesige Schlange, die immer näher kommt – und plötzlich bricht ein unvorstellbarer Sturm los, der Bäume knickt wie Grashalme und in wenigen Augenblicken alles verwüstet; mehrere Mitglieder Ihrer Sippe essen eines Tages nichts mehr, werden immer schwächer, und bleiben schließlich regungslos am Boden liegen. Sie wachen nicht mehr auf. Die Sippe ist plötzlich ganz klein geworden.

Lauter Fragen: »Warum?« – und keine Antworten. Wie wäre Ihnen da zumute?

Die damaligen Menschen hatten keinen Grund, sich als »Krone der Schöpfung« zu betrachten. Sie hatten nicht das Gefühl, die Erde sei ihnen untertan. Sie empfanden sich selbst als ganz klein und schwach. Und sie kamen zu dem Schluß, daß es offenbar unsichtbare, höhere Mächte gibt, denen sie hilflos ausgeliefert waren. Nicht das erbärmliche Häuflein Menschen bestimmte, was zu geschehen hatte – höhere Wesen bestimmten, was mit den Menschen passierte. Die Menschen hatten einen heiligen Respekt vor den unsichtbaren Mächten, die sich in all diesen gewaltigen Erscheinungen ausdrückten. Die ganze Natur war geheimnisvoll belebt und beseelt. Die Menschen waren Teil dieser Natur. Sie hatten eine Seele. Aber alle anderen hatten auch eine Seele – die Pflanzen, die Tiere, die Steine, das Wasser, die Sonne, der Mond. Alles gehörte zusammen. Alles mußte einen tieferen Sinn haben, denn es paßte alles zusammen, es griff alles ineinander.

Die Menschen versuchten sich das, was um sie herum geschah, zu erklären. Sie gingen von Annahmen aus, die ihnen plausibel erschienen – Annahmen, die es ihnen erleichterten, sich in einer geheimnisvollen Welt zurechtzufinden und das gefährliche Leben zu meistern. Die Menschen hatten angefangen, an höhere Mächte zu glauben.

Der Jäger und sein Wild

Alles, was das Leben der Menschen prägte und für ihr Überleben von Bedeutung war – die Jagd, das Wild, die Sexualität, die Fruchtbarkeit, die Geburt neuen Lebens – war »heilig« und hatte einen tiefen Sinn. Zwischen dem Jäger und seinem Wild bestand eine besonders enge, bedeutungsvolle Beziehung. Einerseits mußte man das Wild jagen und Tiere töten, um sich selbst zu ernähren. Anderseits hatten diese Tiere eine Seele, genauso, wie man selbst eine Seele hatte. Diese Tiere hatten ja auch das gleiche Lebenselixier in ihrem Körper wie der Mensch. Menschen hörten genauso auf, zu leben, wenn das Blut aus ihrem Körper floß, wie die von ihnen gejagten Tiere. Mensch und Tier waren gleichgestellt. Alle waren Teil ein und derselben Natur. Die höheren Mächte waren nicht nur für die Menschen da, sondern auch für die Tiere.

Für die Menschen war es lebenswichtig, sich mit den unsichtbaren Mächten gut zu stellen. Diese konnten einem helfen, ja das Leben retten. Sie konnten aber auch strafen, einen gar vernichten. Man war gut beraten, sie gnädig zu stimmen. Man brachte ihnen Opfer dar. Wenn man ihnen etwas vom erlegten Wild – zumal die besten Stücke, vorab das Gehirn – darreichte, konnte man mit ihrem Wohlwollen rechnen.

Die Beziehung zu den höheren Mächten bedeutete für die Menschen, daß sie nicht völlig ohnmächtig einem unbekannten Schicksal ausgeliefert waren. Man konnte selbst etwas dazu beitragen, sein Schicksal positiv zu beeinflussen. Und wenn man trotzdem von einem schweren Schicksalsschlag getroffen wurde, wußte man zumindest: Auch dies hatte seine tiefere Bedeutung. Es war nicht einfach ein sinnloser Zufall.

192

Das Leben und der Tod

Die frühesten Hinweise auf religiöse Handlungen, die bisher gefunden wurden, sind ungefähr 30 000 Jahre alte Gräber. Das Bestatten der Toten läßt darauf schließen, daß die Menschen damals an ein Leben nach dem Tode geglaubt haben. Dies sind jedoch nur die frühesten Funde. Wir haben keinen Grund anzunehmen, daß es nicht schon viel früher religiöse Riten gegeben hat. Im Gegenteil, alles spricht dafür, daß religiöse Gefühle, Vorstellungen und Handlungen so alt sind wie die Sprache, das Bewußtsein und das Denken.

Mit dem ersten aufkeimenden Bewußtsein erhob sich für den frühen Menschen die Frage nach dem Ursprung und Sinn des Lebens, aber auch die Frage nach der Bedeutung des Todes – quälend und drängend. Es mußte eine vom Körper unabhängige Seele geben, denn Menschen, deren Körper kalt geworden war und sich nicht mehr bewegte, traten in seinen Träumen wieder in Erscheinung – genau wie zu Zeiten, als ihr Körper noch lebte. Diese »Erkenntnis« war für den Menschen tröstlich, denn das Leben war äußerst gefährlich. Man war selbst ständig in Gefahr, ums Leben zu kommen. Die Aussicht, daß danach nicht alles einfach vorbei sein würde, machte es einem viel leichter, sich mutig einzusetzen bei der Jagd oder bei der Verteidigung. Die Angst, die einen manchmal fast zu lähmen drohte, konnte erheblich reduziert, blockierte Energie freigesetzt werden. Der Glauben an ein Leben nach dem Tod war ein Überlebensvorteil – nicht für das Individuum zwar, aber für die Sippe.

Bis heute verschafft der Glaube an ein Leben nach dem Tode den Menschen Kraft und Gelassenheit. Die Aussicht auf ein Jenseits läßt die Menschen auch schwerste Schicksale ertragen. Die in tiefster Armut lebenden Mitglieder der Kaste der »Unberührbaren« in Indien hadern nicht mit ihrem Schicksal. Sie wissen: Im nächsten Leben werden sie zu den Privilegierten gehören. Und wenn junge Männer glauben, daß sie sich damit einen besonders guten Platz im Jenseits verdienen können, lassen sie sich mit Freuden in einem »heiligen Krieg« für Selbstmordkommandos einsetzen.

In guten Händen

Eine alte Bekannte von mir war eine Bäckersfrau. Sie und ihr Mann hatten sich aus ärmlichsten Verhältnissen hochgearbeitet und zuletzt eine eigene, schmucke Dorfbäckerei betrieben. Die beiden hatten sich immer gern gehabt und das Leben gemeinsam gemeistert. Im Alter von 56 Jahren starb der Mann völlig überraschend an einem Herzversagen. Sie stand plötzlich als Witwe allein im Leben. Das war vor über 40 Jahren. Heute, als steinalte Frau, spricht sie noch immer von ihrem Mann, als befände er sich auf einer langen Reise. Ich habe sie in all diesen Jahren nie weinen sehen. Sie ist eine gläubige Frau. Sie war von Anfang an der Überzeugung, es sei Gottes Ratschluß gewesen, daß ihr Mann so früh sterben sollte. Und wenn es Gottes Ratschluß war, dann war es richtig so. Sie wird mit ihrem Mann im Jenseits wieder zusammen sein. Sie hat nie gejammert. Sie hat die vielen Jahre, die sie ohne ihren Mann leben mußte, auf ihre Weise sogar genießen können. Sie war immer fröhlich, zufrieden und ausgeglichen. Heute würde sie gerne sterben, denn sie ist 99 Jahre alt und ans Bett gebunden. Aber auch das wird der liebe Gott für sie regeln.

Die Menschen haben ihre Bilder von den höheren Mächten immer nach ihren tiefsten Sehnsüchten gestaltet. Meine Frau Mama hat sich seinerzeit vor allem einen nachsichtigen Gott gewünscht. »Wenn es einen Gott gibt«, hat sie einmal gesagt, »dann hat er bestimmt Humor. Er wird über vieles lächeln, was ich in meinem Leben verbrochen habe.«

Am Anfang war das Gefühl

Wer menschliches Verhalten besser verstehen lernen will, muß als erstes von einem weit verbreiteten Irrtum Abschied nehmen – von der Vorstellung nämlich, unser Denken und Handeln werde in erster Linie durch unseren Verstand bestimmt. Die tieferen Gründe für alles, was Menschen wirklich bewegt und antreibt, liegen im emotionalen Bereich. Unsere Intelligenz ist ein überaus nützliches Instrument – aber wofür es eingesetzt wird, das entscheiden tiefe, bei weitem nicht immer bewußte Gefühle: Wünsche, Bedürfnisse und Triebregungen, Neigungen und Abneigungen, Liebe und Haß.

Der Verstand hilft uns, ein schwieriges Unterfangen – eine Weltreise, den Bau eines Hauses, einen Hochschulabschluß, eine Beförderung in die Direktion – erfolgreich zu gestalten. Aber welche Ziele wir uns setzen, und mit welcher Entschlossenheit wir sie verfolgen – das hängt ausschließlich von unseren persönlichen Wünschen und Bedürfnissen ab. Und unsere schöpferische Kraft, unsere Phantasie, der Inhalt unserer Träume und Tagträume – all dies hat wenig bis nichts mit unserer Intelligenz zu tun; es entspringt unserer Gefühlswelt.

In diesem Punkt unterscheiden wir uns überhaupt nicht von den höher entwickelten Säugetieren: Wir werden gesteuert von unseren Gefühlen. Gefühle sind die überlebensnotwendigen Signale, die uns sagen, was wir anstreben und was wir vermeiden sollen. Ohne Lustprämie auf Sex würde keine Art lange überleben, und ohne Ärger, Wut oder Empörung würde sich kaum jemand besonders kräftig für seine Interessen zur Wehr setzen.

Katakomben der Seele

Seit Sigmund Freud wissen wir, daß das Seelenleben des Menschen über mindestens drei klar unterscheidbare Etagen verfügt: das Bewußte, das Vorbewußte und das Unbewußte. Das Bewußte beinhaltet alle Ideen, Gedanken, Vorstellungen und Empfindungen, die jederzeit sofort abgerufen werden können. Im Vorbewußtsein ist alles gespeichert, was nicht sofort klar verfügbar ist, mit einiger Anstrengung aber hervorgeholt werden kann – Ahnungen, Halbvergessenes, Unbequemes, Lästiges. Der Zugang ist erschwert, aber nicht unmöglich. Das Unbewußte ist eine besonders interessante Etage: der tiefe, dunkle Keller, in dem sich all das befindet, was uns selbst verborgen bleibt. Der Zugang ist versperrt. In diesem Verlies befinden sich Dinge, die wir aus unserem bewußten Leben heraushalten wollen – ja, vielleicht aus ganz bestimmten Gründen heraushalten müssen. Wünsche, Bedürfnisse, Triebregungen, Gefühle oder Einsichten, die uns das Leben schwer machen würden, werden gewissermaßen begraben. Sie verschwinden in der Versenkung. Sie sind – mit Freuds Worten – verdrängt.

Entsorgung des Unerwünschten

Es können sexuelle, erotische oder aggressive Impulse sein, die der Mensch verdrängt, um Konflikte mit dem Umfeld zu vermeiden. Besonders quälende Ängste, Gewissensbisse oder Schuldgefühle können verdrängt werden, weil sie einen in Konflikt bringen würden mit dem, was man tut, und der Art, wie man lebt. Schwere Bedrohungen können verdrängt sein, weil die Angst vor einer eventuell ausweglosen Situation so groß ist, daß sie einen lähmen würde – oder aber, weil man die grundlegenden Veränderungen scheut, die man in seinem Leben vornehmen müßte, um der Bedrohung wirksam zu begegnen. So kommt es beispielsweise, daß viele Menschen gar nicht wissen wollen, wie es um ihre Zukunft steht, wenn der Arzt im Zusammenhang mit einer ernsthaften Krankheit Untersuchungen vorgenommen hat. Sie fühlen sich der seelischen Belastung nicht gewachsen, die mit dem Bewußtsein, bald sterben zu müssen, verbunden wäre.

Die Redensart »Der Wunsch ist der Vater des Gedankens« enthält eine tiefe Weisheit. Sowohl einzelne Individuen als auch Gruppen, Völker und Nationen neigen dazu, die Wirklichkeit so zu gestalten, daß sie vor sich selbst und anderen ein respektables Bild abgeben; daß ihre Art zu leben als rechtens, ihre Überzeugungen als »richtig« erscheinen. Dazu gehört notwendigerweise, alles auszublenden – das heißt für sich selbst »nicht existent« zu machen –, was dieses Bild stören würde. »Das Gesicht verlieren« – vor sich selbst oder vor anderen – gehört nicht nur für die Asiaten zu den unerträglichsten Kränkungen.

Doch mit verdrängten Gefühlen und Triebimpulsen ist es wie mit gefährlichen Sonderabfällen: Damit, daß man sie vergräbt, ist das Problem nicht aus der Welt. Die Wirkung bleibt erhalten – und wo immer es Lecks und Ritzen gibt, dringt sie nach außen. Auf die eine oder andere Weise verschaffen sich die verdrängten Gefühle Beachtung. Sie sind es letztlich, die die Agenda des Menschen bestimmen. Seine Intelligenz hilft ihm lediglich, Argumente zu finden, um das Ganze vor sich selbst und den anderen vernünftig und plausibel erscheinen zu lassen. Der Mensch bastelt sich seine eigenen Mythen. Er gestaltet sein Bild von der Wirklichkeit – von der Vergangenheit, von der Gegenwart und von der Zukunft – so, daß er sein Leben möglichst von seelischen Belastungen sowie von Problemen mit seinem Umfeld freihalten kann.

Kapitel 18

Gesetze des Lebens

Wenn man die Vorgänge in und zwischen Menschengruppen, Gesellschaften oder Nationen verstehen will, muß man nach den emotionalen Kräften suchen, die die Menschen bewegen. Sowohl ihr Denken als auch ihr Handeln wird von Bedürfnissen und Interessen, Neigungen und Abneigungen bestimmt. Die Suche nach den Motiven führt zu den Lösungen der Rätsel – im realen Leben genauso wie in den Romanen.

Nun hat zwar jeder Mensch individuelle Interessen und Abneigungen. Aber es gibt einige allgemeingültige Gesetze. Wer sie kennt, hat es leichter, das scheinbar widersprüchliche und verwirrende Geschehen auf dieser Welt zu verstehen.

Prinzip Nr. 1: Lust und Unlust

Dies ist das erste und wichtigste: Der Mensch sucht Lust und vermeidet Unlust. Er tut dies von der ersten Stunde seines Lebens an – und er tut es bis an dessen Ende. Bereits der Säugling schreit, wenn er Hunger hat, und lächelt, wenn er zufrieden ist. Ganz am Anfang gibt es nur wenige, dafür aber besonders wichtige Zustände und Mißstände: Hunger und Durst, Wärme und Kälte, Schmerz oder Wohlbefinden.

Bald aber wird weiteres als lustvoll erlebt oder schmerzlich vermißt: Liebe und Zärtlichkeit; Aufmerksamkeit und Zuneigung; Bewegungsfreiheit und Handlungsspielraum. Alles, was in dieser Zeit wichtig ist, wird wichtig bleiben – für das ganze Leben.

Man kann Kinder so erziehen, daß sie verlernen, ihre Gefühle zu zeigen, ja ihre eigenen Gefühle überhaupt wahrzunehmen. Sie entwickeln sich dann zu Erwachsenen, die scheinbar gefühllos, gleichsam wie elektronisch gesteuerte Roboter durchs Leben gehen. Auch sie sind Menschen mit Gefühlen. Aber ihre Gefühle sind verdrängt. Sie werden nur indirekt wirksam. Man muß solchen Menschen sehr nahe stehen, um den weichen Kern hinter der harten Schale zu erkennen.

Man kann Kinder ohne Liebe und Nestwärme aufwachsen lassen. Dann verkümmert ihre Gefühlswelt. Sie empfinden null und nichts, wenn sie anderen Menschen weh tun. Doch auch sie empfinden Lust und Unlust. Auch sie haben Interessen, setzen sich Ziele, und tun alles, um sich Vorteile zu verschaffen. Aber es geschieht immer auf Kosten anderer.

Und man kann Kinder in einem Klima der Schuld und der Angst aufwachsen lassen. Man kann ihnen einhämmern, daß alles, was Lust bringt, des Teufels ist; daß man nicht an sich selbst, sondern immer an die anderen denken soll; daß man dankbar sein soll dafür, daß man überhaupt leben darf. Es wachsen Menschen heran, die in ihrem Leben nur dann Befriedigung empfinden können, wenn sie sich für andere aufopfern. Ja, es können Menschen so weit gebracht werden, daß sie nur dann sexuelle Lust empfinden können, wenn ihnen Schmerz zugefügt wird. Keine Lust ohne Strafe – und die Strafe immer zuerst. Es gibt mehr solche Menschen, als man denken würde. Sie müssen komplizierte Wege beschreiten, um Befriedigung empfinden zu können. Doch so schwer es fallen mag, dies nachzuempfinden: Auch sie suchen Lust und versuchen, Unlust zu vermeiden – auf ihre Weise.

Prinzip Nr. 2: Versuch und Irrtum

Kaum hat das Leben richtig begonnen, wird das kleine Menschlein mit dem ersten großen Problem konfrontiert. Es muß feststellen, daß Lust nicht jederzeit sofort befriedigt, Unlust nicht immer konsequent vermieden werden kann. Die Mutter erscheint nicht immer, wenn man nur jammert. Manchmal muß man schreien, bis einem fast die Puste ausgeht. Dies ist höchst anstrengend. Mal muß man frieren, mal ist es unter all den Decken so heiß, daß man fast erstickt. Oder dann machen die Leute um einen herum einen derartigen Lärm, daß man nicht in Ruhe schlafen kann. Kurz, man macht Bekanntschaft mit Ärger. Später wird man sich gewählter ausdrücken und von Frustration sprechen.

Doch damit nicht genug. Es kommt der Tag, an dem man dieses eine, häßliche Wort zum ersten Mal hören und zur Kenntnis nehmen muß: »Nein!« »Es gibt jetzt keine Schokolade« (Sauerei!). »Ich habe jetzt keine Zeit« (und ich dachte immer, die sei für mich da!). »Du sollst nicht alles anfassen« (sind wir hier in einem Museum?). »Du darfst Dein Brüderchen nicht hauen« (habe ich aber Lust zu!). »Keine Geschichten mehr, du gehst jetzt ins Bett« (was soll ich dort, wenn ich gar nicht müde bin?). »Hör auf zu plärren!« (das fehlte gerade noch – nicht einmal mehr weinen darf man hier, wenn man traurig ist!).

Es hat das Lernen begonnen. Über Versuch und Irrtum wird herausgefunden, was funktioniert und was nicht funktioniert; was man darf und was man nicht darf; bei was man gelobt und bei was man bestraft wird; wann man mit Zuneigung rechnen darf, und wann einem die Liebe entzogen wird. Und man stellt fest: Es ist außerordentlich mühsam, immer wieder ins gleiche Messer zu laufen. Auch wenn man nicht immer versteht, was warum läuft, und was warum nicht – es lohnt sich nicht, mit dem Kopf durch die Wand zu gehen. Das setzt nur Beulen ab. Besser, man wählt Wege des geringeren Widerstandes.

So lernt der Mensch neue Strategien. Geduld kann sich auszahlen. Wohlverhalten kann äußerst nützlich sein, wenn man etwas Besonderes erreichen will. Überhaupt lohnt es sich, sein soziales Umfeld zu pflegen; die Leute reagieren ganz anders, wenn man sie gut behandelt. Und, ganz wichtig: Wenn man alle anderen gegen sich hat, ist es besonders schwierig, den eigenen Kopf durchzusetzen. Manchmal gelingt es, erst mal eine Verbündete oder einen Verbündeten zu gewinnen – und plötzlich geht alles viel leichter. Und wenn keine Verbündeten in Sicht sind, muß man halt verhandeln – gibst du mir dies, gebe ich dir das. Wirkt nicht selten Wunder. Diplomatisches Geschick muß man haben!

Das Menschlein entwickelt sich prächtig. Es hat gelernt, mit anderen auszukommen. Es hat gelernt, sozialverträgliche Wege zu finden, um die eigenen Bedürfnisse zu befriedigen. Es entwickelt immer intelligentere Strategien. Aber die Ziele bleiben die gleichen. Es geht nach wie vor um das Gewinnen von Lust und um das Vermeiden von Unlust.

Prinzip Nr. 3: Macht und Ohnmacht

Dies ist der dritte und letzte große Lernpunkt: Es gibt Situationen, da nützt kein Charme, kein Schmollmündchen, keine Krokodilsträne und kein Wutschrei etwas – man hat ganz einfach schlechte Karten. Andere wollen etwas anderes, sie sind stärker, und es ist ihnen hundewurst und schnorz, was ich möchte. Sie haben die Macht, und ich habe keine. Da kann von Glück reden, wer dies bereits in der guten Stube zu Hause vorgekostet hat – und nicht als halb oder ganz erwachsener Mensch im bösen Leben draußen erstmals voll in so einen Hammer läuft.

Wer nicht rechtzeitig erkennt, wann er schlechte Karten hat, hat es schwer im Leben. Denn wo Macht einseitig verteilt ist, versagen alle sonst wirksamen Strategien. Da ist nichts mit Auf-den-Tisch-Hauen, da finden sich keine Verbündeten, und wenn man verhandeln will, wird man noch ausgelacht. Da ist guter Rat teuer.

Am allerschlimmsten ist es, wenn man genau weiß, daß man im Recht ist und die anderen im Unrecht. Wenn das, was diese Leute tun, böse ist. Wenn sie andere Menschen schlecht behandeln. Wenn sie es sich auf Kosten anderer gut gehen lassen. Wenn die letzte Waffe – den Übeltätern ins Gewissen zu reden – sich auch als stumpf erweist. Wenn sich zeigt: Sogar Moral ist ihnen schnuppe. Sie sind stärker. Sie haben die Macht. Sie wissen das. Und alles andere schert sie einen Dreck.

Manch einer muß verhältnismäßig spät in seinem Leben nochmals gründlich umlernen. Da hat man immer geglaubt, wenn man sich schön brav an allgemeingültige Normen und Regeln hält, hätte man es einfacher im Leben. Man könne sich darauf verlassen, daß die anderen sich auch daran halten. Und jetzt muß man plötzlich feststellen: Es gibt Leute, die halten sich überhaupt nicht daran – und können noch nicht einmal ordentlich bestraft werden.

Dies ist die bittere Pille: Es genügt nicht, Recht zu haben; es genügt nicht, Gesprächs- und Verhandlungsbereitschaft zu zeigen; es genügt nicht, ein guter Christ zu sein. Es gibt Situationen, da muß man auch Macht haben – sonst zieht man den Kürzeren, und zwar völlig unabhängig davon, ob das, wofür man sich engagiert, eine gute Sache ist oder nicht.

Manch einer aber hat schon früh gelernt, wie man Macht aufbaut. Man muß viele Verbündete und Mitstreiter haben. Man muß gut organisiert sein. Nur dann ist Gewähr geboten, daß man seine Ziele auch wirklich erreichen, seine Interessen auch gegen Widerstände durchsetzen kann. Denn es gibt immer welche, die etwas anderes wollen. Und in letzter Konsequenz entscheidet nicht das Recht und nicht die Moral, sondern die Macht darüber, wer gewinnt.

Organisation ist Macht

Mit der Viehzucht und dem Ackerbau hat der Mensch gelernt, durch Organisation Macht gezielt auf- und auszubauen. Er hat die Erfahrung gemacht, daß organisierte Interessen sich durchsetzen und nichtorganisierte Interessen auf der Strecke bleiben – unabhängig davon, welche Interessen »legitim« sein mögen, ja zum Teil sogar unabhängig davon, was für Bedürfnisse und Interessen die Mehrheit haben mag. Die am besten organisierte Macht setzt sich durch – gegen alle anderen.

Seit Tausenden von Jahren gehen alle großen Entwicklungen und Veränderungen auf organisierte Interessen zurück – Kriege und Revolutionen; der Aufbau von Staaten, Kirchen, Wirtschaftsunternehmen oder Gewerkschaften. Zahllose Kulturen sind untergegangen, Völkerstämme ausgerottet worden – nur weil sie nicht genügend Macht hatten, sich gegen Eroberer, die besser organisiert und bewaffnet waren, zur Wehr zu setzen.

Doch es braucht gar nicht um Mord und Totschlag, Unterdrückung und Ausbeutung zu gehen. Auch in einer funktionierenden Demokratie läuft nichts ohne Macht – und wo immer sich etwas bewegt, ist gut organisierte Macht am Werk. Dies sind die Machtträger: das Parlament, die Regierung, die Verwaltung, die Parteien, die Gewerkschaften, die großen Wirtschaftsunternehmen und Wirtschaftsverbände, große Berufsstände und Interessengruppen sowie – last but not least – die Medien. Sie können sich Gehör verschaffen, sie können zur Durchsetzung ihrer Interessen Macht mobilisieren. Nichtorganisierte Interessen dagegen haben nicht die geringste Chance, auch nur gehört zu werden. Wer keine Lobby hat, dringt gar nicht erst zu den Zentren der Macht durch.

Interessen regieren die Welt

Als Christoph Kolumbus in seiner ersten großen Krise steckte – der Königshof hatte ihn fallengelassen und sein Lebensprojekt, die Westpassage nach Asien suchen und finden zu können, schien gescheitert –, da tauchte völlig unerwartet ein reicher Mann auf und bot sich an, die Expedition zu finanzieren. Kolumbus fragte als erstes mißtrauisch: »Warum wollt Ihr das tun?« Der Mann antwortete ohne zu zögern: »Aus Gottesfurcht; aus Menschenliebe; aus Hilfsbereitschaft. Und im übrigen ist das wichtigste Motiv bekanntlich immer Geld. Ich glaube, daß es sich für uns lohnen wird.«

Das wichtigste Ziel der meisten Menschen heißt Geld. Für nichts anderes legen sich soviele Menschen ins Zeug, für nichts werden so viele Organisationen auf die Beine gestellt, für nichts so hohe Risiken in Kauf genommen, für nichts so schwere Verbrechen begangen. Und auch da, wo vorgegeben wird, es drehe sich alles ausschließlich um das Gemeinwohl, ist es ratsam, genau hinzugucken und zu fragen: Wer verdient sich hier seinen Lebensunterhalt – und vielleicht sogar eine goldene Nase?

Es gibt einen lateinischen Spruch, der aus acht Buchstaben besteht, und in höchster Konzentration den Schlüssel zur Lösung der meisten großen Probleme menschlicher Gesellschaften enthält: »*cui bono*« – »Wem nützt es?« oder, sinngemäß: »Wenn du die Gründe von etwas nicht verstehst, frage dich, wem es nützt.«

Es gibt nicht für alle Probleme, die unsere Zukunft bedrohen, Lösungen. Aber für einige schon. Wir wissen beispielsweise, daß wir in den hochentwickelten Wohlstandsländern den Energieverbrauch drastisch zurückschrauben müßten. Und alle wissen, daß dies nur über eine entsprechend wirksame Energiesteuer zu erreichen wäre.

Wann immer etwas nicht geschieht, was notwendig wäre, um unsere Zukunft zu sichern, stellen wir fest: Es ist politisch nicht durchsetzbar. Und wenn man untersucht, warum etwas politisch nicht durchsetzbar ist, stellt man in neun von zehn Fällen fest: Es geht um Geld. Wirtschaftliche Interessen haben sich formiert. Ihre Macht war stärker als alles andere. Wenn es uns ans Portemonnaie geht, vergessen wir die Umwelt, die Gesundheit, die Zukunft unserer Kinder. Und wir vergessen, daß die meisten Menschen auf diesem Planeten längst ärmer dran sind, als wir es wären, wenn wir für die Energie das Dreifache bezahlen müßten.

Der Mensch denkt kleinräumig, kurzfristig und egozentrisch. Er verbaut sich und seinen Nachkommen schrittweise den Weg in die Zukunft.

Kapitel 19

Die Überlistung des Verstandes

Der Mensch ist ein merkwürdiges Wesen. Er kann die absurdesten Ideen von sich geben – im Glauben, die letzte, objektive Wahrheit zu verkünden. Er kann die absonderlichsten Dinge tun – in der Überzeugung, sich völlig logisch und vernünftig zu verhalten. Er handelt aufgrund von Motiven, die tief in seinem Inneren wirksam sind, seiner bewußten Einsicht aber verborgen bleiben.

Doch es gibt auch Einflüsse viel einfacherer Art, die das Urteil des Menschen beeinträchtigen und seinen kritischen Verstand überlisten können. Es gibt Faktoren, die nichts mit verdrängten Gefühlen und Trieben zu tun haben.

Von Marie-Antoinette, der französischen Kaiserin zur Zeit der Französischen Revolution, wird folgende Anekdote berichtet. Vor den Toren des Palastes herrschte eines Tages ein großer Tumult. Massen schreiender Menschen hatten sich versammelt. »Was haben diese Menschen?«, fragte Marie-Antoinette. – »Das Volk hat Hunger.« – »Dann gebt ihm Brot.« – »Wir haben kein Brot.« – »Warum gebt Ihr ihm dann nicht Kuchen?«

Marie-Antoinette war eine normal intelligente Frau. Sie litt auch nicht unter schwerwiegenden neurotischen Störungen. Aber sie verfügte nicht über die für eine realistische Beurteilung der Lage notwendigen Informationen und Erfahrungen.

Ich – das Zentrum der Welt

Der Mensch hat gelernt, daß die Erde groß und rund ist. Er weiß, daß es unzählige Völker gibt, und daß viele ganz anders leben als er selbst. Durch die Zeitung, das Radio und vor allem das Fernsehen erfährt er eine ganze

Menge über fremde Länder und Sitten sowie über Ereignisse, die ganz woanders stattgefunden haben. Aber eines bleibt: Der Mensch kann nicht aus seiner Haut schlüpfen. Jedes menschliche Individuum erlebt die Welt von seiner ganz persönlichen Warte aus. Für seine individuelle Wahrnehmung befindet es sich immer im Zentrum der Welt. Wo immer Sie sich gerade aufhalten – Sie befinden sich im Zentrum Ihrer Welt.

Unser Denken und Handeln wird in erster Linie durch das beeinflußt, was wir selbst erleben. Wir glauben am ehesten, was wir mit eigenen Augen gesehen haben. Wir lernen am meisten durch das, was wir selbst erfahren haben. Je weiter entfernt die Dinge sind, desto weniger fühlen wir uns betroffen. Über vieles, was sich auf dieser Erde zuträgt, erfahren wir zwar einiges, aber es hat für uns nur begrenzte Bedeutung. Über das meiste erfahren wir gar nichts – und wie das Sprichwort sagt: »Was ich nicht weiß, macht mich nicht heiß.«

Wir hören oder lesen, daß irgendwo ein Krieg im Gange ist, eine Hungersnot herrscht, ein schweres Erdbeben stattgefunden hat. Wir finden das schrecklich – aber wir sind nicht wirklich berührt. Es ist auch gar nicht möglich, daß wir alle Sorgen dieser Welt auf unsere Schultern laden. Wir haben nur eine begrenzte Kapazität, uns mit Problemen zu befassen. Unsere eigenen haben Vorrang – und wenn noch Zeit und Kraft vorhanden ist, wählen wir sorgfältig aus, womit wir uns allenfalls zusätzlich noch näher befassen wollen. Zuviel darf es nicht sein, denn wir müssen in erster Linie für uns selbst sorgen. Wir leben unser eigenes Leben.

Wenn ein Mensch stirbt, den wir gut gekannt haben, geht uns dies möglicherweise nahe. Wenn anderswo Tausende sterben, die wir nicht gekannt haben, sind dies für uns statistische Daten. Wir befinden uns im Zentrum unserer Welt. Andere befinden sich im Zentrum ihrer Welt. Die nächste, von der unseren völlig verschiedene Welt muß übrigens geographisch gar nicht weit entfernt sein. Wir wissen, wie unterschiedlich die Welten sein können, in denen Geschwister leben, die in der gleichen Familie aufgewachsen sind und in der gleichen Stadt wohnen. Wir würden manchmal staunen, wenn wir wüßten, wie anders das Schicksal, das Lebensgefühl und die Weltsicht eines Menschen sind, an dem wir auf der Straße achtlos vorübergehen. Jeder lebt im Zentrum seiner eigenen Welt – und jeder trägt sein Bild von der Welt mit sich herum.

Begrenztes Gesichtsfeld

Unser Gesichts- und Erlebnisfeld ist notwendigerweise begrenzt – und keine zwei Menschen haben genau das gleiche. Wer in einem Palast lebt, hat ein anderes als jemand, der sich von seiner Hände Arbeit ernähren muß. Wer viel in der Welt herumkommt, hat ein anderes als jemand, der immer am gleichen Ort gelebt und gearbeitet hat. Wer viel mit unterschiedlichen Menschen zu tun hat, hat ein anderes als jemand, der einer stillen Beschäftigung nachgeht. Frauen haben ein anderes als Männer.

Aber auch ein und derselbe Mensch hat, je nach Lebensphase und Lebenssituation, ein völlig unterschiedliches Erlebnisfeld. Die Welt des Säuglings ist zunächst noch äußerst eng begrenzt. Im Laufe der Zeit erweitern sich der Aktionsradius, der Informationsstand und die Lebenserfahrung. Der individuelle Horizont weitet sich aus. Aber gegen Ende des Lebens wird das Gesichtsfeld wieder enger. Irgendwann einmal wird die letzte Reise unternommen. Eines Tages ist der Mensch ans Zimmer, später ans Bett gebunden. Es kommt der Moment, wo er nicht mehr Zeitung lesen oder fernsehen mag. Das Geschehen auf dieser Welt wird schrittweise entrückt. Die Wirklichkeit wird begrenzt auf das, was sich in diesem einen Zimmer abspielt.

Das individuelle Gesichts- und Erlebnisfeld aber entscheidet darüber, was für Zusammenhänge ein Mensch verstehen kann, ja wofür er sich überhaupt interessiert. Theoretisch kann man einem anderen Menschen alles, was man selbst erlebt und erfahren hat, erzählen und erklären. Aber die Erfahrung zeigt immer wieder, wie begrenzt unsere Möglichkeiten sind, anderen Menschen Dinge nahezubringen, zu denen sie selbst keinen direkten Zugang haben. Wo wenig Interesse und Verständnis vorhanden sind, kämpft man letztlich gegen Windmühlen. Wir können uns noch so viel Mühe geben – Menschen nehmen nur auf, was sie aufnehmen können und aufnehmen wollen.

Druck des Umfeldes

In unserer Familie herrschten seinerzeit strenge Sitten und Gebräuche. Man aß, was auf den Tisch kam – und man trug, was einem gegeben wurde. Und so wurden mir eines Tages halb knielange Hosen gegeben. Dies war für mich eine unvorstellbare Katastrophe, denn zur damaligen Zeit trug man als Jüngling kurze Hosen – je kürzer desto schicker. Ich versuchte alles, um meiner Regierung klar zu machen, daß ich diese Hosen unter gar keinen

Umständen tragen möchte – zumindest nicht außer Hause. Da ich sonst kein sehr rebellischer Junge war, hätte mein Vorstoß eigentlich höchste Aufmerksamkeit erregen müssen. Aber er tat es nicht. Ich wußte genau, ich würde zum Gespött der ganzen Klasse werden – und genau so war es dann auch. Noch heute dreht sich mir der Magen um, wenn ich daran zurückdenke. Da hilft mir noch nicht einmal die Erkenntnis, daß ich heute mit diesen Hosen haarscharf im Trend liegen würde.

Haben Sie sich noch nie darüber gewundert, wie leicht Menschen unterschiedlichster Sprache und Herkunft sich hinter ein und denselben Schönheitsidealen versammeln lassen? Letztes Jahr kurz und grün mit weiß – heuer lang und lila mit schwarz. Alle und überall. Daß ein Mensch ab und zu mal sein äußeres Erscheinungsbild verändern möchte, wäre ja noch zu verstehen. Aber wenn Millionen das, was sie noch vor einem halben Jahr schön fanden, im Schrank lassen und plötzlich alle miteinander etwas ganz anderes, und zwar wieder alle genau das gleiche, schön finden, muß doch wohl Zauberei im Spiel sein.

So wenig Aufnahmebereitschaft ein Mensch zeigen kann, wenn ein einzelner ihn von etwas zu überzeugen sucht, das ihn nicht interessiert, so rasch und nachhaltig kann sich das ändern, wenn die Mehrheit der Menschen in seinem Umfeld in die gleiche Richtung tendieren. Die Wirkung des sozialen Umfeldes auf die Wahrnehmung, das Denken und die Meinungsbildung des Einzelnen ist im Laufe der Zeit wissenschaftlich untersucht worden. Man hat Erstaunliches festgestellt.

In einem Vorführraum werden einer Anzahl Menschen auf einer Projektionsleinwand ganz einfache Zeichen gezeigt, beispielsweise jeweils zwei Striche unterschiedlicher Länge. Die Versuchspersonen sollen jeweils sagen, welches ihrer Wahrnehmung nach der längere Strich ist. Die gezeigten Bilder sind ausgetestet. Man weiß genau, welche Striche von normalen Durchschnittsmenschen wie wahrgenommen werden. In diesem Experiment geht es um etwas anderes. Nur eine Person ist die eigentliche Versuchsperson. Die anderen sind alle eingeweiht und handeln nach einem vorbereiteten Regieplan des Untersuchungsleiters. Es geht darum, zu erfahren, wie die Menschen sich in ihrer Wahrnehmung durch das, was andere sagen, beeinflussen lassen. Die Versuchsperson gerät in ein Dilemma, sobald die anderen teilweise, mehrheitlich oder gar ausschließlich Wahrnehmungen äußern, die von der eigenen abweichen.

Die Resultate sind frappierend. Ein überwiegender Teil der Menschen paßt sich in seinen Wahrnehmungen dem Umfeld an. Die Menschen trauen dem, was andere sehen oder zu sehen vorgeben, mehr als den eigenen Augen. Sie können so weit gebracht werden, etwas anderes zu sehen, als was sie tatsächlich sehen. Solche und ähnliche Experimente haben gezeigt: Wir werden in unserer Meinungsbildung viel stärker von unserem sozialen Umfeld beeinflußt, als wir glauben. Die Suggestivkraft der Mehrheitsmeinung ist derart stark, daß nur wenige Menschen die psychische Kraft besitzen, sich allein dagegen zu stellen.

Dies kommt nicht von ungefähr. Die harte Schule des Lebens lehrt uns immer wieder: Wer abweichende Meinungen äußert, der riskiert, ausgegrenzt zu werden. Abweichendes Verhalten wird als »nicht normal« wahrgenommen und mit Ablehnung beantwortet. Minderheiten sind immer unterdrückt, Behinderte und Sonderlinge ausgestoßen worden. Auch wenn die letzte Hexe im Alpenraum kurz vor Ende des letzten Jahrhunderts verbrannt worden ist: Wir haben ein feines Gespür dafür, welche Meinungen und welches Verhalten von unserem Umfeld als »normal« erwartet, akzeptiert und belohnt werden. Wer davon abweicht, hat sehr schnell das Etikett eines »Querschlägers« weg. Und nichts ist für den einzelnen schwerer zu ertragen, als ausgegrenzt zu werden. Bereits Kinder – und erst recht Jugendliche – tun alles, um unter ihresgleichen »in« und nicht »out« zu sein.

Selektive Wahrnehmung

Wenn man sich einmal feste Meinungen gebildet und ein bestimmtes Weltbild zurechtgelegt hat, tritt ein Mechanismus in Kraft, den die Psychologen »selektive Wahrnehmung« nennen: Man nimmt alles, was einen in den bisherigen Annahmen bestärkt, besonders deutlich wahr – und neigt dazu, alles zu übersehen, was ihnen widerspricht. Wenn wir etwas glauben, achten wir besonders auf Bestätigungen – und wenn man Bestätigungen sucht, findet man sie auch.

Wenn Menschen sich mit Gleichgesinnten zusammenschließen, kommt es leicht zu geistiger Inzucht: Sie bestätigen sich wechselseitig in der Richtigkeit ihrer Überzeugungen und ihres Weltbildes. Es gibt keine kritischen Fragen und keine abweichenden Meinungen mehr. Für die Mitglieder einer Skinhead-Gang, eines esoterischen Zirkels oder einer religiösen Gemeinschaft können die unglaublichsten Ideen und Theorien zur unerschütterlichen Gewißheit und »objektiven Wahrheit« werden. So kommt es, daß normal intelligente Menschen allen Ernstes glauben, es habe im Dritten Reich keine Konzentrationslager gegeben; das Jüngste Gericht stehe unmittelbar bevor; die Wiedergeburt sei wissenschaftlich hieb- und stichfest bewiesen; oder der Teufel fahre gelegentlich in den Körper eines Menschen und könne mit ganz bestimmten Ritualen wieder ausgetrieben werden.

Wenn dann noch allgemein respektierte Autoritätspersonen ein Machtwort dazutun, kann das Weltbild von Millionen beeinflußt werden. Alle Kirchen leben letztlich davon. Wenn fremde Religionsführer abenteuerliche Ideen verkünden, schütteln wir den Kopf. Wenn ähnliches im Rahmen unserer Landeskirchen passiert, fällt uns dies gar nicht auf. Noch 1978 erklärte der höchste deutsche Würdenträger einer der großen christlichen Konfessionen kraft seines Amtes in aller Öffentlichkeit: »Unsere Kirche hält an der Existenz der Hölle, des Fegefeuers und der Dämonen fest.« Daß jemand persönlich dieser Überzeugung sein mag, ist eine Sache – daß Millionen sich dadurch in ihrem Weltbild beeinflussen lassen, eine andere.

Die Gnade, zu vergessen

Menschen, Gruppen und Gesellschaften neigen aber nicht nur zu einer selektiven Wahrnehmung. Es gibt auch eine selektive Erinnerung. Fakten, die nicht in das Bild passen, das man von sich selbst haben möchte, verschwinden ganz einfach aus dem Gedächtnis. In der Geschichte jedes Volkes gibt es dunkle Seiten – Teile der Vergangenheit, die auf wundersame Weise aus dem Bewußtsein der Menschen verschwunden sind. Sie sind so gründlich vergessen, daß sie nicht einmal mehr in den Geschichtsbüchern vorkommen. Es ist, als ob jemand in einem zentralen Computer die entsprechenden Dateien gelöscht hätte.

Fünfzig Jahre nach dem Ende des Zweiten Weltkrieges sind in den Vereinigten Staaten bisher geheime Archive geöffnet worden. Bei dieser Gelegenheit kamen Dokumente an die Öffentlichkeit, welche die Rolle der Schweiz – die damalige Politik der Regierung, der Nationalbank sowie der Großbanken – in einem neuen und wenig schmeichelhaften Licht erscheinen ließen. Der Schweiz wurde vorgeworfen, sich durch Handel mit Raubgold bereichert, nachrichtenlose jüdische Vermögen vereinnahmt und letztlich als Hehler des Dritten Reiches den Krieg verlängert zu haben. Die Eidgenossen waren plötzlich gezwungen, erstmals ernsthaft zu untersuchen, was sich damals tatsächlich zugetragen hat. Die selbstgebastelten Mythen, die man während eines halben Jahrhunderts landesweit für die objektive historische Wahrheit gehalten hatte, bröckelten ab. Seriöse Vergangenheitsbewältigung wurde unumgänglich – und zwar nicht etwa aus eigener, besserer Einsicht, nein, ausschließlich unter dem massiven Druck des Auslandes.

Es geht hier nicht um den Fall Schweiz. Mehrere Länder – unter anderen Frankreich, Großbritannien, Schweden, Spanien, ja sogar die USA – werden im Zusammenhang mit den damaligen Vorgängen noch schmerzhafte Einsichten zu verdauen haben, wenn die Eidgenossenschaft ihren Läuterungsprozeß längst hinter sich hat. Es handelt sich hier lediglich um ein aktuelles Beispiel für die erstaunliche Fähigkeit von Menschen und Gesellschaften, sich ihr Bild von der Wirklichkeit kunstvoll zurechtzulegen.

Die Zukunft ist ein wichtiger Teil der Wirklichkeit. Dazu gibt es ein breites Angebot von Daten und Fakten, Meinungen und Vermutungen, Hoffnungen und Befürchtungen. Aber jeder Mensch wählt individuell die Elemente, aus denen er sein Zukunftsbild konstruiert. Die meisten gestalten ein Bild, das sie nicht beunruhigt.

Kapitel 20

Diktatur des Bildschirms

In der heutigen Zeit ist das Denken und Fühlen der Menschen aufs engste verbunden mit den modernen Massenmedien, insbesondere mit dem Fernsehen. Es gibt kein anderes Medium, das auch nur annähernd so viele Menschen erreicht. Dank einfacher und billiger Solargeneratoren haben die Menschen mittlerweile bis in die entlegensten Winkel dieser Erde Zugang zu einem Fernsehgerät. In den USA sehen über 99 % der Bevölkerung regelmäßig fern. Es gibt mehr Fernsehgeräte als Klos mit Wasserspülung oder Telefonapparate. Dazu kommt: Die meisten Menschen verbringen täglich mehrere Stunden vor dem Fernsehapparat. Was über dieses Gerät in die Köpfe eingespeist wird, prägt wie nichts sonst das Bild, das sich Milliarden Menschen von der Wirklichkeit machen.

Droge Fernsehen

An sich ist das Fernsehen ein fantastisches Medium. Es bietet den Menschen die Möglichkeit, entfernt stattfindende Vorgänge mitzuverfolgen und wichtige Ereignisse zumindest aus Distanz mitzuerleben. Für viele alte und kranke Menschen ist es schlicht das einzige Fenster zur Außenwelt. Es bringt das Kino in jedes Haus und in jede Wohnung. Was einem – neben massenhaftem Schrott – täglich an Wissenswertem, Anregendem und Unterhaltendem in die gute Stube geliefert wird, ist immer wieder faszinierend. Aber mit dem Fernsehen sind auch ernst zu nehmende Gefahren verbunden.

Der Fernsehkonsum hat Ausmaße angenommen, die man nur noch als kollektiven Suchttatbestand bezeichnen kann. Die meisten Menschen sind nicht in der Lage, gezielt auszuwählen und kritisch zu urteilen. Sie saugen einfach in sich hinein, was ihnen dargeboten wird – wie Säuglinge die Muttermilch. Viele Menschen leiden heute an innerer Vereinsamung und tödlicher Langeweile. Fernsehen ist für sie nicht einfach Entspannung. Es hilft ihnen vielmehr, eine gähnende innere Leere zu übertünchen. Es lenkt sie ab von einer zutiefst unbefriedigenden Lebenssituation. Das Fernsehen ist zur Droge der modernen Massengesellschaft geworden.

Manch ein Fernsehgerät wird frühmorgens ein- und spätnachts wieder ausgeschaltet. Das Flimmern und die Beschallung werden zu Dauerbegleitern der Menschen in ihrem Wohnbereich. In vielen Familien ist der Fernseher mittlerweile zur zentralen Institution geworden. Hier ist es, wo man sich, wenn überhaupt noch, trifft – kaum je alle, denn die Interessen sind unterschiedlich. Und alle Anwesenden sind auf den elektronischen Kasten ausgerichtet. Es gibt keinen Raum mehr für das gemeinsame Gespräch. Es wird nichts mehr gemeinsam unternommen. Und wenn man von Freunden zu einem Besuch eingeladen wird, entscheidet das Fernsehprogramm, ob man »frei« ist.

Leben in einer Scheinwelt

Viele Menschen, die regelmäßig stundenlang fernsehen, können mit der Zeit nicht mehr zwischen Fiktion und Wirklichkeit unterscheiden. Sie glauben, bestens informiert zu sein. Sie halten das, was ihnen an Information und an Bildern vermittelt wird, für die Realität. Aber auch sauber recherchierte und nicht bewußt manipulierte Sendungen können immer nur Schlaglichter werfen. Die komplexen Hintergründe und Zusammenhänge gehen verloren – und was gestern aktuell war, wird heute durch etwas ganz anderes wieder überlagert. Die Menschen werden trainiert, nur noch in Kürzeln zu denken. Wer auch noch fleißig »zappt«, hüpft nur noch von Momentaufnahme zu Momentaufnahme. Jeder Sinnzusammenhang geht verloren, die Oberflächlichkeit regiert.

Vor allem aber: Durch den raschen Wechsel von Dokumentation und nachgestellter Wirklichkeit in Filmen und Serien wird ein Mischmasch von Eindrücken erzeugt, den niemand mehr zu sortieren vermag. Besonders Kinder und Jugendliche können das Gesehene nicht kritisch beurteilen. Dies gilt noch verstärkt für Massen von Menschen in Entwicklungsländern, die nie eine Schule besucht haben. Ihre einzige »Bildung« ist das, was über den Bildschirm flimmert. In Verbindung mit eigenen Emotionen und Phantasien wird in den Köpfen der Menschen eine Scheinwelt aufgebaut, die mit der Realität nur noch entfernt etwas zu tun hat.

Und nun steht uns das interaktive Fernsehen ins Haus. Mit ihm wird die Konstruktion von Wirklichkeit auch noch mit der Illusion der persönlichen Einflußnahme, des direkten Beteiligtseins verbunden. Der Realitätsverlust ist perfekt.

Das Geschäft mit den Gefühlen

Besonders bedenklich aber ist dies: Das Medium, welches die Kultur am stärksten prägt, hat sich zu einer knallharten kommerziellen Veranstaltung entwickelt. Information ist zur Ware, die Einschaltquote zum zentralen Erfolgsmaßstab geworden. Wie jeder Konsument, wird auch der Fernsehzuschauer über Gefühle angezogen und festgehalten. Das Fernsehen ist deshalb zum Geschäft mit den Gefühlen der Menschen verkommen. Die Emotionen der Massen werden gezielt abgerufen. Es wird eiskalt nach Quotenwirksamkeit und politischer Opportunität ausgewählt, worüber berichtet wird und worüber nicht. Es wird teilweise haarsträubend tendenziös kommentiert. Und die verschiedenen Sender überbieten sich gegenseitig mit Versuchen, im Viertelstundentakt emotional besetzte Themen, mit Vorliebe etwa aus dem Bereich der Sexualität, hochzukochen – und gleich wieder liegen zu lassen.

Der Versuch, sich in die Gefühlswelt des Durchschnittszuschauers einzuschleichen, führt nicht nur zu üblen Geschmacksverirrungen, sondern auch zu einem verlogenen Umgang mit der Wirklichkeit – am schlimmsten in der Werbung. Hinzu kommt: Information, Unterhaltung und Werbung werden auf raffinierteste Art und Weise zu einem Cocktail mit Namen »Infotainment« zusammengemixt, welcher von den Menschen nur noch konsumiert, aber weder mental noch emotional verarbeitet werden kann. Das Ziel: Werbeeinnahmen durch Zuschauerbindung. Der Effekt: Eine verheerende geistige und seelische Abstumpfung der Menschenmassen.

Die Prinzessin und die Ordensschwester

Was für gigantische Gefühlswallungen der Massen erzeugt und kommerziell genutzt werden können, hat sich im Herbst 1997 anläßlich des Todes der britischen Prinzessin Diana gezeigt. Wenn weltweit zwei bis drei Milliarden Menschen per Fernsehen dieser einen Bestattung beiwohnen, wenn in den biedersten Demokratien Millionen Frauen über einen Todesfall in der britischen Königsfamilie mitweinen, und wenn von den Medien an diesem Ereignis Milliarden verdient werden, dann hat dies allein schon gespenstische Züge. In der gleichen Woche ist aber Mutter Teresa gestorben, eine der herausragenden Frauenpersönlichkeiten dieses Jahrhunderts, Friedensnobelpreisträgerin und Gründerin bedeutendster Hilfswerke für die Armen. Ihr Tod ist im Rummel um Diana fast zum Nicht-Ereignis geworden. Dieser Vorgang illustriert nicht nur die Rolle der Massenmedien, sondern auch die innere Verfassung unserer globalen Gesellschaft.

Nur ein verschwindender Teil der weltweit weinenden Menschen ist Prinzessin Diana jemals persönlich begegnet. Aber prominente Persönlichkeiten sind Identifikationsfiguren. Die Menschen projizieren ihre tiefsten sozialen Bedürfnisse und Gefühle in sie hinein. Sie weinen nicht um den Menschen Diana, sondern – aus unterschiedlichen Gründen – um sich selbst: Von Männern verlassene oder schlecht behandelte Frauen; vom Establishment ausgestoßene und vergessene Verliererinnen und Verlierer der Gesellschaft; Britinnen und Briten, die Trauerarbeit leisten für ihr Königreich wegen des Verlusts an Größe, Macht und Ansehen; Menschen in aller Welt, die nie gehabt oder verloren haben, was man nach Suggestion der Medien braucht, um glücklich zu sein: Jugend, Schönheit und Reichtum. Im weltweiten Gefühlsausbruch um Diana kommt die tiefe Trauer vieler Menschen über eigenes seelisches Elend zum Ausdruck.

Die Suggestion der Masse

Doch das Medium Fernsehen eignet sich hervorragend, um die Gefühle der Menschen nicht nur anzuzapfen, sondern auch zu bündeln und zu verstärken. Es zeigt nämlich nicht nur Ereignisse, sondern auch das Publikum: Massen von Menschen – und ihre Reaktionen auf das Ereignis. Emotionale Reaktionen von Menschenmassen aber wirken ansteckend. Durch diese Rückkoppelung werden die Empfindungen des einzelnen Individuums massiv verstärkt, manchmal sogar umgelenkt. Es kommt zu einer Massensuggestion. Diese kann so weit führen, daß Menschen sich »out« fühlen, wenn sie eine bestimmte Sendung, über die alle sprechen, nicht gesehen haben; daß nationale Stromnetze zusammenbrechen, weil eine ganze Nation vor dem Bildschirm sitzt; oder daß rund um den Globus Menschen unterschiedlichster Kulturen über den Tod einer britischen Prinzessin in Tränen ausbrechen.

Es gibt Sozialromantiker, die auch noch versuchen, globalen Fernsehhappenings eine völkerverbindende Funktion anzudichten. Von Olympischen

Spielen einmal abgesehen, bei denen in begrenztem Maße – nämlich beim Anzünden des olympischen Feuers sowie beim Einmarsch der Nationen – derartige Effekte mitspielen, werden Völker auf diesem Wege so wenig verbunden wie fernsehende Mitglieder einer zerrütteten Familie. Gleichschaltung allein verbindet nicht. Echte Verbindung kommt über Dialog zustande – oder gar nicht. Im übrigen käme es hier auch noch auf den Anlaß an. Wenn das Leben und die Botschaft von Mutter Teresa zu einem globalen Medienereignis geworden wären, hätte man sich allenfalls völkerverbindende Effekte versprechen können. Der Todesfall im Milieu eines dekadenten Königshauses bietet hierfür wenig Substanz.

Der Faktor Macht

Aufgrund seines gewaltigen Einflusses auf das Denken und Fühlen der Menschen ist das Fernsehen mittlerweile zu einem gesellschaftlich entscheidenden Machtfaktor geworden. Politikerinnen und Politiker können ohne Fernsehpräsenz kaum mehr Karriere machen. In den USA haben die Fernsehduelle der Präsidentschaftskandidaten einen entscheidenden Einfluß auf die Wahlresultate. »Das Bemühen mancher Politiker«, so der frühere deutsche Bundeskanzler Helmut Schmidt, »beschränkt sich darauf, im Fernsehen zu erscheinen.« Aber auch einfache Bürgerinnen und Bürger entwickeln in einer von Anonymität geprägten Massengesellschaft eine immer wieder überraschende Geilheit, im Fernsehen aufzutreten. Sie können problemlos dazu gebracht werden, vor einem Millionenpublikum ihre intimsten Gefühle und Erfahrungen preiszugeben. Talkshow-Moderatoren mit hohen Einschaltquoten werden zu Kultfiguren und Königsmachern, erfolgreiche Fernsehsender zu Goldgruben.

In unseren Breitengraden steht zwar nach wie vor das Geschäft im Vordergrund, und es gibt zumindest noch lebhafte Konkurrenz. Aber im Zeitalter der Fusionen ballt sich bei großen Medienkonzernen eine politische Macht zusammen, die man nicht unterschätzen darf – und die auch immer wieder mal schamlos zu politischen Zwecken mißbraucht wird. In nichtdemokratischen Ländern dagegen wird die Meinungsbildung der Bevölkerung durch zentrale Steuerung der Medien systematisch manipuliert.

Theoretisch könnte das Fernsehen eine ganz andere Macht haben: Die Macht, aufzuklären; die Macht, Bewußtsein zu bilden; Menschen und Völker einander näher zu bringen; die Realität abzubilden; die Gefahren aufzuzeigen, die unsere Zukunft bedrohen; Hintergründe und Zusammenhänge verständlich zu machen; Energie zu wecken, um die Zukunft aktiv zu gestalten. Doch daraus ist nichts geworden. Die wenigen zaghaften Ansätze sind, insgesamt betrachtet, ein Tropfen auf einen heißen Stein. Für die Fernsehmacher geht es in erster Linie ums Geschäft. Und die Fernsehkonsumenten wollen Ablenkung haben von einem Leben, das ohnehin schon bis zum Rand mit Problemen vollgestopft ist. So ist das Fernsehen zu einer gigantischen Kirmes geworden, zu einer Traumfabrik, die Scheinwelten aufbaut, in die die Menschen flüchten, um die Wirklichkeit zumindest während einiger Stunden am Tag zu vergessen.

Das Fernsehen ist ein Medium. Es sind immer Menschen, die es gestalten, und Menschen, die es nutzen. Die tieferen Ursachen für die Art und Weise, wie heute Fernsehen gemacht, finanziert und konsumiert wird, liegen in der inneren Verfassung unserer Gesellschaft. Das Resultat ist ernüchternd: Wichtige Chancen bleiben ungenutzt, der soziale Zerfall wird massiv verstärkt.

Kapitel 21

Kopf im Sand

Die Fähigkeit, zu glauben, ist etwas Großartiges. Sie ermöglicht es den Menschen, in Sphären vorzustoßen, die einer direkten Erkundung entzogen sind, und zu tiefen inneren Überzeugungen zu gelangen in Fragen, in denen der Verstand nicht weiterhelfen kann. Glauben kann eine gähnende innere Leere ausfüllen. Er kann Menschen Kraft, Mut und Sicherheit geben.

Glauben kann aber auch zu einer verzerrten Wahrnehmung der Wirklichkeit führen. Wenn Glaube für Wissen gehalten wird, ist der Tatbestand eines Realitätsverlustes erfüllt. Dieser kann völlig harmlos sein. Wenn jemand an die Wiedergeburt glaubt, richtet dies nirgendwo Schaden an. Wenn aber existentielle Vorgänge und deren absehbare Folgen ausgeblendet werden, ist Gefahr im Verzug.

Kollektive Verdrängung

Es ist erstaunlich, mit welchem Gleichmut die meisten Menschen die fatalen Entwicklungen auf dieser Erde hinnehmen. Die Probleme sind zwar bekannt, ihre Konsequenzen aber werden verharmlost, verleugnet, verdrängt. Dieses Syndrom wird im wesentlichen durch drei typisch menschliche Einstellungen geprägt.

Erstens: *Es besteht doch gar kein Handlungsbedarf.* Wenn ein Mensch mit hohem Fieber darniederliegt, nicht mehr pinkeln kann oder Blut hustet, ist er im allgemeinen leicht davon zu überzeugen, daß etwas mit seiner Gesundheit nicht in Ordnung ist. Solange er aber keinerlei Beschwerden hat, fühlt er sich kerngesund. Seine Herzkranzgefäße können lebensgefährlich verengt sein, ein Krebsleiden kann sich längst über das heilbare Stadium hinaus entwickelt haben – er spürt nichts.

Wir befinden uns genau in dieser Lage: Wir haben keine wirklich ernsthaften Beschwerden. Wir können noch bestens atmen. Strom kommt aus der Dose, Wasser aus dem Hahn. Man kann alles kaufen, was das Herz begehrt. Man kann reisen, wohin man will. Wir sind nicht unmittelbar von Krieg bedroht. Trotz wirtschaftlicher Schwierigkeiten: Es geht uns insgesamt immer noch recht gut. Wenn uns eine Katastrophe bevorstehen würde, müßte sich dies doch in irgendeiner Weise bemerkbar machen. Tut es aber nicht. Es läuft alles ganz normal. Da wird man doch nicht hingehen und sich wegen Problemen, die es anderswo auf dieser Welt gibt, den Kopf zerbrechen.

Zweitens: *Wir wollen unsere Lebensweise nicht ändern.* Wenn auch nur einige der Probleme auf diesem Planeten gelöst werden sollten, müßten wir in unserer Art zu leben markante Veränderungen vornehmen – alle miteinander. Wir wissen im Grunde haargenau: Wir müßten unsere Ansprüche bezüglich Kaufkraft, Konsum und Komfort drastisch zurückschrauben. Aber das wollen wir nicht. So einfach ist das. Wir wollen uns und unser Leben nicht ändern.

Wir wollen uns aber diesen einfachen Sachverhalt auch nicht eingestehen. Dies würde nämlich das schmeichelhafte Bild, das wir von uns selbst als rechtschaffene und verantwortungsbewußte Erdenbürgerinnen und -bürger haben, erheblich trüben. Wir legen uns deshalb die Meinung zurecht, daß die Lage gar nicht so dramatisch ist; daß es gar keinen zwingenden Grund gibt, wesentliche Veränderungen in unserem Leben vorzunehmen.

Drittens: *Wir können den Lauf der Welt ohnehin nicht verändern.* Einmal angenommen, wir selbst wären noch bereit, einschneidende Verzichte zu leisten – die Welt wäre damit noch lange nicht gerettet. Zu viele andere Menschen und Völker müßten ihren Beitrag leisten – und alle bisherigen Erfahrungen sprechen dagegen, daß die Bereitschaft dazu vorhanden ist. Dies bedeutet nichts anderes, als daß die Probleme im Grunde gar nicht gelöst werden können. Wenn der Lauf der Dinge aber so gut wie vorprogrammiert ist und von niemandem aufgehalten werden kann, lebt man besser, wenn man sich gar nicht erst näher mit unerfreulichen Zukunftsperspektiven befaßt.

Die Flucht vor einer Auseinandersetzung mit der eigenen Ohnmacht ist einer der wichtigsten Gründe für die Verdrängung. Wir versuchen, das, was uns Angst macht, nicht zur Kenntnis zu nehmen.

Tabu der Gesellschaft

Wenn aber offensichtlich alle überzeugt sind, daß die Lage eigentlich so dramatisch gar nicht ist, kommt ein besonders triftiger Grund hinzu, eventuelle Ängste zu verdrängen: *Niemand will etwas von düsteren Zukunftsaussichten hören.* Im Gegenteil: Wenn alle der Meinung sind, daß gar kein Grund zu ernsthafter Besorgnis besteht, würde man sich öffentlich lächerlich machen, wenn man zugeben würde, daß man Angst hat vor der Zukunft. Nur neurotische Menschen leiden unter Zukunftsangst. Wer gar befürchtet, unsere ganze Zivilisation könnte zusammenbrechen, leidet unter Wahnvorstellungen und gehört zum Psychiater.

Was sagt denn unser wichtigstes Informationsmedium, das Fernsehen, dazu? Da gibt es auch nicht die Spur einer globalen Bedrohung. Es gibt Probleme, das ja, aber keine allgemeine Gefahr für unsere Zivilisation. Was man da sehen kann – ganz gleich von welchem Sender aus welchem Land – ist doch ganz normaler Reklame-, Nachrichten- und Unterhaltungsalltag. Jahrein, jahraus. Dies ist äußerst beruhigend. Denn wenn es eine ernst zu nehmende Zukunftsgefahr gäbe – es würde bestimmt im Fernsehen darüber berichtet. Man sucht ja sogar den Weltraum nach Himmelskörpern ab, die eventuell mit der Erde kollidieren könnten. Einem Kometen auf Erdkurs würde man eine gewaltige Atombombe entgegenschicken und ihn sprengen, bevor er uns zu nahe kommt. Man würde die Gefahr rechtzeitig erkennen und etwas dagegen unternehmen. Und: Man würde darüber informiert werden. Über jedes Erdbeben, jeden Vulkanausbruch, jede größere Überschwemmung wird ausführlich berichtet. Es ist gar nicht möglich, daß sich eine globale Katastrophe anbahnt, und man erfährt nichts davon.

Die offene Auseinandersetzung mit den möglichen Konsequenzen der Weltlage ist deshalb heute weitgehend tabuisiert. Auch Politiker und Wirtschaftsführer, die im privaten Kreis offen über ihre Besorgnis und Ratlosigkeit sprechen, würden sich hüten, dies öffentlich kundzutun. Sie müßten befürchten, sofort als Schwarzseher und Panikmacher abqualifiziert zu werden.

Grenzen der Macht

Der amerikanische Präsident gilt gemeinhin als der mächtigste Mann der Welt. Aber wenn man betrachtet, wie viele Wahlversprechen als Leichen am Wegrand amerikanischer Präsidenten liegen bleiben, kann einen oft das Mitleid packen. Dabei handelt es sich meistens noch nicht einmal um globale, sondern um rein innenpolitische Themen. Auch die Macht der Mächtigen – so groß sie uns scheinen mag – hat verhältnismäßig enge Grenzen.

Wer sollte die Macht haben, das Weltproblem Nr. 1 zu lösen, nämlich das Bevölkerungswachstum zu stoppen, und zwar, wenn möglich, durch Geburtenkontrolle und nicht durch Massenvernichtung? Wer sollte in der Lage sein, die Konzentration der Menschen in Ballungszentren rückgängig zu machen; weitere Kriege zu verhindern; die Rüstungsetats abzuschaffen und dafür eine weltweite Entwicklungshilfe, die diesen Namen verdient, zu finanzieren; Diktatoren und ihre Klans in vorzeitigen Ruhestand zu versetzen und in allen Ländern demokratische Verfassungen einzuführen; die Sicherheitskräfte aller Länder so auszurüsten und zu vernetzen, daß die organisierte Kriminalität ausgemerzt werden kann; dafür zu sorgen, daß alle Kinder in einer intakten Familie aufwachsen und eine Schule besuchen können; oder die Strukturen der Weltwirtschaft so zu verändern, daß die Schere zwischen Arm und Reich wieder zu- und nicht weiter aufgeht?

Vielleicht sollte man doch besser davon auszugehen, daß dies alles gar nicht nötig ist.

Ausgrenzung der Skeptiker

All dem zum Trotz, haben sich immer wieder einzelne Skeptiker zu Wort gemeldet – wenige zwar, aber es hat sie gegeben. Einer von ihnen war beispielsweise der bekannte Wissenschaftspublizist Hoimar von Ditfurth mit seinem 1985 erschienenen Buch *So laßt uns denn ein Apfelbäumchen pflanzen. Es ist soweit.* Ein anderer heißt Gregory Fuller. Sein Buch ist 1993 erschienen und trägt den Titel *Das Ende. Von der heiteren Hoffnungslosigkeit im Angesicht der ökologischen Katastrophe.* Man kann nicht behaupten, diese Autoren seien verunglimpft worden. Sie haben ihre Meinung gesagt, einige Leute haben ihre Bücher gelesen – und damit hat sich's gehabt. Die öffentliche Meinung ist davon kaum berührt worden. Für die meisten waren sie so etwas wie Exoten, die mit extremen und im übrigen nicht sonderlich realistischen Ideen Aufsehen erregen wollen. Man hat auch ein Etikett für diese Sonderlinge gefunden: Weltuntergangspropheten. Zwei jüngere Autoren haben sogar herausgefunden, daß alle, die unsere Zukunft besonders kritisch beurteilt haben, über 60 Jahre alt waren – vom Leben enttäuschte Männer, die eventuell an einer latenten Altersdepression leiden und ihre trüben Empfindungen auf die Zukunft der ganzen Welt übertragen.

Damit Sie sich nicht beim Verlag nach meinem Alter erkundigen müssen: Ich bin ebenfalls gerade 60 geworden.

Die Stimmen der Skeptiker sind jedenfalls untergegangen in einem Meer von Veröffentlichungen, die entweder ein rosiges Zukunftsbild entwerfen oder aber Punkt für Punkt aufzeigen, was zu tun ist, damit allenfalls drohende Gefahren rechtzeitig abgewendet werden können. Es grenzt manchmal schon fast an unfreiwilligen Humor, was für geistige Klimmzüge in einzelnen Büchern über die Zukunft unternommen werden. Da wird zum Teil eindringlich auf die Dramatik der Weltlage hingewiesen – bezüglich der absehbaren Konsequenzen aber werden, wenn überhaupt, einige wenige, dunkle Andeutungen geliefert. Man drückt sich mit allen Mitteln schamhaft darum herum, das mit Abstand wahrscheinlichste Szenarium konkret zu benennen und zu beschreiben: den weltweiten Zusammenbruch der Zivilisation. Niemand mag die schlechte Nachricht überbringen.

Es gibt eine alte Weisheit, die man beherzigen sollte, wenn Probleme erkennbar werden, deren Lösung mit einschneidenden Veränderungen verbunden wäre: »Gott gebe mir die Kraft, zu ändern, was ich ändern kann, die Gelassenheit, hinzunehmen, was ich nicht ändern kann, und die Weisheit, das eine vom andern zu unterscheiden.« Gerade auch Menschen in Schlüsselfunktionen haben ein feines Gespür dafür, was die Öffentlichkeit aufzunehmen bereit ist, und was nicht. Ohne diesen politischen Instinkt wären sie nicht dort, wo sie sind. Ein Politiker will gewählt, eine Zeitung gelesen, ein Unternehmen mit seinen Produkten oder Dienstleistungen von den Konsumenten positiv beurteilt werden. Da kann man nicht einfach daherreden, wie einem der Schnabel gewachsen ist.

Beschützerinstinkte

Es gibt durchaus Wissenschaftler und Politiker, welche die fatalen Trends klar erkannt haben und selbst nicht mehr an einen glimpflichen Ausgang glauben. Aber sie halten mit ihrer Meinung zurück. Sie legitimieren dies vor sich selbst mit folgender Argumentation: Wenn die Menschen glauben, daß ein Zusammenbruch nicht mehr verhindert werden kann, resignieren sie. Sie werden depressiv, legen die Hände in den Schoß und ergeben sich passiv ihrem Schicksal. Außerdem tragen sie, da es ohnehin keinen Sinn mehr machen würde, der Umwelt keine Sorge mehr. Der Crash wird dadurch noch beschleunigt.

So entdeckt manch ein Meinungsführer plötzlich seine pädagogische

Ader: Man muß die Menschen motivieren, indem man ihnen Hoffnung gibt. Dann leben sie erstens glücklicher, und zweitens kann der Niedergang verzögert werden. Die soziale Verantwortung, die man trägt, verlangt, daß man seine persönliche Meinung für sich behält.

Wenn aber diejenigen, von denen Otto Normalverbraucher annimmt, daß sie besser informiert sind und einen größeren Überblick haben als er, völlig gelassen ihrem normalen Geschäft nachgehen und sich mit großem Engagement ihren täglichen Sorgen widmen, hat er keinen Grund, beunruhigt zu sein. Und er ist dankbar dafür.

Teil V

Chaos – oder die Unfähigkeit zu steuern

Kapitel 22

Die Welt – ein vernetztes System

El Niño – oder was das Fischsterben in Chile mit dem Waldbrand in Indonesien zu tun hat

El Niño ist eine in ihren Ursachen noch nicht geklärte Veränderung der Strömungsverhältnisse im Pazifik mit globalen Auswirkungen auf das Klima. Der Name – wörtlich »das Kind« – bezieht sich auf das Christkind, weil *El Niño* normalerweise für kurze Zeit um Weihnachten in Erscheinung tritt. Normalerweise. 1982/83 dauerte der Besuch von *El Niño* mehrere Monate. Das Ergebnis: weltweit 2000 Tote und 13 Milliarden Dollar Sachschaden.

Doch zunächst zur Normalsituation: Der kühle Humboldtstrom, dessen Ursprung in der Antarktis liegt, bewirkt, daß die Wassertemperatur vor der Westküste Südamerikas deutlich tiefer liegt als im restlichen Südpazifik. Dies hat zur Folge, daß die Luft weniger erwärmt wird und langsamer aufsteigt, als dies weiter westlich der Fall ist. Das Klima ist trockener. Es herrscht höherer Luftdruck, denn kalte Luft wiegt schwerer. Eines der Resultate sind die Wüstengebiete am Rande Südamerikas. Vor allem aber verstärkt das Luftdruckgefälle die Passatwinde, die warmes Wasser nach Westen blasen, und zwar derart stark, daß der Meeresspiegel im Westpazifik über einen Meter höher liegt als vor der südamerikanischen Küste. Dies wiederum führt dazu, daß im Osten kühles, planktonreiches Wasser aus der Tiefe an die Oberfläche steigt. So entsteht ein sich selbst verstärkender Zyklus, ein meteorologisches Perpetuum Mobile, welches sowohl im Osten als auch im Westen das Klima bestimmt. Es beschert Südamerika trockene Randgebiete und besonders reiche Fischgründe, Indonesien dagegen den lebensnotwendigen Regen.

Alljährlich um die Weihnachtszeit nimmt die Dynamik dieser gigantischen Klimamaschine für kurze Zeit spürbar ab. Der Passat läßt nach, in Indonesien wird es trockener, an der südamerikanischen Küste ziehen Wolken auf, es fällt etwas Regen. Dieses Phänomen heißt »*El Niño*«. In unregelmäßigen Abständen von etwa vier bis sieben Jahren dauert der Besuch von *El Niño* jedoch aus bisher nicht bekannten Gründen wesentlich länger. Der stabile Wassertemperatur- und Luftdruckzyklus – und, damit verbunden, der Passatwind – bricht zusammen. Das im Westpazifik aufgetürmte warme Wasser fließt zurück. Die Verhältnisse im Ost- und Westpazifik gleichen sich an – und auf beiden Seiten kommt es zu krassen Wetteranomalien. In Indonesien, Malaysia, den Philippinen sowie im Norden Australiens fallen die tropischen Monsunregen aus. Es kommt zu Dürreperioden.

1997 ist erstmals beobachtet worden, daß der Passat nicht nur zum Erliegen kam, sondern sogar in umgekehrter Richtung zu blasen begann. Es kam zu den verheerendsten Waldbränden aller Zeiten.

Auf der anderen Seite, in Chile und Peru sowie Teilen Brasiliens und Argentiniens bringt *El Niño* eine außerordentlich hohe Luftfeuchtigkeit, exzessive Niederschläge und entsprechende Flutkatastrophen mit sich. Baumwollernten werden vernichtet oder können nicht eingebracht werden. Transport- und Versorgungswege brechen zusammen. Es kommt zu Mückenplagen. Malaria steigt sprunghaft an. Das Ausbleiben kalten, planktonreichen Wassers führt zu gewaltigen Fischsterben und Fischmigrationen im Meer. Die gesamte Fischerei wird lahmgelegt. Ganze Seelöwen- und Pelikan-Kolonien verhungern. Der für die Düngung der Felder wichtige Vogelkot, *Guano*, bleibt aus.

Durch die veränderten Druckverhältnisse werden im Nordpazifik die Sturmtiefs weiter südlich abgedrängt. Als der Hurrikan *Pauline* Acapulco verwüstete, ließ er 200 Tote zurück. Kalifornien erhält ungewöhnlich viel Regen, einzelne Gebiete werden überschwemmt. Es werden reduzierte amerikanische Getreideernten verzeichnet. Im Norden der USA sowie in Kanada kommt es zu außerordentlich mildem Wetter. Es wird kaum geheizt, der Energiekonsum bricht zusammen. Der afrikanische Kontinent dagegen wird von Dürren heimgesucht – mit vernichtenden Konsequenzen für die Maisernte in Südafrika oder die Kakao-Anbaugebiete in Ghana. In Europa wurde das wärmste Jahr seit Beginn der weltweiten Kimaaufzeichnungen registriert.

Die Welt der Rohstoffbörsen wurde angesichts von *El Niño* 1997, welcher denjenigen von 1982/83 bei weitem zu übertreffen versprach, in helle Aufregung versetzt. Getreide-, Baumwoll-, Zucker- oder Kakaopreise können explodieren, die Notierungen für Heizöl in den Keller fallen. Die Inflation kann angeheizt werden. Dies würde die Zinsen nach oben treiben und die Aktienpreise nach unten drücken. Zum Zeitpunkt, da Sie dieses Buch lesen, werden alle wissen, um wieviel *El Niño* 1997/98 sie reicher oder ärmer gemacht hat. Man wird wissen, wie viele Menschen weltweit durch

Waldbrände, Wirbelstürme, Hunger, Durst und Epidemien umgekommen oder obdachlos geworden sind. Und die Rückversicherungsgesellschaften werden publizieren, wie viele Milliarden Dollar weltweit für Sachschäden ausbezahlt werden mußten.

Die Krise der Tiger

Seit Jahren hatte man den asiatischen Schwellenländern eine goldene Zukunft vorausgesagt. Noch bis Mitte 1997 waren sich alle einig: Hier findet der große Wirtschaftsboom statt. Die Weltbank prägte den Begriff des »ostasiatischen Wunders«. Wer Geld anzulegen hatte, investierte in Südostasien.

Anfang Dezember 1997 kam es in Südkorea zum Crash. Die elftgrößte Volkswirtschaft der Welt stand vor dem Staatsbankrott. In einer hochvernetzten Weltwirtschaft griff die Krise rasch um sich: In Indonesien, Malaysia, den Philippinen und Thailand setzte eine Entwicklung ein, wie sie für derartige Situationen typisch ist: Ausstehende Kredite können nicht mehr zurückbezahlt werden; neue Kredite will keiner mehr geben; die überhöhten Immobilienpreise fallen ins Bodenlose; es kommt zu Wertberichtigungen; Banken werden zahlungsunfähig und müssen die Bilanz deponieren; die Währung schrumpft und treibt die Preise in die Höhe. Die Währungen der Tigerstaaten büßten innerhalb kurzer Zeit im Durchschnitt 50 Prozent ihres Wertes ein, ihre Schulden verdoppelten sich innerhalb von zwei Wochen.

In einer beispiellosen Feuerwehraktion mobilisierte der Internationale Währungsfonds für die Tigerstaaten über 100 Milliarden Dollar an Überbrückungskrediten. Dies bedeutet nichts anderes, als daß wir – die Steuerzahler und Sparer der Mitgliedsländer des Internationalen Währungsfonds – die Zeche südostasiatischer Korruption und Mißwirtschaft bezahlen. Wir tun dies, um einen auch für uns gefährlichen, weltweiten Flächenbrand zu verhindern. Aber die Gefahr war nicht gebannt. Aller Augen richteten sich nun auf Japan, dessen Wirtschaft sich ohnehin bereits in einer kritischen Verfassung befand – und auf China, das ebenfalls in Mitleidenschaft gezogen wurde.

Fast über Nacht hatte sich die Szene völlig verändert. Und dies sind die neuen Perspektiven: Weitere Zusammenbrüche wirtschaftlich schwächerer Länder; weitere kostspielige Interventionen des Währungsfonds; extreme Exportoffensiven der Tigerstaaten; schwache Börsen und deflationäre Trends im Westen. Sollte Japan einbrechen, würde der Crash unweigerlich auf die USA und Europa übergreifen. Zum Zeitpunkt, da dieses Buch in

Druck geht, ist noch offen, ob die Weltwirtschaft mit einem blauen Auge davonkommen wird. Sinkende Wachstumsraten sind so gut wie vorgezeichnet, eine schwere Depression kann zumindest nicht ausgeschlossen werden.

Hinterher sind immer alle schlauer. Heere von Kommentatoren schienen plötzlich genau zu wissen, wie und warum es soweit gekommen war. Aber keiner stellte die interessanteste aller Fragen: Wie ist es zu erklären, daß kaum jemand das hat kommen sehen? Warum mußte es zum Crash kommen? Warum konnte nicht rechtzeitig vorher etwas dagegen unternommen werden?

Komplexität – oder die Vielfalt der Ursachen und Wirkungen

Chaosforschung ist die noch junge Wissenschaft vom Verhalten komplexer und dynamischer Systeme. Sie hat unser Verständnis der Vorgänge in der Natur – speziell in und zwischen lebendigen Organismen – revolutioniert.

In der Technik haben wir es mit Maschinen und Apparaten zu tun, die der Mensch geschaffen hat. Ihre Funktionsweise beruht auf äußerst einfachen Ursache-Wirkung-Mechanismen: Strom einschalten – das Licht brennt; Gas geben – das Auto beschleunigt; Befehl eingeben – der Computer speichert das Dokument auf der Festplatte ab. Auch an derart simplen Aktionen sind zwar weit mehr Abläufe beteiligt, als uns jeweils bewußt ist. Aber man kann zumindest mit großer Sicherheit vorhersagen, was passiert, wenn ein bestimmter Knopf gedrückt wird.

Nicht so in der Natur, im Reich des Bewegten und Lebendigen. Da ist alles viel komplizierter. Jede einzelne Zelle in unserem Körper ist ein hochkomplexes Gebilde, in dem ständig Dutzende, zum Teil sogar Hunderte verschiedener, blitzschnell ablaufender chemischer Reaktionen stattfinden. Millionen oder Milliarden von Zellen arbeiten koordiniert zusammen, um ein Organ zu bilden, das in unserem Körper eine ganz bestimmte, lebenswichtige Funktion ausübt. Und unzählige verschiedene Organe sind in unserem Körper miteinander in Verbindung, beeinflussen sich gegenseitig und müssen sinnvoll zusammenwirken, damit wir auch nur in der Lage sind, zehn Sekunden aufrecht zu stehen. Die Vielfalt der Vorgänge in unserem Körper auch nur zu verstehen, geschweige denn exakt vorauszuberechnen, ist – zumindest mit den heutigen Mitteln – ein Ding der Unmöglichkeit.

Pflanzen und Tiere, Klima- und Wetterphänomene, das Geschehen im Innern der Erde, die Bewegungen im Weltraum – all dies sind komplexe und dynamische Systeme. Besonders komplex und dynamisch aber sind Sozialsysteme: Ein Vogelschwarm oder ein Bienenvolk, eine politische Partei oder die Bevölkerung eines Landes. Denn hier haben wir es mit Gebilden zu tun, die aus Tausenden oder Millionen lebendiger und miteinander kommunizierender Einzelwesen bestehen. Endgültig jenseits jeglicher Vorstellungskraft aber ist die Komplexität der Wechselwirkungen zwischen Sozialsystemen – beispielsweise die Nahrungskette vom Plankton bis zum Großräuber im Meer oder das Zusammenwirken der verschiedenen menschlichen Gesellschaften und Kulturen auf der Erde.

Die Komplexität der Vorgänge in solchen Systemen ist derart gigantisch, daß kein Computer in der Lage wäre, die Entwicklung längerfristig exakt vorauszuberechnen. Minimale Ungenauigkeiten der Eingangsdaten sowie kleinste, nicht meßbare Störfaktoren können auf mittlere Sicht zu gewaltigen Veränderungen führen. Chaosforscher sprechen vom »Schmetterlingseffekt«: Der Flügelschlag eines Schmetterlings kann – zumindest theoretisch – Wochen oder Monate später bei den Antipoden einen Wirbelsturm auslösen.

Ordnung im Chaos

Unter »Chaos« wird gemeinhin Wirrwarr und sinnloses Durcheinander verstanden. Für die Wissenschaft ist dem nicht so. Als »chaotisch« werden Vorgänge bezeichnet, die zu komplex sind, als daß wir sie steuern oder auch nur exakt vorausberechnen könnten. Aber auch im Chaos gibt es Entwicklungsrichtungen, zunehmende oder abnehmende Intensitäten der wirksamen Kräfte, Beschleunigungen oder Verlangsamungen der Vorgänge.

Chaotische Prozesse sind einer Wildwasserfahrt vergleichbar. Auch der erfahrenste Wildwasserfahrer kann nicht exakt vorausberechnen, wie sich das Wasser 20 Meter weiter vorne verhalten wird. Er ist ständig in Bewegung und muß laufend ausgleichen, um einigermaßen auf Kurs zu bleiben. Mal wird er durch einen Wirbel im Kreis gedreht, mal verliert er das Gleichgewicht und muß kopfüber untendurch tauchen. Und doch ist auf viele Faktoren absolut Verlaß. Das Wasser fließt – von lokal begrenzten Wirbelströmen mal abgesehen – immer talabwärts. Das Wildwasser ist rechts und links durch ein Ufer begrenzt – und an manchen Stellen, wenn auch nicht überall, kann man sogar anlanden. Gefährliche Hindernisse wie Felsblöcke in der Fahrrinne oder Stromschnellen sind so weit im voraus erkennbar, daß man Zeit hat, sich darauf einzustellen. Und wer über genügend Erfahrung verfügt, vermag sogar Gefahren zu erkennen, welche unter der Wasseroberfläche lauern – etwa eine unterspülte Felswand, kaum sichtbare Strudel, die das ganze Boot in die Tiefe ziehen könnten und möglicherweise nicht wieder freigeben würden.

Es gibt kein dauerhaftes, totales Chaos. Auch mitten in den größten Turbulenzen gibt es Kräfte, welche den Bewegungen früher oder später eine bestimmte Richtung geben. Die Wissenschaft nennt solche Einflüsse, die Ordnung ins Chaos bringen, »Attraktoren«. Die Kunst besteht darin, diese Kräfte zu erkennen – und mit ihnen, nicht gegen sie zu arbeiten. »Chaos-Kompetenz« – die Fähigkeit, in chaotischen Situationen handlungsfähig zu bleiben – hat in der Wirtschaft an Bedeutung zugenommen. Führungskräfte werden gezielt daraufhin trainiert.

Grenzen der Steuerung und Kontrolle

Besonders wichtig sind die Erkenntnisse, die wir durch die Chaosforschung über die Organisationsprinzipien lebendiger Systeme gewonnen haben. Das Stichwort heißt »Selbstorganisation«. Komplexe und dynamische Systeme – so das Fazit – können nicht zentral oder von außen gesteuert und organisiert werden. Sie können sich letztlich nur selbst wirksam steuern und organisieren. In der Natur organisiert sich alles selbst – und doch gibt es, wie etwa ein Ameisenstaat beweist, beeindruckende Organisationsstrukturen. Die Evolution ist nichts anderes als ein gigantischer Prozeß der Selbstorganisation der Arten, durch den die Natur sich in einem flexiblen Gleichgewicht hält.

Man nimmt heute sogar an, daß das Leben ursprünglich durch Selbstorganisation von Molekülen entstanden ist. Das Geheimnis des Lebens ist die Weitergabe von Information. Leben in seinen vielfältigen Ausprägungen ist nur möglich, weil Zellen die in ihnen enthaltenen Verhaltensprogramme – die sogenannte Erbinformation – an ihre Nachkommen weitergeben. Ein Großteil der Zellen in Ihrem Körper hat vor fünf Jahren noch nicht existiert. Unser Körper ist im Grunde zeit unseres Lebens eine gigantische Baustelle. Da sterben ständig massenhaft Zellen ab und werden laufend durch andere ersetzt und ergänzt. Was stabil bleibt und uns zu dem macht, was wir sind – nämlich ein dauerhaft funktionsfähiges Lebewesen –, ist ein hochkomplexer Bauplan, ein vielschichtiges Bündel von Programmen, ein gewaltiges Informationsmaterial, welches laufend von den jeweils lebenden Zellen an die nachfolgenden weitergegeben wird.

Selbstorganisation stellt sich aber auch bei menschlichen Organisationen immer mehr als wichtiges Prinzip heraus. Mit zunehmender Größe und Komplexität wurden zentral gesteuerte Staatsbürokratien und Wirtschaftskonzerne immer ineffizienter und unregierbarer. Der Trend geht deshalb heute dahin, die arbeitsteiligen und hierarchischen Strukturen aufzubrechen, und kleinere, selbständig handlungsfähige Organisationseinheiten zu bilden, die in Form eines Netzwerkes zusammenarbeiten. Zentrale Planwirtschaft hat seinerzeit die UdSSR in den Kollaps geführt – und jedes große und komplexe Unternehmen, das heute versäumt, dezentrale Formen der Organisation und der Führung zu entwickeln, wird früher oder später das gleiche Schicksal erleiden.

Dezentrale Selbständigkeit aber setzt Grenzen für die Ausübung zentraler Macht und Kontrolle. Dezentrale Organisation bedeutet kleinräumige, lokale oder regionale Selbstorganisation vor Ort. Jede selbständige Organisationseinheit aber neigt dazu, ein gewisses Maß an »Egoismus« zu entwickeln. Der Zusammenhalt des Ganzen wird dadurch schwieriger. Die Wissenschaft bestätigt uns hier lediglich das Dilemma, in der die Menschheit sich befindet: Wir sind von globalen Auswirkungen unseres Tuns und Lassens betroffen – steuern und organisieren aber können wir uns letztlich nur kleinräumig vor Ort. Wir haben zwar ein existentielles, gemeinsames Interesse – nämlich zu überleben. Aber die einzelnen Nationen handeln egoistisch. Die übergeordneten Prozesse verlaufen nicht konzertiert, sondern chaotisch.

Und auch dies kann in der Natur immer wieder beobachtet werden: Je größer und komplexer Systeme werden, desto mehr sind sie mit sich selbst beschäftigt. Sie kümmern sich nicht um ihre Umwelt. Pflanzen können ein Gebiet soweit überwuchern, Tierpopulationen ein Gebiet soweit leerfressen, bis sie sich selbst in ihrer Existenz gefährden. Man muß – so der Soziologe Niklas Luhmann – immer auch »mit der Möglichkeit rechnen, daß ein System so auf seine Umwelt einwirkt, daß es später in dieser Umwelt nicht mehr leben kann«.

Der fundamentale Irrtum: Das isolierte Einzelproblem

Wir haben in der Vergangenheit bis zur Perfektion gelernt, ein Problem in seine Einzelteile zu zerlegen, und für jedes Einzelproblem eine Lösung zu suchen. Wir haben nicht gelernt, mit Situationen und Entwicklungen in vernetzten, dynamischen Systemen umzugehen. Wo zu viele verschiedene Kräfte am Werk sind, die sich auch noch wechselseitig beeinflussen, versagen unsere simplen Werkzeuge. Wir fischen im Trüben. Wir sind überfordert.

Ein solches System ist die menschliche Zivilisation. Man kann zwar eine ganze Reihe wichtiger Entwicklungstrends erkennen und beschreiben: das Bevölkerungswachstum; die Entwicklung von Armut und Reichtum; die Migration; die Verstädterung; die Entwicklung der organisierten Kriminalität; die Globalisierung der Wirtschaft; die Belastung der Atmosphäre mit Giftstoffen; die Abnahme der Fischbestände im Meer; die Abholzung der Regenwälder; die Verknappung des Wassers; die Erwärmung des Klimas; das Artensterben – um nur einige Beispiele zu nennen. Aber jeder einzelne dieser Einflußfaktoren steht in vielfältigen Wechselbeziehungen mit anderen – das heißt er wirkt verstärkend oder abschwächend auf andere und wird selbst von anderen verstärkt oder abgeschwächt. Man nennt dies Rückkoppelung.

Nehmen wir als Beispiel den Einzelfaktor Armut. Armut führt zu Hunger, zu Krankheiten, zu Analphabetismus, zur Übernutzung der Böden, zur Abholzung von Wäldern, zu einem verstärkten Bevölkerungswachstum – und jeder dieser Faktoren verstärkt wiederum die Armut. Wir haben es mit sich wechselseitig verstärkenden Kräften zu tun. Armut führt aber auch zu Migration, zu Verstädterung, zu Kriminalität, zu Gewalt in der Gesellschaft – und jeder einzelne dieser Faktoren wirkt wiederum auf eine ganze Reihe anderer Einflußgrößen, beispielsweise auf die innere Sicherheit eines Landes oder auf die politischen Kräfteverhältnisse. Wenn man versuchen würde, die Wechselwirkungen zwischen den unzähligen Faktoren, welche die Entwicklung unserer Zivilisation und unserer Umwelt bestimmen, grafisch aufzuzeichnen, würde ein Diagramm entstehen, das verwirrender wäre als der Schaltplan des kompliziertesten Computers.

In der lebendigen Welt ist letztlich alles mit allem – direkt oder um einige Ecken herum – vernetzt. Doch genau hier liegt ein zentrales Problem unserer Wahrnehmung: Wir lesen mal einen Artikel über das Ozonloch; wir sehen ein andermal eine Fernsehsendung über Kurden, die als Wirtschaftsflüchtlinge über die Adria nach Italien einzuwandern versuchen; wir lesen etwas über einen Wirbelsturm in der Karibik; wir hören von einer Einbruchserie in der Nachbarstadt; die Fusion zweier großer Konzerne sorgt während einiger Wochen für Gesprächsstoff; bei einer Wahlkampfveranstaltung wird heftig über den Staatshaushalt debattiert. Jeder derartige Vorgang erscheint uns als isoliertes Einzelproblem – und bei jedem denken wir: Da gibt es Leute, die sich darum kümmern. Die Welt ist für uns ein Kaleidoskop. Wir sehen die Dinge nicht in ihren inneren Zusammenhängen und Wechselwirkungen. Wir haben keine Gesamtschau – und erkennen deshalb Gefahren zu spät.

Der Bremsweg des Supertankers

Lebendige Organismen und soziale Gebilde befinden sich letztlich nie in einem Ruhezustand, sondern ständig in Bewegung. Sie können nur existieren, indem sie sich durch ununterbrochenes Ausgleichen von Unwuchten und Störfaktoren in einem flexiblen Gleichgewicht halten. Die Wissenschaft nennt dies »Fließgleichgewicht«. Solche Systeme entwickeln mit der Zeit eine beachtliche Fähigkeit, sich durch Regeneration selbst zu erhalten. Wenn einem Baum oder einem Busch die Krone gestutzt wird, treibt er weiter unten dafür um so stärker aus. Wenn einem See durch die Landwirtschaft eine erhöhte Fracht an Nährstoffen zugeführt wird, vermehren sich Kleinstorganismen, die von diesen Stoffen leben und so den See vor dem Ersticken bewahren. Bis an eine kritische Belastungsgrenze bringt sich also das System durch Regeneration selbst immer wieder ins Gleichgewicht. Es kann deshalb auch bei widrigen Umweltbedingungen lange dauern, bis ein System kollabiert. Es ist wie bei einem Supertanker: Man braucht viel Zeit und Energie, um ihn in Fahrt zu bringen – wenn es aber einmal soweit ist, kann man ihn nicht einfach wieder anhalten.

Ein solcher Supertanker ist beispielsweise unser Weltklima. In der Natur gibt es Kräfte, die das Klima im Rahmen bestimmter Grenzen im Gleichgewicht halten. Das Plankton im Meer scheidet schwefelhaltige Gase aus und gibt sie an die Atmosphäre ab. Hier verwandeln sich diese Gase durch eine chemische Reaktion in sogenannte Aerosole, die als Kondensationskerne für Wasserdampf wirken und so die Wolkenbildung anregen. Wolken aber reflektieren die Sonnenstrahlen, welche sonst die Erdoberfläche erreichen und aufwärmen würden, in den Weltraum zurück. Es wird kühler. Fällt die Temperatur aber unter einen kritischen Wert, nimmt die Planktondichte ab. Es bilden sich weniger Wolken, die Temperatur steigt wieder an. Das Plankton funktioniert also wie ein Thermostat. Es versucht, die Erdtemperatur innerhalb eines bestimmten Bereiches zu regulieren. Die Wissenschaft geht heute davon aus, daß es in der Natur unzählige derartige biologische Rückkoppelungsmechanismen gibt. Ihnen haben wir aller Wahrscheinlichkeit nach die einigermaßen konstanten Lebensbedingungen auf diesem Planeten zu verdanken.

Doch leider sind wir im Begriff, diese Verhältnisse radikal aus dem Gleichgewicht zu bringen. Die Erwärmung des Klimas hat beispielsweise bereits begonnen. Wir wissen nicht, wie schnell und wie weit diese Erwärmung gehen wird – und schon gar nicht, welche konkreten Konsequenzen dies für die einzelnen Regionen der Erde haben wird. Zu viele verschiedene Faktoren wirken auf das System »Erdklima« ein, als daß wir es langfristig vorausberechnen könnten. Aber es gibt Erfahrungen. »Seit 1945 beobachten wir, wie sich die Eisdecke in der Antarktis verringert – etwa ein Kilometer pro Jahr«, gaben südamerikanische Antarktisforscher kürzlich zu Protokoll. »Jetzt plötzlich verlieren wir 15 Kilometer.« Der Rand des Südpolargebietes steht möglicherweise kurz vor einem Klima-Kollaps. Modellrechnungen aber haben ergeben: Wenn der Ausstoß an Treibhausgasen weltweit von heute auf morgen vollständig gestoppt würde, hätte dies kurzfristig nicht den geringsten Effekt. Die Erwärmung des Erdklimas würde sich noch während mehrerer Jahrzehnte fortsetzen. Die Klimamaschine ist ein komplexes und dynamisches System. Man kann sie nicht einfach ein- und ausknipsen wie einen Lichtschalter.

Noch viel beunruhigender aber ist das dramatisch zunehmende, weltweite Artensterben. Dieser Vorgang ist zwar allgemein bekannt. Aber die meisten Menschen sagen: Was kümmern mich irgendwelche Pflanzen oder Tiere, von denen ich noch nicht einmal gewußt habe, daß es sie gibt? Nun, dies ist der Grund, weshalb sie uns kümmern sollten: Die Natur ist ein hochkomplexes, vernetztes ökologisches System. Seine Regenerationsfähigkeit beruht auf der Artenvielfalt. Mit jeder Art, die ausstirbt – mögen wir sie kennen oder nicht – nimmt die Regenerationsfähigkeit ab. Seit einiger Zeit haben wir es auf diesem Planeten mit einem regelrechten Massensterben der Arten zu tun. Wohin dies führt, ist im nächsten Kapitel beschrieben.

Kapitel 23

Der sogenannte Kippeffekt

Die Seerose

Eine kleine Denksportaufgabe lautet wie folgt: Eine bestimmte Seerosenart kann sich besonders schnell vermehren. Unter günstigen Bedingungen verdoppelt sie sich innerhalb 24 Stunden. Ein Exemplar dieser Gattung gelangt in einen großen Teich. Nach 21 Tagen ist die Wasseroberfläche zur Hälfte mit Seerosen bedeckt. Wie lange dauert es, bis der Teich vollständig zugewachsen ist?

Jawohl: Am nächsten Tag ist der Teich zugewachsen.

Wenn man das Wachstum der Seerosen auf der Fläche des Teiches grafisch darstellen würde, ergäbe dies nicht eine gleichmäßig nach oben führende Gerade, sondern eine Kurve, die zunächst über eine längere Strecke ziemlich flach verläuft, dann aber immer steiler wird und schließlich fast senkrecht nach oben führt. Es ist eine sogenannte Hyperbel, die anzeigt, daß wir es mit einem exponentiellen – das heißt sich stark beschleunigenden – Wachstum zu tun haben. Eine solche Kurve entsteht beispielsweise, wenn man das Wachstum der Weltbevölkerung nach dem Seßhaftwerden der Menschen grafisch aufzeichnet.

Eine beschleunigte Zunahme mündet in ein explosionsartiges Wachstum, eine sich beschleunigende Abnahme in einen Zusammenbruch. Zweierlei ist typisch für solche Vorgänge: Erstens, sie verlaufen zunächst scheinbar ganz harmlos; nichts deutet auf eine dramatische Entwicklung hin; es gibt wenig bis keine äußerlich erkennbaren Symptome für die sich anbahnende, dramatische Veränderung. Zweitens, wenn der große Umbruch deutlich erkennbar wird, ist er meist schon sehr weit fortgeschritten und entwickelt eine Eigendynamik, die sich nicht mehr beherrschen läßt.

Ein typisches Beispiel dafür ist der Zusammenbruch der Preise an der Börse.

Der Börsenkrach

Sollten Sie zu den vielen Menschen gehören, die im Oktober 1987 bei einer Bank Geld in Aktien angelegt hatten, dann wissen Sie, wovon hier die Rede ist – denn Sie haben damals schmerzhafte Vermögenseinbußen erlitten. Sie hatten gedacht: Eine angesehene Bank beschäftigt ausgewiesene Profis. Dort ist mein Geld sicher. Sie wurden eines Besseren belehrt. Die sogenannten Profis der Banken sind praktisch durchweg mit all ihren Kundengeldern voll in den Hammer gelaufen. Und hinterher hat Ihr Anlageberater Ihnen mit treuherzigem Blick und im Brustton der Überzeugung erklärt, es sei »höhere Gewalt« gewesen. Man hätte das nicht vorhersehen können. Allen anderen sei es ebenso ergangen. Und Sie haben das geglaubt.

Die Börse ist ein Markt. Wenn mehr Leute Aktien kaufen als verkaufen wollen, steigt der Preis und damit der Wert der Papiere. Es ist aber nicht nur der reale Wert eines Unternehmens, der Investoren und Spekulanten bewegt, die entsprechende Aktie zu kaufen. Für viele ist vielmehr entscheidend, wie der Preis der Aktie sich entwickelt. Wenn er steigt, wird gekauft – in der Hoffnung, daß er noch weiter steigt. Wenn er fällt, wird verkauft – in der Befürchtung eines weiteren Preisverfalls. Aus diesem Grunde verlaufen Preisentwicklungen an der Börse praktisch nie gerade, sondern immer in mehr oder weniger ausgeprägten Schwankungen. Die Fachleute sprechen von Volatilität.

Nun sind heute in den Börsenmärkten unvorstellbare Summen investiert. Wie bereits an anderer Stelle in diesem Buch dargelegt, haben viele private und institutionelle Anleger ihr Geld professionellen Vermögensverwaltern und Fondsmanagern anvertraut, in deren Händen gewaltige Kapitalvolumina konzentriert sind. Wenn auch nur einer von ihnen plötzlich alles umschichtet, kann dies bereits spürbare Kursbewegungen auslösen. Nun verfügen aber alle diese Profis über die gleichen Marktinformationen und die gleichen Möglichkeiten, Chancen und Risiken zu berechnen – und alle können innerhalb von Sekunden einem bestimmten Markt Milliarden zuführen oder entziehen. Wenn nun nach einer längeren Hausse nicht mehr viele Käufer dazukommen, beginnen die Preise zu stagnieren. Da niemand weiß, ob es sich lediglich um eine Verschnaufpause des Marktes oder aber um eine Trendumkehr handelt, warten zunächst alle ab. Niemand möchte eine mögliche weitere Haussephase verpassen. Aber alle sind darauf vorbereitet, sofort aus dem Markt auszusteigen, wenn die Kurse unter eine bestimmte Marke fallen sollten.

In dieser Situation ist es fast egal, wer als erster »abdrückt«. Da niemand mehr zukauft, genügt bereits ein verhältnismäßig kleines Verkaufsangebot, um den Kurs nach unten zu drücken – und eine Lawine auszulösen. Plötzlich stehen Milliarden zum Verkauf an – und niemand ist da, der bereit wäre, zu kaufen. Der Preis fällt und fällt – und löst nur weitere Verkaufsangebote aus. Der Markt bricht zusammen, die Preise stürzen ins Bodenlose. Innerhalb von Stunden oder Minuten ist alles verloren, was der Markt vorher in Monaten oder gar Jahren gutgemacht hatte. Riesige Vermögenswerte sind schlagartig vernichtet.

Es hat im Oktober 1987 Zeichen gegeben, die auf die Möglichkeit eines Börsenkrachs hingewiesen haben. Einzelne Fachleute haben den Crash kommen sehen – wirklich professionelle Anlageberater und Vermögensverwalter spezialisierter Privatbanken sowie großer Investoren. Einige sind noch zwei Tage vorher ausgestiegen. Aber es waren ganz wenige – eine kleine Minderheit. Für die große Masse war der Crash ein völlig unvorhersehbares Ereignis, ein Schicksalsschlag, von dem sich viele nie wieder erholt haben.

Die Mauer

Nach dem Ende des Zweiten Weltkrieges war Deutschland in zwei Teile geteilt, und seit dem August 1961 gab es die Mauer – ein 45 Kilometer langes System von Gräben und Betonwänden, Stacheldrahtzäunen, Minenfeldern und Selbstschußanlagen, welches die Verbindungswege zwischen Ost und West in Berlin hermetisch abriegelte. Über 70 Menschen sind im Laufe der Zeit beim Versuch, die Mauer zu überwinden, umgekommen. Eine Wiedervereinigung der beiden deutschen Republiken erschien – nach Jahrzehnten der strikten politischen Trennung sowie der unterschiedlichen wirtschaftlichen und kulturellen Entwicklung in Ost und West – kaum mehr vorstellbar.

Im Laufe der 80er Jahre kam es in der UdSSR mit »Glasnost« und »Perestroika« zu Reformbewegungen, die auch auf die Verbündeten Rußlands im Bereich des Warschauer Paktes ausstrahlten. Gorbatschow warb allenthalben, unter anderem auch in der DDR, für eine politische Öffnung. Aber die DDR, das nach Rußland wirtschaftlich und militärisch stärkste Land des gesamten Ostblocks, befand sich im eisernen Griff seiner Regierung. Die herrschende Klasse zeigte kein Interesse an einer wie auch immer gearteten Lockerung der Repression. Nichts deutete darauf hin, daß sich in absehbarer Zeit an den Machtverhältnissen auch nur das Geringste ändern könnte.

Doch dann kam die Nacht von Leipzig. Die Unruhen begannen am Abend des 7. Oktober 1989, dem 40. Jahrestag der DDR, mit Demonstrationen und Straßenschlachten. Ein großes Polizeiaufgebot sollte Ruhe und Ordnung wiederherstellen. Truppen wurden zusammengezogen. Doch gemäßigte Kräfte in der Regierung verhinderten buchstäblich in letzter Minute den Krieg gegen die eigene Bevölkerung. Danach ging alles sehr schnell. Am 9. November 1989 wurde die Mauer geöffnet. Gorbatschow widerstand dem Druck mancher seiner Militärs und verzichtete auf den Einsatz russischer Truppen zur Erhaltung des DDR-Regimes. Zusätzliche Übergänge wurden geschaffen. Im März 1990 fanden die ersten freien Volkskammerwahlen statt. Am 1. Juli wurden die Grenzkontrollen abgeschafft. Und am 3. Oktober 1990 wurde der Beitritt zur Bundesrepublik Deutschland besiegelt. Ein diktatorisches Regime, das sich auf einen bestens eingespielten Machtapparat stützen konnte und das seit Jahrzehnten fest im Sattel saß, war fast über Nacht wie ein Kartenhaus in sich zusammengebrochen.

Die DDR ist kein Einzelfall. Immer wieder wurden scheinbar stabile politische Systeme von einem Tag auf den andern weggefegt. Ein besonders extremes Beispiel war das Ende der Herrschaft des Schahs von Persien. Der Inhaber des Pfauenthrons verfügte über eine der bestausgerüsteten Armeen der Welt und über einen perfekt durchorganisierten Apparat für innere Sicherheit. Persien galt als eines der politisch stabilsten Länder der Welt. Noch Tage vor seinem Sturz hätten die meisten westlichen Politiker Wetten darauf abgeschlossen, daß der Schah in seinem Land alles unter Kontrolle hat. Und eines Morgens lasen wir in der Zeitung, daß es einen fast unblutigen Staatsstreich gegeben hatte. Der Schah und seine Gattin waren gerade noch mit knapper Not ins Ausland entwischt. Über Nacht waren die Mullahs an die Macht gekommen. Und da sitzen sie noch heute.

Anatomie des Infarktes

So dramatisch das plötzliche Ereignis erscheinen mag – es kommt nicht aus heiterem Himmel. Es ist das Endergebnis einer hochkomplexen, längerfristigen Entwicklung. Die Entladung ist kein spontanes Geschehen, sondern ein Umbruch, der sich während einer längeren Inkubationszeit angebahnt hatte. Man spricht von einem sogenannten Kippeffekt. Ein See kann während Jahren mit einer tödlichen Giftfracht belastet werden, ohne daß man ihm etwas anmerkt – und irgendwann einmal ist der Punkt erreicht, wo die Regenerationskräfte nicht mehr ausreichen. Innerhalb kürzester Zeit kippt das ökologische System. Das Leben im See stirbt ab.

Herzkranzgefäße können so weit verengt sein, daß nur noch minimale Blutmengen durchfließen. Aber der Herzmuskel ist noch mit Sauerstoff versorgt. Der Mensch spürt nichts. Aber ein kleines, scheinbar harmloses Blutgerinnsel genügt, um den Durchfluß schlagartig zu stoppen. Es kommt zu einem möglicherweise tödlichen Infarkt. Ähnliches haben Sie schon mehrmals auf Autobahnen erlebt: Der dichte Verkehr fließt scheinbar ganz normal, allenfalls etwas verzögert dahin. Und plötzlich stehen Sie mitten in einem schweren Stau. Sie denken »Unfall« oder »Baustelle« – und manchmal trifft dies auch zu. In vielen Fällen aber suchen Sie im nachhinein vergebens nach der Ursache. Der Stau löst sich in nichts auf – und niemand weiß, wie es überhaupt zu stehendem Verkehr kommen konnte. Die Chaos-Theorie hat dafür eine Erklärung: Wenn der Verkehr an eine gewisse Belastungsgrenze kommt, genügt das abrupte Bremsmanöver eines einzelnen Automobilisten, um eine Kettenreaktion auszulösen, an deren hinterstem Ende, in vielen Kilometern Entfernung, der gesamte Verkehr zum Erliegen kommt. Der »Schmetterlingseffekt« läßt grüßen.

Die Ruhe vor dem Sturm

Der Ausbruch eines Vulkans, die Ausbreitung von Schädlingen in Erntegebieten, der Zusammenbruch des Immunsystems im menschlichen Körper, Migrationswellen in großen Populationen, Klimaverschiebungen, Waldbrände, Flutkatastrophen, Versorgungsengpässe in Hungergebieten, kriegerische Konflikte oder das Zusammenbrechen eines Staatswesens – all diese Phänomene gehorchen letztlich den gleichen Gesetzen. Umbrüche in komplexen, dynamischen Systemen verlaufen nicht linear, sondern exponentiell. Der Mensch aber denkt nicht komplex, nicht dynamisch, nicht prozeßorientiert. Er denkt linear. Er glaubt, jedes Ereignis auf eine einfache Ursache zurückführen zu können. Er glaubt, aus dem Heute im Maßstab 1:1 ableiten zu können, was morgen sein wird. Und wenn morgen etwas eintritt, das er nicht vorhergesehen hat, dann spricht er von einer »Naturkatastrophe«, von einem »Schicksalsschlag«, von »höherer Gewalt«.

Wir befinden uns heute im weiteren Vorfeld einer globalen Katastrophe. Viele Trends – ökologische und gesellschaftliche – laufen seit längerer Zeit in eine ungünstige Richtung. Und sie beschleunigen sich. Aber wir selbst sind noch nicht von existentiellen Konsequenzen betroffen. Andere schon, aber nicht wir. Folglich ist alles halb so dramatisch. Die Gefahr wird verkannt, bis es zu spät ist. Es gibt zwar Frühsymptome. Aber all diese Signale werden glatt überfahren – übersehen, verharmlost, uminterpretiert. Dies ist einer der Gründe, weshalb ein Crash nicht zu verhindern sein wird.

Kapitel 24

Ordnende und zersetzende Kräfte

Die Menschheit war nicht immer ein in sich zusammenhängendes System von Völkern und Gruppen. Die längste Zeit lebten die Menschen in kleinen, weit verstreuten Sippen und Stämmen. Kontakte zu anderen Gruppen beschränkten sich im wesentlichen auf Stammesfehden und Revierkämpfe von regionaler Bedeutung. Nichts, was sich irgendwo ereignete, hatte auch nur den geringsten Einfluß auf das Schicksal der Antipoden. Heute ist alles mit allem vernetzt. Die Menschheit ist zu einem gigantischen, hochkomplexen und hyperdynamischen System zusammengewachsen.

Gute Zeiten für Krisenmanager

Wenn die Vorgänge in diesem brisanten System geordnet ablaufen würden, müßten wir uns um unsere Zukunft keine Sorgen machen. Aber die Theorie lehrt: Je größer und komplexer ein System, desto geringer die Chance einer Steuerung, desto höher die Wahrscheinlichkeit chaotischer Prozesse. Und die Praxis bestätigt es. Die Dinge entwickeln sich zunehmend ungeplant, unvorhersehbar und unberechenbar. Wo gestern noch Ruhe herrschte, entsteht plötzlich und unerwartet eine neue Krisensituation. Konflikte prägen zunehmend das Geschehen – im engeren sozialen Umfeld der Menschen genauso wie auf nationaler Ebene oder in der Weltpolitik. Ob in der Wirtschaft oder in der Politik: Krisenmanager haben Hochkonjunktur. Feuerwehraktionen sind an der Tagesordnung, Schadensbegrenzung beherrscht die Szene.

Dies sind Anzeichen für eine Destabilisierung. Unsere Zivilisation gerät langsam aber sicher aus den Fugen. In einer Welt mit so vielen Völkern und Gruppen mit so unterschiedlichen Kulturen und Interessen sind schlicht zu viele Kräfte am Werk. Niemand kann überblicken oder gar voraussehen, wann wo was geschieht – und warum. Und erst recht wäre niemand in der Lage, überall rechtzeitig für Ruhe und Ordnung zu sorgen oder das Geschehen in eine bestimmte Richtung zu lenken. Wir haben die Welt und unser eigenes Schicksal nicht im Griff. Wir agieren nicht, wir reagieren nur noch. Wir steuern nicht, sondern werden gesteuert – von chaotisch ablaufenden Prozessen.

Aber auch in einem Chaos sind nicht alle Kräfte gleich stark. Es gibt Kräfte, die so stark sind, daß sie andere Kräfte überlagern. Es gibt Kräfte, die sich gegenseitig aufheben, und andere, die sich gegenseitig verstärken. Dadurch entstehen mächtige Bewegungen – Strömungen im Chaos, die eine klare Richtung erkennen lassen. Das Geschehen wird dadurch nicht berechenbar. Man kann nicht exakt voraussagen, wann wo was geschehen wird. Aber es wird erkennbar, wohin die Reise geht – und wohin nicht.

Drei Faktoren, die das Geschehen auf dieser Welt besonders stark prägen, sind: wirtschaftliche Interessen, die Belohnung des kurzfristigen Erfolges und Konflikte zwischen unterschiedlichen Kulturen. Alle drei Faktoren wirken destabilisierend auf das Gesamtsystem.

Dominanz wirtschaftlicher Interessen

Wirtschaftliche Interessen sind an und für sich nichts Verwerfliches. Geld kann unter anderem dazu verwendet werden, Armut, Hunger und Elend zu beseitigen oder unsere biologischen Lebensgrundlagen zu verbessern. Doch dies geschieht, wo überhaupt, nur in einem höchst begrenzten Umfang. Geld, und der Wunsch, es zu vermehren, gehören vielmehr mit zu den Hauptmotiven für soziale Konflikte sowie für die Zerstörung unserer biologischen Lebensgrundlagen.

Daß Menschen, die am Verhungern sind oder kein Dach über dem Kopf haben, Geld brauchen, versteht sich von selbst. Interessanter ist, daß Menschen, die keine derartigen Sorgen haben, einen so großen Drang verspüren, das Geld, das sie bereits besitzen, zu vermehren. Geld übt auf Menschen eine nachgerade erotische Anziehungskraft aus. Und dies ist der Grund: Geld bedeutet weit mehr als einfach nur Kaufkraft, um zu überleben. Es bedeutet Sicherheit, Gesundheit, soziale Anerkennung, ja sogar Freiheit und Unabhängigkeit. Und: Geld bedeutet Macht. Tiefste menschliche Bedürfnisse sind mit dem Besitz von Geld verbunden. Vorhandenen Reichtum zu mehren, ist deshalb ein ebenso wirksames Motiv menschlichen Handelns wie der Wunsch, ein Dach über dem Kopf zu haben oder seine Kinder zu ernähren.

Wer am Hungertuch nagt, denkt an die nächste Mahlzeit, nicht daran, wie man sich zur Durchsetzung gemeinsamer Interessen politisch organisieren könnte. Er verfügt in der Regel weder über spezielles Wissen noch über freie Mittel. Und er findet mit seinen Anliegen nur schwer Gehör oder gar Verbündete. Außerdem ist Armut – in einer Welt, in der es so viel Wohlstand gibt – mit schweren psychischen Belastungen verbunden. Das Selbstvertrauen ist angeknackst, die Leistungskraft beeinträchtigt. Armut erzeugt deshalb fast immer noch mehr Armut.

Wer sich dagegen in einer wirtschaftlich soliden Situation befindet, ist nicht mit dem nackten Überleben beschäftigt. Er kann seine Zeit und seine Kraft und, wenn erforderlich, sogar fremdes Wissen, technische Mittel sowie andere Menschen zur Durchsetzung seiner Interessen mobilisieren. Er kann sich mit Gesinnungsgenossen zusammentun, gleichgerichtete Kräfte bündeln, organisiert vorgehen. Dazu kommt, daß Geld – richtig investiert – für sich selbst arbeitet. Mit zunehmendem Wohlstand steigen deshalb die Chancen, noch mehr Geld zu verdienen. Die Mehrung von Geld wird leicht zum Selbstzweck, zur sportlichen Herausforderung, zum Beruf, für manche gar zum einzigen Lebensinhalt. So kommt es, daß ein erheblicher Teil der politisch und gesellschaftlich wirksamen Kräfte direkt oder indirekt mit wirtschaftlichen Interessen zusammenhängen – und daß die erwirtschafteten Mittel mehrheitlich zur Vermehrung bereits vorhandenen Wohlstandes, und nicht zur Lösung sozialer oder ökologischer Probleme eingesetzt werden.

Unsere Zivilisation wird nicht an alkoholversetzten Designerdrinks, den sogenannten Alcopops zugrunde gehen. Aber das Geschäft damit ist einer von vielen Vorgängen, durch die unsere Gesellschaft von innen heraus zersetzt wird. Das Beispiel eignet sich deshalb recht gut zur Illustration der Wirkungsweise wirtschaftlicher Interessen in unserer Gesellschaft. Wie ist es möglich, daß in einem demokratischen Rechtsstaat Millionen Kinder und Jugendliche gezielt und systematisch an den Konsum von Alkohol gewöhnt werden? Möglicherweise werden Sie denken: Dahinter steckt die Mafia. Falsch. Die Mafia mischt hier nicht mehr und nicht weniger mit als anderswo in der Wirtschaft. Es sind große, angesehene Getränkekonzerne, die hier eine Marktlücke entdeckt haben. Ihre Aktionäre, ehrbare Bürgerinnen und Bürger, verdienen an diesen Drinks genauso wie am Mineralwasser oder am Bier ihres Unternehmens, das in rauhen Mengen durch die Kehlen fließt. Es sind honorige Werbeagenturen, welche die Vertriebsstrategien und die Werbekampagnen ausgeheckt haben. Es sind der Supermarkt, der Kiosk und die Kneipe um die Ecke, die es verkaufen. Es sind Regierungen und Parlamente, die nicht dagegen einschreiten. Und alle wissen im Grunde haargenau, was da passiert.

Und wenn man noch genauer hinschaut, stellt man fest: Es sind vielbeschäftigte Eltern, die ihren Kindern aus Schuldgefühl zuviel Geld geben – und sich nicht darum kümmern, wofür es ausgegeben wird. Dazu kommt: Mancher Familienvater besitzt nebenbei noch die eine oder andere Aktie, betreibt einen Laden oder arbeitet in einer Werbeagentur. Mit anderen Worten: Wir sind es – alle miteinander. Die Gesellschaft ist es. Die wesentlichen Triebkräfte sind – wo immer man hinguckt – wirtschaftliche Interessen. Und keiner, der daran beteiligt ist, tut dies, weil er am Hungertuch nagt.

Wirtschaftliche Interessen sind – wie kaum andere – professionell organisiert. Sie sind in der Politik durch starke Lobbies vertreten und entfalten eine entsprechende Macht. Wirtschaftliche Interessen setzen sich deshalb, wenn es hart auf hart geht, so gut wie gesetzmäßig gegen soziale oder ökologische Anliegen durch. Die Dominanz wirtschaftlicher Interessen beginnt im Denken und Handeln des einzelnen. Sie setzt sich fort in der Lokalpolitik, in der nationalen Innenpolitik und erst recht in der Weltpolitik. Sie bestimmt, wer wen unterstützt, und wer sich mit wem zusammentut. Sie macht sogar Menschen und Nationen zu Verbündeten, die sonst nichts, aber auch gar nichts gemeinsam haben.

Dies ist einer der wesentlichen Gründe, weshalb Dinge, die für unsere Zukunft entscheidend wären, nicht rechtzeitig geschehen – oder gar nicht geschehen: die geballte Macht wirtschaftlicher Interessen.

Belohnung des kurzfristigen Erfolges

Die Vorgänge, die unsere Zukunft bedrohen, sind langfristiger Natur. Sie laufen über Jahrzehnte, zum Teil über Jahrhunderte. Die Menschen aber haben eine durchschnittliche Lebenserwartung von etwa 75 Jahren – und auch dies nur in unseren Regionen. Weil es unser einziges Leben ist, und weil so viele Erlebnisse darin Platz haben, empfinden wird dies – zumindest solange wir noch einen wesentlichen Teil vor uns haben – als eine lange Zeit. Wir denken in den Zeitdimensionen unseres individuellen Lebens, nicht in denjenigen fundamentaler gesellschaftlicher und ökologischer Veränderungen. Dies ist im Hinblick auf unsere Zukunftssicherung ein weiterer limitierender Faktor: Wir denken kurzfristig, nicht langfristig. Das zeitlich Entfernteste, womit Menschen sich allenfalls beschäftigen, sind die Umstände ihres Todes – nicht das, was danach auf der Erde passiert. Max Frisch hat 1966 einen Fragebogen verfaßt, mit dem man sich selbst und seine Denkhaltungen überprüfen kann. Die zwei ersten der insgesamt 25 scheinbar einfachen Fragen lauten: »1. Sind Sie sicher, daß Sie die Erhaltung des Menschengeschlechts, wenn Sie und alle Ihre Bekannten nicht mehr sind, wirklich interessiert? 2. Warum? Stichworte genügen.«

Wir treffen täglich Entscheidungen – aber die wichtigen Weichenstellungen in unserem Leben sind nicht das Ergebnis langfristiger Planung, sondern letztlich sehr weitgehend durch Zufälle beeinflußt. Wenn wir etwas wollen, dann wollen wir es jetzt – nicht in einem Monat oder in einem Jahr. Und vieles – weit mehr als uns bewußt ist – tun wir ganz spontan. Wir handeln – und gucken hinterher, was dabei herausgekommen ist.

Die Neigung zu kurzfristigem Denken und Handeln prägt in entscheidendem Maße die Organisationen und Institutionen, die die Menschen zur Wahrung ihrer Interessen ins Leben rufen. Führungskräfte in der Wirtschaft werden jeweils am Ende eines Geschäftsjahres danach beurteilt, wie weit sie die mit ihnen für diese Jahresperiode vereinbarten Ziele erreicht haben. Die Unternehmensleitung wird danach beurteilt, wie sich der Aktienkurs, die Dividende und mit ihnen der *Shareholder-value* entwickeln – von Quartal zu Quartal. Niemand wird danach beurteilt, was er für die langfristige Entwicklung des Unternehmens tut. Im Gegenteil, Manager sind immer wieder versucht, zugunsten eines guten Jahresabschlusses langfristige Substanzwerte zu opfern. Manch einer hat damit schon große Karriere gemacht.

In der Politik verhält es sich ähnlich. Da kann man mit allzu langfristig wirksamen Initiativen kaum Lorbeeren holen. Nur das Aufnehmen der Sorgen, die den Bürgerinnen und Bürgern hier und jetzt unter den Nägeln brennen, hat Chancen, Aufmerksamkeit zu wecken und honoriert zu werden. Und meistens ist die nächste Wahl bereits in Sicht.

Der Rhythmus der Vorgänge, die unsere Zukunft bedrohen, und der Rhythmus organisierter menschlicher Problemlösungsprozesse klaffen meilenweit auseinander.

Konflikte unterschiedlicher Kulturen

Der Mensch ist ein Kulturwesen. Sein Verhalten wird nicht – wie dasjenige der Tiere – in erster Linie durch Instinkte gesteuert, sondern durch die im sozialen Umfeld herrschenden Normen. Unterschiedlichste Religionen und Ideologien haben im Laufe der Zeit die verschiedensten Kulturen hervorgebracht. Menschen sind nicht von vornherein an eine bestimmte Kulturform gebunden. Aber sie brauchen eine Kultur, um sich überhaupt zu einer Gesellschaft zusammenschließen zu können. Religion, Sprache und Kultur sind das Verbindende, welches einem Volk eine Identität, inneren Zusammenhalt und eine soziale Ordnung geben. Kultur ist nicht einfach Folklore. Kultur ist das, was einer Gesellschaft ihren unverwechselbaren Charakter, ihre Struktur und ihre Stabilität verleiht.

Kultur schafft aber nicht nur die Voraussetzung für Verständigung und Zusammenhalt im Innern, sondern auch für Abgrenzung und Durchsetzung nach außen. Der Zusammenhalt im Innern bedarf fast immer eines äußeren »Feindes«, auf den die aggressiven Gefühle der Menschen gelenkt werden können. Das Aufbauen und Pflegen von Feindbildern gehört deshalb zum Kerngeschäft jeder Machtpolitik. Politische Parteien, diktatorische Regime, religiöse Fundamentalisten – sie alle kommen nicht aus mit ihren Ideen. Sie brauchen zusätzlich einen Gegner, auf dessen Kosten sie sich profilieren können – oder gar einen klar definierten Feind, dessen Vernichtung an prominenter Stelle auf dem Programm steht.

Ob es uns gefällt oder nicht: Kulturen haben wenig Chancen zu überleben, wenn sie sich öffnen. Kulturen können sich zwar durch Evolution verändern. Aber dazu sind große Zeiträume erforderlich. Was passiert, wenn unterschiedliche Kulturen aufeinanderprallen oder – wie heute in vielen Ländern als Folge von Migrationsbewegungen – wild durcheinandergemixt werden?

Wenn unterschiedliche Kulturen sich zu schnell vermischen, kommt es nicht zu einer Evolution, sondern zu einem Zusammenbruch der Wertordnungen und der Sozialstrukturen. Die Menschen verlieren ihre soziale Identität, die Orientierung und den inneren Halt. Ob in Südamerika, Nordamerika, Afrika oder Australien – wo immer die Ureinwohner von den Eroberern nicht massakriert worden sind, haben Alkohol und Drogen, Hunger und Elend, Krankheiten und Epidemien den Untergang von Völkern und Kulturen zu Ende gebracht. Und exakt dies sind Symptome, die wir heute weltweit in zunehmendem Masse beobachten können. Die kulturellen und sozialen Veränderungen vollziehen sich zu schnell. Es findet keine organische Entwicklung mehr statt. Man kann nicht mehr von einer Evolution kultureller und sozialer Strukturen sprechen. Wir haben es mit einem gesellschaftlichen Verfall zu tun.

Hoffnungsträger

Aber es gibt auch Gegenbewegungen. Menschen organisieren sich nicht nur, um sich auf Kosten anderer zu bereichern. Sie organisieren sich manchmal auch, um Aufgaben wahrzunehmen, in denen die offizielle Politik und der

Staat zunehmend kläglich versagen. Für viele Sozialwissenschaftler sind die »NGO« *(Non-governmental organizations)* sogar die entscheidenden Hoffnungsträger der Zukunft. Nichtstaatliche Institutionen wie etwa *Greenpeace, Amnesty International, International Wildlife Fund*, der *Club of Rome* oder das *Worldwatch Institute* haben weit mehr zur Bewußtseinsbildung der Menschen auf diesem Planeten beigetragen als alle Regierungen zusammen. Manche private Initiative zum Schutz tropischen Regenwaldes oder gefährdeter Tierarten hat unter dem Strich mehr bewirkt als die hohe Politik. Aber auch auf regionaler und lokaler Ebene gewinnen private Initiativen immer mehr an Bedeutung: Nachbarschaftshilfe; Bürgerinitiativen; Frauenverbände; Selbsthilfegruppen aller Art; private Kindergärten, Schulen, Alters- und Krankenpflegeeinrichtungen; Bürgerwehren und private Sicherheitsdienste.

Im übrigen zeigt die Praxis etwas höchst Erstaunliches: Menschen – bei weitem nicht alle zwar, aber einige – sind sogar fähig, religiöse und kulturelle Barrieren zu überwinden. Die multikulturelle Gemeinschaft, in der Menschen unterschiedlicher Herkunft, Sprache und Religion friedlich miteinander leben und zusammenarbeiten – es gibt sie tatsächlich. Man findet solche Formen spontaner, lokaler Gemeinschaftsbildung in urbanen Gebieten der verschiedensten Länder. Buddhisten, Christen, Muslime, Juden, sie können friedlich miteinander leben – innerhalb einigermaßen überschaubarer Gebiete, dort, wo Menschen sich noch persönlich begegnen.

Diese Entwicklungen vollziehen sich weitgehend unbeachtet von einer breiteren Öffentlichkeit und werden deshalb noch immer weit unterschätzt. Ohne sie wäre es um unsere Situation bereits heute wesentlich schlechter bestellt. Hier finden sich durchaus Ansätze zu einer tragfähigen, menschlichen Kultur. Sie wirkt dem gesellschaftlichen Verfall entgegen, kann ihn jedenfalls verzögern. Soziologen haben das erkannt – und daraus auch gleich das Zukunftsmodell menschlicher Gesellschaften schlechthin gemacht. Ihre Bücher strotzen von Formulierungen wie »ich schlage vor«, »man könnte«, »man sollte«, »es müßte«. Da gibt es nur ein Problem: Die Massengesellschaft ist ein viel zu komplexes Gebilde, als daß sie sich organisieren ließe. Sie organisiert sich selbst – ohne uns zu fragen, wie wir es gerne hätten.

Die notwendigen Voraussetzungen für eine friedliche Selbstorganisation der Menschen in multikulturellen Gemeinschaften sind bei weitem nicht überall gegeben: ein Mindestmaß an ökonomischer Basis, an Bildung, an Zeit für Entwicklung. Wo alles drunter und drüber geht, ist keine soziale Evolution möglich. Und niemand hat die Macht, diese Voraussetzungen flächendeckend zu schaffen. Bei weitem nicht alle Menschen sind bereit, sich mit kulturell Fremden zusammenzuschließen. Aufs Ganze gesehen neigen Kulturen dazu, sich abzuschotten. Dazu kommt: Die meisten großen Religionen – alle mit Ausnahme des Buddhismus – haben eines gemeinsam: den unbändigen Drang, die Menschen zu entmündigen. Selbstorganisation wird gar nicht überall zugelassen. Das Modell, so gut es sein mag, wird auf kleinere Inseln begrenzt bleiben. Im übrigen können lokal funktionierende Gemeinschaften die eskalierenden, globalen Entwicklungen, die unsere Zukunft bedrohen, nicht aufhalten. Sie vermögen höchstens den zunehmenden sozialen Schaden vor Ort – Ausfluß der letztlich dominierenden, zersetzenden Kräfte – zu begrenzen.

Kapitel 25

Die Falle der westlichen Wertvorstellungen

Am Ende eines Jahrhunderts, in dessen erster Hälfte es zwei Weltkriege gegeben hat, sind die Menschen schon froh, wenn sich kein dritter anbahnt. Die weltpolitische Lage wird deshalb heute allgemein als verhältnismäßig stabil empfunden. Es gibt zwar laufend Konflikte von regionaler Bedeutung. Aber daran hat man sich mittlerweile gewöhnt. Im übrigen, so wird gesagt, braucht alles seine Zeit; wir befinden uns letztlich alle im gleichen Boot und werden schrittweise zu einer Weltgemeinschaft der Völker zusammenwachsen.

Ein Blick in die Runde schafft Klarheit.

Die multikulturelle Völkergemeinschaft und die Moral

Berichte von *Amnesty International* lesen sich wie amtliche Statistiken über Gewaltverbrechen. Im Jahre 1996 sind in insgesamt 39 Staaten Menschen spurlos in den Händen von Sicherheitskräften oder bewaffneten oppositionellen Gruppen verschwunden. In 69 Staaten waren insgesamt Tausende politischer Morde zu beklagen. 76 Staaten haben Todesurteile verhängt. 94 Staaten hielten gewaltlose, vorwiegend politische Gefangene in Haft. In einer ganzen Reihe von Ländern werden Minderheiten bis zum Genozid verfolgt und unterdrückt. In Ruanda, wo mittlerweile etwa eine Million Tote zu beklagen sein dürften, warten rund 100 000 Häftlinge seit Jahren auf ein Gerichtsverfahren.

Weit über hundert Staaten hatten 1984 die UNO-Konvention gegen Folter unterzeichnet. Gemäß *Redress*, einer Londoner Nonprofit-Organisation für Menschenrechte, und *Amnesty International* sieht die Praxis heute wie folgt aus: In 124 Ländern wird gefoltert. Eine *»systematische Anwendung* *von Folter*« wird in folgenden Staaten praktiziert: Ägypten, Afghanistan, Algerien, Bosnien-Herzegowina, Brasilien, Burma, Burundi, China, Jemen, Indien, Indonesien, Irak, Iran, Kamerun, Kenia, Kolumbien, Libyen, Mexiko, Nigeria, Pakistan, Peru, Republik Kongo, Ruanda, Saudi-Arabien, Sierra Leone, Somalia, Sri Lanka, Sudan, Syrien, Türkei, Venezuela. In mindestens 93 weiteren Ländern – darunter Israel, Italien, Portugal, Rußland, Spanien und die USA – wird die »*gelegentliche Anwendung von Folter*« registriert. Dies zeigt zweierlei: erstens, wo wir in Sachen Menschenrechte stehen; zweitens, was UNO-Konventionen wert sind.

China hat im Berichtsjahr 3150 Menschen hingerichtet und 6000 Todesurteile verhängt – und diese Zahlen steigen von Jahr zu Jahr. In Rußland sind Nomenklatura und Mafia derart eng verwoben, daß niemand mehr das eine vom anderen unterscheiden kann. Von den dreistelligen Dollarmilliarden, die seit dem Zusammenbruch der Sowjetunion aus dem Westen ins Land geflossen sind, liegen 40 % bereits wieder im Ausland auf Privatkonten von Verbrechern sowie korrupten Beamten und Politikern. Und dies ist nur das Geld, welches die feinen Herren der russischen Elite ins Ausland geschafft haben. Wenn man die Wege einzelner Zahlungen zugunsten der armen Bevölkerung verfolgt, stellt man häufig fest, daß von zwei- oder dreistelligen Millionenbeträgen nicht ein einziger Pfennig bei den Adressaten angekommen ist.

Verbündete suchen

In verschiedenen südamerikanischen Ländern arbeiten Regierungsstellen aufs engste mit der obersten Hierarchie der Drogenkartelle zusammen. Staatliche Polizeiorgane kooperieren mit Gangsterbanden, um gemeinsam die eigene Bevölkerung auszuplündern. Das Mullah-Regime im Iran läßt reihenweise oppositionelle Politiker auf dem Hoheitsgebiet anderer Staaten – darunter Frankreich, Deutschland und Österreich – durch Killerkommandos massakrieren. Im Sudan sind islamistische Extremisten an der Macht, die gegen die eigene Bevölkerung Krieg führen. Regierungstruppen unterstützen Banden von Milizen beim Niederbrennen ganzer Dörfer, deren Bevölkerung eingefangen und zu Tausenden als Sklaven verschleppt werden. Der Marktpreis: rund 100 Dollar pro Kopf. Frauen und Kinder werden sexuell ausgebeutet, Männer als Arbeitssklaven eingesetzt oder, wenn aufmüpfig, auf der Stelle erschlagen oder erschossen. Was sich Amerika mit Millionen afrikanischer Sklaven geleistet hat, wiederholt sich im Jahre 1997 mit Tausenden von Menschen im Sudan – organisiert von der Regierung.

Und dann haben wir noch nicht über die Pol Pots, Saddam Husseins, Gaddhafis, Baby Doc Duvaliers, Idi Amin Dadas, Mobutus und Karad`i ̌cs dieser Welt gesprochen.

Sind dies die Länder, mit denen gemeinsam wir die Welt retten wollen? Die sich mit uns hinter gemeinsamen Werten versammeln sollen? Werden ihre Regierungen sich jemals einem Organ unterordnen, welches die Einhaltung international vereinbarter Regeln kontrolliert? Werden sie den Ast absägen, auf dem sie sich so komfortabel eingerichtet haben? Die Antwort können Sie sich selbst geben.

Und wie ist es um uns Saubermänner und Sauberfrauen in Westeuropa bestellt?

Für das Stoßgebet »Herr, wir danken Dir, daß wir nicht sind wie diese Sünder« besteht wenig Grund. Da gibt es immer wieder böse Ausrutscher, die zeigen, daß unter der Decke auch bei uns nicht alles so ist, wie wir es uns gerne vorstellen. Etwa in Belgien, wo von einem Pädophilenring kleine Mädchen entführt, verschleppt, vergewaltigt und ermordet worden sind – und wo sich gezeigt hat, daß all dies nur möglich war, weil die Verbrecher von höchsten Stellen der Sicherheitsorgane, der Justiz und sogar der Politik gedeckt worden sind. Oder in Italien, wo die Europäische Union im Laufe der Jahre zur Entwicklung des Südens zweistellige Milliardenbeträge in die unteren Provinzen des Stiefels gepumpt hat. Das unlängst veröffentlichte Resultat einer Studie, die untersucht hat, was daraus geworden ist: Ein Teil der Gelder hat sich in halb angefangenen und teilweise wieder versandeten Projekten niedergeschlagen. Der große Rest ist in der korrupten Staatsbürokratie sowie in den Taschen der »Ehrenwerten Gesellschaft« versickert.

Doch nun zu uns selbst. Wie stehen denn wir, die Bürgerinnen und Bürger der westlichen Wohlstandsgesellschaften zu all dem?

Blinde Flecken

Was in fremden Ländern mit den Menschen passiert, ist kein Geheimnis. Es werden zwar bei weitem nicht alle Scheußlichkeiten international bekannt. Aber das, was bekannt ist, reicht bei weitem, um einem das Blut in den Adern gefrieren zu lassen. Die UNO weiß es, der Internationale Gerichtshof weiß es, die Weltbank weiß es, unsere Regierungen wissen es. Wir wissen es. Aber – so die bei uns herrschende Moral – das geht uns nichts an. Wir sind gute Demokraten, respektieren die Souveränität anderer Staaten und mischen uns nicht in deren innere Angelegenheiten ein. Kein Argument unserer Wirtschaftsführer und Politiker, welche durch die Bank Nichteinmischung und vornehme Zurückhaltung predigen, ist uns zu erbärmlich: Den armen Menschen in diesen Ländern wäre schlecht gedient, wenn wir die diplomatischen Beziehungen zu ihren Regierungen abbrechen oder gar einen Wirtschaftsboykott gegen sie verhängen würden. Je besser es den Menschen dort geht, desto eher wird sich die Demokratie durchsetzen. Und wie sorgen wir dafür, daß es den Menschen dort besser geht? Indem wir mit ihren korrupten Regierungen gute Geschäfte machen.

Wir reden uns ein, in weniger entwickelten Ländern sei es notwendig, autoritär zu regieren, um im Interesse der Bevölkerung Ruhe und Ordnung aufrechtzuerhalten. Dies mag im einen oder anderen Falle sogar stimmen. In der Regel aber ist es genau umgekehrt: Die Interessen der Bevölkerung werden von einer dünnen Schicht krimineller Politiker und Staatsfunktionäre systematisch mißachtet. Die Bevölkerung wird unterdrückt und ausgeplündert, zu dem einen und einzigen Zweck der eigenen Bereicherung. Dies ist der traurige, bei uns immer wieder schamhaft verschleierte Tatbestand: Ein erschreckender Teil der Länder dieser Erde wird von Verbrecherbanden regiert, von Gangstern, die über den Staatsapparat verfügen wie über ihr Privateigentum – von der Polizei über die Justiz bis zur Armee. Wie alle arrivierten Verbrecher versuchen sie, sich nach außen hin einen ehrenwerten Anstrich zu geben. Ihr Wirken wird politisch, kulturell oder – besonders beliebt – religiös verbrämt. Und wir machen das Theater auch noch mit.

Es soll hier nicht in Abrede gestellt werden, daß es politische, kulturelle und religiöse Unterschiede gibt, die respektiert werden müssen. Aber wir müssen lernen, zu differenzieren. Wenn beispielsweise in verschiedenen afrikanischen Ländern Millionen von Mädchen die Klitoris herausgeschnitten wird, buchen wir dies rücksichtsvoll als nicht antastbares Kulturgut anderer Länder ab. Dabei handelt es sich um nichts anderes als um eine brutale Verstümmelung der Frauen zum Zwecke der Unterwerfung. Sexueller Genuß soll Männern vorbehalten bleiben, Frauen sind Gebärmaschinen und im übrigen für den Arbeitseinsatz bestimmt. So einfach ist das.

Wenn Menschen verstümmelt oder versklavt, Minderheiten verfolgt, Andersdenkende massakriert werden, dann hat das nichts mit höheren politischen Zielen, nichts mit Gott und nichts mit schützenswerter Folklore zu tun. Verstümmelung bleibt Verstümmelung. Vergewaltigung bleibt Vergewaltigung. Mord bleibt Mord. Doch Geschichte und Gegenwart zeigen: Wir wollen nicht darauf verzichten, nach allen Seiten hin gute Geschäfte zu machen. Wir legen höchstens Wert darauf, so zu tun, als geschehe dies zum Wohle anderer. Wir unterstützen durch unser Verhalten die weltweit zunehmenden Verbrechen an unterdrückten Völkern. Wir stabilisieren korrupte Regierungen. Und wir profitieren davon. Das ist unsere Moral.

Abschied von Illusionen

Bei Lichte betrachtet, haben wir allerdings nur zwei Möglichkeiten: Entweder wir handeln nach dem Motto, daß jeder auf seine Façon selig werden soll – auch derjenige, der andere unterdrückt und ausbeutet. Dann können wir zumindest gute Geschäfte machen. Oder aber wir pochen auf einige fundamentale, humane und ökologische Werte. Dann werden wir weltweit nicht allzuviele finden, die mittun wollen – und mit manch einem guten Geschäft ist es auch noch vorbei.

Mit dem dritten Weg zu kokettieren – einer weltweiten Einigung auf gemeinsame Werte und Ziele –, ist müßig. Diesbezüglich verfügen wir bereits über mehr als ausreichende praktische Erfahrung. Seit Jahrzehnten wird nämlich im Rahmen der Vereinten Nationen über Menschenrechte palavert – und wir sind heute weiter denn je von irgendetwas entfernt, das auch nur einem kleinsten gemeinsamen Nenner ähnlich sieht. Es ist bis heute noch nicht einmal gelungen, Tretminen international zu ächten. Das Ganze ist ein einziges, beschämendes Trauerspiel. Und nun stellen Sie sich einmal vor, über was alles man sich erst einigen müßte, wenn es darum gehen würde, eine handlungsfähige Weltregierung zu installieren. Das Thema Menschenrechte wäre da lediglich ein bescheidener, wenn auch wichtiger Anfang gewesen.

Zweierlei ist abschließend zu bemerken: Erstens, es gibt immer Gegenbeispiele. Südafrika ist eines. Hier ist mit der Rehabilitation Nelson Mandelas eine ganze Epoche der Unterdrückung und des Staatsterrors zu Ende gegangen. Nur: Die positiven Beispiele müssen weltweit gesucht werden wie die Stecknadel im Heuhaufen, die negativen dagegen sind fast nicht zu zählen – und sie nehmen an Häufigkeit zu. Zweitens, es gibt bei uns Stimmen, die – etwa im Falle Chinas – geltend machen, daß die Situation anderer Länder sich nicht einfach mit der unsrigen vergleichen läßt; daß wir nicht unbesehen unsere westlich-demokratischen Maßstäbe auf andere Kulturen übertragen dürfen. Diese Argumente haben viel für sich. Doch sie stützen einmal mehr das Postulat der Nichteinmischung – und auf dieser Basis ist nun mal keine Einigung auf gemeinsame Werte möglich. Das Dilemma, in dem wir uns befinden, ist letztlich nicht auflösbar.

Selbstbild und Fremdbild

Im übrigen werden wir selbst, die hochentwickelten Industrienationen, in vielen Ländern äußerst kritisch gesehen. Weite Teile der islamischen Welt stehen der konsumorientierten »westlichen Dekadenz« mit Abscheu und Verachtung gegenüber. Wie sollen wir dies interpretieren? Handelt es sich hier lediglich um taktische Manöver diktatorischer Regime, die das Prinzip der Demokratie und des Rechtsstaates schlecht machen wollen? Sind religiöse Fundamentalisten am Werk, die alle Ungläubigen bekämpfen und letztlich deren Auslöschung anstreben? Ist es der Neid wirtschaftlich weniger entwickelter Völker – nach dem Motto: Was wir nicht haben, wollen wir auch nicht gut finden? Oder handelt es sich ganz einfach um eine Abwehrreaktion zum Schutz der eigenen Kultur gegen Fremdeinflüsse? Mehrere Faktoren mögen mitspielen. Aber wir sollten uns nicht die Köpfe der anderen zerbrechen. Fruchtbarer wäre es, wenn wir über die Kernaussage – die Kritik westlicher Dekadenz – nachdenken würden. Doch dazu reicht unsere Einsichtsfähigkeit nicht aus. Wie alle anderen: Wir wischen lieber vor fremden Türen.

Wenn andere Religionen sich abschotten, kritisieren wir dies als »Dogmatismus« und Engstirnigkeit. Wie halten wir es denn? Bei uns gibt es höchst prominente Leute, die von einem »christlichen Europa« träumen. Daß ich als konfessionsloser Schweizer Barbar mich da ausgeschlossen fühle, will ich hier noch nicht mal an die große Glocke hängen, nachdem mein Land sich in Sachen Europa seit Jahren derart ziert. Aber wie man sich das mit deutschen oder französischen Juden und Moslems oder gar mit der Türkei vorstellt – das muß mir dringend jemand erklären.

Im übrigen fällt auf, daß in westlichen Landen häufig die gesamte islamische Welt pauschal als Aggressor abgestempelt wird, nur weil einige wenige Potentaten die Religion mißbrauchen, um ihre Macht zu erhalten. Vergessen ist, daß solche unheilige Allianzen zwischen weltlichen Herrschern und der Kirche während der gesamten Geschichte des Christentums gang und gäbe waren. Vergessen ist, daß kaum eine andere Religion jemals derart gewalttätig wie das Christentum versucht hat, bis in die entlegensten Winkel dieser Erde andere ihres Glaubens und ihrer Kultur zu berauben, um sich selbst zu verbreiten. Wo ist unser Geschichtsbewußtsein hingekommen? Sollten wir vielleicht einmal im Fundbüro danach fragen? Und wie kommt es, daß die vielen Vertreter des Islam, die ihren Glauben als friedliche Religion verstehen und sich klar von den Scharfmachern distanzieren, ja diesen gar die Zugehörigkeit zum Islam absprechen, ganz einfach nicht gehört werden?

Wenn es schon uns hochentwickelten, aufgeklärten und wohlhabenden Westlern so schwer fällt, den Draht zu anderen Religionen und Kulturen zu finden – wie soll da ein weltweiter, fruchtbarer Dialog zwischen allen Völkern zustande kommen können?

Die Beschäftigung mit diesen Fragen wäre um so empfehlenswerter, als der ideologische Spaltpilz nicht nur internationale Beziehungen befällt. Er wird uns in der Zukunft auch im Innern vermehrt beschäftigen. Die Zeiten, die kommen, sind nämlich ganz allgemein gute Zeiten für autoritäre Ideologien und religiösen Fundamentalismus.

Renaissance totalitärer Ideologien

Wenn die sozialen Spannungen wachsen; wenn wirtschaftliche, ökologische und kriminelle Bedrohungen überhand nehmen; wenn der demokratische Rechtsstaat sich zunehmend als unfähig erweist, die öffentliche Sicherheit zu gewährleisten; wenn die Verunsicherung und die Ohnmacht der Menschen angesichts des Chaos in ihrem Umfeld eine kritische Grenze erreicht – dann haben autoritäre Ideologien Hochkonjunktur. Sie versprechen Ruhe und Ordnung. Sie vermitteln Perspektiven. Sie geben Halt.

Eines der ersten Signale wird mit allergrößter Wahrscheinlichkeit der Ruf nach der Todesstrafe sein. Wenn die Gewalt zunimmt, Polizei, Justiz und Strafvollzug überfordert sind, und im übrigen auch gar kein Geld mehr vorhanden ist, um wachsende Zahlen von Schwerverbrechern durchzufüttern, wird dieses Postulat nicht lange auf sich warten lassen. Wir werden uns wundern, wie viele Menschen eines Tages plötzlich wieder »Rübe ab!« schreien werden. Viele denken dies bereits heute. Sie trauen sich zur Zeit nur noch nicht, ihre Meinung öffentlich kundzutun.

Daß eine einzelne totalitäre Kraft wieder Weltbedeutung erlangt, ist wenig wahrscheinlich. Autoritäre Regime neigen zu extremem Zentralismus – und für großflächige, zentrale Steuerung werden die Zeiten immer schlechter. Aber die Demokratien werden extremen internen Zerreißproben ausgesetzt sein. Blutige Auseinandersetzungen werden nicht zu verhindern sein.

Wenn es einen dritten Weltkrieg gibt, hat er ein neues Gesicht. Er geht nicht mehr von einem einzigen Zentrum aus. Es gibt keine klaren Fronten. Er kann an mehreren Orten gleichzeitig beginnen. Und er kommt von innen.

Kapitel 26

Die Ohnmacht übergeordneter Institutionen

Die Gefahren, die heute unsere Zukunft bedrohen, lassen sich nicht allein auf lokaler oder nationaler Ebene bekämpfen. Sowohl die ökologischen als auch die gesellschaftlichen Trends bedürften dringend einer globalen Koordination und Steuerung. Doch unsere Welt ist ein äußerst komplexes Gebilde. Da ist eine wirksame Steuerung von vornherein schwer vorstellbar – und wenn, könnte sie nicht von irgendeinem supranationalen Debattierklub ausgeübt werden. Was gebraucht würde, wäre eine mit entsprechenden Handlungsbefugnissen ausgestattete und von einem Weltparlament kontrollierte oberste Exekutive. Doch der Gedanke an irgendeine Form von »Weltregierung« ist derart utopisch, daß er bei mir fast einen Schreibkrampf auslöst. So etwas würde ja zweierlei voraussetzen. Erstens, eine ideelle Grundlage: die Verständigung der Völker auf gemeinsame Werte und Ziele. Zweitens, eine gesunde innere Verfassung zumindest einer Mehrheit der Nationen – denn das lokale und regionale Geschehen kann nicht zentral gesteuert werden. Es müßte dezentral geregelt sein.

Da versagt schlicht die Phantasie.

50 Jahre UNO

Es fehlt beileibe nicht an übergeordneten Institutionen. Da gibt es, allen voran, die Vereinten Nationen – und mit ihnen einen Weltsicherheitsrat, eine Welthandelsorganisation (WTO), eine Organisation für Erziehung und Wissenschaft (UNESCO), eine Weltgesundheitsorganisation (WHO), ein Internationales Arbeitsamt (ILO), eine Organisation für Ernährung und Landwirtschaft (FAO). Es gibt ein allgemeines Zoll- und Handelsabkommen (GATT), einen Internationalen Währungsfond (IMF), eine internationale

Bank für Wiederaufbau und Entwicklung (»Weltbank«), einen regelmäßig stattfindenden Gipfel der führenden Wirtschaftsnationen (G7, G8, G9), einen Internationalen Gerichtshof. Und es gibt machtvolle internationale Zusammenschlüsse wie etwa die Nordatlantische Allianz (NATO) oder die Europäische Union (EU).

Die UNO ist eine überaus wichtige Institution. Die Welt wäre ohne sie bestimmt in einer wesentlich schlechteren Verfassung. Sie kann zwar kaum Kriege verhindern. Aber sie hat immer wieder Kriege eingedämmt und verkürzt. Sie hat geholfen, die Kriegsfolgen zu mildern. Sie ist und bleibt ein Hoffnungsträger. Die Weltbank leistet in vielen unterentwickelten Ländern wertvolle Aufbauhilfe. Der Internationale Währungsfond ist aus der hochvernetzten Weltwirtschaft gar nicht mehr wegzudenken. Er sorgt vielerorts für einigermaßen stabile wirtschaftliche Verhältnisse. Ohne ihn wären Länder wie Mexiko, Südkorea oder Indonesien längst bankrott. Ähnliches gilt – auf anderen Gebieten – für Institutionen wie die UNESCO, die WHO oder die FAO. Daß ein internationaler Gerichtshof oder die Zusammenkünfte der G8-Vertreter stabilisierend wirken, steht ebenfalls außer Frage.

Die Staaten sind also durch ein vielschichtiges und verhältnismäßig enges Netzwerk von supranationalen Institutionen und Organisationen miteinander verbunden. Wie ist es da möglich, daß die Leistungen der reichen Industrienationen für Entwicklungshilfe – entgegen klaren, internationalen Vereinbarungen – zurückgehen statt aufgestockt zu werden? Wie ist es möglich, daß rund um den Globus Millionen von Kindern verhungern und verelenden, obschon es weltweite Zusagen der Regierungen gegeben hat, dem Schutz der Kinder hohe Priorität einzuräumen? Wie können zwei der größten Kriegsverbrecher der jüngeren Zeit – Karadžić und Mladić – jahrelang frei herumlaufen, ja im Hintergrund sogar weiterhin fröhlich Politik machen? Wie ist es möglich, daß die USA, die größte Wirtschaftsmacht der Welt, der UNO seit Jahren astronomische Summen an Mitgliedsbeiträgen vorenthalten? Wie ist es möglich, daß Südkorea, ein allseits umjubelter Star unter den boomenden Wirtschaftsnationen, eines schönen Tages ganz einfach vor dem Bankrott steht – mit unabsehbaren Folgen für die gesamte Weltwirtschaft? Und dies sind nur einige Beispiele. Die Liste ließe sich beliebig verlängern.

Die UNO ist die einzige Institution von globaler Bedeutung und mit – wenn auch begrenztem – weltpolitischem Einfluß. Alle anderen sind letztlich »Spezialisten« mit fachlich eng umrissenen Aufgaben. Sie haben – genau wie wir einzelne Menschen – keine Gesamtschau. Dazu kommt: Sie haben nur höchst begrenzte Möglichkeiten, einzugreifen. Häufig können sie nur hinterher Feuerwehr- und Reparaturdienste leisten. Dies zeigt sich deutlich am Beispiel der Ende 1997 ausgebrochenen Asienkrise. Der Crash wurde nicht vorausgesehen, er konnte nicht verhindert werden, ja, wir können von Glück reden, wenn es gelingt, einen weltweiten Flächenbrand zu verhindern. Dabei befassen sich zwei Drittel der oben genannten Institutionen ausschließlich oder schwerpunktmäßig mit wirtschaftlichen Fragen.

Alle diese Institutionen leisten im Rahmen ihres klar definierten Auftrages wertvolle Arbeit. Sie wirken stabilisierend. Es ist nicht auszudenken, wo wir ohne sie heute stehen würden. Aber man darf von ihnen bezüglich der Lösung unserer Zukunftsprobleme keine Wunder erwarten. Auch sie vermögen die globalen Entwicklungen nicht zu steuern. Sie helfen mit, Schaden zu begrenzen. Sie haben nicht die Macht, die zersetzenden Kräfte zu eliminieren. Sie können den Trend nicht aufhalten, geschweige denn umkehren. Sie hinken ihm – genau wie die Politik auf nationaler Ebene – hinterher.

Die Unfähigkeit zum Konsens

Wenn mehrere Menschen etwas gemeinsam unternehmen wollen, müssen sie sich untereinander verständigen können. Die Durchführung eines gemeinsamen Projektes setzt gemeinsam getroffene und allseitig akzeptierte Entscheidungen voraus. Und wenn im Umfeld Turbulenzen auftreten, dann können die Partner nicht endlos palavern. Da muß immer wieder mal rasch entschieden und gehandelt werden. Dazu ist ein mit Handlungskompetenzen für Ausnahmesituationen ausgestattetes Organ unerläßlich. Dies wiederum setzt ein Mindestmaß an wechselseitigem Vertrauen unter den Partnern voraus. Wenn dagegen die »Chemie« nicht stimmt, ist es um eine vertrauensvolle Zusammenarbeit schlecht bestellt. Gegenseitiges Mißtrauen, Taktik, Machtspiele und Reibungsverluste beherrschen die Szene. Die Durchsetzung von Eigeninteressen hat Vorrang. Mit einer solchen Gruppe möchte sich niemand auf eine schwierige Expedition begeben.

Nun, auf der weltpolitischen Bühne haben wir es nicht mit Einzelpersonen zu tun, sondern mit Nationen. Auch diese müßten sich auf gemeinsame Ziele und Vorgehensweisen verständigen können. Doch die Kommunikation ist durch drei Faktoren schwerwiegend beeinträchtigt. Erstens, durch die große Zahl der Partner. Es kommt nicht zu einem echten Dialog. Es bleibt bei der Aneinanderreihung und Wiederholung längst bekannter Standpunkte. Zweitens, durch Unterschiede der Kulturen. Die Möglichkeit einer Annäherung ist begrenzt durch teilweise diametral entgegengesetzte Wertesysteme. Drittens, durch völlig unterschiedliche Interessen. Es steht nicht ein gemeinsames Ziel im Vordergrund, sondern ein Kuchen, von dem jeder ein möglichst großes Stück mit nach Hause bringen will. Da ist guter Rat teuer.

Die innere Verfassung der sogenannten Völkergemeinschaft gibt nicht den geringsten Anlaß zu Hoffnung. Zwischen vielen Ländern und Regionen gibt es unüberbrückbare wirtschaftliche, kulturelle und ideologische Barrieren. Am runden Tisch der UNO sitzen die Vertreter diktatorischer Regimes, welche die Menschenrechte mit Füßen treten, gleichberechtigt neben denjenigen demokratischer Rechtsstaaten. Auf der internationalen politischen Bühne wird das gleiche Trauerspiel aufgeführt wie auf nationaler und kommunaler Ebene: Kuhhändel und Verteilungskämpfe beherrschen die Szene.

Wir sind weiter denn je von einer allseitig akzeptierten und funktionsfähigen, globalen Gemeinschaft entfernt. Wann immer eine weltweite Übereinkunft zur Debatte steht – handle es sich um die Menschenrechte, den Schutz der Regenwälder, ein Verbot des Walfangs oder die Ächtung von Personenminen – verläßt ein Teil der Nationen ganz einfach den Verhandlungstisch. Und unsere Lebensgrundlagen gehen derweil schrittweise vor die Hunde. Die Menschen, Völker und Kulturen sind nicht fähig, sich partnerschaftlich zusammenzuraufen. Sie sind weder willens noch in der Lage, gemeinsam die Voraussetzungen für eine Entwicklung zu schaffen, die unsere Zukunft sichern würde.

Gretchenfrage Macht: Die Impotenz ist gewollt

Der Schlüssel zur Lösung dieser Rätsel liegt darin, daß jedes Land letztlich seine Unabhängigkeit über alles andere stellt. Jedes UNO-Mitglied betont zwar, wie wichtig der internationale Konsens sei. Aber erste Priorität hat für den einzelnen Nationalstaat nicht der internationale Konsens, sondern die Durchsetzung seiner Interessen. Und alleroberstes Gebot ist es für jede Nation, zu verhindern, daß eine Situation entsteht, in der irgend jemand irgendwelche Dinge bestimmen könnte, von denen sie selbst betroffen wäre. Mit anderen Worten: Das oberste und letzte Ziel besteht für alle darin, eine mit echten Handlungskompetenzen ausgestattete, übergeordnete Institution zu verhindern. Die Impotenz der UNO ist gewollt – und zwar von allen. Jede Regierung eines demokratischen Staates, die wesentliche Teile ihrer Autonomie an ein internationales Gremium abtreten würde, wäre spätestens nach den nächsten Wahlen weg vom Fenster – und ein diktatorisches Regime käme aus naheliegenden Gründen gar nicht erst auf so eine Idee.

Daß es – vorwiegend aus wirtschaftlichen oder militärischen Gründen –

immer wieder Initiativen einzelner Staaten gibt, sich zusammenzuschließen, steht auf einem anderen Blatt. Aber erstens ist ein begrenzter Zusammenschluß kein global handlungsfähiges Gebilde. Zweitens reichen wirtschaftliche und militärische Motive nicht aus, um unsere Zivilisation zu retten. Da müßten erst noch einige andere Prioritäten in Erscheinung treten. Drittens zeigt das aktuelle Beispiel der Europäischen Union sehr deutlich, wie schwierig es ist, auch nur innerhalb eines begrenzten Kreises von Ländern nationale und übergeordnete Interessen in Einklang zu bringen.

Das Leben auf diesem Planeten ist gefährlicher geworden. Wir sind zunehmend alle wechselseitig voneinander abhängig. Was der eine tut, wirkt sich direkt oder indirekt auf alle anderen aus – und die Geschwindigkeit der Vorgänge hat massiv zugenommen. Gleichzeitig ist das Geschehen viel zu komplex, als daß wir es noch überschauen und wichtige Ereignisse voraussehen könnten. Und erst recht gibt es keine Instrumente oder Institutionen, die eine wirksame Steuerung ermöglichen würden. Dies gelingt nicht einmal mehr auf nationaler, geschweige denn auf globaler Ebene. Wir stehen vor Entwicklungen, die wir nicht wollen – aber wir können sie nicht aufhalten. Wir selbst haben diese Entwicklungen eingeleitet, wir selbst sind Teil davon – aber sie sind uns über den Kopf gewachsen. Wir sind Zauberlehrlinge. Die Welt ist uns entglitten.

Happening der Weltelite

Wer die fatalen Mechanismen – Tabuisierung und Verdrängung – studieren möchte, die dazu führen, daß der globale Crash nicht zu verhindern sein wird, hatte unlängst im Schweizer Kurort Davos Gelegenheit dazu. Da findet alljährlich das Weltwirtschaftsforum (*World Economic Forum*) statt – eine Versammlung der Größen der Weltwirtschaft, ergänzt durch höchste Vertreter politischer Prominenz. Das Thema des Jahres 1998, nicht gerade bescheiden, aber verheißungsvoll: *Perspektiven für das 21. Jahrhundert*. Wie immer wimmelte es nur so von großen Namen: Kofi Annan, Bill Gates, Helmut Kohl – um nur drei markante Beispiele zu nennen. Das Wichtigste sind bei dieser Veranstaltung die informellen Kontakte. In kleinsten Zirkeln werden große Geschäfte eingefädelt, Fusionen vorbereitet, Marktabsprachen getroffen.

Der Zeitpunkt war günstig, denn es gab ein hochaktuelles Thema: die Asienkrise. Sie war Ende 1997 ausgebrochen, hatte die Weltwirtschaft in ihren Grundfesten erschüttert und ist bis heute nicht ausgestanden. Zwei

Fragenkomplexe drängten sich in dieser Lage förmlich auf. Erstens, *Ursachenforschung*: Wie konnte es überhaupt zu dieser gefährlichen Krise kommen – ausgerechnet dort, wo für die Zukunft einer der größten Booms aller Zeiten angesagt war? Zweitens, *Frühwarnsystem*: Wie ist es zu erklären, daß das gesamte vorhandene Instrumentarium – weltberühmte Rating-Agenturen, Weltbank, Internationaler Währungsfond, Welthandelsorganisation, Wirtschaftsverbände sowie nationale, mit gewaltigen Ressourcen ausgestattete Wirtschafts- und Handelsministerien – so kläglich versagt hatte. Wenn eine Frage nach Klärung schrie, dann diese.

Der finanzielle Zusammenbruch eines Landes wie Südkorea oder Indonesien ist ein komplexes Geschehen. Aber wie jeder dramatische Vorgang ist er letztlich auf einige wenige Hauptursachen zurückzuführen. Im Falle der Tigerstaaten sind es deren zwei. Zum einen: *Wirtschaften auf Pump*. Der Boom war nicht mit erwirtschafteten Mitteln, sondern mit geborgtem Geld hochgepusht worden. Dies ist zwar äußerst riskant und gilt in unseren Landen als unseriös, müßte aber noch nicht zwingend zum Kollaps führen. Theoretisch kann man mit geliehenen Mitteln sinnvolle Investitionen tätigen. Es könnte in großem Umfange Mehrwert geschaffen werden. Aber da gab es Ursache Nr. 2: *Korruption und Vetternwirtschaft*. Im Clan um den Präsidenten von Indonesioen beispielsweise sind in den letzten Jahren reihenweise Freunde und Verwandte auf wundersame Weise zu kleinen und großen Wirtschaftsimperien sowie zu gewaltigen Vermögen gekommen. Da ist kein entsprechender Mehrwert geschaffen, sondern ganz einfach in gewaltigem Umfang Kapital vernichtet worden.

In Davos aber sprach man über Investitions- und Finanzierungsmöglichkeiten, über zukünftige Exportoffensiven der Tigerstaaten, über die Auswirkungen auf die Weltkonjunktur. So unglaublich es klingen mag: Die Wurzeln des Debakels blieben unberührt. Es wäre unangenehm gewesen, darüber zu sprechen. Man hatte ja selbst mitgeholfen, den Boom zu finanzieren. Man hatte selbst dort investiert. Man möchte auch in Zukunft dort Geschäfte tätigen. Ebensowenig suchte jemand nach einer Erklärung für die peinliche Tatsache, daß keine der glorreichen Wirtschaftsinstitutionen rechtzeitig Alarm geschlagen hatte.

»Lernen aus Fehlern«, lautet in der Wirtschaft eine wichtige Devise. »Jeder darf Fehler machen – aber keiner zweimal den gleichen«, wird Führungskräften eingehämmert. Zu Recht. Doch dies gilt nicht für die Elite. In Davos waren die Schlüsselfragen tabu. »*Business as usual*« beherrschte die Szene. Die Koryphäen der Weltwirtschaft, Gschaftlhuber auf höchstem Niveau, haben die Chance vertan, aus der Krise zu lernen.

Das nächste Debakel – etwas größer und gefährlicher – kommt so sicher wie das Amen in der Kirche.

Teil VI
Szenarium Crash

Kapitel 27

Count-down

Die beiden Amerikaner Peter Schwartz und Peter Leyden haben den bisher wohl umfassendsten Versuch unternommen, die Chancen zu konkretisieren, welche die Technik für die Menschheit bereithält. Unter dem Titel *The Long Boom* (Der lange Aufschwung) beschreiben sie in der Zeitschrift *Wired* (Juli 1997), wie die großen Probleme unserer Zeit – Arbeitslosigkeit, Armut, Hunger, politische Spannungen und Umweltzerstörung – in den nächsten Jahrzehnten Schritt für Schritt gelöst werden, so daß die Menschheit im Einklang mit der Natur in Frieden und Wohlstand leben kann. Die Autoren wollen ihre »Geschichte der Zukunft« zwar ausdrücklich nicht als Prognose, sondern als ein mögliches Szenario, als eine denkbare Zukunftsentwicklung verstanden wissen. Aber bei der Lektüre wird klar, daß die beiden Autoren den wirtschaftlichen und sozialen Aufschwung für die wahrscheinlichste aller denkbaren Zukünfte halten.

Das Fazit in einem Satz: Wir haben 25 Jahre Prosperität, Frieden und eine bessere Umwelt für die ganze Erde vor uns.

Traum von einer besseren Welt

Die Zukunft – so die Argumentation der beiden Autoren – darf nicht aufgrund dessen beurteilt werden, was heute ist. Der atemberaubende Innovationsrhythmus der letzten Jahre wird sich noch beschleunigen. Auf fünf Gebieten wird es in den nächsten 25 Jahren zu technologischen Quantensprüngen kommen: Informatik, Telekommunikation, Biotechnologie, Nanotechnologie sowie alternative Energien. Diese werden unsere Welt grundlegend verändern.

Durch mobiles Computing, Satelliten-Telefonie und Internet wird die

Welt kommunikativ sehr rasch zusammenwachsen. Sprach- und Schrifter-kennung sowie automatische Übersetzung werden die Sprachbarrieren prak-tisch aufheben. Menschen, Völker und Kulturen werden dadurch immer enger miteinander verbunden.

Mit der Einführung neuer Technologien entstehen neue Produkte, neue Dienstleistungen, neue Märkte, neue Berufe, und damit neue Arbeitsplätze – andere, als wir sie heute haben, aber so viele, daß ein neuer, weltweiter und anhaltender Wirtschaftsaufschwung in Gang kommt. Die Arbeitswelt wird nicht mehr durch feste Anstellungsverhältnisse geprägt sein, sondern durch viele selbständig berufstätige Menschen, die situativ vermarkten, was sie an Wissen und Know-how anzubieten haben. Viele werden sich von einem breiten Portefeuille durchaus unterschiedlicher Dienstleistungen er-nähren. Es wird immer mehr sogenannte virtuelle Unternehmen geben – flexible Netzwerke selbständiger Dienstleister, Gewerbebetriebe und eta-blierter Firmen, die sich für die Erfüllung bestimmter Marktaufgaben kurz- oder auch mal längerfristig zusammenschließen, aber auf alles verzichten, was nur Geld kostet und mit Umtrieben verbunden ist: eine eigene Gesell-schaft, ein Hauptsitz, eine Verwaltung, festangestellte Mitarbeiter. In einer hochproduktiven, netzwerkartig strukturierten Wirtschaft mit vielen virtu-ellen Unternehmen wird es einen neuen, starken Mittelstand geben – und mit ihm einen neuen Wohlstand der Massen. Die enorm gesteigerte Produk-tivität führt zu gewaltigen Gewinnen und damit zu hohen Zukunftsinvesti-tionen. Hohe Wachstumsraten – eine Verdoppelung der Wirtschaft alle 12 Jahre – sind so gut wie vorprogrammiert. Was wir heute in den USA, in China sowie in den Tigerstaaten erleben, ist erst ein bescheidener Anfang.

Die Nanotechnologie – Konstruktion und Herstellung von Produkten im atomaren Bereich – und die Gentechnik eröffnen Möglichkeiten, von denen wir heute nur träumen können. Miniaturisierte Roboter werden über die Blutbahnen an praktisch jede Stelle des menschlichen Körpers gelangen und dort Diagnosen erheben oder Reparaturen an Zellen vornehmen. Durch Gentherapien werden Krankheiten wie Krebs oder Aids praktisch ver-schwinden. Neue, gentechnisch optimierte Pflanzen und Nutztiere werden zu einer massiven Steigerung und Verbilligung der Nahrungsmittelproduk-tion führen.

Gleichzeitig wird die Umweltbelastung aufgrund neuer, energiesparender und umweltschonender Herstellungs- und Transportverfahren drastisch zu-rückgehen. Mit Erdgas betriebene Hybridmotoren werden schon kurz nach der Jahrtausendwende zu sauberen Abgasen der Automobile führen – und ab 2020 wird eine Umstellung auf Brennstoffzellen erfolgen. Eine einzige Tankfüllung Wasserstoff reicht dann für Tausende von Kilometern und mo-natelanges Fahren aus. Das einzige Abfallprodukt: reines Wasser.

Friede auf Erden

In der als Folge der Globalisierung hochvernetzten Welt hängen die verschiedenen Länder wirtschaftlich derart stark voneinander ab, daß es praktisch keine Kriege mehr gibt. Die Menschen empfinden immer mehr, daß wir im Grunde alle »in einem Boot« sitzen. Die Erkenntnis setzt sich weltweit durch, daß mit offenen Märkten und kaufkräftigen Konsumenten letztlich allen gedient ist. Ab 2010 kommt weltweit eine Generation ans Ruder, die mit den neuen Medien und Technologien aufgewachsen und deshalb aufgeschlossener und weltoffener ist. Dies hat Konsequenzen für die Politik. Das Wirtschaftsprodukt wird besser verteilt. Die Angst totalitärer Regime vor demokratischen Reformen nimmt ab. Armen Ländern wird von den führenden Wirtschaftsnationen im eigenen Interesse unter die Arme gegriffen. Der Staat kann aufgrund der prosperierenden Wirtschaft seine Finanzen sanieren und definiert seine Rolle neu. Als Hauptaufgabe des Staates steht die soziale Integration im Vordergrund: Schaffen einer funktionsfähigen multikulturellen Gesellschaft. Das Denken in Nationen nimmt ab, auf globaler Ebene kommt es zu einer »Zivilisation der Zivilisationen« – zu einem friedlichen Miteinander in einer multikulturellen Welt.

Die Autoren formulieren für die ihrer Ansicht nach bereits angebrochene neue Ära ein ebenso einfaches wie allgemeingültiges Prinzip: *Offen, gut – geschlossen, schlecht.* Unsere Zukunft wird durch Offenheit geprägt sein – Offenheit der Märkte, der Grenzen, des Geistes.

Soweit eine der schönsten Zukunftsvisionen, die mir bekannt sind. Wer würde nicht gerne an eine solche Zukunft glauben? Wer würde die Chancen zukünftiger technologischer Innovationen in Abrede stellen? Wer wollte bezweifeln, daß ein friedliches Leben der Menschen auf diesem Planeten theoretisch möglich wäre?

Der Faktor Mensch

Die beiden Autoren haben in vielen Punkten völlig recht. Wir sind schon heute durch elektronische Medien, Transportwege und wirtschaftliche Verbindungen weltweit vernetzt. Die wechselseitigen Abhängigkeiten werden sich in Zukunft noch massiv verstärken. Auch wenn wir wollten – wir können das Rad nicht mehr zurückdrehen. Und: Man kann nicht elektronisch und wirtschaftlich weltweit vernetzt sein – und sich gleichzeitig politisch und sozial abschotten. Das funktioniert ganz einfach auf Dauer nicht. Es bleibt im Grunde nur der Weg nach vorn.

Doch leider werden uns weder die Technik noch die Wirtschaft das Heil bringen können. Im Gegenteil. Der Glauben, das einzige, was uns fehlt, sei ein stärkeres Wirtschaftswachstum, ist selbst das Problem, für dessen Lösung er sich hält. Mit den Lebensmitteln, die heute weltweit produziert und konsumiert werden, könnte man leicht die ganze Menschheit ernähren. Und wenn das Geld, welches für Rüstung aufgewendet wird, in den Umweltschutz und in die qualitative Entwicklung dieses Planeten investiert würde, könnten sogar noch etliche Menschen mehr eine einigermaßen ersprießliche Zukunft vor sich haben. Es fehlt uns nicht an Geld. Das Problem besteht darin, daß die einen sich Fettbäuche anfressen, und die andern verhungern.

Im übrigen ist es ja nicht so, daß das Experiment Zivilisation gerade eben begonnen hat, und man gespannt sein darf auf die Ergebnisse der nächsten 20 Jahre. Die Langzeitstudie menschlicher Gesellschaftsbildung dauert mittlerweile einige Tausend Jahre. An technischen Errungenschaften und wirtschaftlichen Glanzzeiten hat es in der Vergangenheit beileibe nicht gefehlt. Schon gar nicht in den letzten 100 Jahren. Und das Ergebnis ist bekannt. Der Engpaß sind wir selbst. Das Problem ist der Mensch.

Wo stehen wir denn heute – nach Jahrzehnten eines beispiellosen wirtschaftlichen Booms, nach zahllosen technologischen Quantensprüngen auf den verschiedensten Gebieten? In den westlichen Wohlstandsländern ist jeder sich selbst der Nächste. Konsum und eigene finanzielle Absicherung stehen im Vordergrund. Und wo politisches Engagement erkennbar wird, geht es in vier von fünf Fällen um die Durchsetzung wirtschaftlicher Sonderinteressen. In den Schwellen- und Entwicklungsländern aber herrschen erst recht nicht Verhältnisse, die einen weltweiten Zusammenschluß zu einer Völkergemeinschaft als realistische Perspektive erscheinen ließen. Alle sind hauptsächlich mit sich selbst beschäftigt. Wenn es über die Grenzen hinausgehende Interessen gibt, sind diese rein wirtschaftlicher Natur. Und häufig genug muß man sehr deutlich unterscheiden zwischen einer herrschenden Clique, die auf dem internationalen Parkett in Erscheinung tritt, und einem Volk, das politisch nichts, aber auch gar nichts zu sagen hat.

Mammon – oder der Tanz um das goldene Kalb

Für die Zukunft der Menschheit ist auch nicht entscheidend, was die Technik uns noch an Möglichkeiten bescheren wird. Entscheidend ist, wer Zu-

266

gang hat zu den jeweils neuesten Technologien – und wie der damit generierte Wohlstand verteilt wird. Dies war schon vor Jahrtausenden der Dreh- und Angelpunkt. Er ist es heute. Und er wird es auch in Zukunft bleiben. Wohlstand – wie immer entstanden – wurde und wird ungleich verteilt. Und im Gegensatz zu Parolen, die verständlicherweise vor allem von den Besitzenden verbreitet werden, hat dies mit Tüchtigkeit im engeren Sinne nicht immer viel zu tun. Das eigentliche Thema heißt Macht.

Dies läßt sich am einfachsten am Beispiel des Reichtums illustrieren, der durch Erdöl oder Erdgas erzeugt wird. Denn diese Energieträger sind nicht in irgendeinem Laboratorium in jahrelanger Arbeit entwickelt und anschließend weltweit patentiert worden. Sie kommen aus dem Boden – und die Bodenschätze eines Landes, würde man meinen, gehören allen. Doch weit gefehlt. Ob in Mexiko, in Nigeria oder in Rußland – um nur drei Beispiele aus drei verschiedenen Kontinenten zu nennen: Es ist eine hauchdünne Schicht von Politikern, Funktionären und Unternehmern, die sich maßlos bereichert – und sich um die eigene Bevölkerung einen Dreck schert. Wenn es Armut, Hunger und Elend gibt, so die dort herrschende – und, wie mir scheint, weltweit geteilte – Meinung, gehören sie in den Zuständigkeitsbereich internationaler Hilfsprogramme. So einfach ist das.

Der von Präsident Jelzin abgehalfterte General a.D. Alexander Lebed zu der Frage, wo heute die Macht in Rußland liegt: »Das Sagen in Rußland haben Verwaltungszombies, großgeworden auf den Trümmern der Sowjetmacht. Und sie sind ausschließlich mit zweierlei beschäftigt: der Neuverteilung von Eigentum und dem Umlenken von finanziellen Strömen. Außerdem reisen sie durch die Welt und betteln.« Die Karriere Lebeds bestätigt, was er sagt. Der Mann, von dem alle wissen, daß er unter anderem für die Bekämpfung der Korruption steht, wurde ausgerechnet unmittelbar nach einer diplomatischen Großtat, nämlich der erfolgreichen Beendigung des Tschetschenienkrieges, von Jelzin auf Druck der Staatsmafia sang- und klanglos aller Funktionen enthoben.

Die globale Gesellschaft

Mit Überbevölkerung, Armut und Analphabetismus, mit Verstädterung und Migration, mit Wirtschaftskrise, Überforderung des Rechtsstaates und Wachstum des organisierten Verbrechens, mit Raubbau und Umweltzerstörung sind Trends eingeleitet, die nicht nur zu schwerwiegenden politischen und sozialen Spannungen und Konflikten führen, sondern schlicht unsere

Lebensgrundlagen gefährden. Die Lösung dieser Probleme würde eine globale Gesellschaft voraussetzen, die über Sprach-, Länder- und Kulturgrenzen hinweg ein Mindestmaß an wirtschaftlichem und sozialem Ausgleich schafft und gleichzeitig weltweit die Schonung der natürlichen Ressourcen durchsetzt. Eine solche globale Gesellschaft wiederum würde in den einzelnen Ländern und Regionen weltoffene, verantwortungsbewußte und kompromißbereite Menschen voraussetzen. Mehrheitlich zumindest.

In Tat und Wahrheit aber ist eine Mehrheit der Menschen aufgrund mangelnder Ausbildung sowie aufgrund ihrer Lebenssituation gar nicht in der Lage, die Komplexität der Probleme auf diesem Planeten zu erfassen. Und sie ist erst recht emotional nicht bereit, fremde Menschen und Kulturen in ihrer Andersartigkeit als gleichberechtigte Partner zu akzeptieren. Bereitschaft zum Kompromiß – insbesondere zum wirtschaftlichen Verzicht zugunsten anderer – ist absolute Mangelware. Dabei würde in den hochentwickelten Ländern Verzicht allein noch nicht einmal genügen. Persönliches Interesse und Engagement für das, was sich anderswo auf dieser Erde abspielt, wären unverzichtbar. Denn in einer Demokratie bestimmt letztlich die Mehrheit der Bevölkerung, wie die Weichen in der Politik gestellt werden.

Die hohe Politik bildet letztlich nur ab, was aus den Menschen kommt. Wie der amerikanische Präsident sagte: »Wir sind gescheitert beim Versuch, das amerikanische Volk über die Folgen der globalen Erwärmung aufzuklären.« Die Menschen – wo immer auf dieser Welt – denken kleinräumig, kurzfristig und egozentrisch. Zur Zeit der Urhorde war dies überlebensnotwendig. Aber in der Zeit danach hat sich daran – bei Lichte betrachtet – nichts verändert. Auch nicht im 20. Jahrhundert, einer Zeit sich überstürzender technologischer Quantensprünge. Dies wird jetzt nicht plötzlich anders werden – schon gar nicht in den nächsten zwei Jahrzehnten. Nicht ausgerechnet in einer Zeit, in der zunehmend mehr Nachwuchs in die Welt gesetzt wird, der keine Kultur- und Gesellschaftsfähigkeit mehr besitzt. Nicht in einer Zeit, in der die Schere zwischen Arm und Reich weltweit aufstatt zugeht; in der die Aufwendungen für Entwicklungshilfe sinken statt steigen; in der die sozialen Spannungen allenthalben zunehmen und Konflikte immer häufiger mit Gewalt ausgetragen werden; in der sich das organisierte Verbrechen weltweit zur stärksten Wirtschaftsbranche entwickelt hat und ein beispielloses Wachstum aufweist.

Braune Aussichten

Eine stabile Weltlage würde stabile Verhältnisse in den einzelnen Ländern voraussetzen. Doch in vielen Ländern bahnt sich gerade auf nationaler Ebene eine Zerreißprobe an. Als Folge der Globalisierung der Märkte werden mittel- und längerfristig unüberbrückbare Interessengegensätze in den einzelnen Nationalstaaten entstehen.

Ich fasse hier nur kurz zusammen. Die technologische Rationalisierung, die Konzentration in der Wirtschaft durch Fusionen, die Auslagerung von Arbeitsplätzen in Länder mit tieferem Lohnniveau sowie massenhafte Pleiten aufgrund schrumpfender Märkte bescheren uns eine steigende Arbeitslosigkeit und damit eine schleichende Verarmung breiter Bevölkerungsschichten. Gleichzeitig wandern immer mehr Menschen aus anderen Ländern zu, die vom nationalen Sozialnetz profitieren, günstigen Wohnraum besetzen und einen hohen Anteil an der Kriminalität stellen. Wenn sich beispielsweise herausstellt, daß es sich bei bis zu 80 % der professionellen Drogendealer größerer mitteleuropäischer Städte um sogenannte »Asylsuchende« und illegale Einwanderer handelt, muß man nicht mehr fragen, wie sich die emotionale Lage der Bevölkerung auf Dauer entwickeln wird.

Und da ist schließlich die schleichende Erosion des Staates als einzig legitimer Ordnungskraft. Es erwachsen ihm laufend neue Aufgaben, die Sozialkosten explodieren – und gleichzeitig verliert er seine finanzielle Basis. Die Zahl der Menschen mit mittleren Einkommen sinkt ab – und private Investoren sowie institutionelle Anleger haben in einer globalisierten Wirtschaft durchaus legale Möglichkeiten, den nationalen Fiskus zu umdribbeln. Vom Problem der Steuerhinterziehung gar nichts erst zu reden.

Aus diesem Dilemma gibt es aus heutiger Sicht keinen Ausweg – und es wird ihn auch in Zukunft nicht geben können, ohne daß an fundamentalen Mechanismen des Weltwirtschaftssystems etwas geändert würde. Doch dazu wird es nicht kommen. Das Problem wird systematisch verleugnet und verharmlost, denn da sind viel zu mächtige wirtschaftliche Interessen tangiert. Wirtschaftliche und politische Interessen aber sind in den einzelnen Ländern so eng verflochten, daß eine ernsthafte Debatte über grundsätzliche Veränderungen gar nicht erst geführt wird. Kein parlamentarischer Vorstoß in irgendeinem europäischen Land, der auf mehr als kosmetische Retuschen abzielte, hat in den letzten Jahren auch nur zu einer breiteren Diskussion geführt. Das Killer-Argument »Das würde Arbeitsplätze kosten« verfängt immer. Dabei würde es noch nicht einmal genügen, auf nationaler Ebene umzudenken. Alle wichtigen Wirtschaftsnationen müßten sich gemeinsam auf neue, verbindliche Spielregeln verständigen. Und zwar bald. In Tat und

Wahrheit hätte es längst geschehen müssen, denn wir haben nicht mehr Jahrzehnte Zeit, uns zu überlegen, ob und gegebenenfalls wie die globale Lage saniert werden soll.

Es muß deshalb damit gerechnet werden, daß wir in einer ganzen Reihe von Ländern, vorab in Europa, in zunehmende soziale Spannungen und Konflikte hineinschlittern werden. Ein neues Proletariat ist im Entstehen begriffen. Massive nationalistische Bewegungen werden in Gang kommen. Und mal hier und mal da werden sie irgendwann einmal die Oberhand gewinnen. In manch einem heute demokratischen Land werden reaktionäre Elemente Versuche unternehmen, eine faschistische Ordnung zu etablieren. Und nicht alle diese Versuche werden von Mißerfolg gekrönt sein. Und da keine faschistische Bewegung ohne Widerstand an die Macht kommt, ist auch mit gewalttätigen Auseinandersetzungen zu rechnen. Manch ein Land, das heute als Einheit erscheint, wird möglicherweise auseinanderbrechen. Ob ein Europa in der Form, wie es uns heute vorschwebt, Bestand hat, wird sich dann zeigen. Mit Sicherheit aber tragen nationalistische und faschistische Tendenzen nicht zum Zusammenwachsen einer multikulturellen Völkergemeinschaft bei. Im Gegenteil: Die Völker könnten sich sehr leicht weiter voneinander entfernen.

Das Hohelied auf den Cyberspace

Wer sich von den neuen Medien das Heil erhofft, der setzt auf das falsche Pferd. Erstens wird auch in der absehbaren Zukunft nur eine kleine Minderheit der Menschen über die notwendigen Voraussetzungen – nämlich Geld, Bildung und Infrastruktur – verfügen, um im Internet herumzusurfen. Im Moment dürfte es nicht viel mehr sein als ein halbes Prozent der Weltbevölkerung. Und was tun diese Menschen im Internet? Sie beschaffen sich irgendwelche Fach- oder Produktinformationen, die sie brauchen, um ihr Geschäft zu betreiben oder ihren privaten Steckenpferden nachzugehen. Die mit Abstand höchste Frequenz verzeichnet – zumindest in unseren, sogenannten hochentwickelten Ländern – die Pornographie. Und nicht wenige sind ganz einfach süchtig. Sie surfen mehr oder weniger ziellos im Cyberspace herum, um sich nicht mit der inneren Leere in ihrem realen Leben befassen zu müssen.

Nein, Bildschirm und Internet sind nicht das, was aus einem Menschen einen sozial interessierten, verantwortungsbewußten und engagierten Erdenbürger macht. Und wenn dem doch so wäre: Die Menschen, die in 20

270

Jahren erwachsen sein werden, weilen heute bereits unter uns. Sie werden nicht irgendwann einmal in der Zukunft geboren werden. Sie sind da. Die Jüngsten unter ihnen würden heute und in den nächsten wenigen Jahren Nahrung, Gesundheit und eine intakte Familie benötigen, um sich zu gesellschaftsfähigen und internetkompatiblen Menschen entwickeln zu können. Sie müßten zur Schule gehen. Irgendjemand müßte sie sorgfältig mit den Problemen auf diesem Planeten und Wegen zu ihrer Lösung vertraut machen. Und dabei ginge es nicht um den Nachwuchs einer begrenzten Anzahl privilegierter Wohlstandsbürger. Es ginge um Hunderte von Millionen Kinder und Jugendliche rund um den Globus. Jetzt.

Nein, der Cyberspace macht zwar Leute wie Bill Gates reich. Aber er wird zur Lösung unserer Zukunftsprobleme kaum einen entscheidenden Beitrag leisten. Im Gegenteil, er wird zu einer noch klareren Trennung von Wissenden und Unwissenden führen – und, wie das Sprichwort sagt: »Wissen ist Macht«, Unwissen bedeutet Ohnmacht. Vielleicht hätten wir eine Chance, wenn etwas weniger von Technologie und Bruttoinlandprodukt die Rede wäre – und etwas mehr von den Verteilungsstrukturen sowie von der Qualität der Umwelt auf diesem Planeten. Aber die weltweit herrschende Wertordnung ist nun mal anders gestrickt.

Wenn der Klon kommt

Bleibt uns die Gentechnologie. Auch da fehlt es nicht an Träumen. Wie wär's mit diesem: Möglicherweise wird man eines Tages den gesamten menschlichen Nachwuchs klonen und industriell herstellen können. Man wird jedes gewünschte Verhaltensprogramm sowie alle nur erdenklichen Wissensinhalte vom Internet direkt auf die grauen Zellen der Klone herunterladen können. Aber ich finde diesen Gedanken wenig attraktiv. Da geht es mir wie der alten Bergbäuerin, der berichtet wurde, neuerdings könne man die Kühe künstlich befruchten. Die komplizierte Hin- und Herreiserei mit dem Vieh falle weg. »Kann man das auch beim Menschen machen?«, wollte die Bäuerin wissen. Im Prinzip schon, erwiderte der Besucher. »Ach«, meinte die Bäuerin, »ist das aber schade für den schönen, alten Volksbrauch!«

Doch Spaß beiseite: Auch das Klonen würde unsere Probleme nicht lösen. Ein geklonter Mensch wäre ja nichts anderes als ein Mensch mit exakt den gleichen Erbanlagen wie ein anderer – eine Art eineiiger Zwilling des Originals. Aber anders als beim Tier hängen die Entwicklung und das Verhalten eines Menschen nicht nur von seinen Erbanlagen ab, sondern auch – sehr wesentlich sogar – von seiner Erziehung und seinem sozialen Umfeld. Ob ein Mensch ein Verbrecher wird oder nicht, entscheidet sich nach und nicht vor seiner Geburt. Dies gilt auch für Klone.

Die Diskussion über Gentechnik wird in den USA ganz anders geführt als in Europa. Man setzt auf die wirtschaftlichen Chancen dieses Wissenschaftszweiges und will sich hier rechtzeitig einen weltweiten technologischen Vorsprung sichern. Die amerikanische Industrie bereitet sich bereits heute gezielt auf das Klonen im Humanbereich vor. Ich gehe davon aus, daß es in den USA in nicht allzuvielen Jahren die ersten geklonten Menschen geben wird. Aber erstens werden dies keine Androiden sein, sondern Menschen wie du und ich. Zweitens werden Klone zumindest auf absehbare Zeit die Ausnahme und nicht die Regel darstellen. Drittens werden sie, wie alle Menschen, 20 Jahre brauchen, um erwachsen zu werden. Mit anderen Worten: Da ist nicht von heute auf morgen mit einer dramatischen Wende zu rechnen. Das Schicksal der Menschheit wird sich aber in den nächsten wenigen Jahrzehnten entscheiden – lange bevor das Klonen unseres Nachwuchses einen wie auch immer gearteten Einfluß auf die Gesamtentwicklung würde nehmen können.

Rezepte

Es gibt – leider vorwiegend außerhalb der etablierten politischen Szene – immer wieder kritische Beobachter der Weltlage, die davon überzeugt sind, daß unsere Zukunft ernsthaft gefährdet ist. Leute, die glauben, daß dringend etwas getan werden muß. Und sie sagen zum Teil auch was. Ich will hier lediglich zwei Beispiele zur Illustration heranziehen.

Das amerikanische *Worldwatch Institute* stellt fest: Zwischen 1990 und 1997 sind weltweit Güter und Dienstleistungen im Wert von fünf Billionen Dollar produziert worden. Dieses Volumen entspricht dem gesamten Wachstum vom Beginn der menschlichen Zivilisation bis zum Jahre 1950. Wenn das konsumorientierte westliche Wirtschaftsmodell so weitergeführt wird, führt dies geradewegs in den Kollaps. Das Institut fordert zur Rettung der Erde dringend eine weltweite Steuerreform. Besteuert werden müsse der Ausstoß von Kohlendioxid, die Nutzung von Rohstoffen sowie anderes »umweltschädliches Verhalten«. Einkommen-, Gewerbe- und Umsatzsteuern dagegen müßten sinken. Nun, dem kann man getrost beipflichten. Fehlt nur noch jemand, der in der Lage wäre, derartige Eingriffe in das Gefüge der Weltwirtschaft gegen den erklärten Willen des versammelten Großkapitals durchzusetzen.

272

Das Buch *Countdown 2000. Chancen einer nachhaltigen Gesellschaft* von Walter Wittmann dagegen enthält einen ganzen Katalog von Maßnahmen. Das 10-Punkte-Programm lautet wie folgt:

1. Stabilisierung der Weltbevölkerung durch rigorose Geburtenkontrolle.
2. Einschränkung des Verbrauchs an nicht lebensnotwendigen Gütern – d. h. Konsumverzicht – in den reichen Ländern.
3. Einsatz von Wasserstoff als Ersatz für Erdöl sowie Umstellung auf schienengebundenen Verkehr vor allem in den Ballungszentren.
4. Verbesserung der Effizienz beim Einsatz von Ressourcen.
5. Schutz der Umwelt: Revolutionierung der Nahrungsmittelproduktion, Schonung der Böden, der Wälder und des Wassers.
6. Vermeiden, Sammeln und Entsorgen chemischen und/oder giftigen Mülls.
7. Globales Moratorium für den Bau von Atomkraftwerken bis die sichere Endlagerung atomaren Mülls gewährleistet ist.
8. Verhinderung der Weiterverbreitung von Atomwaffen aller Art und Vernichtung der Arsenale durch die traditionellen Atommächte.
9. Stabilisierung, Entflechtung und Sanierung der Megaballungszentren, vor allem in der Dritten Welt.
10. Abschied vom quantitativen Wachstum, Aufgabe des Raubbaus an der Umwelt, Schaffen einer nachhaltigen Gesellschaft.

Ich wähle dieses Beispiel, weil hier nicht nur von Wirtschaft, Technologie und Umwelt die Rede ist, sondern von einer ganzheitlichen Sanierung der globalen Lage. Man kann dem Autor in allen Punkten nur zustimmen. Aber Sie müssen sich diese Forderungen wirklich einmal in Ruhe zu Gemüte führen, und sich dann selbst eine Antwort geben auf die Frage, ob auch nur eine – geschweige denn das ganze Programm – Chancen hat, verwirklicht zu werden. Wie der Autor in seinem Kommentar selbst einräumt: »Der Mensch ist kein verzichtender Altruist, sondern ein expansiver Egoist.«

Das Problem besteht leider nicht so sehr darin, zu definieren, was zu tun wäre, sondern darin, das, was geschehen sollte, umzusetzen.

Die Parabel von der Eule

Von Beratern in der Wirtschaft wird gesagt – nicht immer zu unrecht –, sie hätten jede Menge guter Ideen zur Hand, was getan werden sollte, würden sich aber zu wenig darum kümmern, wie diese umgesetzt werden könnten. Man greift dann gerne auf die Parabel von der Eule zurück.

Eine Delegation von Mäusen klopft bei der Eule an und bittet um Audienz. »Liebe Eule, wir haben von deiner Weisheit gehört, und sind von weit her angereist, um dich um Rat zu fragen. Wir sind in großer Not. Bei uns gibt es eine große, böse Katze, die Mäuse frißt. Viele von uns sind bereits verschwunden. Wir sind in großer Angst um unser Leben. Wie können wir uns schützen?« Die Eule schließt die Augen und fängt an zu denken. Nach langer Zeit öffnet sie ihre großen Augen, blickt in die Ferne, und sagt: »Ihr müßt der Katze eine Glocke um den Hals hängen. Wenn sie dann versucht, sich anzuschleichen, werdet Ihr sie hören und könnt fliehen.« Die Mäuse sind begeistert von dieser Idee, bedanken sich bei der Eule für ihren Rat, und machen sich auf den Heimweg. Zu Hause angekommen, kaufen sie eine schöne, große Glocke. Da fragt ein kleines Mäuschen: »Wie wollt Ihr der Katze diese Glocke umhängen, ohne gefressen zu werden?« Die großen Mäuse blicken sich erschrocken an, und keine weiß Rat. »Wir müssen nochmals zur Eule gehen«, sagt der Obermäuserich, »sie wird uns sagen, wie man das macht.« Gesagt, getan. »Liebe Eule, wir brauchen nochmals deinen Rat. Wie können wir der Katze die Glocke umhängen, ohne daß sie uns frißt?« Die Eule erwidert: »Ich habe euch das Prinzip erklärt. Für die Umsetzung in die Praxis seid Ihr selbst verantwortlich.«

Dies ist auch unser Dilemma. Es geht längst nicht mehr darum, herauszufinden, was zu tun wäre. Es fehlt lediglich an Möglichkeiten, das Wünschbare und Notwendige zu verwirklichen.

Als Ausfluß des in den westlichen Ländern herrschenden Parteiensystems sowie der auf allen Stufen herrschenden Überforderung politischer Funktionsträger beschäftigt sich die Politik allenthalben in der Hauptsache mit sich selbst. Sie kann sich nicht auch noch um die großen Probleme unserer Zeit kümmern. Dabei wäre es mit kümmern noch nicht einmal getan. Man müßte auch noch Lösungen finden – und diese umsetzen.

Der deutsche Bundespräsident Roman Herzog, beunruhigt über den Reformstau in der deutschen Innenpolitik und die Unfähigkeit der Parteien, die anstehenden Probleme gemeinsam anzugehen, beklagte im Frühjahr 1997 in einer vielbeachteten Rede die Erstarrung von Politik und Gesellschaft und nannte konkret eine ganze Reihe dringend notwendiger Veränderungen. Er betonte aber, das eigentliche Problem sei nicht die Analyse, sondern die Durchsetzung. Zitat: »Wir haben kein Erkenntnisproblem, sondern ein Umsetzungsproblem.«

Dieser denkwürdige Satz hat Gültigkeit für vieles, was auf dieser Welt geschehen sollte und nicht geschieht. Bezüglich der globalen Lage haben wir allerdings nicht nur ein Umsetzungsproblem. Da mangelt es rund um den Globus bereits an Erkenntnis.

Zeichen der Angst

Man braucht die Vorgänge auf diesem Planeten nicht im einzelnen zu überblicken oder gar in ihren komplexen Wechselwirkungen zu verstehen, um sich bezüglich unserer Zukunft Sorgen zu machen. Es genügt, festzustellen, wie sich unsere Umwelt und unsere Gesellschaft innerhalb weniger Jahre verändert haben. Viele Menschen reagieren denn auch ganz einfach auf das, was sie in ihrem unmittelbaren Umfeld beobachten. Sie fragen sich, wo das hinführt. Und sie haben Angst vor dem, was kommt.

Man muß nicht im Kaffeesatz abgehobener ökonomischer Theorien lesen, was es bedeuten könnte, daß Massen von Menschen jeden ersparten Pfennig auf die hohe Kante legen, anstatt ihn unter die Leute zu bringen und damit die Wirtschaft anzukurbeln. Man braucht auch nicht Sigmund Freud zu konsultieren, um zu verstehen, wie es kommt, daß so viele Leute, die ansonsten ihren Gürtel ins engste Loch geschnallt haben, so viel Geld fürs Reisen ausgeben. Warum Natur- und Tierdokumentarfilme im Fernsehen sich eines so hohen Interesses erfreuen. Warum zunehmend mehr Menschen aller Altersklassen »aussteigen«, auswandern und unserer überdrehten Zivilisation den Rücken kehren. Oder warum gestandene Manager, die sich beruflich nur in klimatisierten Büroräumen, chauffierten Limousinen, Flugzeugen und Firstclass-Hotels aufhalten, für ihre Ferien ein Überlebenstraining im südamerikanischen Dschungel buchen. Da wird nicht zum Ausgleich gerudert, gewandert, gesegelt oder geklettert. Das nackte Überleben in der Wildnis wird geübt.

Es gibt aber nicht nur die Flucht nach außen, die Suche nach der Robinsoninsel irgendwo draußen im Ozean. Es gibt auch die Flucht nach innen. Esoterische Zirkel haben Hochkonjunktur. Wahrsagen, Kartenlegen und Horoskopieren sind zu florierenden Dienstleistungen geworden, die nicht nur von frustrierten Hausfrauen, sondern auch von ratlosen Unternehmern, Managern und Politikern in Anspruch genommen werden. Science-Fiction-Filme sind das große Geschäft – besonders, wenn darin mit Außerirdischen Kontakt aufgenommen wird. Denn, wer weiß, vielleicht helfen sie uns aus unserer Misere hienieden – oder laden uns gar zu sich nach Hause, auf irgend einen fernen Planeten ein, wo alles viel besser ist.

Und da ist schließlich der Zulauf, den religiöse Gemeinschaften aller Art zu verzeichnen haben. Was zieht so viele Menschen in eine Sekte? Zum einen: die tiefe Sehnsucht nach einer übergeordneten Schicksalsmacht, die einem wohlgesonnen ist. Die Sehnsucht nach Geborgenheit und Verständnis. Eine innere Erlebniswelt, die ruhiger, wärmer und akzeptierender ist als unsere knallharte, eiskalte Leistungsgesellschaft. Zum zweiten: Eine wie auch immer geartete, klare Werteordnung. Ein weltanschaulich fundiertes Verhaltensprogramm. Orientierung. Leitplanken. Und damit innerer Halt. Zum dritten: ein soziales Netz. Freunde und Bekannte. »Wir«-Gefühl im Kreise Gleichgesinnter. Eine persönliche Identität als Individuum in einer überschaubaren Gemeinschaft. Mit anderen Worten: All das, was uns in unserer Massengesellschaft abhanden gekommen ist. Die traumhaften Wachstumsraten gerade auch totalitärer und ausbeuterischer Sekten und Pseudoreligionsgemeinschaften zeigen, wie stark das Bedürfnis nach Halt in unserer Gesellschaft zugenommen hat.

Ein Sprichwort sagt: Geteiltes Leid ist halbes Leid. Genauso gilt: Geteilte Angst ist halbe Angst. Je bedrohlicher das Umfeld und die Zukunft, desto dringender der Bedarf nach Gemeinschaft mit anderen. Man darf deshalb nicht nur fragen: Wohin wenden sich diese Menschen? Man muß auch fragen: Wovon wenden sie sich ab?

Die soziale Bombe tickt

Die Angst der Menschen – bewußt oder unbewußt – kommt nicht von ungefähr. Wir sind tatsächlich bedroht, und zwar gleich in zweifacher Hinsicht. Zum einen durch die fortschreitende Zerstörung unserer natürlichen Lebensgrundlagen. Zum andern aber durch unsere Formen des Zusammenlebens und Zusammenwirkens. Durch die Zersetzung unserer gesellschaftlichen Strukturen. Das heißt: durch uns selbst.

Die beiden Entwicklungen – die ökologische und die gesellschaftliche – beeinflussen und verstärken sich gegenseitig. Wirbelstürme und Waldbrände, Verkarstung und Verwüstung, Mißernten und Epidemien verstärken die sozialen Probleme. Sie tragen bei zur Verstädterung, zur Migration, zur Armut, zum Hunger und zum Elend auf dieser Welt. Überbevölkerung, Armut, Hunger und Elend ihrerseits tragen bei zur Plünderung der letzten natürlichen Ressourcen und zur Zerstörung der Umwelt. Wir haben es mit einem verhängnisvollen Teufelskreis zu tun.

Man kann also die beiden Entwicklungen nicht völlig isoliert betrachten. Aber beide haben ihre eigene Dynamik. Und wenn man die Erfahrungen der letzten Jahre zugrunde legt, kann man sich eines Eindruckes kaum erwehren: Die wirtschaftlichen, sozialen und politischen Spannungen, die Gewaltbereitschaft, die Kälte und die Orientierungslosigkeit in der Gesellschaft haben besonders stark zugenommen. Die innere Zersetzung der Gesellschaft schreitet schneller voran als die Zerstörung unserer biologischen Lebens-

276

grundlagen. Es sieht so aus, als stünde uns ein Zusammenbruch wirtschaftlicher, politischer und gesellschaftlicher Strukturen näher bevor als ein globaler, ökologischer Kollaps. Auf einen solchen steuern wir zwar auch zu – aber wohl nicht mit der gleichen Geschwindigkeit. Wenn nicht alles täuscht, kommt der Sozio-Crash noch vor dem Öko-Crash.

Kapitel 28

Flächenbrand

Was ist das, ein »Crash«? Wie vollzieht sich der Zusammenbruch einer Zivilisation?

Im Laufe der Menschheitsgeschichte sind immer wieder einzelne Hochkulturen zusammengebrochen. Von einigen – etwa vom Untergang des römischen Reiches – wissen wir in etwa, wie das vor sich ging. Dies ist die eine Quelle für Anhaltspunkte. Die zweite ist die Chaosforschung. Sie befaßt sich mit den Gesetzmäßigkeiten der Vorgänge in komplexen Systemen. Umbrüche in Gesellschaften vollziehen sich nach ähnlichen Prinzipien wie diejenigen in der Natur – ein Waldbrand, ein Wirbelsturm, ein Herzinfarkt, ein Lungenkrebs, das Kippen eines Sees oder das Aussterben einer Pinguinkolonie.

Aber wir sind nicht allein auf die Geschichte und die Theorie angewiesen. Die wichtigsten Informationen liefert die Realität. Was sich heute in einzelnen Regionen dieses Planeten abspielt, ist nichts anderes als eine Vielzahl kleinerer und größerer Zivilisationscrashs. In jedem Kriegsgebiet bricht die Ordnung, die wir Zivilisation nennen, zusammen. Kein Zusammenbruch vollzieht sich genauso wie ein anderer. Aber es gibt einige immer wieder zu beobachtende Abläufe. Es gibt so etwas wie eine typische Dramaturgie.

Zerfall von Recht und Ordnung

Jedem Crash geht eine Zeit politischer und sozialer Spannungen und Unruhen voraus. Wenn immer mehr Menschen unzufrieden sind, immer mehr Kinder und Jugendliche verwahrlosen, Wirtschaft und Gesellschaft immer mehr vom organisierten Verbrechen unterwandert werden, die öffentliche Sicherheit zunehmend in Frage gestellt ist und dem Staat sowohl die Autorität als auch die Mittel entzogen werden, kommt irgendwann einmal der Zeitpunkt, wo Recht und Ordnung zusammenbrechen. Es kann lange dauern, bis das System kippt. Aber wenn es soweit ist, geht es in der Regel ziemlich schnell.

Der Hauptgrund für die Geschwindigkeit, mit der scheinbar stabile gesellschaftliche Verhältnisse wie ein Kartenhaus zusammenbrechen können, liegt darin, daß das, was wir Kultur oder Zivilisation nennen, bei den meisten Menschen nicht allzu tief verwurzelt ist. Wie in diesem Buch bereits früher ausgeführt: Rücksichtnahme und Mitgefühl sind bei einer Mehrheit der Menschen nur oberflächlich anerzogen. Sie entsprechen keinem echten Bedürfnis. Gesittetes Verhalten erfolgt vor allem als Folge der Anpassung an das soziale Umfeld – oder, einfach ausgedrückt, aus Angst vor Strafe.

So sehr es uns widerstrebt, die bittere Realität zu akzeptieren: Die Mehrheit der Menschen ist nicht wirklich zivilisiert. Fällt die Gefahr, bestraft zu werden, plötzlich weg, brechen bei vielen Menschen tiefsitzende, primitive und asoziale Instinkte durch. Nach dem Motto »Wehe, wenn sie losgelassen!« werden bisher unauffällige Menschen scheinbar über Nacht zu Mördern, Folterern und Vergewaltigern. Von da an regiert die Gewalt. Sie tut es übrigens – von der Gesellschaft weitgehend unbemerkt – in vielen Familien auch unter sogenannten geordneten gesellschaftlichen Verhältnissen. Es ist nur noch nicht ins öffentliche Bewußtsein gedrungen, in welchem Ausmaß in guten Stuben Frauen geschlagen, Kinder mißbraucht und Alte mißhandelt werden.

Hat sich Gewalt aber einmal im Umfeld etabliert, tun auch noch viele mit, die nicht unbedingt zu Gewalttätigkeit neigen. Sie richten ihre Fahne aus Mangel an Persönlichkeit nach dem Wind. So können scheinbar stabile soziale Ordnungen fast über Nacht zusammenbrechen und in ein mörderisches Chaos münden. Es gibt immer mehr Länder in allen Erdteilen, in denen man derartige Vorgänge in allen Details beobachten kann – sogar in Europa, wie etwa die Beispiele Albanien und Bosnien zeigen, wo trotz erheblicher Unterstützung aus dem Ausland bis heute keine stabilen, rechtsstaatlichen Verhältnisse hergestellt werden konnten. Wir haben nur noch nicht realisiert, daß auch bei uns ein schleichender Prozeß der Zersetzung begonnen hat, der eines Tages zu chaotischen Umbrüchen führen wird.

An irgendeinem Punkt bricht die staatliche Autorität zusammen. Nicht unbedingt von einem Tag auf den andern, aber innerhalb kurzer Zeit wird klar: Die bisherigen Rechtsorgane – Polizei, Justiz und Strafvollzug – sind überfordert. Alle sehen: Man kann ungestraft Gewalt anwenden. Manchmal ist dies die Stunde des Militärs. Dann kommt es zu einer wie auch immer gearteten Diktatur – und einer Opposition im Untergrund. Manchmal aber ist auch das Militär nicht mehr handlungsfähig – oder in unterschiedliche

Gruppierungen zersplittert. Es gibt keine einheitliche Ordnung mehr. Es wird um strategisch wichtige Dinge – Munitionsdepots, Transportwege, Regierungsgebäude und Massenmedien – erbittert gekämpft. Es kommt zum Bürgerkrieg oder zu bürgerkriegsähnlichen Zuständen.

Zusammenbruch der Infrastruktur

Wenn es einmal keine unter einer einheitlichen Führung stehende Armee und Polizei mehr gibt, die staatlichen und politischen Autoritäten aufgelöst oder handlungsunfähig geworden sind, bricht über kurz oder lang die Infrastruktur zusammen. Verwaltung, Gesundheitswesen, Energieversorgung, Kommunikation und öffentlicher Verkehr funktionieren nur noch unregelmäßig und fallen immer häufiger und immer länger aus. Die Versorgung der Bevölkerung mit Lebensmitteln und Medikamenten wird kritisch.

Mit dem Ausfall der Sicherheitsorgane entsteht ein Rechtsvakuum. Die Kriminalität steigt sofort sprunghaft an. Plünderungen und Gewalttaten nehmen zu. Es herrscht das Recht der Stärkeren, das Faustrecht feiert Urständ. Wer bewaffnet ist, befiehlt. Marodierende Banden ziehen umher, terrorisieren die Bevölkerung und plündern die letzten vorhandenen Ressourcen. Besonders begehrt sind: Waffen und Munition, Fahrzeuge und Treibstoff, Lebensmittel und Medikamente.

Die bewaffnete organisierte Kriminalität übernimmt lokal oder regional die Macht und ersetzt die staatliche Autorität. Sie stößt bei der Bevölkerung nicht nur auf Ablehnung, weil viele sich von ihr die Wiederherstellung eines gewissen Maßes an Sicherheit und Ordnung versprechen. Dazu kommt: Wer sich arrangiert, hat wieder Zugang zu den lebensnotwendigsten Gütern.

Die Zerfallserscheinungen weiten sich aus – unregelmäßig und unvorhersehbar. In einzelnen Städten kann noch während einiger Zeit eine gewisse Ordnung und eine funktionierende Infrastruktur aufrechterhalten werden. Aber früher oder später brechen Nachschub und Verteilungsnetze zusammen, und dann kommt es in einer Stadt, wo viele Menschen auf engstem Raum versammelt sind, zu besonders dramatischen Versorgungs- und Entsorgungsengpässen. Sie führen zu blutigen Auseinandersetzungen und Epidemien, die auf die umliegenden Gegenden übergreifen.

Wenn einmal kein Wasser mehr aus dem Hahn und kein Strom aus der Dose kommt und alle Lebensmittelläden geplündert sind, kann die Betonwüste leicht zum Massengrab werden. In einzelnen Regionen und Agglomerationen wird die Bevölkerung dezimiert. In dieser Phase sind auch die Ghettos der Reichen keine geschützten Zonen mehr. Wenn einmal klar ist, daß auch im äußersten Notfall nicht mehr mit der Hilfe staatlicher Sicherheitskräfte gerechnet werden kann, suchen die privaten Schutzleute das Weite. Wer dann noch zurückbleibt, ist den Plünderern wehrlos ausgeliefert. Und nirgendwo entlädt sich so viel aufgestauter Haß wie gerade hier.

Krieg ohne Fronten

Ein Crash ist nicht ein »Big Bang«, sondern eine sich über Monate oder sogar Jahre hinziehende Kettenreaktion vielfältiger und immer mehr um sich greifender Krisen und Konflikte. Der Zusammenbruch einer Zivilisation ist eher so etwas wie ein Flächenbrand – ein chaotisch ablaufender Prozeß des Umbruchs, des Zerfalls bestehender und der Bildung neuer Machtstrukturen, der von mehreren Herden ausgehen kann und sich immer mehr ausweitet. Die Menschen sind nicht überall zur gleichen Zeit gleich stark davon betroffen. Aber es ist ein Krieg. Er wird mit Waffen ausgetragen. Und es wird massenhaft gestorben – durch Waffengewalt, durch Hunger und durch Krankheiten.

Es ist nicht ein Krieg, in dem sich zwei kämpfende Parteien gegenüberstehen – und schon gar nicht ein Eroberungskrieg, in dem ein Land ein anderes unterwirft. Es ist ein Krieg, in dem sich die klaren Konturen verwischen. Ein Krieg mit vielen kleineren und größeren Gruppierungen, die über Waffen verfügen, und die sich je nach Lage gegenseitig bekämpfen oder aber zu stärkeren Verbänden zusammenschließen. Es gibt nicht einen einzigen, klar definierten Feind. Es gibt nur letzte Ressourcen, die alle haben wollen. Es ist ein Kampf ums Überleben – und da kämpft letztlich jeder für sich selbst und gegen alle anderen. Dies bedeutet leider auch Krieg gegen die eigene Zivilbevölkerung – denn sie ist es nicht selten, die über etwas verfügt, das bewaffnete Horden gerne haben möchten. Frauen zum Beispiel; oder ein Haustier zum Schlachten; sauberes Trinkwasser oder einen Kanister Benzin.

Inseln im Chaos

Mitten im Chaos werden sich immer wieder vereinzelt kleine Inseln der Ruhe und Ordnung bilden.

Es wird mal hier und mal da eine Nische geben, wo kleinere Gruppen von

Menschen überleben können. Mehrere Voraussetzungen müssen gegeben sein. Erstens, eine genügende Distanz von den zentralen Katastrophengebieten. Zweitens, möglichst erschwerte Zugänglichkeit von außen. Drittens, Möglichkeiten der Selbstversorgung. Last but not least: engste Kooperation innerhalb einer solidarischen Überlebensgemeinschaft. Solche Voraussetzungen werden nur in sehr seltenen Ausnahmefällen gegeben sein. Aber sie sind grundsätzlich möglich.

Häufiger dagegen werden sich in lokal oder regional begrenzten Räumen totalitäre Regime etablieren. Ausgehend von bewaffneten Gruppen – versprengten Teilen einer Armee, früherer Sicherheitskräfte oder der organisierten Kriminalität – bilden sich Diktaturen heraus, welche die Bevölkerung mit Waffengewalt unterdrücken und ausbeuten, aber zumindest für eine begrenzte Zeit für stabile, wenn auch triste Verhältnisse sorgen. In Zeiten der Wirren sind Versuche, faschistische Ordnungen zu errichten, allgegenwärtig. Sie gelingen nur nicht immer.

»Wir doch nicht«

Wenn man in einem westlichen Wohlstandsland beheimatet ist und nicht über den Tellerrand hinausblickt, mag einem dies alles als völlig absurde Horrorvision erscheinen. Doch wenn man sich mit unverstelltem Blick auf dieser Welt umsieht, wird man feststellen, daß wir von lauter Zukunftslabors umgeben sind. In einer ganzen Reihe von Ländern haben sich nämlich derartige Szenarien in den letzten Jahren abgespielt – am häufigsten in Afrika, aber auch in Krisengebieten, die uns wesentlich näher liegen, wie etwa in Bosnien oder Albanien. Und wer Augen hat, zu sehen, der wird erkennen, daß es dort, wo gewachsene Ordnungen zusammenbrechen, immer zwei Optionen gibt: das Chaos und die Diktatur. Wo immer ein Machtvakuum entsteht, werden einzelne versuchen, sich zusammenzutun, um über andere zu herrschen und sie auszubeuten. Solche Versuche sind aus zwei Gründen so häufig erfolgreich. Erstens, weil die Macht ungleich verteilt ist. Wenn die einen Waffen haben und die Mehrheit nicht, dann wird nicht mehr gefragt, was für eine gesellschaftliche Ordnung den Menschen genehm ist. Zweitens, weil die Menschen nichts so schlecht ertragen wie das Chaos. Wenn sie zwischen Chaos und Diktatur zu wählen haben, erscheint ihnen die Diktatur nicht selten als das kleinere Übel.

Daß dies alles bei uns nicht über Nacht kommen wird, steht auf einem anderen Blatt. Man wird selbstverständlich in letzter Minute versuchen, das

Schlimmste zu verhüten. Man wird Notstandsgesetze aus dem Boden stampfen. Man wird Krisenstäbe einsetzen. Aber all dies wird zu einem viel zu späten Zeitpunkt geschehen. Man wird Symptome bekämpfen, den Zerfall aber letztlich nicht mehr verhindern können. Der Staat, die einzige demokratisch legitimierte Institution, wird nicht mehr die Kraft haben, das Steuer an sich zu reißen. Für die Bewältigung von existentiellen Krisen sind die heutigen staatlichen Institutionen von vornherein nicht effizient genug. Vor allem aber werden dem Staat die Autorität und die Mittel, die er dazu benötigen würde, bereits heute schrittweise entzogen. Die Gesellschaft ist nicht in der Lage, sich selbst zu steuern.

Szenarien

Es gibt eine ganze Reihe theoretisch denkbarer Zukunftsentwicklungen.

Szenarium 1

Dies ist die rosarote Variante: Wir stehen an der Schwelle zu einer Ära des wirtschaftlichen und sozialen Aufschwungs. Wir haben 25 Jahre des Friedens, der wirtschaftlichen Prosperität und der Umweltgenesung vor uns. Typische Vertreter dieser These sind unter anderen die beiden eingangs des vorangegangenen Kapitels erwähnten Autoren.

Szenarium 2

Dies ist eine kurz- und mittelfristig pessimistische, langfristig aber immer noch optimistische Variante: Wir haben eine schwierige Zeit krisenhafter Entwicklungen vor uns. Die ersten Jahrzehnte des nächsten Jahrhunderts werden noch von großen wirtschaftlichen, politischen und ökologischen Problemen geprägt sein. Es kommt aber nicht zu einem weltweiten Crash. Die Menschen und Völker lernen langsam, im Rahmen einer multikulturellen Völkergemeinschaft miteinander zu leben.

Szenarium 3

Die wirtschaftlichen, politischen und sozialen Spannungen eskalieren. Als Reaktion auf die Globalisierung kommt es in immer mehr Ländern zu machtvollen, nationalistischen Bewegungen und zu massiven, gewalttätigen

Auseinandersetzungen. Die Lage auf nationaler und internationaler Ebene wird destabilisiert. Die Überbevölkerung führt zu dramatischen Versorgungsengpässen. Es kommt zu einem Crash. Kriege, Bürgerkriege, Hunger und Krankheiten dezimieren die Menschheit. Der Zusammenbruch der Wirtschaft und die Dezimierung der Weltbevölkerung führen aber – bevor es zu einem ökologischen Kollaps kommt – zu einer drastischen Reduktion der Umweltimmissionen. Die Umwelt kann sich langsam wieder erholen. Die in einigen Regionen überlebenden menschlichen Populationen, geläutert durch den Schock der Katastrophe, beginnen einen durch Rücksichtnahme – auf andere Kulturen sowie auf die Umwelt – geprägten Wiederaufbau.

Szenarium 4

Zunächst analog Szenarium 3: Es kommt zu einem Crash. Es gibt kleinere, überlebende menschliche Populationen. Aber: Es zeigt sich, daß die Umwelt bereits zu stark belastet und verändert ist, die Menschen anderseits biologisch nicht in der Lage sind, sich in genügend kurzer Zeit an die veränderten Gegebenheiten anzupassen. Die in der Luft, im Wasser, in den Böden sowie in den menschlichen Körpern angereicherten, biologisch nicht abbaubaren Umweltgifte führen zu einem irreversiblen Verlust der Fortpflanzungsfähigkeit. Die Menschen sterben im Laufe einiger Generationen aus.

Szenarium 5

Analog Szenarien 3 und 4: Es kommt zu einem Crash. Es gibt kleinere menschliche Populationen, die theoretisch überleben könnten. Aber die im Laufe der Wirren eingesetzten atomaren Sprengköpfe und chemischen Waffen, die leckgeschlagenen Atomkraftwerke sowie die aus verschiedenen, teilweise gar nicht bekannten Deponien im Meer und an Land entweichenden Gifte und radioaktiven Rückstände vernichten in kurzer Zeit den größten Teil des Lebens an Land und im Meer. Nur kleinere Lebewesen überstehen die Katastrophe.

*

Soweit ganz grob das Spektrum theoretisch möglicher Zukunftsentwicklungen.

Mit langfristigen Prognosen ist es so eine Sache. Je präziser sie formuliert sind, desto sicherer folgen sie Erich Kästners Motto »Denn erstens kommt es anders, und zweitens als man denkt«. Das Problem ist die Komplexität. Es gibt zu viele Einflußfaktoren – und die einzelnen Faktoren beeinflussen sich gegenseitig. Wir haben es mit einer Gleichung mit zu vielen Unbekannten zu tun. Deshalb gibt es keine präzisen, langfristigen Vorhersagen. Aber es gibt Naturgesetze. Es gibt Wahrscheinlichkeiten. Es gibt Plausibilitäten. Es ist wie beim Wetter: Kein Computer der Welt wäre in der Lage, das Wetter in Hinterallmendingen für länger als einige wenige Tage verläßlich vorherzusagen. Aber es gibt ein Klima. Es gibt Jahreszeiten. Es gibt Erfahrungswerte. Man kann deshalb mit erstaunlich hoher Verläßlichkeit eingrenzen, wann in Hinterallmendingen der nächste Regen fallen wird: Spätestens in zwei Monaten, wahrscheinlich früher. Nicht in einem halben Jahr. Nicht erst in zwei Jahren.

Wir sind alle miteinander keine Hellseher und keine Propheten. Wir können uns nur aufgrund unserer Lagebeurteilung und sich abzeichnender Wahrscheinlichkeiten unsere eigene, persönliche Meinung bilden. Sie die Ihre, ich die meine. Aufgrund der in diesem Buch geschilderten Zusammenhänge geht meine Meinung dahin, daß von den fünf genannten Szenarien die beiden ersten von vornherein außer Betracht fallen. Die Natur des Menschen, die innere Verfassung der Nationalstaaten, das internationale Beziehungsgefüge, das Fehlen echter, globaler Steuerungsmöglichkeiten, die ökologischen Altlasten, unsere bereits heute reduzierte Fruchtbarkeit sowie unsere geringe biologische Anpassungsfähigkeit – all dies läßt angesichts der eingeleiteten Trends und der fortgeschrittenen Zerstörung unserer Umwelt aus meiner Sicht nur einen Schluß zu: Der Crash wird nicht abzuwenden sein. Die drei letztgenannten Entwicklungen halte ich alle für grundsätzlich möglich. Am wahrscheinlichsten erscheint mir Szenarium 4: Die Weltbevölkerung wird dezimiert, überlebende Populationen verlieren als Langzeitfolge der in den Organismen angereicherten Umweltgifte die Fortpflanzungsfähigkeit und sterben aus. Danach regeneriert sich die Natur innerhalb weniger Jahrhunderte. Die Evolution geht weiter.

Der Weltuntergang findet individuell statt

Wenn man von dem ausgeht, was sich heute anbahnt, bereits weit fortgeschritten ist und wirklich eines Wunders bedürfte, um in eine andere Richtung gelenkt zu werden, ergibt sich in etwa folgendes Fazit:

Erstens, der Zusammenbruch hat längst begonnen. Er hat nur noch längst nicht alle Länder und Regionen erfaßt. Die Frage lautet nicht: Wann wird es zu einem Crash kommen? Die Frage lautet: Wann wird er auch auf die hochentwickelten, westlichen Zivilisationen übergreifen? Dies wird aller Wahrscheinlichkeit nach nicht in den nächsten fünf oder zehn Jahren der Fall sein. Aber ebenso bestimmt nicht erst in 100 Jahren. Die innere Zersetzung hat längst eingesetzt, und sie beschleunigt sich. Aus heutiger Sicht kann man davon ausgehen, daß der Zusammenbruch auch bei uns noch in der ersten Hälfte des nächsten Jahrhunderts stattfinden wird – vielleicht in 25, vielleicht in 40 Jahren. Und er wird es desto sicherer, je unbeirrter wir davon ausgehen, wir würden auch in Zukunft nur im Fernsehen beobachten können, wie anderswo Zusammenbrüche stattfinden, oder könnten uns weiterhin hauptsächlich mit Steuerprozenten, Lohnnebenkosten und Diäten von Parlamentariern beschäftigen.

Zweitens, wenn eine globale ökologische Katastrophe eintritt – etwa die Auflösung des Ozonschildes oder ein nuklearer Super-GAU – kann es auch schon wesentlich früher zu Kettenreaktionen von Zusammenbrüchen kommen.

Drittens, wenn ein Wunder eintritt – irgendetwas Weltbewegendes, von dem wir heute keine blasse Ahnung haben –, kann alles ganz anders kommen. Aber es müßte wirklich ein Wunder sein.

Der Weltuntergang findet immer individuell statt. Wer in Kambodscha, Sierra Leone oder Bosnien ermordet worden, in Bangladesch verhungert, in Indonesien im Rauch oder in Mexico-City im Smog erstickt, in Afrika an Aids oder in Europa an verdrecktem Heroin gestorben, in Kurdistan einem Giftgasüberfall zum Opfer gefallen oder in Algier von einer Bombe zerfetzt worden ist – für den ist die Welt längst untergegangen. Man kann ihn nicht damit trösten, daß es noch viele Leute gibt, die weiterleben. Wir sollten nicht so tun, als würde es nur darauf ankommen, daß Teile der Menschheit überleben – möglichst diejenigen, zu denen wir selbst gehören. Der Zusammenbruch kommt in Sturmböen und Wellen. Noch halten viele Dämme. Aber das Unwetter hat begonnen.

Kapitel 29

Rette sich, wer kann!

Ein Crash tritt nicht völlig überraschend von heute auf morgen ein. Wer darauf vorbereitet ist, merkt bereits im Vorfeld, daß sich etwas zusammenbraut. Der Zusammenbruch vollzieht sich nicht flächendeckend in Minuten oder Stunden, sondern in Wochen, Monaten, in einzelnen Regionen vielleicht sogar Jahren. Und er weitet sich chaotisch aus. Nicht alle Menschen sind überall zur gleichen Zeit gleich stark davon betroffen.

Praktisch alle Länder sind heute durch internationale Wirtschaftsbeziehungen und Verkehrswege mehr oder weniger eng mit anderen verflochten und deshalb bis zu einem gewissen Grade vom Ausland abhängig. Wenn irgendwo eine ernsthafte Krise ausbricht, hat dies sofort Auswirkungen auf die umliegenden Länder. Wenn dort ebenfalls eine instabile Lage herrscht, kommt es leicht zu Kettenreaktionen. Und wenn die internationalen Kommunikations- und Verkehrsverbindungen zusammenbrechen, hat dies für alle Beteiligten weitreichende Konsequenzen. Aber je nach geographischer Lage, klimatischen Bedingungen, innerer Verfassung der Gesellschaft sowie vorhandenen Ressourcen kann in der einen Region noch ein einigermaßen normaler Zustand herrschen, wenn anderswo bereits das Chaos ausgebrochen ist und ganze Populationen durch Krieg, Hungersnot und Epidemien dezimiert worden sind. Es wird also mit national und regional unterschiedlichen Formen und Geschwindigkeiten des Zusammenbruchs zu rechnen sein.

Für Gebiete, in denen eine Selbstversorgung der Bevölkerung möglich ist, wird der Zusammenbruch der Verkehrsverbindungen sogar ein entscheidender Überlebensvorteil sein. Sie werden nämlich von außen nicht so leicht angegriffen und ausgeplündert werden können. In Gebieten anderseits, die ihre Bewohner nicht selbst ernähren können, bedeutet ein Zusammenbruch der Verkehrswege leicht das Aus für alle.

Lassen Sie uns ein Gedankenspiel machen. Was kann Überleben im Crash bedeuten? Wie verändert sich das Leben, wenn im Umfeld Chaos ausbricht? Wie würden Menschen versuchen zu überleben? Es ist nützlich, sich mehr als nur durch abstrakte Überlegungen und Begriffshülsen zu vergegenwärtigen, was eines nicht allzu fernen Tages tatsächlich aktuell werden könnte. Nur wer weiß, wohin die Reise gehen könnte, kann sich, wenn es soweit ist, darauf vorbereiten.

Arche Noah

Je weiter man von einer Großstadt entfernt ist, desto sicherer wird man zunächst sein. Das Leben wird zwar auch auf dem Lande gefährlich. Aber es gibt nicht so viele Menschen. Organisierte Banden kommen nicht so leicht hierher – besonders, wenn es kaum mehr Treibstoff gibt. Man kann sich besser verstecken. Es gibt eher Möglichkeiten zur Selbstversorgung. Diese ist überlebensentscheidend, denn Vorratshaltung ist immer nur eine kurz- bis mittelfristige Übergangslösung. Nur wenige Lebensmittel sind langfristig haltbar. Hat man sich aber nicht lange im Voraus mit Vorräten versorgt, kann man gar keine mehr anlegen, weil dann, wenn alle dies tun wollen, nichts mehr zu kriegen ist. Und wer in nennenswertem Umfang über Vorräte verfügt, muß sie erst noch sehr gut verstecken können – sonst wird er bei der erstbesten Gelegenheit ausgeplündert. Wenn man längerfristig überleben will, muß man deshalb in der Lage sein, selbst Nahrung zu produzieren. Und je schwerer der Ort, wo dies geschieht, von außen zugänglich ist, desto höher ist die Chance, daß man unbehelligt bleibt.

Dicht besiedelte Gebiete sind von vornherein gefährlich, denn wo es keine Agrarflächen gibt, muß jede Kartoffel von weit her angekarrt werden – und wo es zu viele Menschen gibt, wird es am ehesten zu Lebensmittelverknappung, Hunger und Elend kommen. Außerdem gibt es in der Stadt nicht nur Versorgungs-, sondern auch Entsorgungsprobleme. Es genügt bereits, daß der Abfall nicht mehr weggeschafft werden kann – und es dauert nicht lange, bis akute Gefahr von Epidemien droht. Am Anfang wird man die Nahrungsmittel rationieren. Die Menschen müssen lediglich den Gürtel enger schnallen. Aber irgendeinmal dankt der Staat ab, der Nachschub versiegt. Dann geht es um Leben oder Sterben.

Wie bereits im vorangehenden Kapitel dargelegt, gibt es auch in Krisen- und Kriegsgebieten, manchmal mitten im Chaos, kleine Überlebensinseln, geschützte Zonen relativer Ruhe. Aber für viele Menschen ist dort nicht Platz. Außerdem wird man sich nicht erst dann in eine solche zurückziehen können, wenn die Situation bereits chaotisch geworden ist. Entweder man hat rechtzeitig vorgesorgt, oder man wird von den Ereignissen überrollt werden und mit der Masse untergehen.

Besinnung auf die Notwendigkeiten des Lebens

Angenommen, Sie wüßten von so einem Ort. Was braucht man, um allenfalls überleben zu können? Um das Gedankenspiel fortzuführen: Was würden Sie mitnehmen, wenn Sie sich zurückziehen müßten? Es kann hier natürlich nicht darum gehen, eine ernstfalltaugliche Checkliste von Überlebensutensilien zu erstellen. So schnell wird der Crash nicht erfolgen. Aber es ist interessant, sich bewußt zu machen, wie stark wir abhängig geworden sind von einer funktionierenden Infrastruktur – und wie wenig wir vorbereitet sind auf ein Leben ohne Luxus, Komfort und Versorgung.

Vorweg: Was Sie nicht brauchen, ist Ihr großes Farbfernsehgerät. Es wird zwar möglicherweise mit Solarstrom versorgt sein, so daß Sie es auch dort, wo Sie überleben wollen, betreiben können. Aber bei der ersten Panne wird niemand zu finden sein, der Ihnen das Gerät repariert. Außerdem wird es bald einmal keine Sendungen mehr geben. Ein einfaches, robustes Radio – mit Solarzellen, versteht sich – macht da schon mehr Sinn. Den Computer lassen Sie ebenfalls am besten zu Hause. Dort, wo Sie hingehen, würden Sie ohnehin nicht viel mit ihm anfangen können. Das Auto werden Sie zwar im Alltag auch nicht benötigen. Aber es kann nichts schaden, es in der Nähe – zusammen mit genügend Treibstoff – bereit zu halten für den Fall, daß Sie plötzlich in Gefahr geraten und flüchten müssen. Aber gut versteckt muß es sein. Sonst ist es weg, wenn Sie es benötigen.

Es sind ganz andere, viel einfachere Dinge, die wichtig werden. Das erste und wichtigste ist Wasser, frisches, sauberes Wasser. Das ist schon die halbe Miete. Zweitens: Boden, um Eßbares anzupflanzen. Saatgut sowie ein paar Hühner sind Gold wert, ebenso Gerät, um den Boden zu bewirtschaften – und ein gewisses Know-how, wie man das macht. Wer auch noch über einen gewissen Vorrat an Öl, Salz und Zucker verfügt, ist bereits ein Glückspilz.

Sie werden sich kleiden müssen. Und da kann es sein, daß nichts, was Sie in Ihrem Schrank finden, für das, was Sie vorhaben, geeignet ist. Die Designerbluse und der Nadelstreifenanzug mögen zwar hübsch anzusehen sein, aber ob und wie lange Sie werden heizen können, steht in den Sternen. Sie brauchen deshalb warme, robuste und dauerhafte Klamotten. Und Schuhe. Denken Sie vor allem an robustes Schuhwerk. Und nicht nur für zwei Monate. Gummistiefel sind übrigens nicht nur allwettertauglich, sondern auch besonders solide. Sie halten Jahre.

Von Ihren wichtigsten Accessoires, dem Aktenköfferchen und der Damenhandtasche werden Sie sich nicht trennen können. Das wäre zuviel verlangt. Nehmen Sie sie halt als Andenken an frühere Zeiten mit – aber füllen Sie sie zumindest mit Dingen, die Sie wirklich brauchen: Zahnbürsten, Nähzeug, Klebstoff, Messer, Scheren, und etwas, womit Sie Messer und Scheren schleifen können. Denn es könnte länger dauern, bis Sie wieder irgendwo neues Gerät kaufen können.

Sie werden dringend etwas brauchen, womit Sie Feuer anzünden können. Aber das goldene Gasfeuerzeug brauchen Sie gar nicht erst mitzunehmen. Sie würden es bald einmal nicht mehr nachfüllen können. Sie brauchen etwas handfestes und vor allem dauerhaftes. Zündhölzer sind eine prima Sache – aber nur, solange man hat. Wie wär's mit einem Feuerstein? Alsdann brauchen Sie Werkzeug, um Holz schlagen und bearbeiten zu können. An Ihrer einfachen Behausung wird es immer etwas zu zimmern geben. Wo Plastik fehlt, ist Holz allemal der Werkstoff der Wahl. Im übrigen brauchen Sie Brennholz zum Kochen und Wärmen. Und wenn es eben geht, nehmen Sie genügend Seife und Toilettenpapier mit. Vor allem letzteres wird gerne vergessen. Dort, wo Sie überleben wollen, gibt es keine Zeitungen und möglicherweise auch keine Palmenblätter.

Überlebensgemeinschaften

Freunde und gute Nachbarn zu haben, wird dann entscheidend sein. Denn plötzlich zählt die Solidarität der Menschen vor Ort – und nicht diejenige in den virtuellen Räumen des Cyberspace. Im engeren lokalen und regionalen Umfeld, und nicht bei den Antipoden, entscheidet sich, ob man genug zu essen und zu trinken hat – und ob man sich gegen eventuelle Überfälle schützen kann.

Wo mehrere Menschen in einer überschaubaren Gemeinschaft zusammenleben und zusammenhalten, erhöhen sich sofort die Chancen aller, zu überleben. Man hilft sich gegenseitig. Schwierigere Probleme können gelöst, größere Vorhaben erfolgreich verwirklicht werden. Wo das Wissen, die Ideen und das Know-how mehrerer Menschen zusammenkommen, findet sich fast immer eine Lösung. Was ein einzelner nie schaffen würde – gemeinsam kann man es erreichen.

Es wäre eine Verschwendung von Zeit und Kraft, wenn jeder für sich allein sorgen würde. Der eine baut etwas Getreide an, der zweite Kartoffeln, der dritte vielleicht Gemüse. Man teilt, was man hat, denn man ist ohnehin wechselseitig aufeinander angewiesen. Man wird immer wieder gemeinsam Rat halten, was zu tun und zu lassen ist. Aber man kommt ohne Hierarchie und Bürokratie aus. Koordination und Steuerung erfolgen durch direkten Dialog.

Nicht zuletzt im Hinblick auf gute Verständigung und Zusammenarbeit tun Sie gut daran, sich rechtzeitig nicht nur darüber Gedanken zu machen, wohin Sie sich zurückziehen könnten, sondern vor allem auch, mit wem. Verbündete zu haben, ist das wichtigste. Und am besten gelingt das Projekt, wenn man es von Anfang an mit ihnen gemeinsam geplant hat.

Tauschhandel und Selbstverteidigung

Daß es dann noch eine intakte Industrie mit funktionierenden, internationalen Vertriebskanälen gibt, ist nicht anzunehmen. Banken und Versicherungen werden mangels Kunden ihre Büros ebenfalls geschlossen haben. Es ist sehr zu bezweifeln, daß Ihr Geld noch irgendeinen Wert besitzt. Denn niemand kann ihn zuverlässig beziffern, niemand ist bereit für einen Fetzen Papier so wertvolle Dinge wie eine Handsäge, einen Feldstecher oder gar einen Sack Mehl herzugeben.

Hingegen werden, wo immer Kontakte mit anderen Überlebenden zustande kommen, Waren und Dienstleistungen getauscht werden. Einer weiß, wie man eine Wunde versorgt, der andere, wie man eine brauchbare Feuerstelle einrichtet. Einer hat etwas Käse anzubieten, der andere ein Stück Hammelfleisch. Flicke ich dir dein Fenster, gibst Du mir ein paar Kartoffeln. Einer hat noch viel Mehl und einen Holzbackofen. Sie haben noch einiges an Zucker, aber seit Monaten kein Brot mehr gegessen. Sie glauben gar nicht, wie sehr Sie Brot vermissen können, wenn es keines gibt. Einfaches, gewöhnliches, trockenes Brot. Eine Delikatesse.

Und dann ist da noch die Gewissensfrage: Waffen – oder keine Waffen? Soll man sich verteidigen, wenn man überfallen wird? Oder gefährdet man sich gerade dadurch, daß man Waffen hat? Wird der Angreifer nicht provoziert, wenn er merkt, daß man sich verteidigen will und kann? Und davon abgesehen: In einem Kampf riskiert man sein Leben. Sind die Überlebenschancen nicht eventuell höher, wenn man sich von vornherein kampflos ergibt und unterwirft? Auf diese Fragen gibt es letztlich keine allgemeingültigen, in jeder denkbaren Situation einzig richtigen Antworten. Man kann von vornherein mit einer Übermacht konfrontiert sein und sich tatsächlich besser gleich ergeben. Man kann mal Glück haben, und die Angreifer ziehen weiter, ohne allzu großen Schaden angerichtet zu haben. Aber im Normalfall gilt ein Prinzip, das da heißt: Wer sich nicht wehrt, kommt unter die Räder. Die Erfahrung zeigt immer wieder: In Krisengebieten werden oft gerade unter der unbewaffneten Zivilbevölkerung Blutbäder angerichtet. Die Möglichkeit, sich zu verteidigen, ist und bleibt eine wichtige Voraussetzung für das Überleben im Crash.

Nicht zuletzt sprechen auch Sicherheitsgründe dafür, in einer Gemeinschaft zu leben. Es ist für jeden Angreifer schwieriger, eine Siedlung zu überfallen als eine einzelne Familie. Und sogar wenn Sie nicht bewaffnet sind – er weiß es nicht. Er überlegt sich immer vorher, welche Risiken er eingehen will. Je mehr Hürden man aufbaut, desto größer der Aufwand und die Risiken für jemanden, der Ihnen ans Leder will. Aber die perfekte Sicherheit gibt es nicht. Am Schluß hat man Glück oder Pech.

Alte Werte – neue Werte

Glück oder Pech beginnen schon damit, in welcher Gegend man lebt; wie gewalttätig der Zusammenbruch sich gestaltet; ob Nischen zu finden sind, in denen Chancen bestehen, längerfristig zu überleben; wie groß oder klein die Gemeinschaft ist, an die man Anschluß gefunden hat.

Aber auch wenn man Glück hätte: Es wäre ein hartes, gefahrvolles Leben. Medizinische Versorgung wäre weitgehend in Frage gestellt – zumindest in der Form, wie wir sie heute haben. Wer noch Zugang hätte zu einfacher Unfallchirurgie, könnte von Glück reden – denn auch sie ist auf ein Minimum von Geräten und Medikamenten angewiesen. Es wäre ein einfaches Leben voller Entbehrungen. Aber Lebensqualität ist eine relative Angelegenheit – und sie wird subjektiv höchst unterschiedlich empfunden. Die Abwesenheit von Hektik, Gestank, Lärm und Streß, genügend frische Luft und körperliche Arbeit, ja sogar der Verzicht auf manch liebgewordenen Luxus – all dies würde sich möglicherweise nicht nur negativ auf die Gesundheit und das Befinden auswirken.

Die Reduktion der Komplexität würde uns jedenfalls besser bekommen, als wir es je vermutet hätten. Und die Renaissance alter, in der Leistungsgesellschaft verloren gegangener Werte wie Gemeinschaft und Solidarität wäre nicht nur kein Rückschritt, sondern sogar ein bemerkenswerter Fortschritt gegenüber unserer gewohnten Lebensweise. Manch einer würde vielleicht erstmals erleben und möglicherweise von Grund auf lernen müssen, was es heißt, Mensch zu sein.

Doch soweit müßte man erst einmal kommen, wenn das Chaos wirklich ausgebrochen ist. Gerade in unseren hochentwickelten, dichtbesiedelten und auf Konsum ausgerichteten Ländern wird sehr viel Glück dazu gehören, zu überleben, wenn die Strukturen, die wir Zivilisation nennen, einmal zusammenbrechen.

Kapitel 30

Die Zeit, die uns bleibt

Wir wissen nicht, wann der Crash stattfindet. Wir wissen nicht im einzelnen, wie er ablaufen wird. Wir wissen nicht, ob und wie viele Menschen ihn überleben werden – und schon gar nicht, ob wir selbst dann noch da sein und dazugehören werden. Aber wir müssen davon ausgehen, daß es in absehbarer Zeit zu einer Katastrophe kommen wird. Wir müssen damit rechnen, daß die Bevölkerung auch in unseren Regionen dezimiert wird.

Was löst dieser Gedanke in uns aus? Wie gehen wir emotional mit einer derartigen Zukunftsperspektive um?

Die fünf Phasen des Krebskranken

Wenn wir offenen Auges in die Zukunft blicken und in heute absehbarer Zeit einen Crash auch nur als reale Möglichkeit in Betracht ziehen, löst dies einen emotionalen Schock aus. Auch wenn wir selbst uns nicht in unmittelbarer Lebensgefahr befinden, ist unsere Situation doch derjenigen von Menschen ähnlich, die erfahren, daß sie an einer unheilbaren Krankheit leiden und nur noch begrenzte Zeit zu leben haben.

Die Ärztin Elisabeth Kübler-Ross hat viele unheilbar kranke Menschen – vor allem Krebspatientinnen und -patienten – persönlich in den Tod begleitet und als erste darauf hingewiesen, daß Menschen in einer ganz charakteristischen Weise auf einen existentiellen Schock reagieren.

Sie durchlaufen typischerweise fünf Phasen.

Phase 1: Verleugnung

»*Nicht ich!*«, schreit die Seele unter dem Einfluß des ersten Schocks. Der Mensch weigert sich, das Schreckliche zu akzeptieren. Er will es nicht wahrhaben. Er verdrängt es aus seinem Bewußtsein.

Phase 2: Zorn

»*Warum ich?*«, fragt der zutiefst getroffene Mensch. Er findet es ungerecht. Er empfindet eine ohnmächtige Wut. Er lehnt sich auf gegen Gott. Er rebelliert gegen das Schicksal.

Phase 3: Verhandlung

»*Vielleicht... aber erst wenn ...*« – dies ist die erste Annäherung an das Unabänderliche. Aber der Mensch ist noch nicht bereit. Er hat noch Wichtiges in seinem Leben zu Ende zu bringen. Er braucht noch Zeit. Er feilscht mit dem Schicksal um Aufschub.

Phase 4: Verzweiflung

»*Ich kann nichts machen!*«. Wenn die Verdrängung sich auflöst, schlägt die Einsicht in die eigene Ohnmacht und in die Ausweglosigkeit voll zu. Der Mensch resigniert. Er verfällt in eine tiefe Depression.

Phase 5: Zustimmung

»*Ich kann – es darf sein.*« Wenn schwere Trauerarbeit geleistet worden ist, kommt es zu einer inneren Klärung. Der Mensch ist wieder balanciert. Nicht jeder gelangt bis zu dieser Phase. Aber es gibt Menschen, die in den letzten Monaten zu einer höheren menschlichen Erfüllung gelangen als je zuvor in ihrem Leben. Es gibt Menschen, die ganz am Schluß sagen: »Ich bin dankbar, daß ich diese Chance gehabt habe.«

*

Ich glaube, wir kommen nicht umhin, in der einen oder anderen Weise diese fünf Phasen zu durchlaufen.

Das Tabu des Todes

Der Tod gehört zu den wenigen großen Tabus, die auch unsere moderne, scheinbar aufgeklärte Gesellschaft prägen. Wir werden zwar von den Medien überhäuft mit Meldungen über Kriege, Gewaltverbrechen, Terroranschläge, Unfälle und Katastrophen. Aber da geht es immer um den Tod anderer – und er ist hygienisch sauber verpackt. Er berührt uns nicht persönlich.

Doch sobald es um Alter, Gebrechlichkeit oder Tod im eigenen, engeren Umfeld geht, tun sich die meisten Menschen außerordentlich schwer. Manche Leute sind überall auf der Welt gewesen – aber sie haben noch nie ein Altersheim von innen gesehen. Viele klammern sich bis ins hohe Alter krampfhaft an ihre beruflichen Funktionen, weil sie sich vor dem Ruhestand fürchten und ihr Älterwerden nicht zur Kenntnis nehmen wollen. Nicht wenige Staaten und Konzerne werden von Greisen regiert. Und manche bringen es bis zum Schluß nicht fertig, ein einfaches Testament zu verfassen. Die Auseinandersetzung mit dem Tod – vorab dem eigenen – findet nicht statt.

Der Gedanke an einen Crash – auch wenn man nicht weiß, ob man ihn selbst noch erleben wird – rührt an das Tabu des Todes. Die Vorstellung ist so unheimlich und irritierend, daß wir sie nicht einfach so hinnehmen können. Wir müssen uns ihr schrittweise nähern. Wir müssen mit dem Gedanken, daß ein Crash möglich ist, leben lernen.

Keine Zeit für Selbstmitleid

Wer sich heute bereits in der Mitte seines Lebens befindet oder gar in die Jahre kommt, hat alle Chancen, das Schlimmste nicht mehr selbst zu erleben. Selbstmitleid ist dann zu allerletzt gerechtfertigt. Wenn man in einem westlichen Wohlstandsland aufgewachsen ist und gelebt hat; wenn man zu einer Generation gehört, die den Krieg fast nur noch vom Hörensagen kennt; wenn man die Chance gehabt hat, einiges von der Erde zu sehen, bevor die Übervölkerung und die Umweltzerstörungen so weit fortgeschritten waren; wenn man die Segnungen der Technik, der Mobilität und des Wohlstands hat genießen können – dann hat man allen Grund, zufrieden zu sein. Man gehört mit Sicherheit zu einer verschwindend kleinen Minderheit der privilegiertesten Menschen, die jemals gelebt haben.

Etwas anderes ist es, wenn man als Vater oder Mutter an die Zukunft der eigenen Kinder und Enkel denken muß. Da kann man nur hoffen, daß ihnen das Allerschlimmste erspart bleiben wird. Man kann sich damit trösten, daß auch sie zumindest noch einen wichtigen Teil ihres Lebens unter einigermaßen ersprießlichen Bedingungen verbringen können. Man kann sich sagen: Ich habe das nicht gewußt, ich habe das nicht gewollt. Man kann sich bewußt machen, wie viele Menschen bereits umgekommen sind – und wie viele Menschen heute unter erbärmlichen Umständen dahinvegetieren. Doch Gefühle fragen nicht nach Statistiken. Es bleibt Trauer zurück.

Wer dagegen heute noch den größten Teil seines Lebens vor sich hat, dem kann man nur raten, diesen Teil zu genießen, und sich allenfalls rechtzeitig auf das, was kommt, vorzubereiten – denn es ist zumindest nicht auszuschließen, daß es für eine kleine Minderheit von Menschen ein Leben nach dem Crash und eine neue Zukunft geben wird.

Das Gespräch mit jungen Menschen über die Zukunft ist für Mitglieder der älteren Generation nicht immer leicht. Schwere Vorwürfe werden adressiert: »Warum habt Ihr es so weit kommen lassen? Wie konntet Ihr ein Leben lang tatenlos zusehen? Glaubt Ihr, diese Welt sei Euer Privateigentum? Wieso habt Ihr überhaupt Kinder in diese Welt gesetzt?« Fragen über Fragen. Sich da völlig reinwaschen zu wollen, wäre lediglich eine Flucht. Man hat gut gelebt; man hat vieles geahnt; man hat zuwenig getan. Aber Schuld auf sich zu nehmen, bringt nichts. Die Wurzeln dieser fatalen Entwicklung reichen zurück bis in die Zeit, als die Menschen vor Jahrtausenden seßhaft wurden. Und genau betrachtet, ist die Entwicklung letztlich in der Natur des Menschen begründet. Die Vorwürfe gehen an den, der gerade da ist – aber letztlich hat er den Schlamassel nicht persönlich zu verantworten.

Das Leben leben

Der Titel eines der Bücher des Amerikaners Dale Carnegie, die zu Bestsellern geworden sind, lautet: *Sorge Dich nicht, lebe.* Ich bin sonst kein Freund simpler, rezepthafter Lebensphilosophien, wie dieser Autor sie propagiert. Aber so simpel und naiv dieses Motto auf den ersten Blick klingt – es enthält einen ganz wichtigen Kern. Wir haben – mit oder ohne Crash – nur eine begrenzte Zeit zum Leben. Wir sollten sie nicht damit verbringen, Trübsal zu blasen oder bloß zu grübeln. Der gute Rat kann nur sein: Ändere, was Du ändern kannst – und akzeptiere, was Du nicht verhindern kannst. Aber lebe. Mach das Beste draus. Für Dich selbst – und für Deine Mitmenschen.

Genießen Sie das Leben? Dies ist genau, was Sie tun sollten. Ich weiß:

Das Leben ist durchzogen. Da gibt es vieles, was ärgert, schmerzt oder Kummer bereitet. Aber es gibt vieles, was Spaß machen und Freude bereiten kann. Man muß es sich nur nehmen. Es sich erlauben. Die Dinge tun, die einem wirklich wichtig sind, und die einem Freude bereiten. Schon die Philosophen des Altertums sind zur Erkenntnis gelangt: »*carpe diem*« – nutze den Tag. Lebe das Leben. Jetzt, nicht später.

Der Schock ist auch mit einer Chance verbunden. Das Leben leben bedeutet nicht oberflächlich genießen, sondern sein Leben bewußter gestalten und tiefer erleben. Wir können beispielsweise unserer Umwelt bewußt Sorge tragen und dadurch einen, wenn auch kleinen Beitrag zur Verzögerung des Unvermeidlichen leisten. Wir können überprüfen, ob es in unserem Umfeld Menschen gibt, die der Zuwendung und der Wärme bedürfen – und uns dort persönlich engagieren. Wir werden dadurch die Gesellschaft nicht vor dem Zusammenbruch retten. Aber wir werden, bis es soweit ist, die Zeit für uns und andere sinnvoll gestalten. Der Schock ist Anlaß, sich diese Frage zu stellen: *Was ist mir wirklich wichtig im Leben?* Wir können eine Menge dafür tun, dieses Wichtige zu erreichen. Wir sind in der glücklichen Lage, noch Zeit vor uns zu haben, und auf unser persönliches Schicksal Einfluß nehmen zu können. Die meisten Menschen auf diesem Planeten haben diese Chance nicht. Sie können sich den Luxus der Selbstverwirklichung nicht leisten. Sie sind damit beschäftigt, den nächsten Tag, das nächste Jahr zu erleben. Wir können froh und dankbar sein.

Würde ich heute – um meine Meinung gefragt – einer jungen Frau, die gerne Kinder haben möchte, davon abraten? Ihr womöglich ins Gewissen reden? Nie und nimmer. Wir haben alle nur ein Leben. Jeder Mensch muß für sich selbst entscheiden, was für ihn ein erfülltes Leben bedeutet. Und das sollte er, solange er dazu in der Lage ist, zu verwirklichen suchen. Wir können die Verantwortung für unsere Kinder ohnehin nur solange tragen, als sie Kinder sind. Danach müssen sie sie selbst tragen – unter welchen äußeren Umständen auch immer.

Optimisten und Pessimisten

Weit mehr Menschen, als man annehmen würde, sehen im Grunde durchaus, auf was wir uns zubewegen. Aber das Thema Crash ist tabu. Wenn man nicht über die Gefahr spricht – dies ist die emotionale »Logik« – dann existiert sie auch gar nicht. Spricht man darüber – so die Befürchtung – tritt die Katastrophe unweigerlich ein. Das magische Denken gehört zum Erbe unserer Vorfahren.

Wenn es zu einem Crash kommt, dann bestimmt nicht, weil man ihn herbeigeredet hat. Da liegen die Ursachen doch wohl tiefer. Es wäre nachgerade unbescheiden, anzunehmen, man könne dadurch, daß man von ihm spricht, einen Crash provozieren. In Tat und Wahrheit verhält es sich genau umgekehrt: Einer der Gründe, weshalb wir in einen Crash laufen werden, besteht gerade darin, daß viele Menschen, ja ganze Nationen blind sind für die Gefahr und eine eklatante Gleichgültigkeit sowohl bezüglich unserer Umwelt als auch bezüglich der sozialen Entwicklung an den Tag legen. Daran kann man durch Reden weder etwas verbessern noch etwas verschlimmern. Der Lauf der Dinge wird durch handfeste Interessen bestimmt, nicht durch Worte.

Anders ist es im eigenen, engeren Umfeld. Hier ist das Gespräch wichtig und hilfreich. Wenn Sie mit anderen über dieses Thema sprechen möchten, müssen Sie allerdings auf ein interessantes Phänomen gefaßt sein. In Diskussionen über unsere Zukunft ist fast gesetzmäßig früher oder später – oft schon nach fünf Minuten – von »Pessimismus« und »Optimismus« die Rede. Dies ist immer ein untrügliches Indiz dafür, daß der Verdrängungsmechanismus am Werk ist. Die Flucht in die Sphäre der Philosophie entbindet von der Auseinandersetzung mit unbequemen Daten, Fakten und Zusammenhängen.

Ein Optimist ist ein Mensch, der immer wieder Lotterielose kauft, weil er davon ausgeht, daß er eines Tages einen großen Treffer ziehen könnte; ein Pessimist dagegen einer, der grundsätzlich kein Los kaufen würde, weil er von vornherein davon ausgeht, nie zu den Glücklichen zu gehören. Bei unserer Zukunft aber handelt es sich nicht um eine Lotterie. Da geht es nicht einfach um »Glück« oder »Pech«. Was kommen wird, ist das Ergebnis einer von A bis Z von den Menschen gemachten Entwicklung, deren allgemeine Richtung einigermaßen klar erkennbar ist. Da geht es nicht um die Frage, ob man ein »Optimist« oder ein »Pessimist« ist. Es geht um drei andere Fragen: Erstens, ob man sich mit den Realitäten ernsthaft auseinandersetzen will oder nicht. Zweitens, welche Schlüsse man daraus zieht. Und drittens, wie man dann sein Leben gestalten will.

Sich selbst treu bleiben

Die Erfahrungen mit Menschen in Kriegs- und Katastrophengebieten, aber auch diejenigen mit Menschen, die erfahren, daß sie an einer unheilbaren

Krankheit leiden, zeigen etwas höchst Bemerkenswertes: Menschen können gerade im Angesicht einer existentiellen Bedrohung einen Reifeprozeß durchmachen und in Dimensionen des Erlebens und der Erfüllung vorstoßen, die ihnen sonst versagt bleiben würden. Menschen, die wissen, daß sie nur noch eine begrenzte Zeit zur Verfügung haben, überlegen sich besonders sorgfältig, wie sie diese nutzen wollen. Aber sie gehen nicht hin und tun irgendwelche völlig verrückte Dinge. Sie legen auch nicht einfach die Hände in den Schoß. Die meisten leben äußerlich ganz normal weiter, in ihrem gewohnten Umfeld. Aber sie vertiefen die Beziehungen zu den Menschen, die ihnen nahe stehen. Sie nehmen Themen auf, von denen sonst nie gesprochen worden wäre. Sie setzen die Prioritäten anders. Sie tun Dinge, die sie vorher auch schon hätten tun können, aber nicht für wichtig gehalten haben. Diese Menschen werden sensibler, offener und gefühlvoller im Umgang mit sich selbst und mit andern. Dies ist die wesentliche Veränderung.

Das Bewußtsein eines bevorstehenden Crashs führt nicht – wie manche glauben – allenthalben zu Apathie oder Schlendrian. Manch einer, der sich vorher nie Gedanken über die Zukunft gemacht hat, wird vorübergehend in Panik geraten, das ja. Wer sich hingegen ernsthaft mit diesen Fragen auseinandergesetzt hat, wird in der Zeit, die ihm bleibt, bewußter und intensiver leben. Er wird aufmerksam beobachten, wie die Dinge sich entwickeln, und sich allenfalls Gedanken darüber machen, wie er sich und seine Nächsten am besten schützen kann. Er wird alle Möglichkeiten der Vorsorge ausschöpfen. Aber er wird sich nicht einfach gehen lassen.

Letztlich kann sich niemand ganz aus der Verantwortung dafür schleichen, wie es auf diesem Planeten weiter geht. Es stellt sich deshalb nicht nur die Frage: »Wie kann ich mich schützen?«, sondern auch die Frage: »Was will ich für unsere Zukunft tun?« Es gibt Menschen, die dem Leitsatz nachleben: *Wer kämpft, kann verlieren – wer nicht kämpft, hat schon verloren.* Sie engagieren sich aktiv für die Umwelt und für die Gesellschaft – in der Lokalpolitik, in der Entwicklungshilfe oder in einer der vielen gemeinnützigen Institutionen.

Die meisten Menschen dagegen verhalten sich passiv. Gleichgültigkeit und Passivität gehören zu den zentralen Ursachen für die sich anbahnende Katastrophe. Sind hier Vorwürfe zu adressieren? Sind Menschen, die sich ins Private zurückgezogen haben, »mitschuldig« an unserem Untergang? Ich meine nein. Die meisten Menschen verfügen noch nicht einmal über den erforderlichen Bildungsstand, um die Zusammenhänge erkennen zu können. Die meisten befinden sich außerdem nicht in einer Lebenssituation, in der sie beschließen könnten, einen wesentlichen Teil ihrer Zeit und Energie dem Allgemeinwohl zur Verfügung zu stellen. Dazu kommt: Wer friedlich lebt, für sich und seine Familie sorgt und damit in seinem engeren Umfeld zu stabilen Verhältnissen beiträgt, tut still und unauffällig bereits sehr viel mehr für die Allgemeinheit als manch ein Profilneurotiker in der hohen Politik.

Die Menschen sind letztlich Produkte unserer Zivilisation – wie sie sich nun mal entwickelt hat. Das Problem der Passivität ist nicht auf der moralischen Ebene anzusiedeln.

Im Grunde kann jeder Mensch nur für sich selbst entscheiden, ob und wie er sich engagieren will. Es gibt viel zu tun. Auch wenn der Zusammenbruch längerfristig nicht zu verhindern sein wird – bis in unseren Regionen alles drunter und rüber geht, wird noch viel Zeit vergehen. Diese Zeit kann verplempert oder sinnvoll genutzt werden. Der Crash kann dadurch zwar nicht endgültig abgewendet, aber möglicherweise hinausgezögert werden. Das Leben bis dahin enthält eine neue Dimension, vielleicht sogar einen tieferen Sinn.

Man kann sich um die Umwelt kümmern, ihr Sorge tragen, Belastungen vermeiden, wo immer dies möglich ist. Man kann sich um die Mitmenschen in seinem privaten und beruflichen Umfeld kümmern – auch ohne sich aufzuopfern. Man kann mit anderen Menschen über die Veränderungen in der Umwelt und in der Gesellschaft diskutieren – und darüber, wohin die Entwicklung voraussichtlich führen wird. Man kann persönlich Stellung beziehen. Aber man muß nicht missionieren. Man muß nicht moralisieren.

Wie lautet das Fazit? Geben Sie sich bezüglich der längerfristigen Entwicklung keinen Illusionen hin. Aber fragen Sie sich, was sie aktiv für unsere Zukunft unternehmen wollen. Was immer Sie für die Umwelt oder die Gesellschaft tun – es hilft nicht nur der Allgemeinheit. Es hilft auch Ihnen. Aktivität hilft wie nichts sonst, Angst zu bewältigen – und Angst kommt nun mal auf, wenn man sich die längerfristigen Perspektiven illusionslos vor Augen führt. Bleiben Sie sich selbst treu. Gestalten Sie Ihr Leben entsprechend Ihren persönlichen Einsichten, Neigungen, Interessen und Bedürfnissen. Und nochmals: Erlauben Sie sich auch, Ihr Leben zu genießen. Es gehört Ihnen. Und Sie haben nur dieses eine.

Kapitel 31

Weine nicht, blauer Planet

Ein Pünktchen im All

Haben Sie sich schon einmal vergegenwärtigt, in was für einer Umgebung die Erde sich befindet, auf der wir leben?

Stellen Sie sich vor, in jeder deutschen Stadt gäbe es eine Erbse. Und sonst nichts. Keine Häuser, keinen Boden, keine Luft. Nur eine Erbse. Dann wären diese Erbsen ungefähr so im Raum verteilt, wie die Sterne unserer Milchstraße im Raum verteilt sind. Dazwischen: schwarzer, kalter, leerer Raum.

Aber die Milchstraße ist eine Galaxie, eine Ballung von hundert Milliarden Sternen, die zusammen einen Sternhaufen bilden – in Form eines gigantischen Spiralnebels. Das Licht braucht 120 000 Jahre, um vom einen Ende der Milchstraße ans andere zu gelangen. Und doch sind die Sterne hier noch verhältnismäßig eng zusammengepackt. Von unserer Sonne bis zum nächstgelegenen Stern in unserer Milchstraße braucht das Licht vier Jahre – von der nächstgelegenen Galaxie, dem Andromedanebel, bis zu unserer Milchstraße mehr als zwei Millionen Jahre. Der Andromedanebel und die Milchstraße gehören aber zu einem Galaxienhaufen. Zu anderen, entfernteren Galaxien braucht das Licht mehrere Hundert Millionen oder gar Milliarden Jahre. Dazwischen: nichts. So dünn ist das Universum besiedelt, in dem wir uns befinden. Soviel eiskalter, leerer Raum befindet sich zwischen den Stellen im All, wo mehr ist als nichts.

Wie leer der Weltraum tatsächlich ist, erkennen Sie allein schon daran, daß Sie bei klarem Wetter so viele Sterne, deren Licht Jahre und Jahrzehnte zu uns unterwegs ist, von bloßem Auge sehen können – und dies auch noch durch unsere verdreckte Atmosphäre hindurch. Der größte Teil des Raumes ist frei von Materie. Da findet man gar nichts – mit Ausnahme von Licht- und anderen Wellen, die sich durch das Weltall bewegen. Reste von Licht gibt es fast überall, außer im Kern eines schwarzen Loches, dort, wo alles aufhört – nach Einstein sogar die Zeit.

Als Folge einer Verkettung glücklicher Umstände...

Wir sind also umgeben von einem schier unendlich weiten, leeren Raum. Haben Sie sich schon einmal vergegenwärtigt, welch unglaublicher Kombination besonderer Umstände wir es zu verdanken haben, daß auf unserer Erde so etwas wie Leben möglich ist?

Nicht jeder Stern hat Planeten. Ein abgesprengter Teil muß immerhin genau so in der Balance bleiben, daß er weder auf den Stern zurückstürzt noch dessen Kraftfeld verläßt.

Ist ein Planet sehr groß, hat er eine so starke Anziehungskraft, daß sich an seiner Oberfläche der stärkste Muskelmann nicht auf die Beine erheben könnte. Wir würden durch unser eigenes Gewicht plattgedrückt wie Pfannkuchen. Ist er klein, besitzt er fast keine Schwerkraft. Nichts was nicht niet- und nagelfest ist, würde auf seiner Oberfläche bleiben. Alles würde bei der geringsten Bewegung in die Tiefen des Weltalls entschwinden. Allein schon das Kaliber reduziert also die Zahl der Planeten, die Chancen haben, jemals Leben hervorzubringen.

Ist die Umlaufbahn des Planeten zu weit vom Mutterstern entfernt, herrscht Eiseskälte – befindet sie sich zu nahe, herrscht eine Hitzestrahlung, mit der man Hähnchen grillen oder gar Stahlplatten schweißen könnte. In beiden Fällen ist an Leben nicht zu denken.

Als nächstes wird Wasser benötigt – und zwar in rauhen Mengen. Dieses kommt im Weltraum vor. Kometen bestehen zu einem großen Teil aus Eis. Niemand weiß, ob das Wasser unserer Ozeane auf der Erde entstanden oder irgendwann einmal mit besonders vielen oder besonders großen Kometen aus dem Weltraum zu uns gekommen ist. Wie auch immer – die Wahrscheinlichkeit, daß es auf einem Planeten genügend Wasser gibt, ist nicht sehr groß.

Wenn es dann darum geht, außerhalb des Wassers höher entwickelten Lebewesen ein Zuhause zu bieten, wird eine Atmosphäre gebraucht – ein noch viel seltener anzutreffendes Phänomen als Wasser. Eine Atmosphäre, wie wir sie haben – mit viel Sauerstoff und wenig Gift – wird ohnehin nicht ab Werk mitgeliefert. Bei uns hat sie sich im Laufe von Jahrmilliarden gebildet – durch den Stoffwechsel bereits früh entstandener Cyanobakterien und Algen im Meer.

Aber Sauerstoff allein genügt noch lange nicht. Die Strahlen eines Sterns wie der Sonne kann man brauchen, um Konfitüre oder chirurgische Instrumente zu sterilisieren. Wenn man will, daß auch an der Oberfläche Leben gedeihen soll, braucht man einen Schutz vor der tödlichen Ultraviolettstrahlung – einen Ozonschild, wie er sich freundlicherweise in den höheren Schichten unserer Atmosphäre gebildet hat. Ohne ihn gäbe es, wenn überhaupt, nur im Meer Leben.

Ein Phänomen genannt Leben

Wenn einmal Bedingungen vorhanden sind, die Leben theoretisch ermöglichen würden, bedeutet dies noch lange nicht, daß Leben auch tatsächlich entsteht. Wie es auf der Erde dazu gekommen ist, wissen wir nicht genau. Aber eines hat man unlängst herausgefunden: Normalerweise würden wir im Durchschnitt ungefähr alle 100 000 Jahre einmal von einem großen Brocken aus dem Weltraum getroffen, von einem Kometen oder Meteoriten, der alles oder fast alles Leben auf der Erde auslöschen würde. Wie letztmals geschehen vor 65 Millionen Jahren. Die Zeitspannen zwischen den Einschlägen wären zu kurz, als daß sich höher organisierte Formen von Leben entwickeln könnten. Dazu braucht die Evolution Millionen von Jahren.

Doch siehe da, auch hier ist uns ein unwahrscheinlicher Zufall zu Hilfe gekommen. Sein Name ist Jupiter. Dieser Gigant unter den Planeten ist 1400 mal größer und fast 400mal schwerer als die Erde, verfügt über eine enorme Schwerkraft und befindet sich auf einer für uns günstigen, äußeren Umlaufbahn um die Sonne. Er fungiert gewissermaßen als Staubsauger unseres Sonnensystems. Er zieht einen Teil des Weltraumschrotts an sich, der uns früher oder später treffen könnte. Jupiter haben wir also zunächst einmal unsere Existenz zu verdanken – lange bevor unsere Eltern zum Zuge gekommen sind.

Und nun frage ich Sie: Ist das nicht ein unwahrscheinliches Glück? Man würde wirklich weit reisen müssen, um wieder einen Himmelskörper zu finden, der auch nur annähernd so wohnliche Bedingungen bieten würde wie unsere Erde. Die Wahrscheinlichkeit spricht zwar dafür, daß es woanders auch noch Leben gibt. Allein in dem für uns sichtbaren Teil des Universums befinden sich 100 Milliarden Galaxien. Stellen Sie sich einen würfelförmigen Behälter von 50 Metern Länge, Breite und Höhe vor. Wenn jede Galaxie ein Kügelchen von einem Millimeter Durchmesser wäre, würden diese Kügelchen, dicht an dicht gepackt, den Behälter bis zum Rand füllen. Und in jedem einzelnen »Kügelchen« befinden sich so viele Sterne, wie es

Kügelchen im Behälter gibt. Aufgrund von Wahrscheinlichkeitsberechnungen geht man heute davon aus, daß es in unserem Universum Milliarden und Abermilliarden von Planeten gibt, die Leben beherbergen – ähnliches wie die Erde oder auch ganz anderes. Und so selten dies vorkommen mag – im gesamten Universum gibt es bestimmt an unzähligen Stellen intelligentes Leben. Ein Astrophysiker hat dies einmal so ausgedrückt: »Irgendwo gibt es eine Cricketmannschaft, die besser ist als die britische.«

Aber es wäre ein unglaublicher Glücksfall, wenn wir je davon erfahren würden. Die Distanzen im Weltraum sind ganz einfach zu groß. Wenn das Licht einer anderen Galaxie Jahrmillionen braucht, bis es bei uns ist, werden wir kaum feststellen können, ob es dort irgendwo, in einem von Milliarden Sonnensystemen, einen Planeten gibt, der Leben beherbergt – und wenn, hätten wir nur einen Blick in die Geschichte dieses Planeten getan. Die Verhältnisse dort hätten sich inzwischen längst wieder verändert. Von den entfernteren Sternen, die wir heute sehen können, wissen wir, daß sie schon lange nicht mehr existieren. Sie existierten, als ihr Licht auf die Reise ging.

Um im Weltall größere Distanzen überwinden zu können, müßten wir mit Lichtgeschwindigkeit reisen können. Dies wird aber nach heutigem Erkenntnisstand aus physikalischen Gründen nie möglich sein. Und auch wenn wir es könnten: Wer auf die Reise ginge, müßte alle Brücken hinter sich abreißen. Denn wenn er nach einer Reise zu entfernteren Sternen allein schon nur innerhalb unserer Milchstraße zurückkäme, wären auf der Erde inzwischen zehn-, fünfzig oder hunderttausend Jahre vergangen. Das sind schlechte Aussichten für diejenigen, die immer noch davon träumen, außerhalb unseres Sonnensystems den Weltraum zu kolonisieren.

Wir sind weit herum allein auf unserem kleinen, verletzlichen Raumschiff Erde. Finden Sie nicht, daß dieses seltene Kleinod Besseres verdient hätte, als das, was wir mit ihm gemacht haben?

Die Kraft der Natur

Wer jemals in seinem Leben einen Kampf gegen Dornen, Schlingpflanzen, Seerosen, Algen, gegen Engerlinge, Blattläuse, Tausendfüßler, Kartoffelkäfer, Motten, Holzböcke, Ratten, Mücken oder Schnecken geführt und verloren hat, weiß, was das ist: die Kraft der Natur. Wo immer in der Natur eine Nische frei ist, wird sie von irgendjemandem besetzt. Der Versuch, sie dauerhaft freizuhalten, ist ein Kampf gegen Windmühlen. Gegen Lebewesen, die sich in Massen fortpflanzen, ist letztlich kein Kraut gewachsen. Wer sie bekämpft, kann immer nur eine Schlacht, nie den Krieg gewinnen.

Mitten in einer völlig zersiedelten und zubetonierten Gegend, im siebten Stockwerk eines modernen Wohnblocks, abgeriegelt durch eine Eingangstüre aus Stahl und Glas, die rund um die Uhr geschlossen bleibt, hat sich bei Bekannten von mir ein reizendes kleines Feldmäuschen in einem Küchenschrank häuslich niedergelassen. Wenn es nicht vom Himmel gefallen oder über die glatte Außenfassade zwanzig Meter senkrecht hochspaziert ist, kann es nur durch die Kabelkanäle gekommen sein. Früher oder später hätte es eine Familie gegründet. Bei aller Tierliebe sahen sich meine Bekannten gezwungen, das Schlupfloch zum Kabelkanal sorgfältig zu verstopfen.

Tierarten, die besonders gut an ihre Umwelt angepaßt sind, können lange Zeit überleben, ohne sich zu verändern. Es gibt Haifischarten, die seit mehreren hundert Millionen Jahren praktisch unverändert geblieben sind. Dies ist allerdings die Ausnahme. Die meisten Arten sind früher oder später in ihrer Existenz bedroht. Die Nahrung versiegt. Das Klima verändert sich. Eine andere Art hat sich entwickelt, die ihr den Lebensraum streitig macht. Fast jede Art kommt irgendeinmal an einen Punkt, wo es heißt: Anpassung oder Untergang. Viele gehen unter. Einzelne aber entwickeln neue, komplexere Überlebensstrategien. Die Evolutionsforscher sprechen von »*Challenge and Response*«: Herausforderung und Antwort. Wir selbst sind so entstanden. Mit unseren körperlichen Handicaps den großen Raubtieren gegenüber hätten wir wahrscheinlich nur als Affen auf den Bäumen Chancen gehabt, längerfristig zu überleben – wenn wir nicht besonders intelligente Strategien entwickelt hätten, um unsere Existenz auch im freien Gelände fristen zu können.

Verdrängungswettbewerb

Im Kampf der Arten um die vorhandenen Lebensräume zeigt sich immer wieder, zu was für grandiosen Anpassungsleistungen die Evolution führen kann. Wo immer wieder ein bestimmtes Gift vorkommt, gibt es früher oder später Pflanzen und Tiere, die gegen dieses Gift immun sind. Begeben Sie sich um Gottes Willen nie in ein Krankenhaus. Sie könnten dort ernsthaft krank werden. Die potentiell gefährlichsten Keime haben sich in Krankenhäusern eingenistet. Kein Antibiotikum kann ihnen etwas anhaben. Sie sind im Laufe der Zeit gegen alles immun geworden, was die chemische Industrie anzubieten hat. Es gibt sie zum Glück fast nur in Krankenhäusern. Dort war die Herausforderung durch die permanent und in rauhen Mengen angewendeten Desinfektionsmittel besonders groß – und hat zu entsprechend beeindruckenden Anpassungsleistungen geführt.

Wenn Sie sich auf dem Bikini-Atoll, wo Frankreich während Jahren Atomtests durchgeführt hat, oder in unmittelbarer Nähe des leckgeschlagenen Atomkraftwerkes in Tschernobyl umsehen, werden Sie feststellen, daß es dort Pflanzen und Tiere gibt – Mutanten, die sich an die veränderten Bedingungen angepaßt haben und ohne Schaden zu nehmen dort leben können. Wir würden die dort herrschende radioaktive Strahlung wahrscheinlich kein halbes Jahr überstehen, geschweige denn für lebensfähigen Nachwuchs sorgen können.

Was immer auf der Erde geschehen mag – solange sie nicht durch einen galaktischen Irrläufer in Teile gesprengt wird oder in der Hitzestrahlung der sterbenden Sonne verglüht, wird es Pflanzen und Tiere geben, die überleben, sich weiterentwickeln und neue Arten hervorbringen. Die Evolution wird weitergehen. Wir haben sogar Grund zu der Annahme, daß ein umfangreiches Artensterben den Weg freimacht für die Entwicklung einer besonders großen Artenvielfalt. In ihrem Buch *Die sechste Auslöschung* zeigen Richard Leakey und Roger Lewin, daß nach jeder großen, mit einem umfangreichen Artensterben verbundenen Katastrophe eine größere Artenvielfalt festgestellt werden konnte als zuvor. Es gab bisher fünf derartige Katastrophen – vermutlich alle aufgrund von Asteroiden-Einschlägen. Die sechste wird zur Zeit gerade von uns Menschen mit Bordmitteln vorbereitet.

Wir müssen uns also um das Leben auf diesem Planeten keine Sorgen machen. Was immer der Mensch noch anrichtet – das Leben hat eine große Zukunft.

Eine unbedeutende Episode

Etwas anderes ist die Zukunft des Menschen. So große Lebewesen wie wir Menschen sind äußerst anfällig für Pannen und Störungen aller Art. Es ist wie bei Maschinen und Apparaten – je größer und komplexer sie sind, je mehr Funktionen sie erfüllen, desto mehr muß überwacht, koordiniert und gesteuert werden, desto mehr kann kaputt gehen, desto leichter wird das Ganze lahmgelegt, desto aufwendiger gestalten sich konstruktive Veränderungen. Dazu kommt: Wir brauchen einige zehntausend Jahre, um uns als Art weiterzuentwickeln, zu verändern und anzupassen. Mit der jämmerlichen Anzahl von nicht viel mehr als einem Nachkommen pro geglücktem

Zeugungsakt sowie einem Generationszyklus von sage und schreibe zwanzig Jahren kommen wir nirgends hin. Während eine Frau schwanger ist, haben kleinere Lebewesen Dutzende von Generationen und mit jeder Generation Massen von Nachkommen in die Welt gesetzt. Auch wenn die meisten davon umkommen – nach einem Jahr können die Überlebenden bereits über ganz neue Fähigkeiten verfügen, um unter veränderten Gegebenheiten fortbestehen zu können. Da können wir nur vor Neid erblassen.

Wir sind ein ziemlich überzüchtetes und dementsprechend hochverletzliches Geschöpf. Wenn ein Mensch dreimal tiefer fällt, als er selbst hoch ist, kann er von Glück reden, wenn er den Sturz überlebt. Werfen Sie irgend ein Insekt vom Eiffelturm – auch wenn es nicht fliegen kann, es wird sich kein Bein brechen, geschweige denn innere Verletzungen davontragen. Versuchen Sie einmal, einem Bakterium ohne künstliches Gift, extreme Hitze oder tödliche Strahlung etwas anzuhaben. Sie werden sich die Zähne ausbeißen. In Afrika gibt es Fische, die sich im Boden eingraben, wenn der See austrocknet. Wenn zwei oder drei Jahre später wieder Wasser im See ist, buddeln sie sich aus und sind in null Komma nichts wieder putzmunter. Und es gibt Keime, die im tiefgefrorenen Zustand Jahrzehnte überleben. Das sind echte Überlebenskünstler. Sie werden sich noch bester Gesundheit erfreuen, wenn wir längst abgedankt haben.

Wir wissen nicht, wie viele Generationen von Menschen noch leben werden. Aber wir wissen zweierlei. Erstens, wir nehmen auf der Liste der bedrohten Arten einen prominenten Platz ein. Von Homunkulus-Experimenten der Gentechnologen einmal abgesehen, besteht wenig Hoffnung, daß es uns noch sehr lange geben wird. Zweitens, was immer als Folge unseres Wirkens noch zerstört oder verändert werden mag – das Gastspiel des Menschen auf diesem Planeten ist, erdgeschichtlich betrachtet, eine vergleichsweise unbedeutende Episode. Wir wissen ungefähr, wie lange die Sonne noch zu leben hat, bevor sie als Supernova explodiert und alle Planeten verglüht: rund viereinhalb Milliarden Jahre. Stellen Sie sich vor, die Zeit von der Entstehung der Erde bis zu ihrem Untergang würde – in Analogie zu einem ausgefüllten Menschenleben – 80 Jahre betragen. Dann wäre die Erde heute 40 Jahre alt. Seit 35 Jahren würde es im Meer Leben geben. Seit vier Jahren gäbe es Lebewesen an Land. Wir Menschen wären gerade vor einer Woche entstanden, hätten vor einer Dreiviertelstunde angefangen, uns schrecklich zu vermehren – und würden aller Voraussicht nach die nächsten fünf Minuten nicht überleben. Die Erde hätte noch weitere 40 Jahre vor sich.

Oase des Lebens

Es hat verhältnismäßig lange gedauert, bis auf der Erde die Voraussetzungen für eine größere Artenvielfalt geschaffen waren. Die Evolution hat insgesamt mehrere hundert Millionen Arten hervorgebracht – die meisten davon erst in den letzten paar hundert Millionen Jahren. So wie die Dinge liegen, wird sie in der Zukunft noch ein Vielfaches davon hervorbringen. Wir sind eine einzige dieser vielen Arten. Wenn wir uns selbst so schrecklich wichtig finden, heißt dies noch lange nicht, daß wir für die Erde und die Natur von geschichtlicher Bedeutung sind – außer, daß wir wahrscheinlich das sechste große Artensterben verursacht haben. Dieses wird aber in letzter Konsequenz wieder zu einer weiteren Vergrößerung der Artenvielfalt beitragen. In der Zeit, die die Erde vor sich hat, kann die Evolution noch viele Arten hervorbringen, die mit Intelligenz ausgestattet sind – wie ähnlich oder unähnlich uns Menschen diese Geschöpfe auch sein mögen. Das muß nicht passieren. Aber es kann passieren.

Zum Schluß möchte ich Ihnen eine kleine Anekdote nicht vorenthalten. Zwei Planeten begegnen sich im Weltraum. Fragt der eine: »Hallo, wie geht es Dir?«. Darauf stöhnt der andere: »Hundsmiserabel.« – »Um Gottes Willen, was hast Du denn?« – »*Homo sapiens!*« – Da tröstet ihn der Kollege: »Ach, wenn's weiter nichts ist! Das habe ich auch mal gehabt. Mach Dir keine Sorgen. Das geht schnell vorüber.«

Wir sollten uns selbst nicht so ernst nehmen. Wenn man aufs Ganze blickt, auf die Erde, auf die Natur, auf die Evolution, auf das phantastische Phänomen Leben und auf die große Zukunft, die das Leben auf diesem Planeten haben wird – dann gibt es eigentlich keinen Anlaß zur Trauer. Wir sollten zufrieden sein, hier zu Gast gewesen zu sein und so viel Interessantes erlebt haben zu dürfen. Die Zukunft wird ohne uns stattfinden. Wir haben die Erde gebraucht. Die Erde hat uns nicht gebraucht. Wir haben auf ihr gewütet und vieles zerstört. Aber die Erde wird sich wieder erholen.

Die Spuren unseres Wirkens werden sich verwischen.

Weine nicht, blauer Planet!

Literaturempfehlungen

Umwelt

Theo Colborn/Dianne Dumanoski/John Peterson Myers: *Die bedrohte Zukunft – Gefährden wir unsere Fruchtbarkeit und Überlebensfähigkeit?*, München 1996

Hoimar von Ditfurth: *So laßt uns denn ein Apfelbäumchen pflanzen – Es ist soweit*, Hamburg 1994

Hans Peter Deitzel/Horst Stenger (Hrsg.): *Ungewollte Selbstzerstörung – Reflexionen über den Umgang mit katastrophalen Entwicklungen*, Frankfurt/New York 1990

Herbert Gruhl: *Himmelfahrt ins Nichts – Der geplünderte Planet vor dem Ende*, München 1992 *(vergriffen)*

Dennis L. Meadows: *Die Grenzen des Wachstums – Erster Bericht an den Club of Rome zur Lage der Menschheit*, Stuttgart 1972

Charles Perrow: *Normale Katastrophen – Die unvermeidbaren Risiken der Großtechnik*, Frankfurt/New York 1992

Eduard Pestel/Mihailo Mesarovic: *Menschheit am Wendepunkt*, Stuttgart 1974

Wirtschaft

André Gorz: *Kritik der ökonomischen Vernunft – Sinnfragen am Ende der Arbeitsgesellschaft*, Hamburg 1994

Viviane Forrester: *Der Terror der Ökonomie*, Wien 1997

Hans-Peter Martin/Harald Schumann: *Die Globalisierungsfalle – Der Angriff auf Demokratie und Wohlstand*, Reinbek 1996

Paul C. Martin: *Wann kommt der Staatsbankrott?*, München 1983

Jeremy Rifkin: *Das Ende der Arbeit und ihre Zukunft*, Frankfurt/New York 1996

Walter Wittmann: *Das globale Desaster – Politik und Finanzen im Bankrott*, München 1996

Politik und Gesellschaft

Hans Herbert von Arnim: *Fetter Bauch regiert nicht gern – Die politische Klasse – selbstbezogen und abgehoben*, München 1997

Gregory Fuller: *Das Ende – Von der heiteren Hoffnungslosigkeit im Angesicht der ökologischen Katastrophe*, Frankfurt am Main 1996

Charles Handy: *Die Fortschrittsfalle – Der Zukunft neuen Sinn geben*, Gabler, 1995

Samuel P. Huntington: *Kampf der Kulturen – Die Neugestaltung der Weltpolitik im 21. Jahrhundert*, Zürich 1996

Uwe Jean Heuser: *Tausend Welten – Die Auflösung der Gesellschaft im digitalen Zeitalter*, Berlin 1996

Arthur Koestler: *Der Mensch – Irrläufer der Evolution – Die Kluft zwischen Denken und Handeln. Eine Anatomie menschlicher Vernunft und Unvernunft*, Frankfurt am Main 1989

Frederic Vester: *Ballungsgebiete in der Krise – Vom Verstehen und Planen menschlicher Lebensräume*, München 1992

Korruption und Kriminalität

Fenton Bresler: *Interpol – Der Kampf gegen das internationale Verbrechen*, Gütersloh 1993

Manuel Eisner: *Das Ende der zivilisierten Stadt? – Die Auswirkungen von Modernisierung und urbaner Krise auf Gewaltdelinquenz*, Frankfurt/New York 1997

Alain Lallemand: *Russische Mafia – Der Griff zur Macht. Das Netzwerk zwischen Moskau, Berlin und New York*, München 1997

Horst E. Richter: *Die hohe Kunst der Korruption – Erkenntnisse eines Politik-Beraters*, Hamburg 1989

Jürgen Roth: *Die Russen-Mafia – Das gefährlichste Verbrechersyndikat der Welt*, Hamburg 1996

Ulrich Schmid: *Gnadenlose Bruderschaften – Aufstieg der russischen Mafia*, Neue Zürcher Zeitung 1996

Jean Ziegler: *Die Barbaren kommen – Kapitalismus und organisiertes Verbrechen*, Gütersloh 1997

Entwicklung des Menschen

Göran Burenhult (Hrsg.): *Die ersten Menschen – Die Ursprünge des Menschen bis 10 000 vor Christus*, Hamburg 1993

Jared Diamond: *Der dritte Schimpanse – Evolution und Zukunft des Menschen*, Frankfurt am Main 1994

Richard Leakey: *Die Suche nach dem Menschen – Wie wir wurden, was wir sind*, Frankfurt am Main 1981

Richard Leakey/Roger Lewin: *Die sechste Auslöschung – Über die Zukunft der Menschheit*, Frankfurt am Main 1996

Wolfgang Schneider: *Wir Neandertaler – Der abenteuerliche Aufstieg des Menschengeschlechts*, Hamburg 1988

Nancy M. Tanner: *Wie wir Menschen wurden – Der Anteil der Frau an der Entstehung des Menschen*, Frankfurt/New York 1994

Psychologie

Anna Freud: *Das Ich und die Abwehrmechanismen*, Frankfurt am Main o. J.

Sigmund Freud: *Totem und Tabu*, Frankfurt am Main o. J.

Erich Fromm: *Haben oder Sein*, Basel 1994

Niklas Luhmann: *Vertrauen – Ein Mechanismus der Reduktion sozialer Komplexität*, Stuttgart 1968

Heinrich Popitz: *Prozesse der Machtbildung*, Tübingen 1976

Horst E. Richter: *Der Gotteskomplex – Die Geburt und die Krise des Glaubens an die Allmacht des Menschen*, Reinbek 1979

Paul Watzlawick: *Wie wirklich ist die Wirklichkeit?*, München 1996

Religion

Gerhard Bellinger: *Knaurs großer Religionsführer*, München o. J.

Peter Clarke: *Atlas der Weltreligionen. Entstehung – Glaubensinhalte – Entwicklung*, München 1994

Mircea Eliade: *Geschichte der religiösen Ideen – Band 1: Von der Steinzeit bis zu den Mysterien von Eleusis*, Freiburg 1978

Sigmund Freud: *Die Zukunft einer Illusion*, München o. J.

Günter Schulte: *Die grausame Wahrheit der Bibel – Eine Anthropologie unserer Vernunft und Moral*, Frankfurt/New York 1995

Systemtheorie und Chaosforschung

John Briggs/F. David Peat: *Die Entdeckung des Chaos – Eine Reise durch die Chaos-Theorie*, München 1990

Fritjof Capra: *Lebensnetz – Ein neues Verständnis der lebendigen Welt*, München 1996

Stuart Kauffman: *Der Öltropfen im Wasser – Chaos, Komplexität, Selbstorganisation in Natur und Gesellschaft*, München 1996

M. Mitchell Waldrop: *Inseln im Chaos – Die Erforschung komplexer Systeme*, Reinbek 1993

Gregor Morfill/Herbert Scheingraber: *Chaos ist überall. . .und es funktioniert – Eine neue Weltsicht*, Berlin 1991

Frederic Vester: *Neuland des Denkens – Vom technokratischen zum kybernetischen Zeitalter*, Stuttgart 1980

Robert Wesson: *Chaos, Zufall und Auslese in der Natur*, Frankfurt am Main 1995

Dank

Martin Altmeyer
Karin Beiküfner
Dr. Effi Böhlke
Klaus Christen
Dr. Christine Daeppen
Dr. Klaus Doppler

Dr. Antoine Gubser
Dr. Klaus Hinst
Waltraud Liduch
Hugo Scheidegger
Karsten Trebesch

haben die Entstehung dieses Buches begleitet.

Ich danke ihnen – für die Arbeit, die sie sich mit mir gemacht haben, für die fruchtbaren Gespräche, für die vielen wertvollen Hinweise und Anregungen.

Campus Sachbuch

Daniel Cohen
Fehldiagnose Globalisierung
Die Neuverteilung des Wohlstands nach der dritten industriellen Revolution
1998. 206 Seiten
DM 36,–/sFr 35,–/öS 263
ISBN 3-593-35982-0

Wenn die Unternehmer von Globalisierung reden, meinen sie Kostensenkung und Deregulierung. Die Politiker tun so, als könnten sie nichts tun, und wir fühlen uns alle als Opfer.

Daniel Cohen hat sich den kühlen Blick bewahrt. Globalisierung, so sein Argument, ist die falsche Diagnose, und aus einer falschen Diagnose folgt eine falsche Therapie. Die Tigerstaaten fressen uns keinen Kuchen weg, vom Welthandel profitieren immer noch wir, weil er uns die Spezialisierung auf High-Tech ermöglicht. Womit wir es im Kern zu tun haben, das ist die dritte industrielle Revolution û die Revolution des Computers, der Qualifikation, des Know-how.

Diese Revolution bringt allerdings eine Neuverteilung des Reichtums mit sich. Die Ungleichheit zwischen den Nationen der ersten und der dritten Welt – ein Ergebnis der letzten 200 Jahre – wird geringer, die Ungleichheit innerhalb der Nationen wird größer. Im Norden breiten sich die Armutsinseln aus, im Süden die Wohlstandsinseln. Es liegt an uns, auf welcher dieser Inseln wir in Zukunft leben. Auch wenn die Nationalstaaten immer einflußloser werden, so müssen sie doch wenigstens in das Bildungssystem investieren. Und wir, wir müssen diese Qualifikationsangebote nutzen. Wer sich nicht fortbildet, der wird nach unten durchgereicht. Da hilft keine Larmoyanz.

Campus Verlag · Frankfurt/New York

Campus Sachbuch

John R. Saul
Der Markt frißt seine Kinder
Wider die Ökonomisierung der Gesellschaft
1998. 2. Auflage, 219 Seiten, französische Broschur
DM 36,–/sFr 35,–/öS 263
ISBN 3-593-35824-7

Daß diese Streitschrift gegen Denkfaulheit und Konformismus auf Platz 1 der kanadischen Bestsellerlisten kommen würde, war nun wirklich nicht zu erwarten. Zwar ist der Autor in seinem Heimatland als Essayist, Literat und Feuilletonist ein bekannter Mann – gewissermaßen eine Art kanadischer Enzensberger. Zwar versteht er es, das aktuelle Bedürfnis nach populärer Philosophie mit wünschenswerter Leichtigkeit zu befriedigen. Aber dennoch: ein Buch über solche spröden Themen wie technokratische Eliten, Gemeinwohl, Korporatismus?

Als Saul jüngst in Australien herumreiste, um dort sein Buch bekannt zu machen, wurde er fast über Nacht zum Medienliebling. Politiker der ersten Garnitur erklärten sich öffentlich zu seinen Bewunderern. Warum wird so auf das gehört, was er zu sagen hat? Weil er seine ebenso vernichtende wie anregende Kritik an allen unseren heiligen Kühen mit dem Florett vorträgt. Weil er die Hoffnung begründet, daß mit den entfesselten Märkten eben nicht das Ende der Geschichte gekommen ist. Weil er an uns alle appelliert, unsere Geschicke wieder in die eignen Hände zu nehmen. Und das alles in einer eleganten Schreibe. Mit entwaffnendem Witz. Mit Selbstironie. Wer also ist John R. Saul? Ein wirklich gefährlicher Mann.

Campus Verlag · Frankfurt/New York